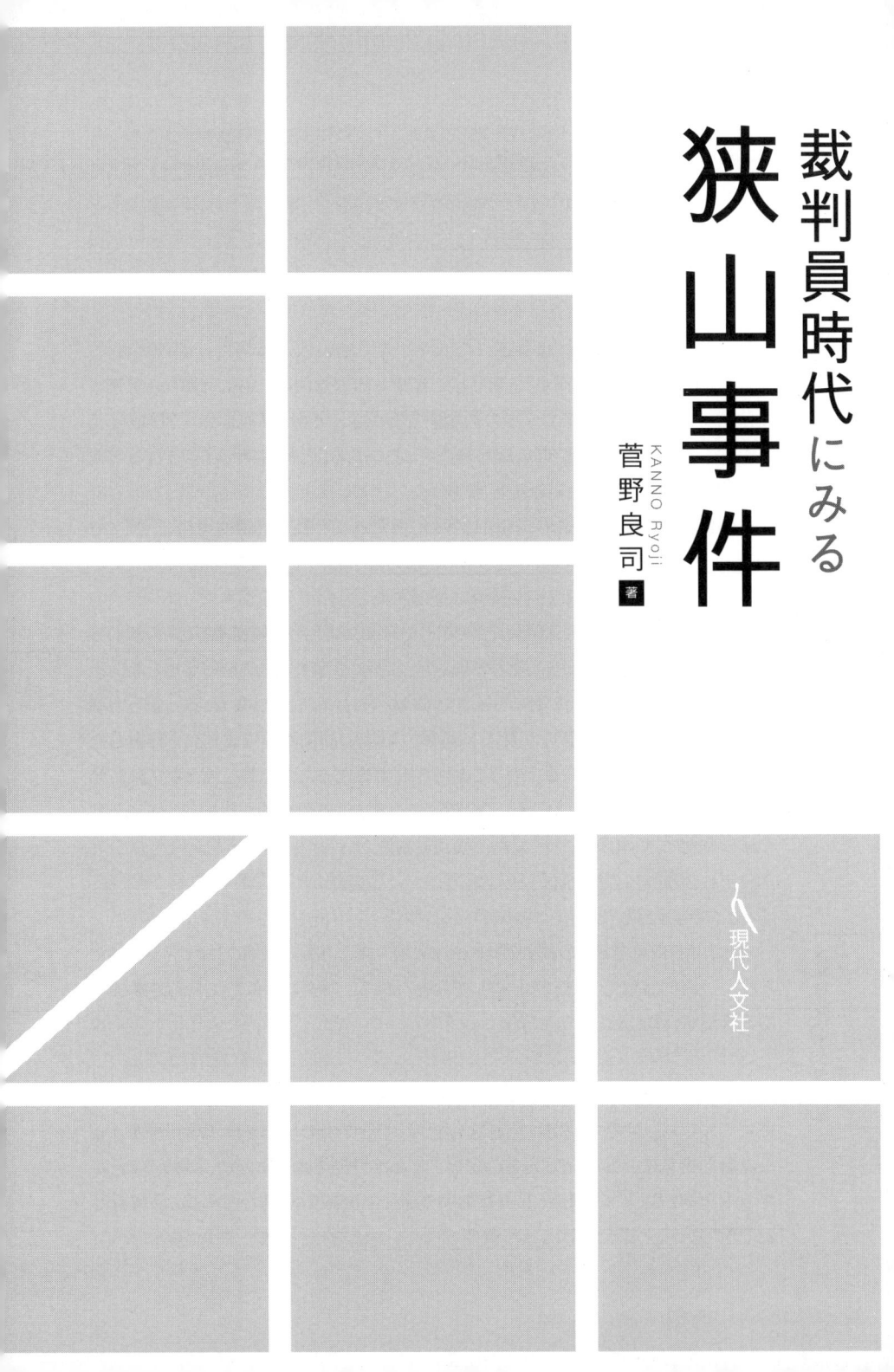

# 狭山事件

## 裁判員時代にみる

菅野良司 著
KANNO Ryoji

現代人文社

# まえがき

　罪を犯したと疑われ、起訴された人がいる。その人が本当に、間違いなく、犯罪に関与したのかどうか、を判断して有罪、無罪を決め、もし有罪なら量刑まで決める作業は、これまでプロの裁判官だけによって担われてきた。2009年5月から、この作業に、裁判には縁の遠かった一般の国民も加わることになる。裁判員制度という新しい仕組みが実施される。
　この新制度に不安を覚える国民は多いことだろう。裁判員候補者になったことの通知を受け取った人々は、「どうして、この忙しいのに……」「面倒なことにかかわりたくない……」などと候補者に選ばれたことの"不運"を嘆いているかも知れない。仕事や家事、育児などの時間を何とか都合して参加することの煩わしさよりも、人々が不安に思う最大の理由は「法律や事件のことを何も知らない私に、裁判員が務まるのか」という未知の体験へのおそれだと思われる。新しい制度なのだから、当然、身近な友人、親類、職場の同僚などに裁判員を体験した人はいない。だれも「いや、やってみたら大丈夫だったよ。あなたなら立派に務まりますよ」とは言ってくれない。裁判員になることの精神的な負担感を減らしてくれる手段は、いまのところ、ない。裁判員制度が10年、20年と続いたとしても、それぞれ体験するのは初めての人なのだから、この種の不安は程度の差こそあれ、ずっとつきまとうものだ。
　「まあ、とりあえずプロの裁判官のリードに従って、法廷や評議ではできるだけおとなしく座っていよう」と、"不運"を嘆きながら、諦めにも似た気持ちで参加する裁判員もいることだろう。

　ここに紹介するのは、過去にプロの裁判官が裁いた事件だ。実際に起きた事件についての、実際に開かれた法廷の記録と言ってもいい。プロの裁判官が、どんな証拠を基に、どんな事実を認定し、どんな量刑を決めたのか、をみることができる。おとなしい裁判員として参加する前に、実際の裁判がどんなふうに行われてきたのか、知っておくことも重要ではないかと思うからだ。古い事件だから、

公判の進め方などが裁判員制度の法廷とは違うのだが、制度や時代が違うからといって、ある被告人が有罪か無罪かの境界が変更されるわけではない。

　この事件はかなり有名な事件で、関連する著作も多い。死刑か、無罪か。起訴事実が激しく争われた事件だからだ。被告人が真っ向から「私は、犯人ではない。事件とはまったく無関係だ」と争う事件は、そう多くはない。裁判員制度の対象となる重罪事件（年間約3,000件とみられる）の中でも、死刑が求刑されるような事件は年間20件前後と予想される。さらに、その中でも全面否認の事件は数年に1件あるか、ないか、の特異なケースになると思われる。

　もし、裁判員になったあなたが、死刑か無罪か〈有罪であることに迷いはなく、量刑として死刑か無期懲役か悩むということではなく〉、迷い悩むような事件に遭遇したとしても逃げることはできない。これまで500件を超す裁判員法廷の模擬裁判が各地で開かれたが、「犯人ではない」と争った事件で死刑が求刑された模擬裁判は行われなかった。

　極めてまれな事件であるということは、しかし、そこに日本の刑事裁判がかかえる"落とし穴"が極めて集約された形で表出している、とも言える。裁判員が加わる多くの法廷でも、この事件の背景にある課題と同じ性質のものが、部分的に浮上するケースがあると思われる。そうしたときに、この事件の教訓を思い出して欲しい、と願っている。

裁判員時代にみる狭山事件・目次

まえがき　ii

序　章　**同時代の誘拐事件**　1

第1章　**狭山事件の全容**　7

1　起訴状　7
2　犯行ストーリー　10
　　1　事件発生　10
　　2　佐野屋　13
　　3　死体　15
　　4　手ぬぐい、タオル、スコップ　16
　　5　脅迫状　18
　　6　足跡　19
　　7　被害者の所持品　20
　　8　被告人の逮捕後、明らかとなった事実　21
　　9　被告人の自供により明らかとなった事実　21
　　10　犯行の動機と脅迫状の作成　25
　　11　一審法廷　26
3　取り調べ過程　27
　　1　1次逮捕　27
　　2　7件の別件　28
　　3　逮捕・勾留の連続　30
　　4　死刑判決　32
4　吉展ちゃん事件　32

## 第2章 状況証拠　35

### 1　全面否認の控訴審　35
### 2　刑事裁判の鉄則　36
### 3　控訴審判決（確定判決）の構造　41
### 4　盗まれたスコップ　42

1　スコップ発見の経緯　42
2　スコップに関する捜査情報　43
3　養豚場の吠える犬　45
4　スコップ発見現場の足跡　47
5　スコップの鑑定　48

### 5　脅迫状　51

1　「関根・吉田鑑定」　52
2　「長野鑑定」　52
3　「高村鑑定」　56
4　「戸谷鑑定」　57
5　「綾村鑑定」　59
6　「磨野鑑定」　59
7　「大野鑑定」　61
8　「秋谷鑑定」　63

### 6　脅迫状作成の経緯　68

1　脅迫状の作成日・方法　68
2　「りぼん」、大学ノート、筆記用具の行方　72
3　脅迫状の届け方　75
4　被告人の筆跡と認定　77
5　脅迫状の「訂正」問題　81

### 7　足跡　83

1　現場足跡と押収地下足袋　83
2　逃走経路と足跡　88

### 8　血液型　93
### 9　手ぬぐい　95

| 10 | タオル | 98 |
| 11 | 内山証言 | 100 |
| 12 | 犯人の音声 | 110 |

## 第3章　秘密の暴露　113

### 1　鞄　113

1　被害者の鞄　113
2　鞄の発見場所　115
3　発見された鞄と被害者の鞄の同一性　127

### 2　万年筆　131

1　発見された万年筆と被害者の万年筆の同一性　131
2　万年筆発見の経緯　132
3　3回目の家宅捜索後で万年筆を発見　141

### 3　腕時計　146

1　被害者の腕時計　146
2　腕時計発見の経緯　151
3　発見された腕時計と被害者の腕時計の同一性　157

### 4　横沢証言　162

## 第4章　死体　164

### 1　自白と死体の状況　164

### 2　殺害方法　166

| | | |
|---|---|---|
| 3 | 頭部損傷 | 171 |
| 4 | 死亡時刻 | 174 |
| 5 | 死斑 | 178 |
| 6 | 荒縄と細引き紐 | 182 |

## 第5章　自白　192

| | | |
|---|---|---|
| 1 | 自白の取り扱い | 192 |
| 2 | 被告人の生い立ち | 193 |
| 3 | 取り調べ状況 | 198 |
| 4 | 否認期 | 199 |

|   |   |   |
|---|---|---|
| 1 | アリバイ | 199 |
| 2 | ポリグラフ | 202 |
| 3 | 手錠 | 204 |
| 4 | 切り絵 | 205 |
| 5 | 兄への疑惑 | 206 |
| 6 | 泣き落とし | 208 |
| 7 | 共犯情報 | 209 |
| 8 | 署長と関源三 | 211 |

| | | |
|---|---|---|
| 5 | 弁護士不信 | 213 |
| 6 | 共犯期 | 217 |

|   |   |   |
|---|---|---|
| 1 | 脅迫状の配達役 | 217 |
| 2 | 「10年の約束」 | 222 |
| 3 | 「約束」を否定する取調官 | 227 |

| | | |
|---|---|---|
| 7 | 単独期 | 233 |

|   |   |   |
|---|---|---|
| 1 | ストーリーの肉付 | 233 |
| 2 | 関源三の再登場 | 235 |

|   |   | 3 | 留置場の「詫び文」 | 239 |
|---|---|---|---|---|
|   |   | 4 | 被告人と長谷部との合作 | 241 |
|   |   | 5 | 原作成の3通の自白調書 | 244 |

## 8　自白の変遷　249

|   |   | 1 | 自白調書の綴り方 | 249 |
|---|---|---|---|---|
|   |   | 2 | 動機 | 251 |
|   |   | 3 | 被害者との出会い地点 | 255 |
|   |   | 4 | 自転車の止め方 | 256 |
|   |   | 5 | 被害者の父親の名前 | 258 |

## 9　捜査当局の不安　260

## 10　「毒饅頭」論　262

## 11　控訴審判決の事実認定論　263

## 12　無期減軽　274

# 第6章　法廷内外　278

## 1　小原保との出会い　278

## 2　竹内景助との出会い　285

## 3　荻原佑介との出会い　289

## 4　竹内の獄死　290

## 5　寺尾判事　291

|   |   | 1 | 無罪の予想 | 291 |
|---|---|---|---|---|
|   |   | 2 | 寺尾判事の経歴 | 293 |

## 6　支援活動　298

## 7　狭山判決後の寺尾判事　299

8　3人の自殺者　301

## 第7章　長い道　304

1　最高裁の上告棄却　304

2　第一次再審　306

3　第二次再審　312

4　第三次再審　321

あとがき　325

参考文献　331

＊引用文中の筆者の補足説明は〈　〉で表示した。
＊敬称略。

# 狭山事件地図（1963年当時）

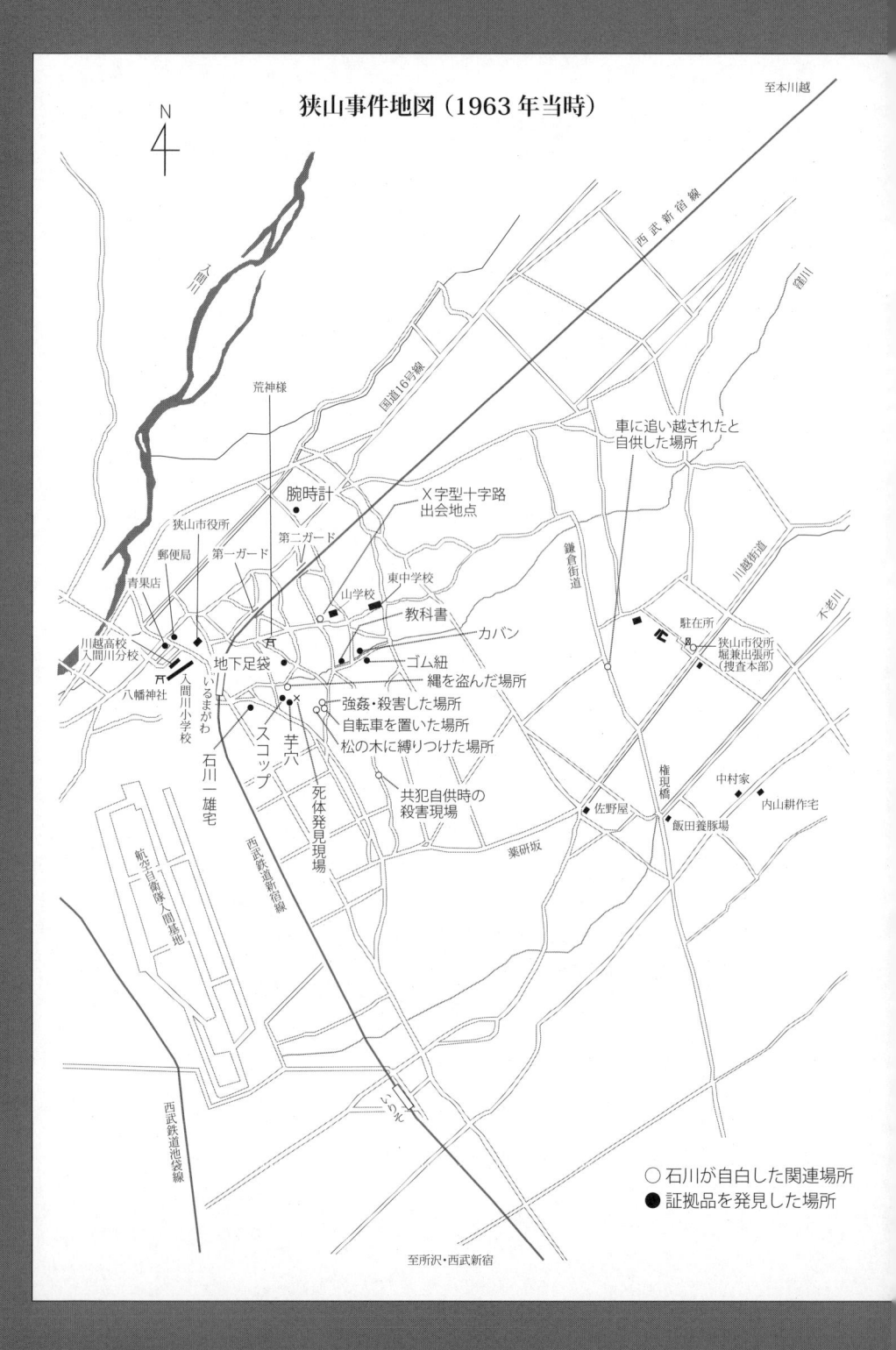

○ 石川が自白した関連場所
● 証拠品を発見した場所

## 序章 同時代の誘拐事件

　同時代に生きるということは、その濃淡はともかく人々が否応なく互いに影響し合いながら、同じ年代を過ごすことだろう。しかし、自分とはまったく無関係と思っているにもかかわらず、同時代に生きたことを理由に、不合理で一方的な連鎖としか言いようのない不幸な事態も起こりうる。

　ニューヨークに生まれ、米海軍兵として終戦直後の日本にも半年ほど滞在した経験を持つ小説家、エド・マクベイン（1926〜2005年）が『87分署シリーズ』の第1作として『警官嫌い』を発表したのは、1956年だった。架空都市にある警察管区87分署、そこを舞台に刑事キャレラとその同僚たちが次々と事件を解決してゆくシリーズで、マクベインは警察小説の新領域を切り開いたとされる。一人の有能な刑事が単独で事件のなぞ解きをしてゆくというそれまでの推理小説の型を脱し、集団捜査体制の中で多くの刑事が活躍する姿を描く形式が新しいとされた。

　その第10作『キングの身代金』が世に出たのは、1959年だった。

　靴製造会社の役員キングが、自社の株式を購入して会社を支配し、経営方針をめぐり意見の合わない役員らを追い出す計画を立てる。その資金を用意した矢先に、自分の息子と間違ってお抱え運転手の息子が誘拐され、身代金を要求される。犯人は、ある装置を現代の携帯電話のように使って身代金授受の場所をキングに指示する……。全53シリーズの中でも傑作に挙げられる作品で、当時も今も読者を魅了するストーリーだ。

　その『キングの身代金』に影響された日本人映画監督がいた。すでに『羅生門』で国際的な評価を得ていた黒沢明（1910〜1998年）だ。黒沢は、このシリーズ第10作に着想を得て、東宝映画『天国と地獄』を制作する。制作にいたる経緯を、黒沢は映画評論家、荻昌弘のインタビューで次のように語っている。

　「エド・マクベインの小説は、ほんの一部を借りただけです。マクベインのものと

しては、はっきりいえばいい作品ではないですね。ただ、誰をさらおうとも、脅迫は成り立つ、というあの思いつき。あれがすばらしい着眼だったので、そのところだけをもらったんです。誘拐罪というのは、日本では実に罪が軽いんですよね。事実、こんなことでもし子供が誘拐されたら、どうしようか、という気持ちはそれまでも多分に持っていたところへ、あれを読んだものだから、いっきに作りたくなった。

　向こうの本もいろいろ読みました。向こうだったら、州法によって一週間以内の死刑とか、そういうものが多いですよ。誘拐の場合は。この作品がきっかけの一つになったんじゃないかと思うが、誘拐罪が、以降、日本でもだいぶきつくなりましたね。

　ただ、それと同時に、誘拐事件も多く起こってきたこと……これには、ぼくとしてもほんとうに参ってしまいました。ぼく自身もずいぶん脅迫されたし。そういうことをやりかねない人がいるんですね。当時は電話のベルが鳴ると、みんなビクッとしてね。」(『世界の映画作家3　黒沢明』キネマ旬報社、1970年)

　誘拐した被害者を労働力として使役する従来の誘拐犯罪を一変させたのは、ニューヨーク―パリ間の無着陸初飛行（1927年）を成し遂げたチャールズ・リンドバーグの長男が1932年に誘拐され、身代金10万ドルが支払われた事件だった。誘拐被害者を解放する条件として、親族などによる身代金の支払いを要求するという新しい犯罪類型の誕生だった。長男は遺体で発見され、2年後に容疑者が逮捕、死刑判決が下されている。身代金目的誘拐は、最初から著名人の家族が狙われたと言える。

　日本では、1955年に、ボードビリアン、トニー谷の長男（小学1年、6歳）が下校途中に誘拐される事件が起きている。犯人は脅迫状を送りつけ、身代金200万円を要求したが、現金授受現場の東京・渋谷駅前に現れたところを逮捕され、長男は無事帰った。未成年者誘拐罪の刑は3月以上5年以下の懲役、営利目的の誘拐罪は1年以上10年以下の懲役。トニー谷の息子を誘拐した犯人は、営利目的誘拐罪で懲役3年の実刑が確定している。

　誘拐殺人なら死刑もありうる重罪だが、誘拐だけなら刑が軽い、もっと重くすべきだとの思いが黒沢にはあったようだ。後輩の映画監督、堀川弘通は『評伝　黒沢明』(毎日新聞社、2000年)の中で、「子供の誘拐はかねてからクロさんが怖れていたことだった。長男の久雄は1945年生まれだから十七歳、もう誘

拐の怖れはないが、長女の和子は八歳と幼い。有名人の子弟の営利誘拐の可能性は否定できない。自らのファミリーに起こる誘拐の恐怖が、この映画（『天国と地獄』）を作る発端になった」と書いている。

『キングの身代金』の主人公ダグラス・キングになぞらえた「権藤金吾」役の三船敏郎、刑事役の仲代達矢、犯人役の山崎努らが出演した『天国と地獄』が公開されたのは、1963年3月1日だった。東海道線特急「こだま」（東海道新幹線の開通は翌64年、東京オリンピックの年の10月1日）を舞台にサスペンスとスピード感あふれるシーンが見どころの秀作は、今でもDVDになって販売されている。

新作が封切り公開される前、予告編が上映される。

『天国と地獄』の予告編が各地の映画館で上映されたのは、63年の新春まもなくだっただろうか。東京下町・三ノ輪の二番館では、3月に入ってもこの予告編を上映しており、当時失業中だった福島県生まれの時計職人も、それを見ていた。3月10日ころのことだった。

小原保、当時30歳。3月31日夕方、台東区入谷で発生した誘拐殺人事件「吉展ちゃん事件」の犯人、と後に判明する。小原は、4歳11か月になる工務店経営者の長男、吉展ちゃんを、自宅前の公園で誘拐し、その夜のうちに殺害している。工務店に電話し身代金50万円を要求するのは、4月2日午後5時48分になってからだった。その後も断続的に電話をかけ、4月7日未明、8回目となる最後の電話で、自宅から約300メートル離れた場所に駐車中の車まで現金を持ってくるよう母親に命じた。母親は工務店の車で受け渡し現場に向かい現金を置いた。警視庁の捜査員らは走って後を追ったが、間に合わなかった。小原を取り逃がした。小原は、捜査員が紙幣番号を控えていなかった現金50万円の奪取に成功した。

当時、20万円近くの借金返済を厳しく迫られていた小原は、犯行直前の3月27日、都内から故郷の福島県へ向かい金策を試みるのだが、失敗する。誘拐の実行へと動き出す小原の様子を、本田靖春の『誘拐』（ちくま文庫、2005年）は次のように描写している。

「三十八年三月三十一日、金策をあきらめた保は、午前中の列車で磐城石川を発った。その車中で、子供を誘拐して身代金を奪おうと考え始める。ヒントになったのは、三ノ輪の映画館で見た『天国と地獄』（黒沢明監督）の予告編であった。

上野駅に帰りついた保は、不忍池をめぐりながら、しだいに犯行の決意を固めて行く。
　彼の脳裏に入谷南公園が浮かんだ。まだ一か月にもならない。浅草へ遊びに行った帰途、たまたまそこを通りかかった保は、子供たちの遊びに興じる姿を見た。気がついたときは、自然に、入谷南公園へと足を向けていた。
　公衆便所の手洗場にいた吉展に目をつけたのは、この幼児の服装が裕福な家庭を想像させたからである。
　『おじちゃんの家に行って直して上げよう』
　保がそういうと、水鉄砲を手にした吉展は、ためらいもなくついて来た。」

　金に切迫した犯人がなぜ、そこで、その子供に声をかけたのか、説得力のある描写となっている。吉展ちゃんに声をかけるまで、誘拐の対象にだれを選び、どのように遂行させるか、小原は十分に考えていた。
　身代金を奪われた上に、犯人を取り逃がした警視庁は、前代未聞の窮地に陥った。4月13日、警視総監の原文兵衛が記者会見し、自ら直接、犯人に名乗り出るよう呼びかけた。19日には公開捜査に踏み切り、翌20日の朝刊各紙には吉展ちゃん事件が大々的に報道された。そして24日、捜査本部にとって切り札ともいうべき犯人の「声」の公表が決められた。被害者宅である工務店にかけてきた犯人の電話の声が録音されており、その声を収録したソノシートが報道各社に配布されたのだ。25日早朝から、各テレビ・ラジオ局などは、東北なまりとおぼしき犯人の声を一斉に放送し始めた。4月下旬、日本中が吉展ちゃん事件捜査の推移を見守っていた。
　その1週間後、吉展ちゃん事件の発生から約1か月後にあたる5月1日、東京近郊で別の誘拐事件が起きた。舞台はまだ濃厚に農村の雰囲気を残し、鬱蒼とした雑木林があちこちにある埼玉県狭山市だった。ちょうどこの日に16歳の誕生日を迎えた女子高校生が「誘拐」され、身代金20万円を要求する脅迫状が直接自宅に届けられた。4日になって同市内の小麦畑の細い農道で、遺体が発見された。当初は被害者の名前から「善枝ちゃん事件」と呼ばれたが、その後「狭山事件」という呼称が定着する。
　事件の被告人とされた石川一雄（当時、24歳）に対する一審、浦和地裁の初公判が63年9月4日に開かれ、冒頭陳述で検察官は「本件犯行の動機と脅迫状の作成」と題して次のように言及している。

「〈オートバイ2台を月賦で購入したり、それを入質したりで相当額の債務を負った末に〉父富造より約13万円位を出してもらって右債務の支払いをなして解決したが、昭和38年4月20日ごろ、いわゆる吉展ちゃん事件の犯人が50万円取って逃げたことをテレビ放送を見て知り、同様手段で子供を誘拐して現金20万円を喝取して、その中の13万円位を父富造に渡し、残りを持って東京に出て働くことを考え……」

借金の肩代わりをしてもらった同居の父親に返済することが、誘拐の目的だったとする動機の説得力はともかく、吉展ちゃん事件に触発されて……という検察の描いた図式は、第三者的には納得しやすいストーリーではあった。

当時のお金は、現代の10倍前後の価値を持っていた。喫茶店（東京）で飲むコーヒー1杯60円、たばこピース（10本入り）40円、ビール大瓶の標準小売価格115円、映画館入場料350円、日雇い労働者の賃金（建設労働の全国平均）783円、国家公務員上級職の初任給（月俸、諸手当を含まない基本給）1万7,100円（いずれも『戦後値段史年表』週刊朝日編、朝日文庫から）だった。

現代の貨幣価値で言えば、吉展ちゃんの身代金は約10倍の500万円、狭山事件のそれは200万円となろうか。もっと桁違いに額が大きければうなずけるという犯罪ではないのだが、その身代金の少額なことに何とも愕然とする。映画『天国と地獄』の誘拐犯人が要求したのは3,000万円（現在の約3億円）であった。

高度経済成長期のただ中、翌年に東京五輪を控えたこの時代の雰囲気は、だれもが豊かな社会を目指し、高揚していた。5月26日、横綱・大鵬が初の6場所連続優勝。6月5日、黒部川第4発電所、通称、黒4ダムが完成している。同じ6月、新人歌手、舟木一夫が歌うレコード「高校三年生」が発売された。

しかし一方では、荒っぽい世相も現れている。前年62年11月から翌年9月にかけて「草加次郎」を名乗る犯人から爆弾入り封筒や、現金を要求する脅迫状などが、歌手・島倉千代子、新進女優・吉永小百合らに送りつけられた。これに関連して地下鉄銀座線内で爆発も起きたが、結局、事件は未解決に終わっている。さらに63年10月には、「島津貴子さん誘拐未遂事件」が発覚、容疑者が逮捕されている。同年10月から年末にかけ、大学教授や弁護士を装いながら詐欺を重ね、福岡、静岡、東京で計5人を殺害した「西口事件」が起きている。

空手チョップで人気を博したプロレスラー、力道山は12月に、東京・赤坂の

クラブで暴力団関係者に刺され、それが一因となって死亡した。
　11月22日、アメリカ南部のダラスで、ケネディー大統領が暗殺された。

　こういう時代に、『キングの身代金』『天国と地獄』、そして「吉展ちゃん事件」へと連鎖するものがあった。
　警察小説や映画というフィクションの世界と、実際の犯罪とを隔てる距離感は、人によって違うのだろう。それぞれを取り囲む環境によってはたったの一歩であったり、遠い世界のことであったり。仮にその距離がわずかでしかなかったとしても、フィクションから現実世界への飛躍は、断崖から一歩前の空間へ足を踏み出すような、致命的な浮遊感を予想させる。通常なら、その不気味さが犯罪への飛躍を抑止させる。
　しかし、小原保はその天国と地獄を繋いだ。「誘拐の罪が軽い」という黒沢の心配は、皮肉にも、吉展ちゃん事件が一つの契機となり、64年の刑法改正で「身代金目的誘拐」の罪（無期または3年以上の懲役）が新設された。
　他人の犯罪を模倣して自らの犯行に着手することにも、フィクションから現実への飛躍と類似するような、模倣犯にとっての飛躍が必要なはずだ。検察官が言うように「テレビ放送を見て知」った石川の胸中にも、犯罪へと連鎖させる何物かが存在したのだろうか。
　後年、小原と石川の二人は現実世界の、あるところで日常的に交錯する。小原と顔なじみになったという石川は、2007年7月の時点で、こう振り返る。
　「小原さんも映画が大好きだったようで、月に一度、いっしょに映画を見ました。おとなしい、何だか悟ったような人、という印象でしたね」

# 第1章　狭山事件の全容

## 1　起訴状

　裁判は、被告人の氏名などを確認した後、起訴状朗読から始まる。検察官がこれから立証しようとする犯罪事実を述べる手続きだ。起訴状に限らず、裁判所で使用される文書に盛り込まれている言葉には、古めかしいものが多い。文章自体、長文のため一読しただけでは理解しにくいものが多い。次の起訴状もそういう例の一つだ。

　裁判員制度がスタートする時点では、起訴状なども一般国民に分かりやすい文書に変化しているだろうし、ビジュアルで要点を絞ったメモ形式のものも活用されるだろう。専門的な法律用語も、普通の国民が日常使う言葉で優しく表現しなければ、忙しい中せっかく裁判所にやってきた裁判員にとって理解しにくい法廷になってしまう危険性がある。

　ともかく、被告人、石川が問われた事実は、次のようなものだった。

起訴状

左記被告事件につき公訴を提起する。

昭和三十八年七月九日

浦和地方検察庁

検察官　原　正

浦和地方裁判所御中

被告人　本籍　住所

鳶職手伝い　一夫こと　石川　一雄

昭和十四年一月十四日生まれ

公訴事実

被告人は、

第一　昭和三十八年五月一日午後三時五十分ごろ狭山市入間川

千七百五十番地の通称加佐志街道において、学校帰りの埼玉県立川越高等学校入間川分校別科一年生中村善枝〈十六歳、姓は仮名〉に出会うや、やにわに同女の乗っている自転車の荷台を押さえて下車させたうえ、「ちょっと来い。用があるんだ。」と語気鋭くもうし向け、同所から約四百米離れた通称四本杉と呼ばれる同市入間川字東里の雑木林に連れ込み、「騒ぐと殺すぞ。」ともうし向けながら、松の立木を背負わせて所携の手拭で同女を後手に縛りつけ、かつ、所携のタオルで目隠しを施し、その反抗を抑圧したうえ、同女が身につけていた同女所有の腕時計一個及び手帳一冊（身分証明書を挿入したもの）を強奪したが、その際俄に劣情を催し、後手に縛った手拭を解いて同女を松の立木から外した後、再び後手に縛り直して突然その場に仰向けに投げ倒し、同女の反抗を抑圧して姦淫しようとしたところ、同女が救いを求めて大声を出したため、同女の喉頭部を押さえつけたが、なおも大声で騒ぎたてようとするので、事ここに至ってはもはや同女を殺害するもまたやむなしと決意し、右手を同女の咽頭部に当てて強圧を加えつつ強いて姦淫し、よって同女を窒息させて殺害したうえ、同女が自転車につけておいた鞄の中から同女所有の万年筆一本等在中の筆箱一個を強取し

　第二　前記のとおり中村善枝を殺害した後、その犯跡を隠蔽するため、同女の死体を同市入間川所在の麦畑に運び、同日午後九時ごろ同所の農道に右死体を埋没して遺棄し

　第三　右中村善枝を殺害した後、同女の父中村栄作から金員を喝取しようと企て、右中村栄作あて五月二日夜十二時佐野屋の前に現金二十万円を持参すべき旨及び金を持ってくれば子供は無事に返すが、もし、金を持ってこなかったり、警察等に知らせたりしたならば、子供の命を奪う旨記載した脅迫状に中村善枝の身分証明書を同封し、同年五月一日午後七時三十分ごろ同市内の中村栄作居宅に至って表口硝子戸の隙間からこれを差し入れ、同人をして右脅迫状を閲読するに至らしめてその旨畏怖させ、因って同人から現金二十万円を喝取しようとしたが、同月二日午後十二時ごろ右金員を受け取るべく同市大字掘兼、佐野屋付近に赴いた際、身の危険を感じてその場から逃走したため、喝取の目的を遂げなかったものである。

　罪名及び罰条〈略〉

雑木林での強盗強姦、強盗殺人、それに続く死体遺棄、加えて身代金を奪おうとして失敗した恐喝未遂事件だ。犯行状況は、誘拐（正確には、誘い込んだのではなく、反抗を抑圧しての拐取）のようだが、誘拐は罪名に入っていない。

浦和地裁の初公判（1963年9月4日）では、起訴状朗読に続き、罪状認否が行われた。ここで石川は内田武文裁判長らを前に、

「事実はいずれもそのとおり、間違いありません」

と述べている。まったく争わない姿勢を示したのだ。後々、捜査段階で自白し、それを公判でも続けたのには理由があった、と石川は主張するのだが、一審終了までこの自白は維持される。通常、起訴事実をまったく争わない裁判であれば、被告人・弁護人側が問題にするのは、量刑に影響する情状関係だけになる。公判期日も少ない回数で結審する。

しかし、被告本人の認否に続く、弁護人の意見陳述で、弁護士の石田亨は微妙な見解を表明した。弁護人としては無罪主張を検討したであろうが、被告本人が全面的に認めている以上、真っ向否認の意見を述べるわけにもいかない苦しい状況が読みとれる内容だった。石川は強盗強姦殺人容疑で逮捕される前に、いわゆる「別件」の暴行、窃盗と、脅迫状を被害者宅に届けたという恐喝未遂の計3件の容疑で逮捕されている。検察はもちろんこの一次逮捕を「正当な捜査」と主張している。石田は別件逮捕を批判しつつ、

「本件におけるように、きわめてずさんな捜査、あるいは違法とかなり強い程度に思われる捜査から生まれ出てくるものは、必ずしも真実に一致するものとは考えません。〈中略〉本件の審理は、十分捜査の違法に司法的監視のスポットを当てられて、慎重公正に審判していただきたい」

と述べた。違法な捜査によって集められた自白調書などの証拠は裁判所によって排除されるべきで、そうすると事実認定で自白は証拠として使えなくなり、犯罪の証明ができなくなる。事件の真相が石川による犯行であるかどうかとは別に、訴訟上、犯罪の証明がないことになる。実質的には、被告は無罪を宣告されるべきだ、と主張したのだ。

被告人の罪状認否、弁護人の意見陳述に続いて行われるのが、検察官による冒頭陳述だ。これは、検察官が描く事件のあらすじ、犯行のストーリーで、かなりの程度詳細に事件の経緯を明らかにする。

冒頭陳述を基本に、他の公判記録も総合すると、狭山事件の全容は次のようなものになる。

## 2 犯行ストーリー

### *1* 事件発生

　狭山市内でも大きな農家、中村栄作（57歳）の三女、川越高校入間分校別科1年生だった善枝は、5月1日午後6時を過ぎても自宅に帰って来なかった。自宅から約5キロメートル離れた分校へ婦人用自転車で通学していた善枝は、いつもは午後6時には帰宅していた。この日は午後4時半ごろから本降りの雨となっていた。

　心配した同居の兄、憲一（25歳）は午後6時50分ころ、クリーム色の小型トラック「ブリスカ」を運転し、西武新宿線入間川駅（現在の狭山市駅）西側にあった川越高校入間川分校まで行って、善枝がまだ学校に残っていないか尋ねた。しかし、別科の生徒は全員下校しており、だれもいなかった。

　憲一は午後7時30分ころ帰宅したが、善枝はまだ帰っていない。

　とりあえず夕食をすませて対策を考えようと、家族は夕食にてんぷらうどんを食べていた。善枝を除いた家族は、栄作、長男・憲一のほか、一家の家事を担っていた二女の登美恵（23歳）、同じく入間川分校4年生の二男の潔（19歳）、小学校6年生の三男、健（11歳）の5人だった（憲一、潔、健はいずれも仮名）。母親は9年前に病死しており、長男より3つ上の長女は都内へ出ていた。

　その夕食が終わるか終わらないころ、玄関のガラス戸が引き違いに重なる中央部分のすき間に、白い封筒が差し込まれているのを、憲一が発見した。憲一は、玄関から続く土間に置かれた木製の長いすに腰掛けて食事していたのだが、自分では取りに行かず、健に取ってきてもらった。見ると、封筒の表には「中村江さく」と書かれていた。同時に、「少時様」と読める文字が斜線で消されているのも見えた。

　健が封筒を手にしたとき、すでに封は切られていた。封が切られた状態でガラス戸に挟み込まれていたことになる。

　憲一が封筒の中を見ると、大学ノートを破った紙1枚と、善枝の顔写真が貼られた高校の身分証明書が入っていた。そのノート片には、読みづらい文字で横書きにされた文面があった。

「このかみにツツんでこい
　　子供の命がほ知かったら五月2日の夜　12時に、

金二十万円女の人がもツてさのヤの門のところにいろ。
友だちが車出いくからその人にわたせ。
時が一分出もをくれたら子供の命がないとおもい。――
刑札には名知たら小供は死。
もし車出いツた友だちが時かんどおりぶじにか江て気名かツたら
子供わ西武園の池の中に死出いるからそこ江いツてみろ。
もし車出いツた友だちが時かんどおりぶじにかえツて気たら
子供わ１時かんごに車出ぶじにとどける。
くりか江す　刑札にはなすな。
気んじょの人にもはなすな
子供死出死まう。
もし金をとりにいツて、ちがう人がいたら
そのままかえてきて、こどもわころしてヤる。」

　脅迫状だった。一番上の段には、またも「少時」とも読める文字が斜線などでガチャガチャにかき消され、「五月２日」と「さのヤ」の文字は訂正、書き加えられていた。
　この文面を一読し、ただちに内容を理解するのは難しいと思われる。読み返す時間が必要だったろう。憲一と栄作は、善枝が何者かに誘拐されたものと思って、即刻、脅迫状を警察に届けることを決意する。家族の命がかかった決断だが、躊躇した様子はない。
　後の公判で憲一は、「もう吉展ちゃんのことがあったりしたもので、すぐに警察へ行こうということになりました」と証言している。この時点では、吉展ちゃんの安否は不明だった。遺体も見つかっていないし、小原も捕まっていない。
　自宅から約２キロメートルの距離にある狭山警察署堀兼駐在所へ向かおうとした午後７時50分ころ、栄作は、納屋の庇の下に止めてある「ブリスカ」に向かって右隣に、善枝が通学に使っている自転車が止めてあるのを発見した。半年ほど前に購入した女性用自転車セキネ号だ。脅迫状を差し入れた犯人が、乗ってきたものか。憲一が帰宅した際には、自転車はなかった。約20分の間に自転車は置かれたことになる。憲一は、
　「〈脅迫状を発見したのは〉７時40分前後ですね」
　「〈自転車の〉スタンドもきちんとかけてあったように記憶しています」

被害者宅に届けられた脅迫状の文面

「自転車は相当濡れておったように思います。サドルまでははっきり記憶しておりませんが、でも、濡れたように思えない状態でした」

「自転車をいじらず駐在に行って、駐在に行ったのが8時5分前ごろかと記憶しております。ですから、脅迫状を発見してからその時間というものは、15分たつかたたないうちに駐在に届けたように思います」

などと約半年後の9月30日、浦和地裁での2回公判で証言している。

脅迫状が発見される直前の午後7時30分ころ、被害者宅から約120メートル北東に位置する農家、内山耕作（仮名、60歳）方を訪ねた男がいた。23、4歳に見えたというその男は「中村栄作さんの家はどこだろう」と内山に問いかけた。内山は「裏の家から四軒向こうだ」と言って教えた。

後に石川が逮捕されてから、内山は狭山署内で石川に面通しされる。内山の証言を基に、「尋ねた男は石川」と検察官は認定した。

## 2 佐野屋

脅迫状に書かれた「さのヤ」は、地元の人なら誰でも知っている雑貨商だ。看板は出ていない。酒、たばこなども扱っている。被害者宅から西へ約1キロメートル離れた県道沿い、ちょうど五叉路になったところにある。店舗の周囲は、茶畑やジャガイモ畑だった。

1日夜、届け出を受けた狭山署の当直責任者らは、「五月2日夜12時」の意味を考えた。もしかすると、その当夜、2日午前零時のことを示しているのかも知れない。ならば、脅迫状を発見してから4時間余りしか経過していない時刻だ。駐在所から狭山署へ移動した父兄は事情聴取の最中だったが、それを中断して零時前に佐野屋に向かうことになった。

脅迫状は「女の人」が現金20万円を持って来るよう要求している。家族で女性は、善枝のほかは登美恵しかいない。登美恵は当初、佐野屋の前に立つことを嫌がったようだが、結局、登美恵が行った。どしゃぶりの雨の中、傘をさして佐野屋前に立った。手には、現金ではなく、20万円相当に見える「紙包み」だった。

周囲には、数人の警察官が張り込んだが、犯人はあらわれなかった。

時間をだいぶ飛ばして9年後の1972年4月18日に開かれた東京高裁での控訴審60回公判で、証言席に立った憲一は、この1日深夜（2日午前零時）のことを尋ねられている。弁護士の「紙包みは誰が作ったんですか」との問いに

対し、憲一は「警察の方だと思います」「警察にまかせました」「〈家族から〉女の警察官にしてくださいということは言ってました」などと答えている。

　翌2日午後12時、まさに犯人が身代金授受の時刻として指定したとみられる時刻、再び登美恵が佐野屋前に立った。白いハンカチに包んだ「紙包み」を持っていた。

　その晩は晴れていた。月齢8・3、上弦の月だ。浦和の県警本部からも応援が駆けつけ、付近の畑、道路には約50人の警察官が張り込んでいた。零時を約10分過ぎたころ、「おいおい」と低い男の声が約30メートル離れた道路沿いの畑の中から聞こえた。約10分にわたり、犯人と登美恵と問答が繰り返された。

犯人　　「おいおい」
登美恵　　返事せず
犯人　　「おいおい、来てんのか」
登美恵　「来てますよ」
犯人　　「警察へ話したんべ」
登美恵　　返事せず
犯人　　「そこに二人いるじゃねえか」
登美恵　「一人で来ているから、ここまでいらっしゃいよ」
　　　　「ここまで来ているんだから、あんたの方で出てきなさいよ」
犯人　　「本当に　金　持って来ているのか」
登美恵　「ええ、持ってきてますよ」
犯人　　応答せず
登美恵　「ここまで来なさいよ」
　　　　「あなた男なんでしょう。男らしく出てきたらいいでしょう」
犯人　　しばらく応答しなかった後に
　　　　「取れないから帰るぞ、帰るぞ」
登美恵　「私は時間厳守で来てるんですから、ここまで来なさいよ」
犯人　　応答なし

　このやりとりの直後、登美恵は犯人と思われる「白っぽい人影」が南の方向へ動くのを目撃する。犯人は逃げた。各張り込み地点から警察官が飛び出したが、

すでに遅く、逃げられた。

　捜査員らは、この現場で犯人を取り押さえる計画だった。模造札束ではなく、現金を犯人に渡して、逃走するのを追尾し、善枝の安否を確認してから逮捕するという手法は考えていなかったようだ。犯人は「車出ていく」と脅迫状にあるのだが、追跡用の捜査車両が現場近くに用意されたことをうかがわせる資料は、公判記録にはない。

## 3　死体

　犯人逮捕に失敗した警察は、3日早朝に捜査本部を設置し、機動隊約30人、地元消防団約50人で付近の雑木林、畑の捜索を行った。いつもは静かな農村地帯でこの人数による捜索は、犯人が地元の人間だった場合には、警察が動いていることをはっきりと伝えるようなものではある。被害者の安否が不明のこの時点で、どのような捜査幹部の判断であったのか。3日夜には早くも報道協定が解かれ、4日付、各新聞朝刊は、事件の発生、犯人取り逃がしを一斉に伝えている。

　3日午後2時25分ごろ、狭山市入間川井戸窪の雑木林で、善枝が使用していたとみられる自転車荷掛け用ゴム紐が、捜索していた警察官によって発見された。佐野屋からは、直線にして北西に約1.5キロメートル離れていた。

　続いて4日午前10時30分ごろ、ゴム紐発見場所から南西に直線距離で約600メートル離れた麦畑の間の農道に、善枝の死体が埋められているのが発見された。

　農道は幅約2メートル。表面の土に亀裂が入っているのを、捜索に加わっていた地元消防団員が発見した。農道に縦約1.66メートル、横約0.8メートル、深さ約0.8メートルの穴が掘られ、死体が埋められていた。

　死体は、紺色サージの制服姿で、うつぶせになっていた。首は木綿の細引き紐で締められていた。両手は後ろ手に手ぬぐいで縛られ、両目がタオルで目隠しされ後頭部で結ばれていた。

　両足はまっすぐ伸び、両足首は別の木綿の細引き紐（長さ2.6メートルのものを二つ折りにしたもの）で締められ、その紐の一端には、四重折りにしたような約6メートルの荒縄（バラバラに延ばせば、計約24メートル）が連結され、死体の上にうねるようにかけられていた。

　細引き紐による首と両足首の締められ方は、実況見分調書では「ひこつくし様」と表現されている。これは、一端に小さな輪を作り、その輪に他端を通し、引っ

張ればどんどん締まってゆくカウボーイの輪投げのような仕組みとされる。
　制服のスカートが腰のあたりまでまくれあがり、ズロースが両膝付近まで引き下げられていた。
　死因は頸部を強く圧迫されての窒息死、殺害方法は「扼殺」と、埼玉県警鑑識課所属する医師の鑑定によって特定された。さらに頭部、頸部、左鼠蹊部などに、生前に受けたとみられる傷があった。膣内には、精液が残存し、その血液型はB型と判明した。
　死亡推定時間は、胃の内容物などから、生前最後の食事から最短3時間を経過したころとされた。善枝の最後の食事は、1日正午ごろ、高校の調理実習で作ったカレーライスと認められるので、死亡時刻は、同日午後3時以降となる。

## 4
### 手ぬぐい、タオル、スコップ

　被害者、中村善枝の両手を後ろ手に縛っていた手ぬぐいには、狭山市内の「磯田米穀店」（仮名）という店舗名と電話番号、小槌の模様が染め抜かれていた。その図柄から同店が前年の12月、染色業者に注文して作成したもので、63年の正月、狭山市内の得意先に配布したものだった。前年正月に配布したものとは、微妙に図柄が違っており、63年正月用と特定できた。
　米穀店経営者、磯田定介（同）によると、配布総数は165本。配布先予定者やその数量などを便箋4枚にメモしており、捜査本部は各戸から手ぬぐいの任意提出を受けて回収していった。その結果、155本を回収。このほか着物の襟などに縫いつけて使用中のもの3本を確認した。
　配布先から回収できないものは、7本、配布先7軒だった。うち1軒は「手ぬぐいをもらった記憶がない」と主張。4軒は「もらったが、使用後に捨てるなどして現在持っていない」と述べた。
　残りの2軒は、石川に関係のある住宅だった。1軒が、石川の実姉が嫁いでいる近所の石川仙吉宅。磯田の便箋では、仙吉宅に2本配布したことになっているのに、仙吉自身は「1本しかもらっていない」と主張し、1本のみ（正確には、半分に切って使用済みだったので、残りの半分）を任意提出した。1本が未回収とされた。
　もう1軒は、石川一雄の自宅に隣接している三浦しず（仮名）宅だった。三浦は「磯田からは1本も、もらっていない」と説明した。
　石川一雄宅には、1本配布されていたが、そのまま捜査本部に任意提出されて

いる。
　この手ぬぐい捜査は、作成本数、配布本数とも165本と限定されているので、徹底的な捜査を行えば、被害者の両手を縛った手ぬぐいの所有者を特定できる性質のものではあった。

　被害者の両目を隠し、後頭部で結ばれていたタオルもすぐに製造元が判明した。東京都江戸川区の星島食品工業（仮名）の社名、マーク入りで、同社によると1959年から62年にかけて製作した宣伝用タオル8434本のうちの1本だった。同社はこのタオルを取引先に配布し、狭山市近辺での配布先としてパンを販売する商店9軒が判明した。しかし、この取引先に配布されたタオルは「僅少」で、商店の家族や使用人が使い、一般顧客に配布された事実は認められない、とされた。
　星島食品工業はこのタオルを、東京都北多摩郡保谷町（現在の西東京市）にあった製菓工場にも配布していた。石川は、1958年3月から61年9月まで、この工場に勤務し、工場の野球チームの一員だった。工場内の親善野球に際し、その都度50本くらいを星島食品工業から寄贈してもらい、野球チーム全員に参加賞として配っていた、とされる。当然、石川もこのタオルをもらっていた、と検察官は主張した。

　死体発見から7日後の5月11日午後5時ごろ、死体埋設地点から西へ約124メートルの麦畑で、農作業中の女性が、捨てられていたスコップ1丁を発見し、捜査本部へ届け出た。このスコップは被害者宅と佐野屋とのほぼ中間、不老川にかかる権現橋近くの養豚場から、1日午後5時から2日午前8時までの間に盗まれたもの、と確認された。
　また、スコップ付着の土と、死体発見現場から採取した土を、県警鑑識課員が鑑定した結果、「同質の土」であることが分かり、このスコップが死体埋設に使われたものと認定された。
　その養豚場経営者、飯田和頼（仮名）によると、養豚場では、よく吠える犬を飼っており、知らない者が近づくと猛烈に吠える。養豚場にスコップがあることを知っている者は、養豚場の使用人、出入り業者、その友人らであるが、石川一雄はこの養豚場で前年の10月末からこの年の2月末まで約4か月間、住み込みで働いていた。

養豚場の使用人や出入りの人間など27人について捜査した結果、石川を除く26人にスコップ窃盗の証拠がなく、21人について血液検査をしたところ、B型は石川一人だけとされた。
　だから、石川が養豚場からスコップを盗み、死体を埋め、麦畑に捨てた、とされた。

## 5　脅迫状

　脅迫状こそは、犯人と直接結びつく証拠だ。脅迫状の作成者は、ほぼイコール脅迫未遂の犯人であり、殺人へ関与も濃厚に疑われる。石川がこの脅迫状を書いたのか、書く能力があったのか、事件全体を通して最大の焦点となった。
　検察官は、冒頭陳述で「多数の誤字、あて字が書かれ、特徴のある筆跡であった」と述べている。果たして単なる誤字、あて字であったのかどうか。
　捜査本部は、石川が勤務していた製菓工場から、石川の「早退届け」を任意提出させ、脅迫状の文字と筆跡を比較した。また、5月21日には、捜査員が石川宅を訪ね、石川に「上申書」を書かせ、任意提出させた。上申書には、つたない文字で次のように書かれていた。

　「上申書
　　狭山市入間川
　　石川一夫　24歳
　　はたくしわほん年の五月一日のことにツいて申し上ます
　　五月一日わにさの六造といツしよにきんじよの三浦〈仮名〉
　　さんのんちエやねをなしにあさの8時ごろからごご4時
　　ごろまでしごとをしましたのでこの日わどこエもエでません。
　　でした　そしてゆうはんをたべてごご9時ごろねてしまい
　　ました
　　昭和38年5月21日　狭山けいさツしよちようどの
　　右　石川一夫」

　当時、石川は通常の日本語をほとんど書けなかったことがわかる。「五月一日は兄さんの六造と」と書くべきところが、何とも奇妙な表現になっている。「三浦さんの家〈うち〉へ屋根を直しに」の意味に読み取れるところも、ひどく読みづらい。24歳の人間が、どうしてこれほど稚拙な文章しか書けなかったの

石川が5月21日に書いた「上申書」(黒ぬり部分は筆者)

か。横書きにしているのは、脅迫状との比較のため、捜査員の指示によるものとみられる。

　早退届けと上申書、脅迫状について、県警鑑識課員らが筆跡鑑定したところ、「同一筆跡」との結果が出た。

## 6
**足跡**

　現場に残された足跡もまた一般的には、特徴があるものであれば、履物を特

定することができ、同一の履物を使用している人物との結びつきが可能だ。ただし、同種のものが多く市販されていれば、履いている人も多くなり、一人の人物に特定する作業は難しくなる。

　5月3日午前零時10分ころ、犯人が佐野屋前に立つ中村登美恵に向かって「おいおい」などと呼びかけた地点は、登美恵から約30メートル離れた茶畑の中とされている。この地点と、そこから南東にあたるじゃがいも畑などの中に、多数の足跡が残されていた。捜査本部は、比較的鮮明な足跡3個を採取した。県警本部鑑識課による鑑定結果に基づいて検察官は、この採取した足跡は、石川の自宅から押収した5足の地下足袋のうちの1足によって印象されたものと主張した。

## 7
### 被害者の所持品

　死体発見現場から南西へ約20メートル離れた畑の中に、芋穴があった。

　芋穴は、さつまいもなどの保存用に掘られたもので、結構深い。捜査員の実況見分調書によると、入口は縦75センチ、横65センチ、深さ3メートルもある。底の三方に横穴が掘られ、それぞれ高さ約90センチ、奥行き約4.7メートルに達する。入口は2枚のコンクリート製合わせ蓋で閉じられているのだが、5月4日の死体発見とほぼ同時刻に、その穴の底からビニール製風呂敷1枚と、木の棒が発見された。

　縦67センチ、横65センチの風呂敷は、白地に赤で鶴、亀、宝船などの模様があり、宝船の帆には「寿」の字があった。この風呂敷は、細長く引き絞ったような状態で発見され、広げてみると、対角線上の2つの角が、小さな三角形状に切り取られていた。その切れ端とみられる三角形状の2枚が、被害者の足首を縛っていた細引き紐の一端に結びつけられていた。

　このビニール風呂敷は、発見直後に捜査員が被害者の兄、憲一に確かめたところ、「被害者のものでないことが判明した」と記録されたものだが、検察官は被害者善枝が所有していたものと認定している。憲一自身も登美恵も、63年11月21日の一審7回公判で、検察官に風呂敷きを示され、「〈善枝の〉自転車の前につけているカゴの底に入っていた」「善枝が持っていたのだと思います」などと述べている。

　芋穴から見つかった棒は、長さ94センチ、中央部分の周囲は11センチ。この棒は結局、誰が何のために置いたのか、捨てたのか、判明していない。

5月25日、今度は死体発見現場から北東へ約400メートルの地点にあたる、雑木林と桑畑の間の溝で、被害者の教科書、ノート類13点がまとまって見つかった。農作業中の人が発見した。被害者がいつも自転車後部荷台にくくりつけていた鞄はまだ発見されず、鞄の中に入れていた物だけが見つかった。

## 8 被告人の逮捕後、明らかとなった事実

　5月3日午前零時10分ごろ、佐野屋前で、被害者の姉、登美恵と犯人とのやりとりは、狭山署の協力要請を受けた地元の有力者、松岡英夫（52歳、仮名）も聞いていた。材木商を営む松岡は、善枝がこの春卒業したばかりの地元中学校のPTA会長や防犯協会の役員をしており、2日夜は佐野屋周辺への捜査員の隠密裏の輸送などにも協力していた。身代金授受の現場には、登美恵の護衛役として付き添い、登美恵から約3メートル離れた佐野屋の生け垣の陰に隠れて、犯人の声を聞いた。

　この松岡と登美恵の二人が、石川の逮捕後、狭山署で取り調べ中の石川の肉声を聞いた。その結果、検察官は、犯人と石川の声は同一音声と認定した。

## 9 被告人の自供により明らかとなった事実

　自白は、犯罪を証明する直接的な証拠となりうる。

　警察官や検察官の取り調べに対し、容疑者が犯行を認め、詳しい状況を供述したのなら、それを記録した自白調書は法廷に提出された場合に大きな力を発揮する。取調官が作成した自白調書は一定の条件を満たした場合に証拠とすることができる。拷問、強制、誘導などではなく、容疑者が任意に話したと信じられる状況が明らかになれば、適正な手続きで収集された証拠とみなされる。

　その内容が信頼できるかどうかは、また別問題だ。証拠として認められ、法廷で取り調べられた目撃証言や物証、捜査書類、自白調書などすべての証拠を、信用するか、しないかは、裁判官や裁判員の自由な判断にかかっている。

　一般的に言えば、「私が殺して埋めました」という自白調書は、本人の直接体験を内容とするために、多くの人は信じられるものだと思う。それに比べれば、第三者の目撃証言、例えば「私がこの目で、AがBさんをナイフで刺すのを見ました」などという証言も直接的な証拠ではあるが、目撃した距離、明るさ、Aは見慣れた日ごろからよく知っている人物だったかどうかなど様々な状況によっては、断言できない場合もあろうし、見間違う可能性もないとは言えない。一方の

自白は、本人が体験していることだし、ほとんどの人は「重い刑罰が予想されるのに、だれもウソを言ってまで罪を認めることはないだろう」と思う。
　また、事件によっては、犯人によってしか解明されない状況、犯人しか知らない部分がある。例えば、人里離れた道もないような山奥の森に被害者の死体を犯人が一人で埋めたとしたら、埋設地点を特定する目印とか現場の様子は犯人しか知り得ない。容疑者が自供し、捜査員が容疑者を同道して掘り起こしたら被害者の遺体が見つかった、というような場合である。捜査員も知らない犯行の具体的状況を容疑者が明らかにすることは「秘密の暴露」とも呼ばれる。自白通り遺体が見つかったこと自体が、この容疑者が犯人であることを決定的に証明する、とされている。
　これらが、捜査当局が最良の証拠として容疑者の自白を求める理由だ。
　検察官によると、石川の自白に基づく犯行の状況は次のようなものだった。

　石川は養豚場の住み込み使用人を辞め、63年3月半ばから自宅に戻っていた。三つ年上の鳶職をしていた兄、六造のもとでその仕事を手伝うようになっていた。その石川が5月1日午後4時ごろ、入間川駅（現狭山市駅）から東方へ延びる通称「加佐志街道」のX型交差点あたりで、同駅方向から東に向けて自転車に乗ってきた制服姿の中村善枝と、すれ違いざまに出会った。道は砂利道だった。石川も駅前から同じ道をぶらぶらと歩いてきたのだが、少し先の森の前で突如、Uターンした直後だった。Uターンの理由は説明されていない。
　二人に、相互の面識はない。すでに石川は、子供を誘拐して身代金を脅し取ろうと計画していたが、善枝とすれ違ったその時に、計画を変更してこの女子高校生を雑木林に連れ込んで金にしようと決意した。振り向きざまに自転車の荷台を押さえて、善枝を下車させ、石川は「ちょっと来い、用があるんだ」と語気鋭く脅迫した。
　そのまま交差点から南へ約700メートルの雑木林まで連行する。善枝はおびえたのか、抵抗することなくついてきた。途中までは善枝が自転車を押して歩き、雑木林入口で石川が自転車のハンドルを持って押す。歩きながら、父親の名前、住所を尋ね、聞き出した。
　通称「四本杉」という雑木林に着くまでの間に、石川はこれからの行動を考えた。善枝を雑木林の松の木に縛りつけて所持金を奪ってから中村宅へ脅迫状を届け、金を脅し取ろうと計画した。四本杉の手前約20メートルまで来て自転車のスタン

ドを立てて止めた。

　善枝の手を取り、四歩杉まで連れ込んですぐに松の木（直径約10センチ）を背に善枝を立たせ、自分で持っていた手ぬぐいで両手を後ろ手にして松の木に縛りつけた。同じく持っていたタオルで目隠しして反抗をおさえ、善枝から腕時計一個、手帳一冊を奪った。

　しかし、この強奪直後、石川は急に善枝と性交したくなった。後ろ手に縛った手ぬぐいをいったん解いて松の木を外して、再び後ろ手に縛り直した。そのまま数メートル離れた杉の木（四本杉の最北の杉）の根本まで善枝を歩かせたところで、足がらみをかけて仰向けに押し倒した。スカートをまくりあげ、ズロースを一気に膝近くまで引き下ろす。さらに善枝の両足を広げて、その間に自分の体を割り込ませて性交しようとした。

　善枝は、押し倒されたときから数回、悲鳴を上げていたので、石川は善枝に乗りかかると同時に、右手の手のひらで善枝の首を押さえて声が出ないようにした。それでもなお、大声で「助けて」と叫び、騒ぎ立てようとするので、もう善枝が死んでしまってもやむを得ないと決意し、さらに強く首の前面を押さえつけた。押さえつけながら、強姦した。射精した後で、首から右手を離したときには、咽頭部の強い圧迫のため、善枝は窒息死していた。

　殺害後、石川は四本杉近くの檜の下に腰をおろし、死体の処理などについて約30分考えた。そこで、死体を近くの芋穴に吊して隠し、後で死体を農道に埋めることを計画した。死体を自分の両腕で抱え、殺害現場から約190メートル離れた芋穴まで運んだ。

　死体を吊す荒縄を探すため、いったん芋穴から離れ、北西へ約150メートルの距離にある新築中の一戸建て周辺にあった荒縄と細引き紐を盗んできた。

　その荒縄と細引き紐を使って死体の足首を縛り、芋穴に逆さ吊りにした。あとで引き上げられるよう荒縄の端を、芋穴近くの桑の木に結びつけて、芋穴に蓋をした。

　逆さ吊りの際、最初は善枝が持っていたビニール風呂敷で死体の足首を縛り、風呂敷の端を細引き紐に結びつけて引っ張ってみたところ、風呂敷の端が切れたので細引き紐を直接足首に巻いて縛った。不用になった風呂敷は、芋穴に捨てた。

　殺害後、四本杉の雑木林の中で、石川は、子供を誘拐したときに使う目的で作成しておいた脅迫状を訂正する。訂正が、芋穴に死体を運ぶ前なのか、運んで吊した後なのか、冒頭陳述では判然としていない。

訂正は、脅迫文中の20万円を持って来るよう命じた日時の「4月28日」を斜線で消して「五月2日」に、「前の門」の「前」を消して「さのヤ」に、さらに封筒の宛名「少時様」を消して「中村江さく」に、それぞれ書き加えた。
　訂正は、石川が持っていたボールペンで行われた。
　訂正後、封筒の中には脅迫状とともに、善枝から奪った手帳に挟み込まれてあった写真付きの学生証を入れた。
　芋穴に死体を隠した後、石川は自転車を止めたところまで戻り、それに乗ってだいぶ遠回りして中村宅へ向かう。その途中で善枝の所持品を捨てている。荷台の荷掛け紐を外して鞄を取り上げ、まず鞄の中身の教科書類を桑畑の側溝に埋めた。その際、筆箱は捨てずに、ズボンの後ポケットに入れた。筆箱には、万年筆と鉛筆数本が入っていた。
　次に、教科書類から約140メートル離れたところに鞄を捨てた。さらに鞄から約52メートル離れたところに荷掛け紐を捨てた。
　殺害現場から中村宅まで自転車での走行距離は、約8キロメートルになる。土砂降りの雨の中だ。傘、雨合羽は登場しない。中村宅と思われるところまでは来たが、正確には場所が分からず、表札も出ていないため、内山耕作方で中村宅を尋ねた。中村宅へたどりついたのは、午後7時30分ごろ。ちょうど被害者の兄、憲一が善枝を心配して入間川分校までブリスカで往復し、帰宅したころだ。
　脅迫状をガラス戸に差し入れる直前、石川は脅迫状を入れた封筒を破る。学生証が入っているかどうか確認するためだ。確認後、脅迫状を4つ折りにして学生証といっしょに封筒に入れ、ガラス戸のすき間へ差し込んだ。破った封筒の片方の小紙片は、5月2日早朝、憲一が入り口引き戸近くで発見している。
　脅迫状を届けた後は、石川は徒歩になる。2月末まで働いていた飯田養豚場には、飼料かくはんに使うスコップがあることを知っていたため、被害者の死体埋設に使う目的で、養豚場からスコップ1丁を盗み出した。
　雨の中、スコップを手に死体を隠した芋穴まで約4.4キロメートル歩く。雑木林の中などではなく、一般道を歩くのだが、この間の目撃者はいない。午後8時30分ごろ、芋穴に到着する。芋穴から約20メートル離れたところで農道に穴を掘り、芋穴から死体を引き上げて運び、埋設した。雨の中の作業だ。スコップは自宅へ向かう途中の麦畑に捨てた。スコップ遺棄地点から自宅までは、わずか350メートルだ。
　翌5月2日午後10時ごろ、石川は自宅玄関にあった兄、六造の地下足袋を

はいて徒歩で佐野屋へ向かう。佐野屋わきの茶畑に潜んでしばらく様子をうかがい、3日午前零時10分ごろ、中村登美恵と問答した。
　しかし、登美恵の後方に人影を発見し、危険を感じて逃げ出し、自宅へ戻った。

　脅迫状を届ける途中で捨てた善枝の鞄は、石川の自供に基づき6月21日に捜査員が発見した。
　奪った万年筆は、自供に基づき、自宅の勝手口の鴨居から6月26日になって発見、押収された。
　奪った腕時計は、5月11日ごろ、石川が狭山市内の路上に捨てた。捜査員らが探したが見つからず、7月2日になって散歩中のお年寄り（78歳）が発見し、届け出た。
　鞄、万年筆は、犯人しか知らないところから自供通りに見つかった、ということになる。検察官は、時計についても、鞄、万年筆と同じように「秘密の暴露」とみたようだ。

## 10 犯行の動機と脅迫状の作成

　父富造に13万円を返そうとしていたこと、吉展ちゃん事件を知り同じように子どもを誘拐して20万円を脅し取ろうとしたこと、返済した残りの約7万円を持って東京へ出て働こうとしていたことが、動機と認定されていることは前に触れた。
　脅迫状を作成したのは4月28日ころ、作成場所は自宅で、とされる。漢字をまともに書けない石川は、自宅にあった少女向け漫画雑誌「りぼん」など3、4冊から必要な漢字を拾い出し、中学2年の妹、美智子（14歳）が使っていた大学ノートから破り取った紙に、脅迫文を書いた。その際の筆記用具については、冒頭陳述では言及されていない。
　作成した脅迫状を、自宅の仏壇下の引き出しの中にあった封筒を取り出して、その中に入れ、ズボンの後ポケットに入れて毎日持ち歩いていた。

　以上が、検察官が主張する事件のストーリーだ。死体埋設場所など犯行に関係した現場が何か所も出てくるが、冒頭陳述では相互の距離関係がほとんど出てこないので、ほかの公判記録から補ってある。
　どんな裁判でも、検察官の冒頭陳述を聞くと、それなりにインパクトがある。石川に対する冒陳の内容を聞いても、「まったくひどい事件だ」と思われるだろう。

あるいは「動機が弱いのでは」「誘拐する相手が、なぜ、子どもから女子高生に突然変わったのだろう」などといろいろな感想、疑問がわいてくるかも知れない。初めて事件の詳細を聞く人にとって、冒頭陳述は白紙にインクが染みこむように脳裏に印象される。

## 11 一審法廷

　石川が全面的に起訴事実を認めた一審では、脅迫状、足跡石膏、遺体発見現場に残された荒縄など64点の物証、被告本人の自白を含めた供述調書54点、死体や脅迫状の筆跡、スコップ付着の土壌についての鑑定書などの証拠調べが行われた。

　ただ、当然あるべき殺害現場（四本杉）の実況見分調書は、法廷に提出されなかった。捜査本部は、殺害現場や埋設現場に石川を同道した、いわゆる引き当たり捜査をまったく行っていなかった。

　検察官請求の証人延べ45人が証言した。弁護人が請求した事実関係の証人は全部却下され、情状面に関する立証に限って4人が認められた。石川の父母、石川が14歳のとき半年ほど勤めた親類の靴店経営者、それに警察官が一人。事件当時、狭山警察署交通係だった関源三・巡査部長（47歳）だ。

　関は、石川宅から300メートルほどしか離れていない近所に住み、約3年前から石川と知り合いになっていた。野球好きの関は、石川ら地元の若者がつくっていた町内野球チーム「菅四ジャイアンツ」の顧問、世話役的な立場にあり、石川について「肩のいいキャッチャーと記憶しております」「そんなに悪い人間じゃないと思っている」などと後の法廷で証言している。この関が、捜査の重要な進展には必ずと言っていいほど登場する。

　一審7回公判で、被告人質問に立った石川は、立ち会い検察官、原正に脅迫状を示され、「これは、だれが書いたんですか」と問われると、
「おれが書いたです」
と答えている。10回公判でも、殺害の様子を、同じく原に尋ねられている。「〈被害者を〉縛りつけて時計や財布を取った後に強姦したのか」と問われ、石川は「はい」と応じている。質問と答えは、次のように続く。

　　原　　その際、被害者を殺すようなことになったのか。
　　石川　はい。

原　　この間の事情は、警察や検察庁で述べた通りか。
石川　はい。
原　　善枝さんを殺してしまった後30分くらい、そこで考えたというが、そうか。
石川　はい。
原　　何を考えたのか。
石川　金を取りに行くかどうかです。
原　　その後どうしたのか。
石川　死体を埋めようと思いました。
原　　それから。
石川　芋穴まで死体を運びました。
原　　運ぶ前に縄を探しに行ったのではないか。
石川　はい。

　これでは、弁護人として事実関係を争うことは難しい。ただ、冒頭陳述では、死体を芋穴まで運んだ後に、縄などを盗み出したことになっていたのだが、原はなぜか運搬前の縄探しを質問し、石川もそれを認めている点が不思議だ。
　弁護人は最終弁論でも、結局、「別件逮捕」という捜査手続きの不当性をついて、自白調書などを証拠から排除するよう求めるしかなかった。
　軽微な、通常なら立件しないような容疑で逮捕し、その勾留期間中に別の重大な容疑について取り調べる、その後に今度は本件である重大容疑で再び逮捕し、不当に長期間身柄を確保し心身ともに容疑者を追い詰める。こうした捜査の進め方を批判的に「別件逮捕」と言うが、裁判所が違法と判断するかどうかは、なかなか微妙なようだ。石川のケースで言えば、実質的には同じ本件で2度重ねて逮捕し、計47日間も取り調べたという点に弁護人の力点が置かれた。

## 3　取り調べ過程

### *1*　1次逮捕

　石川の身柄は、どのような推移をたどったのか、確認しておきたい。
　佐野屋前の犯人取り逃がしから3週間後の5月23日早朝、石川は暴行、窃盗、さらに中村栄作宅へ脅迫状を届けた恐喝未遂の計3件の容疑で逮捕された。石

川は、逮捕直後から暴行、窃盗は全面的に認めたが、恐喝未遂は強く否認した。

暴行容疑とは、63年2月19日ころ狭山市内で、石川が助手席に乗っていた養豚場の小型トラックと、バイクの接触事故があり、その直後に起きたものだ。バイクを運転していたのは、農協勤務の青年（21歳）。事故の原因はこの青年のわき見運転で、石川はトラックから降りるや、「この馬鹿野郎」と怒鳴りながら、青年の顔を2回殴りつけた。トラック後部に10センチほどの傷が2か所でき、警察官も現場に来て調べている。結局、示談となり、青年の親類が2級酒2升を養豚場まで持参し、決着がついているはずのものだった。それが逮捕直前の5月21日になって青年から狭山署長あて被害上申書が提出された。この上申書は、捜査員によって代書されている。

養豚場は、親豚約80頭、子豚約20頭を育てる市内でも有数の規模だった。そこの番小屋に住み込みで働く石川の仕事は、豚舎の清掃と餌やり。それに一日3回、トラックに乗って西武線を越えた西側にある航空自衛隊入間基地（かつては米軍ジョンソン基地と呼ばれていた）へ残飯の払い下げを受け取りに行くことだった。

もうひとつの窃盗容疑は、養豚場にも出入りする石川の遊び友達であるダンプカー運転手（21歳）から、修理用作業衣（上下つなぎ服、時価約1,500円）一着を盗んだというものだ。石川は六造の勧めもあって2月末、養豚場をやめ、友人の家などを泊まり歩いていた。3月7日夜、養豚場近くの運転手の自宅前に止めて置いたダンプの運転席に乗り込み、一晩そこに泊まった。寒いので運転席に置いたあった作業服を着たのだが、翌早朝、着たままそこを出た、つまり盗んだことになる。4月半ば、運転手は、この作業服を着ている石川と入間川駅前でばったり出会ったが、「返せ」とは言わなかった。その際、石川は「借りているから」と断っている。

ところが、5月19日付で被害上申書が運転手から提出される。これも捜査員による代筆で、それまで被害届けを出さなかった理由について「被害がわずかであったので届け出いたしませんでした」と述べている。

## 2
### 7件の別件

3件の容疑で逮捕、送検され、その勾留満期の6月13日、浦和地検は、当初の暴行、窃盗に加え、取り調べ中に石川が自供した他の傷害、窃盗、横領など7件を立件し、計9つの罪で起訴した。恐喝未遂については、起訴せず、処

分保留とした。証拠が十分ではなく、公判維持が難しい、と検察官は判断したようだ。

新たな7件の容疑も石川は全面的に認めていた。少し前まで養豚場で働いていた24歳の青年の生活ぶりを彷彿とさせるものだ。

①横領………月賦で購入したオートバイ（6万5,000円）を、62年6月ころ、代金を完済しないうちに知人に2万5,000円で売却した。

②窃盗………同年11月19日夜、養豚場の経営者や同僚ら3人とともに、狭山市内の建築工事現場から、杉材16本（10.3センチ角、長さ3メートル、計2万3,2000円相当）を盗み出した。養豚場に住み込んでいた石川は、経営者から「分からないよう行って来い」と言われ、養豚場のトラックで運び出した。あとで経営者から「たばこ代にしろ」と1,000円札1枚をもらった。

③傷害………同年11月23日夜、市内の小学校校庭で養豚場の同僚2人とともに、少年（17歳）の顔を殴るなどの暴行をくわえ、加療5日間のけがを負わせた。石川の供述によると、養豚場の同僚1人と所沢へでかけた帰り、所沢駅待合室で「ちょっといかすような野郎」〈石川がいう被害少年〉と若い女性が話し込んでいるのを見かけた。電車に乗り、養豚場最寄り駅で降りると、たまたまその少年も下車し、駅前から自転車を転がしてきた。同僚が「おい、ちょっと待て」と呼び止め、2人で近くの校庭へ連れ込み、同僚が殴るのを見ていた、というものだ。

④暴行………63年1月7日ころ、③の少年が、殴打されたことを理由に金品を要求しようと養豚場へやって来たので、居合わせた仲間とともに少年の顔を数回殴り、足蹴りにした。

⑤森林窃盗…1月7日夜、養豚場経営者ら2人とともに、豚舎の風除けにするため、近くの雑木林から茅束120束（2,400円相当）を盗み出した。

⑥窃盗………1月下旬の夜、養豚場近くの農家からニワトリ3羽（計900円相当）を盗み出した。養豚場の番小屋で友人ら5人と日本酒を飲んでいたら、つまみが欲しくなり、同席の友人1人といっしょに近くの農家の鶏舎から盗み、それを番小屋で焼いて食べた。

⑦窃盗………3月6日夜、養豚場の同僚だった友人とともに、近くの農家か

らニワトリを盗み、その夜のうちに焼いて食べた。

確かに犯罪ではあるのだが、石川はいわゆるお行儀の悪い仲間の一員だったということではないだろうか。①を除いて単独犯はなく、いずれも仕事や遊び仲間との共犯だ。「石川がつなぎの作業衣を盗んだ」と被害届けを出したダンプカー運転手は、④暴行の共犯者であり、⑥の番小屋での小宴にも加わり、焼き鳥を食べていた。③の傷害は発生直後の被害届けだが、残りは５月に入ってから被害届が出されている。①の横領は、冒頭陳述の動機部分で「解決し」と触れられているように、父親が支払って民事上は解決済みのトラブルだった。

## 3 逮捕・勾留の連続

当初の逮捕容疑２件プラス新たな７件の計９件については起訴後の勾留が続いた。

６月14日、弁護人は保釈請求を浦和地裁川越支部に行い、同時に「勾留理由開示請求」も行った。開示請求は、起訴後もなぜ身柄を拘束しておく必要があるのか、被告人側から裁判所に説明を求める手続きだ。14日の時点で石川は、恐喝未遂については何ら身柄の拘束は受けていない。９件についての取り調べはすでに終了し、全部認めている。証拠隠滅や逃走のおそれもないのに、なぜ勾留されるのか、というわけだ。この勾留理由開示の法廷が18日に開かれる予定だった。石川は、面会に訪れた弁護士から「18日に裁判がある」と知らされ、恐喝未遂は絶対にやっていないことや厳しい取り調べの実態を、裁判官に訴えようと期待するところがあった。

しかし、地裁川越支部はその前日の17日に、保証金５万円で石川の保釈許可を決定した。このため17日午後３時過ぎ、石川は狭山署の留置場を出され、保釈となった。

着替えなどの私物が返却され、それを持って同署内の廊下を歩いていたところで、再び捜査員に取り囲まれた。再逮捕されたのだ。

捜査本部はすでに前日の16日、本件というべき強盗強姦、強盗殺人、死体遺棄の容疑で新たな逮捕状を、地裁川越支部ではない小川簡易裁判所に請求し、その発付を受けていた。この逮捕状が狭山署の廊下で執行されたのだ。石川は、今度は狭山署ではない、隣接の川越警察署の「分室」という急造の特別施設に移された。

９件についての起訴後の勾留は、保釈決定によって失効しているから、勾留理

由開示の「裁判」は開かれない。期待した「裁判」がない事態や、自分の身に起きた保釈、再逮捕、川越署分室へ移動という目まぐるしい変化を、石川はどこまで理解していたか。

この再逮捕の時点まで、石川は中村善枝にかかわる恐喝未遂、殺人などについて否認していたが、このあと自白に転じることになる。

弁護人の中田直人は、64年2月10日の最終弁論で、この一連の経緯を警察、検察当局による「二重逮捕、二重勾留」と呼び、「勾留制度の脱法行為である」と批判した上、厳しい態度で自白調書などの証拠を検討するよう裁判所に求めた。

弁論の中で中田は、米国連邦最高裁、ブランダイス判事の言葉を次のように引用している。令状なしの電話盗聴から得られた証拠を排除すべき、とした1928年の連邦最高裁判決の少数意見として述べられたものだ。

「政府は最良の教師である。良きにつけ悪しきにつけ、政府は自ら手本を示して国民を教育する。犯罪は伝染性を持つ。もし、政府が法の破壊者となるならば、それは法に対する侮辱の念を国民に植え付け、国民一人ひとりが勝手に自分のための法を作ることになる」

引用に続き、中田は「〈本件審理でも自白調書の〉証拠能力を否定し、裁判所が法を守る最良にして最も権威ある教師であることを広く世に示していただきたい」と訴えた。

さらに、狭山事件初公判から8日後の63年9月12日、松川事件で全員無罪を最終的に確定させた最高裁第1小法廷の判決からも引用している。事件の主任判事を務めた斎藤朔郎の補足意見からのものだ。

「自白それ自体に不合理な点があり、あるいはそれらが捜査の欠陥に基づくような場合には、自白を解釈し、あるいは憶測によってこれを補うようなことは許されない」

という斎藤意見の趣旨を踏まえ、石川の自白内容を十分検討するよう求めた。

しかし、とにかく、検察側主張の「犯行」を打ち崩す証拠が法廷に提出されない（弁護側による被告のアリバイ立証を目的とした証人2人の証拠調べ請求も、却下された）こともあって、判決は予想された。初公判から約半年、64年3月11日の12回公判が判決言い渡し期日と指定された。

## 4 死刑判決

　その4、5日前、中田は浦和拘置所で石川と面会し、接見室で「生涯忘れ得ぬ」というシーンに遭遇する。当時33歳、弁護士になって7年の中田をかなり当惑させたらしい。

　「石川君はちょっとうつむいたり、横を向いたり、言葉は悪いけど〈中田の説明を〉あまり聞いているようじゃない。ふてぶてしいという態度なんです。それで私は、予想される判決のことを石川君に伝えようと思っても、そのことはなかなか切り出せなかったのですけれども、〈中略〉私はやむなく大変いいにくいことだったんですが、私どもとしては一生懸命努力したつもりだけど、11日の判決は死刑になるだろうということを言いました。いつそういう話をしようかと思いながら、迷いながら言いにくいことをいった時に、石川君のとった態度が、おそらくこれは生涯忘れることのできないことだろうと思うのですが、今までうつむいたり、横を向いたりしていたのが、ひょっと、私の方を見まして、にやりと笑いまして、『いいんです、いいんです』と言ったんです。いったいどういうことなんだろうと思いまして、大変異様な感じを受けました」(1972年6月15日、二審の東京高裁61回公判、中田直人証言から)

　浦和地裁第一刑事部（裁判長＝内田武文、裁判官、秋葉雄治・鈴木之夫）が言い渡した判決は、検察官の求刑通り、死刑だった。検察官主張のストーリーを全面的に認めたもので、犯行の動機についてもほとんど冒頭陳述そのままだ。「父に迷惑をかけた13万円を返さなければならないと思っていたところ、その頃たまたま都内で起こったいわゆる吉展ちゃん事件の誘拐犯人が、身代金50万円を奪って逃げ失せたことをテレビ放送等を見て知るに及び、自分も同様の手段で他家の幼児を誘拐し、身代金として現金20万円を喝取したうえ、内13万円を父富造に渡し、残りの金を持って東京に逃げようと考えるに至り……」と認定した。

## 4 吉展ちゃん事件

　石川に死刑判決が下された64年3月11日、小原は東京・巣鴨の東京拘置所の中にいた。誘拐殺人の容疑で入っていたのではない。発生から間もなく1年がたとうとするころだが、吉展ちゃん事件は未解決のままだった。

小原はこのとき、東京・大手町の工事現場事務所からカメラなどを盗んだ疑いで逮捕、起訴され、東京地裁で公判中だった。
　実は小原は、石川が狭山署の特別捜査本部に逮捕された63年5月23日の2日前、21日に警視庁に逮捕されている。吉展ちゃんの自宅に身代金を要求してきた電話の「声」が小原に似ている、という情報が警視庁の捜査本部に寄せられ、周辺を捜査すると、吉展ちゃん事件直後から小原は急に金回りよくなり、借金の返済に歩き回ったりしていた。「声」と同じように東北なまりがあり、時計修理を生業としてきた小原は、時計店が多い上野、御徒町周辺に土地カンを持っていた。
　疑惑はあるが、しかし、決定打がない。
　そこで警視庁の捜査本部は「別件」として、知り合いの古物商から古時計（8,000円相当）を預かったまま代金を払わないうちに質入れしてしまったという業務上横領容疑で逮捕したのだった。小原は「密輸時計をさばいてもうけた」と金回りがよくなった理由を説明したが、詳細については「密輸の仲間に迷惑がかかるから」とかたくなに口を閉ざした。3月27日から4月3日まで金策で故郷に帰っていたというアリバイ主張も、不完全ながら一応は確認された。
　幼いときに足指のあかぎれから細菌が入り股関節の骨髄炎を患った小原は、右足首が不自由で、大人になってからも歩き方に特徴があった。しかし、吉展ちゃんがいなくなった3月31日午後5時40分ころ、公園内外ではそれらしい姿を目撃したという者がまったくいない――。
　結局、小原は6月10日、業務上横領容疑が不起訴処分となり、釈放されている。警視庁としては、「シロに近い」と判断しながらも完全にシロとはしない「保留」の位置づけだった。証拠がないのだから、当然の撤収というべきか、勇気ある「保留」というべきか。いずれにせよ、狭山署捜査本部におかれた石川が、微罪にすぎない「別件」で起訴されたのとは対照的である。
　小原はその後、なぜか警察の手をわずらわせ続ける。
　翌7月29日、麻布の民家に泥棒に入ろうとしたところを見つかり、住居侵入の現行犯で逮捕されたが、微罪処分ですぐに釈放された。8月4日、今度は台東区内で職務質問を受けた際に盗品の自転車を持っていたことがわかり、任意取り調べのうえ起訴猶予。この任意調べは、吉展ちゃん事件捜査本部のある下谷北署で行われた。しかし、所轄署の刑事課は、捜査本部の「保留」を知らない。
　さらに8月15日、湯島天神で賽銭約800円を盗み出しているところを現行犯

で逮捕された。懲役1年6月執行猶予4年の判決（10月1日）を受ける。

そして12月5日、出入りしていた南千住の質店にあらわれたところを、窃盗の疑いで築地署に逮捕された。これが大手町の工事現場事務所からの窃盗容疑だった。7月31日夜から翌日早朝までの間に（麻布の住居侵入から2日後！）、カメラ、万年筆など1万8,000円相当を盗み出したという疑いだった。盗品届けの出ているカメラが入質されているのを築地署の刑事が調べたが、入質者の住所がでたらめだったため、「今度、カメラを質入れした男が来たら連絡してくれ」と店主に頼んでいたのだった。5日に店主から「カメラを入れた男が、今度は指輪を持ってきた」と連絡があり、刑事が駆けつけて逮捕したのが小原だった。このときは、小原を容疑者から捨てきれない吉展ちゃん事件捜査本部が、南千住の質店を小原が利用していると聞き込み、質店に照会したことから、「保留」の男の身柄がすでに確保されていることがわかった。いわば、飛び込んできた「別件」だった。

警視庁は再度、小原を取り調べる機会を得た。

12月11日に身柄を警視庁本庁に移し、窃盗の調べと並行して63年3月から4月にかけての行動と急な収入源を聴取した。ところが、以前と同じ「故郷の福島に帰っていた」「密輸でもうけた」の一点張り。裏付け捜査で密輸説がウソであることを追及すると、また別の時計取引話を持ち出してきた。カメラ盗での起訴後も、任意調べの形で続行したようだが（起訴後も警視庁内に留置していた）、小原は頑として口を割らない。

しかし、「口を割らない」とは、最終的な結末を知っているからこそ言えることであって、当時としては「疑わしい」が、それ以上は押せないということだったのだろう。ポリグラフ検査も2回にわたり実施されたが、結果は「吉展ちゃん事件ではシロ、密輸事件ではクロ」という判定だった。

警視庁は再度、小原を「保留」とするしかなかった。

64年2月24日、取り調べは打ちきられ、身柄は東京拘置所に移された。3月31日、カメラ盗で懲役6月の実刑判決。同時に賽銭泥棒の懲役1年6月の執行猶予が取り消された。小原は控訴することなく2年の刑が確定する。4月27日には、前橋刑務所へ身柄が移された。

予想された死刑にも「いいんです」と言っていた石川は、控訴の手続きを取り、4月30日、浦和拘置所から東京・巣鴨の東京拘置所に移された。3日違いで、小原と入れ替わったことになる。

# 第2章　状況証拠

## 1　全面否認の控訴審

　驚天動地の幕開けだった。
　東京高裁での控訴審第1回公判は、64年9月10日午後2時から開かれた。傍聴席は満席。弁護人の中田直人が控訴趣意書の最初の章「原判決の基本的誤り」を約30分かけて読み上げた直後、被告人席の石川がいきなり手をあげた。
「裁判長殿、ちょっとお願いがあります」
　と大きく叫び、立ち上がったのだ。裁判長の久永正勝が、壇上から「被告人の発言は許されていない」と制した。石川はこのときはおとなしく着席した。中田、石田亨、橋本紀徳の3弁護士が、交代しながら趣意書の全文を読み終えた瞬間だった。石川は再び立ち上り、
「善枝ちゃんを殺していない」
　とはき出すように早口で叫んだ。今度は、裁判長や弁護士らに制止する時間を与えなかった。
　一審通り自白を維持するものと思っていた法廷内の人々は、傍聴人を含め、驚きで総立ちとなった。弁護士や拘置所の係官が石川を取り囲み、落ち着かせた。立ち会いの東京高検検事、荒巻今朝松が「論旨は理由がない」と控訴棄却を求めた後、久永裁判長が石川に向かって「何かいいたいことがあるのか」と質問した。石川は証言席に立ち、今度はゆっくり、はっきりとした口調で、
「お手数をかけて申し訳ないが、私は善枝ちゃんを殺していない。このことは弁護士にも話していない」
　と裁判長を正面から見つめて言った。石川を除く法廷中の全員にとって衝撃の告白だった。特に、否認の言葉を初めて聞かされた3弁護人にとっては「被告は、我々を信頼していない」と自覚せざるを得ない意味で二重のショックだったろう。

　一転して石川が全面否認を表明したときから、控訴審だけで10年という長期

裁判がはじまった。実質的な一審とも言える東京高裁での審理は、7回にわたり裁判所による殺害現場などの検証が行われ、延べ106人に上る証人、6回にわたる被告人質問が行われ、新たに捜査段階の石川の供述調書21通、多数の鑑定書、意見書などが法廷に提出された。裁判長だけでも久永、津田正良、井波七郎、寺尾正二と交代した。弁護人には、佐々木哲蔵、青木英五郎、和島岩吉、山上益朗らが審理途中から名を連ね、85人の大弁護団となった。控訴審の判決（裁判長＝寺尾正二、裁判官、丸山喜左エ門・和田啓一）は74年10月31日、84回公判で言い渡された。

## 2　刑事裁判の鉄則

　被告人、弁護人ともに全面否認に転じた狭山事件の控訴審では、どんな証拠が法廷に提出され、検察官と被告・弁護側はそれぞれどんな主張を展開したのだろうか。それに対して裁判所はどんな認定をしたのか。
　それぞれの証拠と認定を見る前に、刑事裁判の原則を確認しておきたい。
　刑事裁判の鉄則とも言われる「無罪推定の原則」「疑わしきは被告人の利益に」「合理的な疑いを超えた証明」などという言葉の実質には、どんなことが含まれているのだろう。
　有罪判決があるまで被告人は無罪と推定され、被告人に有利不利どちらとも判断できる場合は被告人に有利に考え、被告人による犯行と判断するには、そうではないという合理的な疑いを差し挟まない程度に検察官によって証明されなければならない、ということなのだが、一般の市民には、なかなかすんなりとは理解しにくい。
　特に「合理的な疑いを超えた」という言葉は、普通の日本人の日常会話にはほとんど出てこない。実感的なイメージがつかめない。beyond a reasonable doubt の訳語と言われてもピンとこないのではないだろうか。英語から来ていることからわかるように、「合理的な疑いを超えた」という言葉はイギリスの長い歴史から生まれてきたようだ。
　『「合理的疑いを超える」証明とは何か』（バーバラ・J・シャピロ著、庭山英雄、融祐子訳、日本評論社、2003年）によると、この言葉は1770年ころの陪審裁判で、有罪無罪を判断する陪審員に対する説示の中で最初に使われた。説示したのは裁判官ではなくて、検察官で、「陪審に『冷静かつ率直な理性』を訴えて、

『証拠が合理的疑いを超えて確信させるに十分でない』ならば、陪審は無罪釈放を行うよう指示した」というのだ。それ以来、刑事裁判で事実を認定する場合の基準として、今日まで広く使われるようになった。

　そうであるなら、「合理的な疑いを超える証明」の実質は、裁判には素人の陪審員が支え培ってきたということにならないだろうか。イギリスでは、事実関係に争いのあるおもな刑事事件の事実認定を担ってきたのは陪審員だった。一人で何十件もの陪審に加わった経験を持ち、「合理的な疑いを超える証明」とはこういうものです、と説明できる素人の一般市民は一人としていなかっただろう。1回の陪審ごとに選ばれた市民が、その担当事件に評議を尽くし、評決を積み重ねてきた結果が、「合理的な疑いを超える証明」の実質とも言える。マグナカルタ39条に「自由人は、その同輩の合法的裁判によるか、または国法によるのでなければ、逮捕、監禁、差押、法外放置、もしくは追放をうけ、またはその他の方法によって侵害されることはない」（『人権宣言集』岩波文庫）とあるように、イギリスでは貴族や市民たちの事実認定よって隣人を裁いてきた。自分もいつ裁かれる立場になるとも限らない市民が、これなら同輩の一人が刑罰を受けるのも仕方がないと思えるほどに証拠に納得して認定してきた。

　「合理的な疑いを超える証明」がなされたかどうかは、陪審員一人ひとりによって受け止め方は違ったかも知れないが、12人の陪審員のうち一人でも「合理的な疑いが残る」とした場合には、まだ十分な証明がなされていないこととされた。全員一致の原則が、制度として証明の確実性を支えてきたと言える。

　日本では、裁判制度が導入された明治期以来、職業裁判官が有罪か無罪かの判断を担ってきた（昭和初期、不完全な陪審制度が実施された）。それが裁判員制度によって大きく変わる。

　もし、裁判員に選ばれたなら、プロの裁判官から「裁判や刑事法とはほとんど無縁に暮らしてこられたあなたにも、今までの仕事や生活の中で身につけてきたあなたなりの常識があるでしょう。その常識で判断すればいいのです」、あるいは「あなたの持っている日常感覚で証拠をみて、その被告人による犯行に間違いないという確信を抱けるのかどうかです。確信が持てなかったら、無罪でいいのです」などと説示を受けるだろう。裁判員になった市民が「急に常識、と言われてもねえ……」と不安をぬぐえないのは、致し方ないことだと思う。

　一番わかりやすく言えば、裁判員が被告人による犯行と判断することに迷ったら、それは無罪ということだ。検察官側からみれば、素人を迷わせたらアウトだ。

被告人による犯罪であると証明する責任を負っているのは、ひとえに検察官である。公益の代表者としてその責務を国民から負託されている。被告人、弁護人が事実関係を争うなら、検察官の立証に「合理的な疑い」を差し挟むだけよい。無実を証明する必要はない。
　刑事裁判とは、適正な手続きに沿って犯罪の証明が十分であるかどうかを争う場とも言える。無罪とは文字通り、not guilty なのであって、innocent ではない。真っ白ではなくとも、証明が十分でなく「合理的な疑い」が残れば、無罪にしなければならない。
　裁判員は、「合理的な疑い」が残らないほどに検察官によって被告人が犯した犯罪と証明されたか、あるいは被告人・弁護人の主張は証拠に基づき「合理的な疑い」を提起しえたか、を判断する。被告人が犯罪をおかしたかどうかを判断するというよりは、その証明が十分かどうかを判断する、と言ってもいいだろう。
　実はプロの裁判官の間にも、証明が十分かどうかという事実認定には、バラツキがある。下級審で無罪になったものが、上級審で有罪になることがあるし、その逆もある。一つの合議体でも裁判官によって事実認定が正反対に分かれることもある。
　狭山事件が起きた年に全員無罪が確定した松川事件は、職業裁判官の判断が分裂した典型例だ。この裁判は、一審有罪、二審有罪（一部無罪）、上告審（大法廷）で無罪方向の破棄差し戻し、差し戻し控訴審で無罪、再上告審（第1小法廷）で上告棄却、無罪確定と推移した。
　1959年8月10日の上告審大法廷判決（回避した判事らがいて12人よる判決）は、判事7人が高裁に差し戻す多数意見、4人が有罪を確定させる上告棄却の少数意見、1人が破棄自判と分かれた。この大法廷では、最高裁長官、田中耕太郎らが有罪を唱えた少数意見だった。
　再上告審（63年9月12日）は、3対1で上告棄却となった。一人だけ少数意見を表明した判事、下飯坂潤夫は、差し戻し控訴審の無罪判決に対し「片々たる二つの調書に拘着し、舞文曲筆で以て、一、二審を一蹴し去っている。その浅薄さ、短見さ、極言するとその卑劣さ、しかも大言壮語する。弱い犬程大いに吠えるのたぐいである」と強烈な批判を加えている。さらに同僚である第1小法廷の多数意見の判事たち（斎藤朔郎、入江俊郎、高木常七）にも「主任裁判官の構想によるいとも簡単な調査で本件は無罪を言い渡すべきものだというのである。多数意見の拙速主義、或いは観念主義まことに遺憾の極みである」と

攻撃している。プロ同士、しかも最高裁判事の間でも、事実認定をめぐりこうした激しい対立が生まれることもあった。

　もう一例をあげれば、刑事法の専門家で東京大法学部教授などを経て、最高裁判事になった団藤重光の経験談がある。その著書『死刑廃止論』（第6版、有斐閣、2000年）の中で、死刑判決に重大な事実誤認があるとして上告してきた事件に関与したことにふれている。「どう考えてもリーズナブル・ダウトをこえる程度の証拠はある。おそらく99・9％は間違いない。しかし、じゃあ絶対間違いないか、自分で自分に問うてみますと、どうも一抹の不安が最後までつきまとうのであります。本当にそうだったのだろうか、絶対間違いないだろうかというと、どうしてもそうは言い切れない」。これ以上の碩学はいないと言っていい団藤でさえ、死刑事件の事実認定に不安を覚えたというのだ。

　事実認定は、プロであるはずの裁判官にとっても難しい。「自由心証主義」（適正なものとして法廷で調べられた証拠を、どう判断するかは裁判官の自由な心証に任せられている）とはいうものの、「合理的な疑い」が残るかどうかを判断する、何か基準はないのだろうか。

　先の団藤は、犯罪事実を認定するために必要な心証の程度について、「裁判官がみずからの良心に照らして確実と考え、かつ合理的判断力をもつ一般人を納得させうるような資料と論理法則・経験法則に支えられた心証であることを要し、かつ、それで足りる」（『新刑事訴訟法綱要』7訂版、創文社、1967年）と書いている。確かに、「論理則」「経験則」「注意則」と呼ばれるものが、以前からあるにはあった。近年、研究者らによって詳細な検討も加えられているが、公定的な基準（例えば、裁判官準則というような明文化されたもの）は確立されていない。一般人にほかならない裁判員も、困難ではあるが、社会人としてこれまで培った思考や経験、それに良心に照らして判断しなくてはならない。

　最高裁判例の一つで、事実認定のリーディング・ケースとされるものがある。
　1962年に起きたある放火事件で、何者かによる放火であることは明らかだったが、直接的に被告人が放火犯であることを証明する証拠がなく、内部犯行をうかがわせる状況証拠しかなかったというケースだった。被告人は捜査、公判で一貫して無罪を主張した。一審無罪、控訴審有罪、最高裁で破棄自判、無罪とされた事件だ。最高裁は次のように事実認定の方法論を述べている。

裁判上の事実認定は、自然科学の世界におけるそれとは異なり、相対的な歴史的真実を探求する作業なのであるから、刑事裁判において「犯罪の証明」があるということは、「高度の蓋然性」が認められる場合をいうものと解される。
　しかし、「蓋然性」は、反対事実の存在の可能性を否定するものではないのであるから、思考上の単なる蓋然性に安住するならば、思わぬ誤判におちいる危険性のあることに戒心しなければならない。
　したがって、右にいう「高度の蓋然性」とは、反対事実の存在の可能性を許さないほどの確実性を志向したうえでの「犯罪の証明は十分」であるという確信的な判断に基づくものでなければならない。
　この理は、本件の場合のように、もっぱら情況証拠による間接事実から推論して、犯罪事実を認定する場合においては、より一層強調されなければならない。〈中略〉被告人が争わない間接事実をそのまま受け入れるとしても、証明力が薄いかまたは十分でない情況証拠を量的に積み重ねるだけであって、それによって証明力が質的に増大するものではないのであるから、起訴にかかる犯罪事実と被告人との結びつきは、いまだ十分であるとすることはできず、被告人を本件放火の犯人と断定する推断の過程には合理性を欠くものがあると言わなければならない」（1973年12月13日、第1小法廷判決、裁判長＝岸盛一、裁判官、大隅健一郎、藤林益三、下田武三、岸上康夫）

　「反対事実の可能性を許さないほどの確実性を志向し」「証明は十分であるとの確信的な判断」。これらがキーワード、と読み取るべきなのだろう。これはやはり、「迷ったら無罪」ということだ。
　この判決の中にある「情況証拠」（現在では、状況証拠と表記することの方が多いようだ）とは、直接的には被告人による犯行を証明できない証拠をいう。
　例えば、ある公園内で殺人事件があって「被告人Aが、血の着いたナイフを持って公園から飛び出してくるのを見ました」という第三者の目撃証言があったとしよう。この証言は、Aが被害者をナイフで刺したという証拠にはならない。犯行時刻に近い時間にAが公園内にいたという事実（間接事実）の証拠ではあっても、一つの状況証拠でしかない。たまたま公園内を通りかかったAが被害者を発見し、胸を刺されて虫の息の被害者が「ナイフを抜いてくれ」というのでナイフを取

り上げ、急いで110番通報しようと公園を飛び出してきたところかも知れない。

しかし、その10分前に「公園内で被害者とＡが、激しく口論しているのを見た」という別の目撃者がいたとする。さらにその20分前には「電話を終えるなり、自宅の台所から果物ナイフを持って飛び出していきました」というＡの家族の証言があったとする。これらの目撃証言も、Ａが被害者を刺したことを直接的に証明するものではないが、公園内で被害者とＡが接触していたことや、接近した時間にＡがナイフを所持していたこと（間接事実）を明らかにしている状況証拠だ。

こうした状況証拠を積み重ねることによって、犯罪事実を認定することもできるが、問題はその状況証拠の「質」だ、と先の放火事件の判決は言っているのだ。「証明力が薄いかまたは十分でない情況証拠を量的に積み重ねるだけであって、それによって証明力が質的に増大するものはない」という指摘は、事実認定の上で重要な準則だろう。「質」のよくない状況証拠がたくさんあっても、被告人による犯行と認定できない。裁判では、提出された証拠の「質」をよく見極めなければならない。

## 3　控訴審判決（確定判決）の構造

それでは、狭山事件の一、二審（控訴審）の公判に提出された証拠を見てゆく。二審判決（確定判決）は、事実誤認を訴える被告人・弁護人の主張に対し、

「当裁判所としては、原判決の事実認定の当否を審査するに当たっては、まず自白を離れて客観的に存在する物的証拠の方面からこれを被告人との結びつきの有無を検討し、次いで、被告人の自供に基づいて調査したところ自供どおりの証拠を発見したかどうか（いわゆる秘密の暴露）を考え、さらに客観性のある証言等に及ぶ方法をとることとする」

と断っている。このため、判決は数多くの証拠を３分類し、
「自白を離れて客観的に存在する証拠」として
　　「その一　脅迫状及び封筒の筆跡について」から
　　「その七　犯人の音声について」まで、
「自白に基づいて捜査した結果発見するに至った証拠」として
　　「その八　鞄について」から
　　「その一一　横沢茂〈仮名〉証言」まで。さらに
「死体及びこれと前後して発見された証拠物によって推認される犯行の態様につ

いて」として

　「その一二　死体について」から
　「その一六　玉石・棒切れ・ビニール片・丸京青果の荷札・残土・財布・三つ折り財布・筆入れについて」

と列挙している。ここでは、基本的にこの分類に沿いつつ、項立てやその順序は若干変更している。

## 4　盗まれたスコップ

### 1　スコップ発見の経緯

検察官の冒頭陳述に登場した「養豚場から盗まれたスコップ」は、事件の捜査がどのように進展していったのかを理解するうえで便利であるため、これを最初に検討する。

捜査の理想的な筋立ては、次のようなものだった。

①死体発見現場の近くに、スコップが捨ててあった→②このスコップが死体埋設に使用された→③スコップは養豚場から盗まれた→④養豚場に番犬がいて、容易に盗み得ない→⑤盗み得た者で、他の条件（血液型）に合致するのは石川しかいない→⑥だから、石川が恐喝未遂、被害者殺害の犯人だ、というふうに結びついてゆく。②の死体埋設に使用されたかどうかは後回しにして、まず発見の状況と③以下の養豚場と石川の関係をみてゆく。

スコップが発見されたのは、5月11日、死体発見から7日後だ。死体が埋められていた農道から直線距離にして北西に124.6メートル離れた小麦畑の中で発見された。捜査員、福島作成の実況見分調書によると、畑の畦道から0.8メートル入った「麦の根元に押しつけてあった、と発見者が説明した」とある。スコップは、長さ98センチ、刃先の長さ28センチ、幅23.5センチで、中古品。金（刃？）の部分には表裏とも黒っぽい泥土が付いていて一部刃先は光っていた、と記されている。

発見したのは、農家の主婦（52歳）で、一審5回公判で「堆肥をまく準備に畑で作業していて、午後5時過ぎに見つけました」「その前に4月30日に畑に来たときには、なかったものです」という趣旨の証言をしている。死体発見現場付近は、重点的に遺留品の捜索が行われた場所だった。そこから124メートルしか離れていないのであれば、死体発見の前後に機動隊員らに発見されてもよ

さそうだが、11日まで見つからなかった。

　現場付近の捜索は、3日から開始されていた。捜査本部長を補佐しながら捜査の指揮をとっていたという県警捜査一課次席、将田政二は12回公判（公判回数は、控訴審でのもの。以下、一審と断わりがないかぎり同様）で、「3日から機動隊長以下45名と、地元の消防団員70名くらいと記憶しておりますが、応援を求めて、いわゆる佐野屋付近から入間川駅〈現狭山市駅〉に至る間の通学路の東側経路の東側にある山林および付近一帯を捜索してもらった結果、4日に死体が発見されたのです」
と証言している。100人を超える人数で連日捜索したことになる。4日の捜索については「横一列になって1メートル半か2メートルの間隔で」（消防団員の一審3回公判証言）、北から南方向に向けて行われている。

　付近の捜索は8日ころまで続けられのだが、「捜索終了後のスコップ発見自体が、不自然ではないか」と弁護人は主張した。

## *2*　スコップに関する捜査情報

　このスコップ発見の前に、スコップに関連する情報が同本部にもたらされていた。死体発見の2日後、5月6日の時点で、所沢署から捜査本部へ応援にかり出されていた警察官、野口が周辺の聞き込み中に把握した。その内容は、あの佐野屋へ聞き込みに訪れた際、店の経営者から「飯田さんの養豚場から、1日夜にスコップが盗まれたそうだ」という話を聞いた、というものだ。

　野口は、6日の夕方、飯田養豚場へ行って飯田和頼からスコップ一丁の被害上申書を取り、捜査報告書を書いている。65回公判に証人として臨んだ野口は、弁護人橋本紀徳から問われた。

　　橋本「あなたの方でスコップが盗まれた家があるか、という質問を〈佐野屋の主人に〉したわけですか」
　　野口「しません」
　　橋本「佐野屋の方から自発的にあなた方に、盗まれている家がありますよ、という話が出たんですか」
　　野口「そうです」
　　橋本「佐野屋からスコップのことを聞き出したのは、あなたとしてはまったく偶然ということになるんですか」
　　野口「はい」

橋本「佐野屋の主人は飯田養豚場でスコップがなくなったということを、ど
　　　　うして知っているか、ということを（あなたは）聞きませんでしたか」
　　　野口「聞きません」
「佐野屋の主人」が、なぜ飯田養豚場からのスコップ盗難を知ったのか、この主人の供述調書や法廷証言がなく、不明だ。野口とは別の捜査員が、「養豚場の経営者の奥さんが、佐野屋に買い物に来たついでに佐野屋の奥さんにスコップが盗まれたことを話した、というふうに捜査本部にいて自然と耳に入った」という趣旨の証言〈49回公判〉をしているが、これも「奥さん」たちから直接確かめたわけでもない。

　ともかく、飯田養豚場で1日夜スコップ一丁が盗まれた、という情報があったところへ、死体発見現場近くからスコップが発見された。このことから捜査本部は、麦畑から見つかったスコップは養豚場から盗まれたものではないかという疑いを強める。捜査が進展する模様を、事件の捜査本部長であり、発生当時の埼玉県警刑事部長だった警視正、中勲は39回公判（70年12月3日）で、要旨次のように証言している。

　　　問い「〈死体発見後の〉基本的な捜査方針はどのように立てられたのでしょ
　　　　うか」
　　　中　「これはもう一応地取り聞き込みというのが初期捜査の基本でございま
　　　　す。地取り聞き込みを捜査の中心に、死体についておりました手ぬぐい、
　　　　タオル、死体解剖の結果、被害者の体内から発見された体液による
　　　　血液型、それと確か5月6日ごろと思いますが、例の飯田養豚場か
　　　　ら5月1日の晩にスコップが盗まれたという届け出がございましたの
　　　　で、これが死体を埋めるのに使われたんじゃないかというふうに考えら
　　　　れましたので、スコップを盗みうる者、あるいは佐野屋、被害者の家
　　　　の付近、死体埋没現場付近の地理にある程度通じておる者に重点を
　　　　置きまして、それぞれ特捜班を編成したわけです。あともう一つは筆
　　　　跡関係、脅迫状の筆跡を中心とする捜査ですね」

　捜査本部長は、麦畑でのスコップ発見以前から、養豚場で盗まれたスコップが死体埋設に使われたと考えていた、というのだ。とすると、そもそも捜査の発端は①ではなく、③のスコップ盗難をスタートに、③→②→①とさかのぼり、一方で同時に③→④→⑤→⑥という推測で捜査が進展したようなのだ。①→②→

③の順序なら、捜査には素人でも常識的に理解できるのだが、③からさかのぼるという想定、特に③から②への結びつきは、どうも飛躍があるように思われる。「養豚場からスコップが盗まれた」という情報しかない時点（スコップそのものは未発見）で、どうして「死体を埋めるのに使われたんじゃないか」と考えるのだろうか。さらに証言は続く。

中　「養豚場で、死体埋没に用いたであろうというスコップが紛失しているわけです。しかも、飯田さんのところはご存じのように犬が数頭おる。特にスコップを取られた現場のすぐわきにも犬をつないでおったと、従って、全然関係のない人が、そのスコップを簡単にとりにくい。しかも、その犬が吠えれば、母屋〈飯田和頼が住んでいる家、豚舎から不老川をはさみ直線距離で約100メートル離れている〉の方にいる数匹の犬が直ちに応援に行くような態勢になっておったわけです。それが、全然犬に吠えられず〈飯田は1日夜、犬は吠えなかったと供述していた〉スコップを持っていったわけですから、いずれにしてもそこに関係のあるものであろう、ということで捜査していたわけです」

「〈飯田養豚場を中心とした捜査は、5月11日の麦畑でのスコップ発見〉以前からやっておったと思いますが、特に重点を置いた時期とすれば、やはり〈スコップが〉発見をされたころに、更に力を入れることになったと思います」

## 3
### 養豚場の吠える犬

　中は、この同じ日の証言で「〈脅迫状の筆跡と照合するため〉養豚場の関係で、〈養豚場に出入りする〉10人くらいの人の筆跡をとらしてもらっていると思います」とも供述している。一方、捜査一課次席の将田は「〈養豚場関係の捜査対象者は〉20数名であったと記憶しております」「そのほか捜査線上にあがったものを含めて27、28名についてアリバイ捜査をしております」（12回公判）と証言している。そうした中で容疑者が、石川に絞り込まれていった（血液型からの絞り込みについては、93頁参照）。

　養豚場に犬がいて、よく吠える、だから犬になついた者しかスコップを盗めない、石川は2月末まで養豚場で働いていたから、犬がなついていた、だから石川が盗んだ、という想定に基づく捜査だった。

　しかし、石川がスコップを盗んだことを証明する客観的な証拠、例えば5月1

日夜に石川が養豚場に入る姿を見た、盗んだ直後の時間帯にスコップを持って歩いている石川姿を見た、というような目撃証言は、一、二審を通して法廷には出ていない。石川本人の「養豚場から盗んだ」という自白調書があるだけだ。
　よく吠える犬は、しかし、吠えないこともあったようだ。一審・浦和地裁は、63年9月23日、殺害現場、芋穴、佐野屋などの現場検証を行い、飯田養豚場にも行っている。検証調書によると、出向いたのは裁判官3人、検察官3人、弁護人3人、書記官ら2人、計11人。この検証時に、犬は吠えなかった。飯田が、一審5回公判で、スコップ盗難の状況を証言し、検察官、原正と次のような問答があった。

　　原　「スコップのあった豚舎には、番犬がおりますか」
　　飯田「はい」
　　原　「犬の種類はどういうものですか」
　　飯田「ビーグル犬というポインターの雑種です」
　　原　「その犬は、知らない人が来た場合にはどうなんですか」
　　飯田「なきます。吠えつきます」
　　原　「この前検証に行ったときに大勢知らない人が行ったのに、その犬は全然吠えなかったんですがね」
　　飯田「はあ、はあ」
　　原　「あれはどうでしょう」
　　飯田「さあ、大勢来たからたまげちゃったんだと思います」
　　原　「じゃ、ああいうことは普通ではないわけですね」
　　飯田「ええそうです」
　　原　（麦畑から発見されたスコップを示して）「あなたのところで盗まれたというスコップはこれですか」
　　飯田「はい」

　裁判官ら11人が初めて養豚場に行った際にはまったく吠えなかった犬が、石川以外の人間が夜、スコップを盗みに入ったならは必ず吠えると言えるのだろうか。「たまげちゃった」りすることは絶対にないのだろうか。あるいは逆に、石川が勤めていた2月末までそのビーグル犬がなついていたとしても、約2か月ぶりになる5月1日夜、養豚場にやってきた石川に対し、その犬は本当に吠えないものだろうか。捜査・公判を通して、例えば石川の前にビーグル犬を連れて行き、犬が

吠えるか吠えないか、検証したというような記録もない。

　そもそも飯田の養豚場に盗難の前は何本のスコップがあったのか。飯田は、
「飼料を配合するためのもの2本くらい、そのほか排泄物をさらうスコップが
　何本かあったと思います」
「スコップの数などいちいち正確には覚えていませんが、そんなにはなかったと
　思います」（以上、15回公判）
「飼料をかきまわすため使っていたので、植物性の油が〈スコップに柄などに〉
　しみていて、〈自分のところのスコップと〉わかりました」
「〈そのスコップが買ったものか、もらったものか〉わかりません」（以上、55
　回公判）
と述べている。当時は、飯田養豚場のほかにも多くの農家で豚が飼われ、この地域では飼料かくはんに使うスコップはありふれたものだった。柄に植物油がしみ込んだスコップは、狭山市内で飯田養豚場にしかなかったとも言えない。まして自分の養豚場に何本あったのか定かでないスコップについて、これが盗まれたスコップと特定するのは、一般的には困難なことではないのだろうか。

　11日に発見されたスコップが、飯田養豚場のものだと断定するにはまず、その所有者に確認しなければならないが、飯田が捜査本部からそのスコップを見せられ、自分のものと確認したのは5月21日だった。スコップは、発見翌日の12日には早くも付着の土壌を鑑定するため埼玉県警本部鑑識課へ移されていたのだが、飯田は「警察官が養豚場へスコップを持ってきたので〈盗難の被害を〉確認した」という趣旨の証言をしている。ということは、スコップは鑑定作業中に、県警本部のある浦和市から現場の狭山市まで運ばれ、また戻されたことになる。

## 4　スコップ発見現場の足跡

　スコップ発見現場では、さらに不思議なことが起きている。

　捜査員作成の5月12日付「現場足跡採取報告書」（1974年5月23日、75回公判で取り調べ済み）によると、スコップ発見と同時にスコップから1メートルも離れていない麦畑から「職人地下足袋の足跡2個」と、約8メートル離れたところから「短靴または長靴の足跡と思われるもの2個」の計4個の足跡が採取されている。

　また、約1か月後の6月15日になって今度は、スコップ発見現場から北東へ約250メートルの麦畑から、地下足袋一足が捨てられているのが発見されている。

この地下足袋は同日領置されたのだが、法廷に提出されたのは二審最終段階の74回公判（74年3月22日）になってからだった。地下足袋は大きさ9文7分で、佐野屋近くで見つかった犯人の足跡（検察官の主張によれば、石川が2日深夜、兄六造の地下足袋＝9文7分＝を履いて身代金を受け取りに向かった際に、残した足跡）と同じ大きさであった。
　しかし、公判記録を見る限り、発見地下足袋については、スコップ発見現場の「職人地下足袋の足跡2個」との同一性について何の捜査も行われなかったようだ。検察官提出の「釈明書」（74年5月21日付）によると、2個の地下足袋足跡型は石川が強盗殺人などの本件で起訴された63年7月9日の翌10日に、県警鑑識課技師によって「不鮮明で資料として役に立たない」との理由で破壊された、と説明されている。
　弁護人は、捜査員が不鮮明な役に立たない足跡を捜査員が採取するはずがなく、石川の自白では5月1日は一日中ゴム長靴をはいていたことになっている（この点について検察、弁護側に争いはない）から、スコップ発見現場の地下足袋足跡は他にスコップを捨てた者を推定させる、と主張した。
　確かに検察官のストーリーでは、死体埋設にスコップが使われ、そのスコップが発見された現場とほぼ同じ場所から足跡が見つかったのだから、常識的にはそこに足跡を残した人物がスコップを遺棄した可能性が高い。足跡を残した人物が死体埋設や殺害に関与した可能性も高い、と言わなければならない。それなのに起訴翌日にその足跡型が破壊されたという点は、不可解と言うほかはない。
　一方、「短靴または長靴の足跡と思われるもの2個」はどうしたのか、公判記録からは明らかでない。石川は、1日（検察官によると、石川がスコップを捨てたとする日）はゴム長靴を履いていたのだから、その「短靴または長靴」の足跡と石川のゴム長靴との異同を鑑定あるいは捜査したという主張が検察官からなされてもよさそうなものだが、そうした証拠も主張も法廷にはまったく出されなかった。

## 5　スコップの鑑定

　さて、先に述べた理想的な捜査進展の②、発見されたスコップが死体埋設に使用されたかどうか、が明らかにされなければならない。スコップに関する鑑定は、二つあった。いずれも県警鑑識課技師、星野によるもので、一審法廷で取り調べられている。

一つは、スコップに付着している油質に関するもので、動物油や植物油が付着していれば養豚場などで使用された可能性があるということができる。結果が出たのは6月26日（石川が再逮捕され、単独犯行を自供したころ）だった。鑑定結果は、「スコップには黒褐色の付着物があり、油脂（動、植物油）の含有が認められた。油分以外のものとして、アミノ酸類、澱粉、米飯粒子、豆類様半球状物、筋肉繊維、糖類、植物片、昆虫等」とあり、黒褐色付着物は検査のため全量を消費したと付記されている。
　もう一つは土壌に関するもので、スコップと死体埋設とを結びつける可能性があり、大きな意味を持つ。5月16日に狭山署長から嘱託されている。
　鑑定資料は、5種類あり、
① 　スコップに付着している土壌
② 　スコップの置いてあった麦畑表面の土壌
③ 　死体を埋めた穴付近の土壌
④ 　死体を埋めた穴付近の麦畑の表面の土壌
⑤ 　死体を埋めた穴付近の茶の木の下の土壌

　鑑定事項は、「資料①に付着の土壌は、資料②③④⑤の土壌のいずれに類似するや」というものだった。星野は「15日に狭山署長から、鑑定の対象資料として死体埋没付近の土壌の採取依頼が〈星野に〉あった」として16日に埋没場所付近から③の土壌8種類を採取している。鑑定方法は、「比重による検査、化学検査（陰イオン検査）、器械分析、砂分の検査、粘土分の検査、赤外線スペクトル測定、熱灼減量測定」とあり、かなり専門的だ。鑑定結果は、

　「①の土壌の中には、③の土壌のうち3種類（地表面より20、40、90センチの深さから採取した土壌）と類似性の高い土壌が存在した」

というもので、7月20日付（石川の本件での起訴後）の鑑定書が捜査本部に提出された。ここでも「鑑定資料は、検査のためにその全量を消費した」と付記されている。「類似性の高い」という表現は、似ているがまったく同じではないということだろうか。
　検察側の油質、土壌鑑定に対し、弁護側は直接これに反論するような別の鑑定書を提出していない。しかし、弁護人の藤田一良は最終弁論で、次のように反論した。
　星野鑑定では、スコップに付着していた赤茶色の土壌が、③の3種類の土壌と「類似性の高い」とされているが、「関東ローム層」が腐植化してできる現地一

帯の「黒ボク土層」の途中には赤茶色の土壌はありえないという主張だ。専門家の「表層の腐植化のすすんだ黒ボク土は、〈死体が埋設された〉穴の底近くまで及んでいるように判断される」との見解や、捜査員による死体埋設現場の実況見分調書にも「土質は黒色のやわらかい土」とあったことを、その根拠とした。

　また、鑑定資料③として使用した埋設現場の土壌は、犯行時に犯人によって掘って埋め戻され、さらに死体発見時にもう一度掘り起こされ、埋め戻されている。だから、仮に地層的な区分があったとしても、資料採取時にはすでに地層区分がまったく混乱しているはずである。地層区分があったという資料③の採取場所は、死体発見現場であるか疑わしい、とも主張した。

　石川の強盗殺人などの容疑による再逮捕は6月17日だが、油分鑑定の結果が出たのは6月26日、土壌鑑定は起訴後の7月20日だった。一次逮捕時（5月23日）はもちろん再逮捕時にも、捜査本部が「死体埋設に使われたスコップ」と判断することは難しかったと思われる。

　これらの争点を踏まえて、二審判決はスコップについて次のように認定した。

　　　本件スコップは、5月6日ころ被害上申書を提出していた飯田和頼による確認手続きをとらずに5月12日に直ちに鑑定に付されており、飯田をして同人方のものであるかどうかを確認させたのが5月21日であることが認められる。

　　　しかし、被害者の確認手続きが遅れたからといって捜査に落ち度があると非難するのは相当ではなく、ことに本件スコップは一見して農作業や土木工事に使われていたスコップではなく、木部に食用の油が付着していたところから、捜査当局が飯田方で養豚用に使用していたものだと考えて、まずもって鑑定を急いだのはむしろ当然の措置であったと判断される。

　　　次いで当審で取り調べた〈中略〉現場足跡採取報告書によれば、スコップ発見場所の近くで地下足袋足跡が発見されていることは明らかである。しかし、本件事件から相当の日時が経過し、その間に降雨もあったことなどを考慮すると、捜査当局において適格性に乏しいものとしてやむなく石膏型成足跡を廃棄してしまったと解するのが相当で、その間他意あるものとは考えられない。この点をとらえて他に真犯人があるかのようにいう所論は相当でない。

　　　ところで、被告人が〈自白した〉調書中でスコップを「放り投げて捨てた」

とか単に「捨てた」といっていること、スコップ発見者が麦のうねに沿って隠しかげんに置いてあったと証言しており、捜査員の実況見分調書添付の写真を見ても、そのような状態であったことは所論指摘のとおりで、この点において多少の食い違いはあるけれども、だからといって被告人が犯人でないとは言えない。

してみればスコップは自白を離れて客観的に存在する物的証拠であり、被告人が本件の犯人であることを指向する情況証拠であるとみて差し支えない。
〈中略〉
原判決〈一審判決〉が、『死体埋没に使われたスコップ一丁は飯田和頼方養豚場から盗まれたものであるが、被告人はかつて同人方に雇われていたことがあって、養豚場にスコップが置かれていることを知っており容易にこれを盗み得たこと』を、自白を補強する証拠に挙げているのはまことに相当である。

「容易に盗み得たこと」を、自白を補強する（状況）証拠とした一審をあっさりと追認した。

しかし、「自白を離れて客観的に存在する物的証拠」とはいうものの、スコップ付着の土壌は完全一致ではない「類似性の高い」もので、それが証明する範囲はだれかが死体を埋めるのに発見スコップを使ったかもしれないという程度のものだ。養豚場経営者の証言はだれかに「盗まれた」というもので、「石川に盗まれた〈石川が盗んだ〉」というものではない。自白以外に石川とスコップ盗を結びつけるのは、「たまげちゃう」ようなビーグル犬しかいない。死体処理という本件ストーリーを根底から支える「スコップ盗」にもかかわらず「容易に盗み得た」というだけの状況証拠は、「証明力が薄いかまたは十分でない情況証拠」でしかない。どうも「質的に」あまりよくないように思える。

判決は、中証言にみられる捜査の"飛躍"（44〜45頁）にも触れなかった。

## 5　脅迫状

被害者宅へ届けられた脅迫状は、この事件の最重要証拠だ。脅迫状を書き、被害者宅へ届けた者が、少なくとも脅迫未遂事件の犯人である。そして強盗殺人などとも濃厚なつながりが想定される。

「だれが書いたのか」「石川に、この脅迫状が書けたのか」。これが、狭山事件のメインテーマであり続けてきた。その筆跡、文章の構成能力、それに用紙や用具などにも争点が広がり、検察官 vs 弁護人は鑑定人も交えて激しい対立を繰り広げた。鑑定書は主なもので8つ、法廷で取り調べられた。

## 1
### 「関根・吉田鑑定」

捜査段階の63年5月21日、捜査本部が埼玉県警鑑識課技師、関根と吉田に嘱託した。6月1日（一次逮捕後、再逮捕前）に、鑑定書をまとめ捜査本部に提出している。鑑定資料は、①脅迫状と封筒、②石川作成の上申書と早退届け4枚。鑑定事項は「①と②が同一筆跡なりやいなや」だった。

②の上申書は、一次逮捕（5月23日）前の21日午後8時30分ごろ、石川宅へ来た捜査員に求められて石川が書いた（19頁写真参照）。捜査員の指示で横書き、黒のボールペンで「だいたい10分から20分くらい」の時間をかけて書かれた（6回公判の捜査員証言）。石川は当時、「雄の字は難しかったので、夫の字をいつも使っていた」という。早退届けは、石川が58年3月から61年9月まで製菓工場に勤めていた際、名前を書いて工場に提出していたものだ。

鑑定方法は、①②から抜き出した文字を写真撮影して拡大、比較した「精密検査」によるもので、23文字にわたって「同一性の運筆状態と認む」「顕著な同一性の筆勢」「筆致が顕著な同一性を示している」などと記されている。一例をあげれば、「時」の字については

> 「上申書は『晴』状を示し、『つくり』の下部が相違するが、これは運筆状態の変化と認められ、第一、第二画の起筆部位と第三画末筆から脈絡して『こ』状に記載される点、さらに『つくり』の上部が『主』状な画線で運筆される筆致等が、脅迫状の『時』状の筆致と同一性を認む」

と書かれている。鑑定結果は、「①と②は同一人の筆跡である」というものだった。

## 2
### 「長野鑑定」

関根・吉田鑑定と同日、5月22日に埼玉県警本部長から警察庁科学警察研究所に依頼した鑑定で、同研究所の技官、長野が作成した。6月11日付で鑑定書が県警本部長に送付されている。

鑑定資料は、①脅迫状と封筒、②石川作成の上申書、③早退届け4枚。関

脅迫状と上申書の文字比較

| な | を | ま | わ | 時 | |
|---|---|---|---|---|---|
| | | | | | 石川の上申書にある字 |
| | | | | | 脅迫状の字 |

根・吉田鑑定と鑑定時期と資料がダブるのだが、どのように調整されたのか、公判記録からは判然としない。鑑定事項は「①の筆跡と、②③の筆跡は同一人のものであるか否か」。

鑑定の結果は、「①の筆跡と②③の筆跡とは同一人のものと認められる」だった。

長野鑑定では、「文字の異同識別」の項で、ひらがな20個、かたかな1個、漢字5個の計26文字を比較している。最初に比較している「わ」の文字については、次のように説明している。

「脅迫状の『わ』字と上申書の『わ』字を検査すると、『わ』状に第二筆bc線の第一筆に対する突き出しは特に短く書かれ、また第二筆cd線の湾曲度合いが特に小さくて文字の外形が縦長である点は類似している」。

「は」については、「第一筆は左方へ反れ気味に書かれ、また第二筆縦線部も左方へ反れ気味に書かれた后結び后の終筆部を右上方へ向けて運筆されている点は類似している」。「ま」について、「第一筆と第二筆はほぼ同長に書かれ、また第三筆縦線部を左へ反れ気味に書かれた后結び后の部を右上へ向けて運筆されている点は類似している」と述べられている。

比較する全文字について「類似している」と評価され、一か所だけ「相違している」と認識された文字がある。それは漢字の「時」で、

「脅迫状の『時』字を検査すると、『時』『暁』状に誤字が書かれ、その扁『日』の部は細長く書かれ、旁部の上部は四筆で『主』状に、下部は『リ』『ル』

状に書かれている。
　これに対し、上申書の『時』を検査すると、『晴』状に誤字が書かれ、旁部の上部が四筆で『主』状に書かれている点は類似しているが、しかし旁部の下部が『月』状に第一画と第二画の間に二本の横線を書いている点は相違している」

というものだ。このように各文字を比較した後、「考察」の部に入り、
「上申書には、作意性が認められず、文字の形体構成、使筆技能の程度も著しく拙劣であることが認められたが、脅迫状と比較して筆勢の弱い点が顕著に表現している。

　筆勢の優劣は同一人といえども書字時の心理的、生理的条件に特に影響される場合が多く、上申書の如く強力な筆圧を加えて書いたため運筆に円滑性を欠き、そのため線状に震え等を生じた場合は筆勢に差異を生ずるのは当然の結果と考えられる。

　筆跡が同一であるか否かは、異同識別の項で指摘した如く多数の個性的特徴が検出されて、しかも決定的な相違点が少しも検出されないので偶然の一致または単なる類似という疑問の余地はまったく考えられないので〈脅迫状の筆跡と上申書、早退届の筆跡とは同一人のもの、とする〉鑑定結果を得た」

と結論づけている。

「関根・吉田鑑定」、「長野鑑定」２つの鑑定は捜査段階で実施され、一審で証拠採用された。他の鑑定にふれる前に、２つの鑑定の時間的な問題に注目しておきたい。
「関根・吉田鑑定」と「長野鑑定」の結果が出たのは、石川の一次逮捕（５月23日）より後なのだが、捜査本部には両方の鑑定の「中間回答」が５月22日にもたらされ、一次逮捕の容疑の一つ、恐喝未遂容疑の疎明資料に使われた。捜査一課次席、将田政二は12回公判で弁護人、中田直人の問いに次のように答えている。

　　中田「石川一雄の上申書の筆跡鑑定〈の結果〉は、逮捕の後かなり経ってから出されており、唾液は逮捕したその日にとっておる。したがって唾液や筆跡を調べるまでもなく、石川一雄を逮捕したのではないか」
　　将田「上申書によるところの筆跡鑑定は遅い日付でできていますが、その上申

　　　　書の筆跡が鑑定の結果、一致するということを聞いた後に逮捕したわけ
　　　　です」
中田「石川一雄の逮捕は23日ではないか」
将田「そうです」
中田「警察の普通のやり方からすれば、22日には逮捕状の請求をしているの
　　　ではないか」
将田「22日の晩だったと思います」
中田「21日に上申書をもらって、その翌日に筆跡が同一だという鑑定結果が
　　　出ていたのか」
将田「中間回答がありました」
中田「5月20日の日にも何人かの上申書を出させているように思われるが、そ
　　　の人たちの鑑定結果も石川の逮捕状を請求する前に出ておったのか」
将田「出ていました」
中田「筆跡鑑定は一日くらいで直ぐ結果が出るものか」
将田「断定的なものではなく酷似するという一点だけは一日もあればわかるよ
　　　うで、その中間回答を聞いているのです」
中田「それは目で見て感じが似ているという程度のことではないのか」
将田「そうではありません」
中田「中間回答があったというが、どの程度具体的根拠をあげられていたか」
将田「どういう字であったかは記憶ありませんが、字を拾いあげてその字のハ
　　　ネとかいろいろ言われましたが、現在は覚えておりません」

　この証言によると、21日夜石川によって書かれた上申書の文字について、22日夜には脅迫状と「酷似する」という中間回答が出され、同日夜に逮捕状が請求、発付され、23日早朝の逮捕につながっている。その一次逮捕の疎明資料につけられた「筆跡鑑定の中間回答について」という文書では、わずかに6文字を拾い出しただけのものだった。
　この点をとらえ弁護団は、「捜査当局は、石川が犯人であるとの予断と偏見のもとに見込み捜査したことを自ら暴露したもの」と批判した。
　その後の時間経過にも、注意を払わなくてはならない。
　捜査段階で作成されたこの2つの鑑定は、いずれも一次逮捕の勾留満期（6月13日）より前に捜査本部へ提出されていた。関根・吉田鑑定は6月1日に、

長野鑑定は6月11日にはすでに捜査本部の手元にあった。両鑑定は、「高村鑑定」とともにのちの確定判決では石川が犯人である「主軸」の証拠と位置づけられるのだが、これがありながら検察官は勾留満期の13日には恐喝未遂で起訴しなかった。検察官は両鑑定に必ずしも絶対の信頼を置かなかったと言えるのではないだろうか。

　吉展ちゃん事件に続く佐野屋での犯人取り逃がし、被害者の死体発見、と捜査当局への批判が集中していた時期である。両鑑定に確固たる自信があるのであれば、たとえ石川が否認していようが、13日には恐喝未遂で起訴されるはずであった。両鑑定は、脅迫状と石川の上申書を「同一人の筆跡」とするものだから、恐喝未遂については直接証拠となり得るものだったにもかかわらず、検察官は起訴を見送り、処分保留とした。

### 3 「高村鑑定」

　控訴審に入ってから裁判所が、文書鑑定科学研究所長、高村巖（警視庁鑑識課、科警研文書鑑定課長などの経歴を持つ）に鑑定を命じた。66年5月31日に鑑定命令が出て、同年8月19日に鑑定書が提出された。鑑定資料は、

　① 脅迫状

　② 一審公判中の63年11月5日に、石川から一審の裁判長、内田武文あてに出された手紙。石川が証人尋問の進め方についてある希望を伝えたもの。一次逮捕から約5か月半が過ぎており、取調べ中や未決勾留中に文字や文書は石川にとってだいぶ身近なものになっていた。

　③ 取り調べを受けていた石川が63年6月27日に、被害者の父親、中村栄作あてに書いた手紙。自供後、被害者家族へ謝罪の気持ちをあらわすため捜査員に勧められ、取り調べ中に書いた。

　「私くしわよしエさんごろしの石川一夫です」

　「この一夫はよの中のためにわなりませ〈ん〉からぜひおもくしてください」

などという内容だ。

　鑑定事項は、①と②の筆跡は同一人の筆跡かどうか、③の筆跡と①及び②の筆跡は同一人の筆跡かどうか、というものだった。

　鑑定の結果は、①②は同一人の筆跡と認められる、③と①及び②とは「その特異な文字形態と運筆書法の上によく符合するところが認められ、ほとんど同一人の筆跡と認められるが、③の筆跡が比較的筆勢渋滞している点に疑問がある」

とされた。

　検察官は、これら3鑑定によって「脅迫状の筆跡は被告人の筆跡と認められることは証明されている」「関根・吉田及び長野が対照資料とした被告人の上申書、早退届等と、高村鑑定人が対照資料とした裁判長あて手紙、被害者の父親あて手紙とは異なるものであるにもかかわらず、これらと本件脅迫状の筆跡が同一人の筆跡であるとすることにおいて三者とも同様の鑑定となっていることは、その鑑定に普遍性と信用性が認められるところである」(70年6月17日付検察官意見書)と主張した。
　これに対し、弁護側は以下にあげる4鑑定によって反論した。

## 4
### 「戸谷鑑定」

　裁判所の鑑定命令により、北海道大学触媒研究所の教授、戸谷富之が作成した筆跡鑑定の現状に関する鑑定書で、脅迫状と石川が書いた文書との直接的な鑑定ではない。鑑定事項は、

① 日本文字に対する鑑定の方法および結果の相当性如何
② 石川の筆跡につき、関根・吉田、長野、高村の3鑑定の方法および結果の相当性如何

の2項目。戸谷は①について、24回公判の法廷で、口頭で説明した。
　それを要約すると、日本のいわゆる伝統的な筆跡鑑定では、似ているところだけを取り上げて同筆としたり、違うところだけを取り上げて異筆としたりで、客観的科学的な鑑定結果は得られない。客観的に鑑定するには、似ていたり違っていたりする部分が、どのくらい珍しい書き方で、その筆者にいつも見られるものかどうか、を統計学的に調べなければならない、とするものだった。戸谷が参考資料として法廷に提出した自身の論文では、サイン社会である欧米の筆跡鑑定の実情を、ローマ時代の偽造文書から19世紀末のドレフュス事件にまでふれて説き起こし、日本の筆跡鑑定の現状は「欧米の十八世紀にも及ばない初期の段階にある」とした。
　同じく参考資料として添付されている森長英三郎の論文「刑事裁判と筆跡鑑定」によると、高村が鑑定人として関与した事件では、清水郵便局事件*で同筆とし鑑定したが、後に別の真犯人が現れ、被告人は無罪となった。帝銀事件*では同筆とした平沢の死刑が確定し、菅生事件*、太田事件*でも高村の同筆鑑定

が有罪判決を支える証拠となったことなどが報告されている。一方で戸谷には、太田事件の裁判で高村の鑑定を「近代統計学上からみて信頼度はうすく、客観的な証明力をもたない」とする鑑定書を出して争った経緯があった。

＊清水郵便局事件

1948年2月6日夜、東京発門司行きの急行列車に郵便車が連結されていた。郵便物の中に、横浜の合板組合から静岡県清水市内の合板会社にあてた額面約8万円の小切手入り書留郵便があった。この書留が合板会社に届かず、10日に何者かによって同市内の銀行で小切手は現金化された。小切手の裏書に住所、氏名が書かれており、窃盗容疑で逮捕された清水郵便局員の筆跡鑑定で裏書きと「同筆」とされたことなどから、一審懲役1年6月、控訴棄却。控訴審では、「同筆」とする高村厳らの筆跡鑑定の結果も追加された。しかし、上告審段階で、清水局員が独自に真犯人を突き止めた。盗んで現金化したのは、東京鉄道郵便局の郵便車乗務員で、東京地裁で51年11月26日窃盗の有罪が確定した。このため、最高裁第1小法廷は52年4月24日、清水局員の有罪を破棄自判、無罪が確定した。1、2審で、高村ら計4人が別々に筆跡鑑定したが、いずれも裏書きと清水局員の筆跡は同一とするものだった。

＊帝銀事件

1948年1月26日、東京都豊島区の帝国銀行椎名町支店に、「東京都の衛生課から来た」という男が現れ、赤痢の予防薬と称して青酸化合物入りの溶液を行員らに飲ませ、12人を毒殺した事件。男は現金、小切手を奪って逃走した。7か月後、テンペラ画家、平沢貞通が強盗殺人容疑で逮捕された。当初否認していたが、別件の詐欺などで起訴後の拘留中に、本件を自白し、同年10月になって起訴された。公判で平沢は否認し最高裁まで争ったが、55年4月死刑が確定した。事件翌日、奪われた小切手が別の銀行で換金されており、その裏書された住所の筆跡と平沢の筆跡が捜査段階で鑑定され、高村が担当、「同一筆跡」とした。公判段階で、ほかに6人が鑑定し、5人が同一あるいはほぼ同一などと鑑定、1人のみ異筆とした。平沢は確定後、再審請求を続けていたが、95歳の87年5月、医療刑務所で死亡。遺族が、第19次再審を求め、現在も係属中。

＊菅生事件

1952年6月2日未明、大分県菅生村（現在の竹田市）駐在所が爆破された事件。事前に情報があり、警察官、新聞記者が現場に張り込んでいた中での爆破だった。共産党員2人が建造物損壊、殺人未遂などで起訴されたが、「事件はでっちあげだ」などと否認。一審は建造物損壊などで懲役10年などの有罪（殺人未遂は無罪）だった。控訴審中の57年3月、被告人らが「真犯人」と訴えていた人物が東京・新宿に潜伏しているのを共同通信記者が発見。この男が、事件当時は大分県警本部警備課の現職警察官で、被告人らにダイナマイトを渡したことが判明した。福岡高裁は党員被告人を無罪とし、最高裁で確定。警察官は爆発物取締罰則違反（爆発物の運搬）で起訴されたが、ダイナマイトに関する情報を県警上司に報告していたことが「自首に該当する」などとして刑を免除した福岡高裁判決が確定している。結局、裁判上は駐在所爆破の犯人は特定されていない。

この事件に関連して爆破当日、現場で逮捕された党員被告人の自白調書があり、被告人らは偽造だとして成立を争い、調書作成者の警察官を文書偽造で告訴した。しかし、逆に誣告罪で起訴された。調書の署名について、一審公判で高村が筆跡鑑定、「同筆」として一審では誣告罪が成立し、懲役8月となった。控訴審では、高村の「異筆」「異筆の可能性が強い」などとする複数の鑑定も提出されたが、福岡高裁は棄却。最高裁も上告棄却し、実刑が確定した。

＊太田事件

1952年1月初旬、札幌中央警察署警備課長や公安担当検事らあてに、前年末の「餅代よこせ闘争」を弾圧したとして、脅迫はがきが寄せられた。この脅迫はがきを出したとして同年4月、北大講師、太田が逮捕、否認のまま脅迫罪で起訴された。はがきと太田を結びつけるものは、筆跡だけで、一審札幌地裁は懲役6月、執行猶予2年の有罪。控訴審段階で、高村厳が「同筆」の鑑定を出し、戸谷富之が高村らの伝統的筆跡鑑定を批判する鑑定書を提出した。札幌高裁は64年12月26日、太田の控訴棄却。上告したが、最高裁第2小法廷は「伝統的筆跡鑑定方法は、多分に鑑定人の経験と勘に頼るところがあり、ことの性質上、その証明力には自ら限界があるとしても、そのことから直ちに、この鑑定方法が非科学的であって、不合理であるということはできない」などとして棄却し、有罪が確定した。

②の3鑑定の相当性では、関根・吉田、長野の各鑑定について照合文書として石川の早退届をあてているが、全部で「40通前後」はあるはずなのに4通しか照合していないのは「似た文字のあるもののみを取ったと疑われてもしかたがない」と批判した。

　また、高村鑑定については、石川が勾留中に字の練習をさせられた後に書いた、被害者の父親あて手紙を照合しているのは「正しい判断を下せないおそれがある」と指摘し、その上で「文字の比較が即自的であり、希少性、常同性〈珍しい書き方の特徴が、いつもみられるかどうか〉の検討は不十分である。〈中略〉同一筆跡であると断定するのには、根拠不十分である」と分析した。

## 5 「綾村鑑定」

　弁護団の依頼で、書道家の綾村勝次が作成し、66回公判（72年8月29日）で取り調べられた。鑑定資料は脅迫状と上申書で、検察側の3鑑定と同じように文字の形態、運筆を中心に検討しているが、結論は正反対だ。

　脅迫状については「筆勢もあり、筆力も認められる」「横書きに習熟した筆致がみられる、すなわち、かなりの速筆である」「各文字の終筆が力を抜き切っているのは、硬筆書写に経験のあることをみせている」とし、「書き直した個所〈「五月2日」と「さのヤ」〉は、あるいは左手で書き加えられたもののようである。〈中略〉本文のものと比較すればいかに苦しんで書いたかよく分かる。つまり書き難いのに無理に書いたからである」と分析している。

　これに対し、石川の上申書は「筆勢が認められない。ようやく知っている漢字の形を一字一字書き上げたという風である。これは文字に対する知識がきわめて低いことを示す」「一字を書くのに一様に力を入れ書いてあり、〈中略〉筆勢がみられない、はね切っては書いていない」などと観察している。

　綾村は、脅迫状と比べて上申書は「文字の形態と筆順の上からみて、しかも比較的筆運の遅い点に大きな疑問が生じ、同一人の筆跡とは断じ難い」と結論づけた。

## 6 「磨野鑑定」

　弁護団の依頼で、小学校教師としてながく国語教育にあたってきた磨野久一（当時、京都市教育委員会指導主事）が作成し、66回公判で証拠調べが行われた。

石川が脅迫状の内容を思い出しながら作成したという文書（7月2日付検察官、原正作成の供述調書に添付）

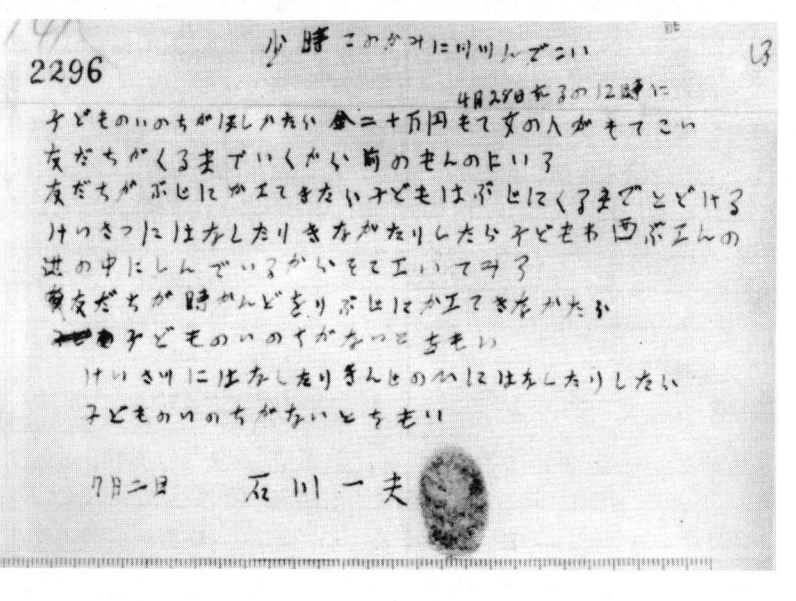

　鑑定資料は、脅迫状と上申書、それに脅迫状の内容を石川が思い出して書いたとされる文書の3点だ。後者の文書は、全面自供した後の石川が、検察官、原の要請によって脅迫状の写真を模写した疑いが残る文書で、63年7月2日付石川の供述調書に添付されている。鑑定の参考資料として、石川の小学校の学籍簿が取り寄せられた。

　脅迫状と上申書などの国語力の違いを、磨野鑑定は次のように指摘している。
　　脅迫状
　「当時〈石川が小学生だった昭和20年代〉の小学校の学習において横書きの機会は比較的少なかったが、筆者は横書きに慣れていることが推定される」
　「付されている句点がきわめて正確であり、筆者は本来、正しく句読点を付し得る能力を持っていると推察される」
　「文字の終筆の『はね』の部分が、速書きによって勢いよくはねられている」
　「助詞の『で』を『出』、『話し』を『はな知』、『帰って』を『か江て』、『来なかったら』を『気名かツたら』のように、当然かなで書くことが明瞭な場合に、漢字を当てている。意図的に当て字を使用したと考えられる」

「必要な要件が、順序を追って記載されている。訂正個所も少なく、一気に書きあげられるだけの文章構成力がある」
上申書、調書添付文書
「横書きに慣れていない場合、速書きの能力がついていない場合、一列の右側にいくにつれ、列が下がる傾向があり、上申書にもこの特徴が出ている」
「文字の終筆部分が、ほとんど止められている。これは書くことの不慣れと、一字一字を意識して書いていることを表している」
「脅迫状が行変えをしているのに、上申書は段落をとらない、いわゆる『べた書き』になっている」
「句読点がない」

磨野の鑑定結果は、「脅迫状は、小学校5年修了程度の学力、能力を有する者の記述したものとは考えられない」というものだった。

参考とした学籍簿には、1年から6年までの出席・欠席日数が掲げられている。

| 学年 | 1年 | 2年 | 3年 | 4年 | 5年 | 6年 |
|---|---|---|---|---|---|---|
| 出席日数 | 196 | 131 | 213 | 225 | 139 | 78 |
| 欠席日数 | 66 | 116 | 29 | 20 | 113 | 187 |

5、6年生の欠席が著しく多い。「学習の記録」の国語の項は、「聞く」「話す」「読む」「書く」「作る」の各分野で5段階評価〈＋2〜-2〉が記載されているが、石川は5年生の「聞く」が－1だったのを除いて4〜6年生の各分野すべてで－2だった。これには、石川が小学校に通えなかったある事情が存在していた。

## 7
### 「大野鑑定」

学習院大学教授の大野晋が作成し、弁護側が証拠申請、66回公判で証拠調べが行われた。資料は、脅迫状と石川の上申書。大野も、石川の学籍簿を参考にした。

鑑定結果は、両者の「漢字・仮名使用上には、顕著な相違がある」とされた。なお、「その相違は、脅迫状の原文起草者と、上申書の筆者との読み書き能力に、大きな差が存在した結果と推定される。ここで脅迫状原文起草者と称するのは、現存する脅迫状の筆者と、文章の起草者、あるいは下書きした者とが別人である場合も考えられるからである」と付言され、脅迫状の用語と用字に注目しての鑑定だった。

大野鑑定は、磨野鑑定よりやや詳しく脅迫状と上申書の違いを指摘している。

万葉仮名の研究者である大野は、脅迫状に12か所出てくる誤用も含めた「当て字」について、「極めて作為的である」と強調する。
　警察を「刑札」と書いているが、「刑」「札」とも義務教育漢字以外の漢字で、小学校教育で読み書きともにできるようにすべき文字の表に入っていない、小学校終了時に書く力が「－2」と評価される石川が「自ら思いついて『刑札』と書くことは極めて疑わしい」と指摘した。
　「し」の仮名に「知」、「で」の仮名に「出」、「な」の仮名に「名」、「き」の仮名に「気」を当てているが、「これらの仮名は普通の字を書く方がはるかに容易自然である」。「エ」の仮名に「江」を3回使用しているが、「これは今日の大学生でも書かない仮名である」。
　このような当て字は今日の社会では不自然で、「これは一度文章を作り、その文章の中の特定の音節を、仮名から当て字の漢字へ置きかえた下書きを作り、それをもとに書き上げたものである」「下書きの起草者は、中等度以上の文字能力を持つと推定される」と分析し、「このような当て字は能力の低い者のすることではない」とした。
　これに対し、上申書は「12か所の誤字」があり、「漢字の書字能力が極めて低いことを示している」と、次のように説明する。
　「『はたくしわ』という表記は、『は』と『わ』とを同一視していることを示すもので、これは小学校低学年の児童が多く陥る誤りである。『にさの』という表記は、日常口頭語だけで暮らし、新聞や雑誌を読まない老人や子供などに見られる表記である。
　『行ってません』のつもりで『エでません』と書いていることも、文字表記の生活になれていない人の特徴をよく現している。〈中略〉助詞『は』を『わ』と書く現象は、学力の低い人に普通に見られる現象である。
　『直し』にあたるところに『なし』と書いてあるが、このように母音オにあたる仮名を脱落させるのも、文字表記に不慣れな人のよくするところである」

　鑑定結果の「漢字・仮名使用上には、顕著な相違がある」という表現で、大野は事実上、両者の筆者は別人であることを示す一方、髙村鑑定が使用した対照資料が「明白に不当である」と批判している。先に戸谷鑑定が指摘したのと同じように、髙村が資料とした内田あて手紙、被害者の父親あて手紙は、石川が逮捕された後、捜査員によって「脅迫文を書き習うことを繰り返した後の文書で

あり、かかる文書の字形をもって脅迫文との字形比較をおこなうことは無意味である」と述べている。

　弁護団はこの「戸谷」「綾村」「磨野」「大野」の4鑑定や、石川の小学校の学籍簿、成績表などから、事件当時の石川の国語能力は小学低学年程度と主張しており、「石川に脅迫状は書けなかったし、書いていない」「だから、犯人ではない」と主張した。
　検察官は「〈綾村、磨野、大野の〉三通の鑑定書は、いずれも極めて簡単な抽象的なもので、鑑定書というよりは意見書である」として次のように批判した。
　綾村、磨野鑑定に対しては、「脅迫状が横書きされているのは、その用紙が大学ノートを破った紙面であり横罫線が入っている。だから、それに沿って自然に横書きにしただけ」「脅迫状で漢字が使われた文字が、上申書ではひらがなになっているのは、たまたまその筆速になかっただけのことである」などと反論した。
　また、大野鑑定については、脅迫状や上申書の「記述能力、表記能力という面から筆跡の異同を考えることは、着眼としては一見優れたように見えるが、能力の問題だということから考えれば、これは精神作用の問題であり、一種の精神鑑定の問題である」「精神能力の判定には少なくとも本人に審訊することもなく判断が下せるものだろうか」「鑑定人は被告人に会う労もつくさず一種の精神鑑定まがいの判断を下したことについて、その方法論に遺憾な点があったと言わざるを得ない」と、強烈な攻撃を加えた。
　脅迫状の書き手を判断する上で、重要な鑑定がもう一つある。事件のストーリー全体にも大きな影響を及ぼす鑑定だった。筆跡鑑定ではない。筆記用具をめぐる鑑定だった。

## 8　「秋谷鑑定」

　石川の自白によると、脅迫状本文および訂正個所はボールペンで書かれたことになっている。捜査段階の調書は、これで一貫している。
　しかし、訂正個所（本文を書いた後に書き加えたとみられる『五月2日』『さのヤ』の訂正部分と、封筒の『中村江さく』の部分）はペンのようなもので書かれたのではないかとの疑惑が浮かび、弁護団は裁判所による事実調べを要求した。42回公判（71年2月12日）で、裁判所は昭和大学医学部教授、秋谷七郎に鑑定を命じた。鑑定事項は、

①　脅迫状および封筒の文字等は、いかなる筆記用具により記載されたか
　②　この文字等はすべて同一の筆記用具またはインクによって記載されたものか、そのインクの性質、種類
　③　この文字等は、石川宅から押収された被害者が持っていたとされる万年筆、または石川の自宅から押収されたボールペンを用いて記載されたものか、その可能性または蓋然性

　秋谷は薬学の専攻で、東大医学部や東京医科歯科大で「裁判化学」という講座を担当していた。鑑定方法はインクの特質に注目したもので、ボールペンインクはアルコールに溶解し、水に溶解しない。万年筆インクは、アルコールに溶解せず、水に溶解する。このことから、脅迫状にアルコールを滴下して調べられた。インクについては、薄層クロマトグラフィーおよび吸収スペクトルによる色素組成が調べられた。その結果、
　「脅迫状はボールペンで書かれており、一部訂正個所はペンまたは万年筆を使用したものである」
　「検体用箋紙に書かれた日付『五月2日』と文字『さのヤ』との二つは、万年筆を使用した公算頗る大である。ただし、〈押収〉万年筆で書いたものか、これ以外の万年筆を使用したかは判定できない」
　「脅迫状の文字〈訂正部分以外〉と〈押収〉ボールペンの色素はよく一致する」
　などとする鑑定書が、72年4月10日に提出された。
　訂正か所はボールペンではなく、万年筆またはペン（秋谷は、付けペンのようなものをさしてペンと表現していた）で訂正されていたのだ。この鑑定結果は、検察官の冒頭陳述の内容にも変更を迫る重大な内容を含んでいた。
　冒頭陳述の表現そのままを引用すれば、「被告人は殺害後、子供誘拐の目的で作って所持していた脅迫状を取り出して「『4月28日』を『五月2日』に、『前』の門を『さのヤ』の門とそれぞれ所携のボールペンで訂正し……」た、はずだった。
　この冒陳の裏付けとなったのは捜査段階で作成された一連の自白調書で、一審の法廷に提出された検察官、原正作成の調書（63年6月25日付）では、次のように描写されていた。
　「その手紙〈脅迫状〉の文は善枝ちゃんを縛ってから月日等書き直しましたが、その時もボールペンです。そのボールペンは兄ちゃんのもので手箱に入っていたものですが、万年筆の様な形になっており、上を押すとペン先が出てくるようなボールペンだったと思います」

とかなり具体的な供述になっている。同じく原作成の7月1日付調書では、
「芋穴の付近に善枝ちゃんを仰向けにしておき、〈殺害現場の〉松の木の下に戻ってそこで、ズボンの後のポケットから脅かしの手紙を出して封筒に、中村〈姓は仮名〉江さく、と書き、手紙も月日を書き直し、家の前とあるのを
　　　さのやの門
と書き直しました。その女学生が
　　　中村善枝
である事や親父さんが
　　　中村江さく
で堀兼の落合ガーデンの手前の焼芋屋の付近である事は善枝ちゃんを殺す前に聞いて覚えておりました。手紙の中に善枝ちゃんの写真を貼った紙〈学生証〉を入れましたが、その事は善枝ちゃんの財布を盗って写真を貼った紙がある事を見た時からその計画をしておりました。
　封筒や手紙をかきなおしたボールペンは前にも言った様に兄ちゃんのもので上を押すとペンが出てくる式のものです。色は青色だったと思います。
　この時検事は〈石川の自宅から押収した〉ボールペンを示したところ、
　ペン軸の色が青い様な色合いである事、頭の白い部分を押すとペン先が出て来る方式である事、青色の字を書くペンである事等からその様なボールペンであったと思いますが、同一のものであるかどうかは特に目印がないので判りません。然し兄ちゃんは頭を押すとペン先が出て来る式のボールペンは一本しか持ませんでした」
と詳細に供述したことになっている。このような冒頭陳述、自白調書を踏まえ、検察官の主張を認容した一審判決は「罪となるべき事実」の中で、脅迫状の訂正を、
「〈被害者殺害後〉かねて用意の前示脅迫状を取り出し、脅迫文中の現金二十万円を持って来るよう命じた日時『4月28日』を『五月2日』に、場所『前の門』を『さのやの門』に、それぞれ所携のボールペンで書き直し……」
と認定していた。
　しかし、訂正がボールペンではなく「ペンまたは万年筆」となると、自白調書は虚偽だったことになる。「兄ちゃんの頭の部分を押すとペン先が出て来る方式」のボールペンは、宙に浮いてしまう。一つの調書に出現した一つの虚偽は、一つの調書全体、ひいては42通ある自白調書（脅迫未遂、強姦殺人、強盗殺人に

関するもの）全体の信用性を失わせかねない深刻なものだった。
　この秋谷鑑定について、弁護団は「石川無罪の証し」と主張した。最終弁論（79回公判）で弁護人、稲村五男は要旨次のように訴えた。
　「筆記用具について万年筆でなく、ボールペンであると故意に嘘をついたところで、被告人にとって何の得にもならないから、被告人が故意に嘘をついたとは考えられない。被告人の記憶違いというには、ボールペンの出所について詳しく述べている上で、そのボールペンで訂正したと詳細に述べていることからして、不自然である。訂正か所の筆記用具についての真実と自白との違いは、被告人が犯人でないため、〈ボールペンで書いたという〉捜査官の筋書きがそのまま出たことによる」

　秋谷鑑定には、検察官も反応した。犯行のストーリーを変えたのだ。検察官、大槻一雄は74年2月7日付の意見書や9月26日の弁論で、
　「〈訂正部分を〉ボールペンで記載した旨の被告人の捜査段階における供述は事実と反するということにならざるを得ない。
　ところで、秋谷鑑定によれば、訂正部分は、被害者善枝の万年筆〈石川の自宅から押収されたもの〉によって書かれた可能性のあることが是認できるので、被告人が犯行当日、脅迫状を中村栄作方まで届けるまでの過程において被害者から強奪した万年筆を用いて記載したものと推認される。
　してみれば、原判決には前記程度の誤りがあるとしても、筆記用具が単に万年筆だったというにとどまり、被告人が訂正した事実を左右するものとは言えないので、右の誤りは結局、判決に影響するものではない」
という趣旨の反論を展開した。
　しかし、この反論に対しても弁護人、稲村は「秋谷鑑定や秋谷証言では、『検体万年筆で書いたものか、これ以外の万年筆を使用したかは判定できない』『ただ感じを、こういうように表現したわけ』と述べるだけであり、検察官の主張は鑑定書の勝手なつまみぐいであって誤りである。自白では、脅迫状を訂正した上で自転車に乗り、被害者宅へ向かう途中で鞄を捨てている。鞄を捨てる際に、はじめて善枝の筆入れ〈この中に、万年筆が入っていた〉に気がついているので、善枝の万年筆で訂正することはまったく考えられない」と主張した。
　確かに「届けるまでの過程において」という、いつどこで脅迫状を訂正したのか明確にしない検察官の主張は、やや後退した印象を受ける。検察官、原正作

成の63年7月1日付調書では、被害者の万年筆を見つけた状況を、石川は次のように説明している。

「〈殺害後、脅迫状を被害者宅へ届けに行く途中で、鞄などを捨てた状況を説明して〉私は、善枝ちゃんの鞄を盗もうという考えはなく、適当な場所で捨てようと思っていました。それで図面に書いてある場所〈石川が取り調べ中に作成した地図上の、鞄を捨てたところと書き込みのある地点〉付近まで来たとき、自転車の荷台から鞄を外して本が入ったまま埋めるのは容易ではないので、鞄の中の本を出してそれを山〈雑木林のこと。石川の地元に高い山はなく、雑木林をヤマと呼んでいた〉と畑の間の低い所に並べる様にし、両側の土をゴム長靴で蹴って土をかけました。その時、筆入れが一緒に出てカチャカチャ音がしたので、空けてみたところ、万年筆が入っていたので、鉛筆と一緒に万年筆は筆入れに入れたままズボンの尻のポケットに入れました」

この自白では、鞄を捨てる際にはじめて万年筆に気づいており、その時点より以前の犯行ストーリーには、万年筆は登場して来ないのである。「届けるまでの過程において」と訂正したという意味は、「カチャカチャ」という音に気づいて筆入れの中に入っていた被害者の万年筆を見つけ後に、それ使って訂正したということにならざるをえない。

実は、どうにも理解しがたいことなのだが、この脅迫状の訂正か所と封筒の表裏に書かれた「中村江さく」という文字については、ペンまたは万年筆で書かれたことを捜査本部では十分承知していた、と思われるのだ。なぜなら、事件発生直後の5月2日付で作成された被害者の父親、栄作の供述調書（一審取り調べ済み）には、

「〈脅迫状が入っていた封筒は〉いったん封をしたものが乱暴に千切ってあり、表側にも裏にも私の名前の中村栄作を中村江さくとインキで書いてありましたが、文字は下手であって封筒は梢々濡れていて、インクが散っていました」

とあるのだ。これはどうみてもボールペンによる書き込みではなく、付けペンか万年筆による書き込みと言える。さらに、先にふれた科学警察研究所の長野作成の筆跡鑑定書の冒頭部分には、資料を肉眼で観察した状態が表記されており、

「封筒表面の中央部には抹消個所が認められて、その下方部と裏面には『中村江さく』『中村江』等の文字が三個所縦書きでペン書きされている」

とある。脅迫状本文は「青色ボールペンを使用して横書きに書かれ……」と

記載されているので、長野は、ペンとボールペンを区別して記述していることは明白だ。

　父親の調書も長野鑑定の内容も、捜査本部で詳細に検討されたことに疑いはないと言わなければならない。見落としたということは考えられない。ということは、封筒などの訂正がペンまたは万年筆で行われたことを熟知しながら、あえて捜査本部はボールペンによる訂正と供述させたのだろうか（何しろ、石川が自白し始めたころの供述は、脅迫状に訂正個所はない、という内容だった）。事件当時、石川宅には万年筆が存在せず、石川もその家族も万年筆とは縁遠い生活であったことも捜査本部には周知のはずだった。それでもあえて「万年筆による訂正」に目をつむり、ボールペンによる訂正として押し通したとしたら、不可解としか言いようがない。

## 6　脅迫状作成の経緯

### 1　脅迫状の作成日・方法

　ところで、訂正する前、脅迫状の本文や封筒の宛名は、いつ、どのように書かれたのだろうか。それを明らかにしているのは、石川の自白調書しかない。例えば、「ふだん字を書く姿を見せたことがない石川が、何か手紙のようなものを書いていた」というような家族や第三者による法廷証言や供述調書はまったくない。

　自白調書では、犯行の4日前、4月27日ころから犯行の準備が始められたことになっている。6月24日付埼玉県警刑事部防犯課警部、青木一夫作成の調書によると、石川は次のように供述している。

　　私は、善枝さんの家へ届けた手紙は4月28日に書きましたが、その幾日か前から市議選立候補者〈調書では実名。当時、狭山市では4月30日投開票の選挙期間中だった〉の選挙事務所へ行ったり、雨の降る日は家でぶらぶらして遊んだりしていました。私は4月27日にも家にいて、吉展ちゃんを誘拐したように子供を誘拐して金を取ってやろうと考え、そのため手紙を書く練習をしました。

　　私は本当に漢字は少ししか書くことができません。私はその手紙を書くために

　　　「りぼんちゃん」

という漫画の本を見て字を習いました。りぼんちゃんというのは女の子の雑誌で中には二宮金次郎が薪を背負って本を読んでいる絵などが書いてあってその他にいろいろ字が書いてあり、漢字にはかながふってありました。ですから私は、刑事さんという様な字から刑という字を書き、お札という様な字が出ればこの刑と札と組み合わせて刑札という様に書いたのです。私が善枝さんの家へ届けた手紙は、この前話した通りです。

　それから私は、4月28日午前中は〈中略、友達4人＝実名を挙げている〉とか弟などと野球の練習をしたりして、午後は家の中でテレビをみたりしていました。その日の午後私は、善枝さんの家へ届けた手紙を書いたのです。この時使った紙は、妹の美智子〈中学2年生〉の鞄の中に入っていた帳面を破って使いました。この時使った帳面は半紙半分くらいの大きさです。その時その帳面の紙を3枚か4枚くらい破って使ったと思います。その帳面は美智子が使っていたもので、始めの方には何か書いてあったと思いましたが、何が書いてあったか覚えていません。私が破って使った帳面は、使ったあとで美智子の鞄の中へしまっておきました。その時、家には母ちゃんだけしかおりませんでした。

　それから私がその手紙を書くとき使ったボールペンですが、そのボールペンは兄ちゃんのもので、四畳半の手箱の中にしまってあったものです。ボールペンの色は青色のインキが入っていた普通の鉛筆の長さくらいのものです。このボールペンで大体の文句は書いたのです。私がこのとき使ったボールペンは用が済んだ後またその手箱へしまっておきました。

　私はこの時書いた手紙の文句はこの前私が話した通りですが、今思い出したことはその宛名を

　　　少時様とか殿とし

　金を届けさせる日時を4月28日午後12時としてあったと思います。そしてやはり家の中にあった白い封筒、これは善枝ちゃんの家へ届けたものですが、その封筒にもやはり

　　　少時様

と書いたように思います。

　私がこの手紙を書くときは、何処の子を誘拐しようという、特別の目宛てはなかったのですが、唯なんとなく、しょうじ様と書いたものであります。このとき何処かの家の子を誘拐する目的でその手紙を書いたものには間違いあ

りません。しょうじ様という字は、或いは「りぼんちゃん」という雑誌の中にあった、人の名字であったかも知れません。私はそのときその他に
　　　須田、小林、池田
などの名前を習ったことを覚えています。
　私がこの手紙を書いたのは今話したように手紙の中にも封筒にも、しょうじという宛名を書きましたが、私は特にしょうじという家の子を狙ったわけではありません。私の知っている家でしょうじという家が近所にありますが、その家には子供はいないと思います。〈中略〉
　そんなわけで私が何処かの子供を誘拐して金を取ろうとして書いた手紙を、私ははいているジーパンの尻のポケットに入れて持って歩いていました。5月1日はやはりその手紙を持って歩いていました。ですから、5月1日にも子供が捕まっていれば、善枝ちゃんを殺さずに済んだと思います。

　この自白では、妹の鞄に入っていた漫画雑誌から漢字を選び、それに「習って」脅迫状を書いた、というのだ。ルビが振ってあるので漢字の読みは分かるとして、具体的にどういうふうな作業なのかイメージが浮かびにくい。例えば、脅迫状冒頭には「子供の命」とあるが、「命」という漢字を探したのではなく、その脇にふってある「いのち」というルビを雑誌のページを一枚いちまいめくりながら探して書き出した、ということなのだろうか。もう少し詳しく供述した調書もある。

　手紙の中の漢字は、最初、りぼんちゃんという漫画の雑誌を見て、かながふってあるので手紙に使いそうな色々な漢字を最初に紙に書き出しておきました。それから手紙を書くときに適当に書き出した漢字を見てそれを使ったわけです。それで漫画の雑誌から書き出した漢字は20か30字くらいで、手紙に使わなかった漢字も相当ありました。現在、その手紙のとおり漢字を使って書けと言われてもどんな漢字を使ったか覚えてないので書けませんし、漢字も忘れてしまいました。手紙の文句だけは大体覚えております。
　〈中略〉その本は、妹、美智子が借りてきたものか買ったものか判りません。その雑誌は毎月出ている雑誌かどうか知りませんし、毎月出ているとしても何月号であるかも知りません。覚えているのは後の方のページに、二宮金次郎の像の写真が出ていたことを記憶しております。
　美智子が読んだ漫画の本にはこの外にも家に何冊かありましたが、表紙が

切れていたりしていたので、何という雑誌か覚えておりません。漢字を書き出したのはりぼんちゃんという雑誌一冊だけを使ったと思います。
　問　漫画の雑誌では「りぼんちゃん」というのはなく、『りぼん』というのがあり、中の漫画に「りぼんちゃん」というのがあるが、その本ではないか。
　答　本の名前は判然としておりません。私は「りぼんちゃん」という本だと思っていました。
手紙を書くのには一時間半くらいかかり、三枚くらいは書き損じ四枚目くらいに書いたのが、中村〈仮名〉さん方に届けた手紙です。その日は手紙を書いて、どこにも外出せず、家にいたように思います。手紙を書くときはテレビの部屋には誰もおりませんでした。家には母ちゃんだけしかいませんでした。〈以上、7月1日付、検察官、原正作成調書〉

　このとき検事は集英社発行『りぼん』昭和36年11月号を示したところ、私が手紙の字を拾いだした漫画の雑誌というはそれと同じような本でした。その本の中に二宮金次郎の像の写真がありますが、それを私は覚えております。
このとき被疑者は同雑誌の226頁を開いて説明した。
　　その頁の左側に
　　　　山下公園
　　と書いてありますが、
　　　　西武園、の、園
　　はその様な字を見て書いたように思います。
このとき被疑者は同雑誌の120頁を開いて示し、
　　ここにも
　　　　百万円　出ない
　　という字があり、この様な字を見て手紙に使いました〈同じ7月1日付、検察官、原正作成調書だが、前出の調書とは別のもの〉

　それにしても、当初の宛先の「少時様」について語る「何の特別の目宛てはなかったのですが、唯なんとなく、しょうじ様と書いたものであります」という内容は、度を超した不思議さというほかはない（この謎は、2009年の現在に至っ

ても解けていない)。

　自白調書を読む限り、脅迫状に使いそうな漢字20字から30字をあらかじめ選んで紙(妹の大学ノートを破ったものか不明)にいったん書き出し、それを見ながら別の紙に脅迫文を書いた、ということなのだろう。例えば、「命」を一度書き出し、そこに自分でルビもふり(ふらないと、脅迫状本体へ書き写すときに読みが分からなくなる)、そのルビと字形を見ながら、ノートを破いた紙片に書き写し脅迫状を作成したことになる。

　その「りぼん」は約260ページもある厚いものだ。その中のどこにあるか分からない「いのち」「えん」などのルビを何十ページとめくりながら探し出し、さらに該当の漢字を書き出し、それを見ながら脅迫状に書き直したのだろうか。とすれば、それはかなり時間のかかる面倒な作業と思われる。

　例えば、「札」の字は「りぼん」に1回しか登場してこない。それは189ページに掲載されている。ということは、最初の1ページから「さつ」とルビがふってある漢字がないかと探してページをめくり続け、ようやく189ページに達してその「札」を発見したことになる。「命」「分」「池」は全ページを探しても、それぞれ2回しか出てこない。「命」は252ページ、253ページに登場するから、いのち、いのち……とつぶやきながら最終頁近くまでめくり続けてようやく発見に至ったことになる。そしてまた最初に戻って、「ぷん〈分〉」を探し始める……。実際に取調室でこんなことを石川にやらせて作成可能と確認したというような調書や報告書は、公判記録にはない。

　あるいは最初から、使いそうな言葉として「いのち」「さつ」「ぷん」などを平仮名で紙に書いておいて、「りぼん」の1ページ目からそれらの複数のルビを同時に探していった方がいくぶん効率的なようにも思われる。しかし、自白調書からはどうもそういう作業はイメージできない。いずれにせよ、実際には脅迫状を書き始めていないのに、使いそうな仮名を頭の中で思い描くこと自体も、なかなかスムーズには進みそうもない。

　いったん書き出した紙や書き損じたノート片はどうしたのだろうか。

## 2
### 「りぼん」、大学ノート、筆記用具の行方

　取り調べ中に検察官が示した雑誌「りぼん」は、石川の自宅から押収されたものではない。川越市内の書店から任意提出を受け、捜査本部で領置したものだ。

　しかも、その『りぼん』には、「刑」「西武」の漢字は登場してこない。7月1

日付捜査員の報告書「脅迫文書の裏付捜査」によると、「りぼん」にどんな漢字が掲載されているか調査したところ、この「刑」「西武」は載っていないという結果だったのだ。そうすると、24日付の青木調書にある「私は、刑事さんという様な字から刑という字を書き、お札という様な字が出ればこの刑と札と組み合わせて刑札という様に書いたのです」という自白はどうなってしまうのだろうか。この供述は、客観的に存在する「りぼん」という雑誌の内容とはまったくかけ離れていることになる。少なくとも石川の体験に基づいた記憶からは生まれるはずのない供述で、不可解というほかない。

　3回にわたる自宅の捜索では、「りぼん」も、妹美智子の「後の方が4枚くらい破られた帳面」も出てこなかった。大学ノートは計10冊押収（うち3冊は即日還付）されたが、ページが破られたものはなかったようだ。脅迫状に使われた紙は、ノートの綴じ目（糸を通して綴じた小さな穴）が13個のもので、押収された大学ノートはいずれも綴じ目が11個だった。ここでも、「妹の鞄の中に入っていた帳面」を破って脅迫文を書いたという体験供述は裏付けがない。封筒も、脅迫状が入っていたものと同一種のものは石川の自宅からは発見できなかった。

　ボールペンは計4本押収されたが、自宅で脅迫状を書く際に使用したボールペンだとして検察官が法廷で証拠調べを請求したものは、ついに一本もなかった。捜査一課次席、将田は13回公判で弁護人、橋本紀徳の質問に答え、脅迫状作成に使われた大学ノート、封筒（同種のもの）、雑誌「りぼん」のいずれも3度にわたる石川宅捜索で発見できなかったことを証言している。

　なぜ、これらのものが発見、押収されなかったのか。検察官は74年2月7日付の意見書で、「家宅捜索が行われたのは、事件発生から約三週間後であり、被告人やその家族がすでに焼却するなど処分した可能性がある。しかし、類似の封筒、大学ノート、ボールペンが押収されたことからすれば、脅迫状を作成したことを首肯しうる一般的な状況が存在したことは明らかであり、厳格な意味での補強証拠がなかったとしても自白の信用性を否定するのは失当である」「宛名の『少時様』が架空の人物であることや、脅迫状作成後それを持ち歩いていたことなどを被告人は一貫して繰り返し供述しており、信用に値するというべきだ」などと主張した。

　弁護団は最終弁論で、「〈地下足袋や被害者の万年筆が石川宅から隠されることなく押収されており〉ありふれたものである大学ノートや封筒、ボールペンだけを処分したとするのは極めて不自然」「だれを誘拐するか決めてないのに、4月

28日午後に脅迫状を書き、その夜の12時に身代金の受け渡しを要求するという自供そのものが不自然」などと検察官が主張するストーリーを批判した。

確かに、脅迫状を4月28日に書き、同日夜に現金授受の場を設定するというのは相当無理のある話だ。同日午後に「一時間半くらい」かかって脅迫状を書き上げ、それから突然のごとく何らかの方法で誘拐対象者を決定し、脅迫状をその家族へ届けることは、犯行者側にとっては慌しいかぎりだ。その上、脅迫状を受け取った被害者家族にとっても現金を用意する時間的余裕がどれだけあるのか疑問だ。まずは成功しそうにない。この無謀さに、検察官も気付いていたようで、石川の自白調書には次のような部分がある。

　　問　脅かしの手紙を書いた時は、4月28日、夜12時に金を持って来るよう書いてあるが、4月28日にどこかの子供を連れ去る計画をしていたのか。
　　答　その手紙は4月28日に書いたもので、その日に子供を連れ去って金を取るという計画ではありませんでした。
　　　　適当な時期に子供を連れ去って金を脅かして取る時の手紙を考えて書きましたが、それは後で書き直す心算でした。
　　　　月日の数字と宛名をあけておいて子供を連れ去ったとき月日を書き込めばよかったのですが、そこまでは考えませんでした。
　　　　脅迫状を中村さん方に届ける際、中村さん方の入り口の戸の前で手紙の封を切ったような気がします。その点判然としませんが、封が切ってあったとすれば、中村さん方入り口付近に行ったとき、手紙の中に善枝ちゃんの写真を貼った紙〈学生証〉を入れ忘れたのではないか一寸気になりましたので、封を切って写真の紙が入っているかどうか確かめたような気がします。
　　　　その手紙は、4月28日に書いて封をせずに四つ折にしてズボンのポケットに入れて持っており、善枝ちゃんを殺してから書きなおして後に松の木の下で封をしたように思います〈7月2日付、検察官、原正作成調書〉

脅迫状を準備よく書きながら、「そこまでは考え」ずに、書いているその日の日付を書き込んだというのだ。そして、「唯なんとなく、しょうじ様」という宛名までも……。

脅迫状を被害者宅へ届ける直前に、封を切って中身を確かめるという行為もま

た、不可解ではある。学生証を入れて2時間ほど前に自分で封をしたはずなのに、入れ忘れを心配したのだろうか。考えずに日付を書き込んだり、何となく「少時様」と書いたりする人間が、今度は自分で封じたものを約2時間後に開封して確認する慎重さをみせる。

## 3　脅迫状の届け方

　被害者宅の玄関前で封を開けることは、犯人にとって極めて危険な行為と言わなければならない。被害者の家族が、いつ内側から出てくるか分からないのだ。高校一年の娘が帰らず心配している家族がガラッと引き戸を開けたら、犯人はその場でアウトだ。不審な男が雨でズブぬれになって立っているのだから、家族がとがめないはずがない。しかもまだ帰ってこない娘の学生証を持って、娘の自転車で乗り付けた男だ。

　もし、もっと早い時間に、例えば7時ごろにすでに、家族が駐在所に娘が帰ってこないことを相談し、警察官や近所の住民らが中村宅へ集まっていたとしたら、家にいるのは家族だけではなくなる。脅迫状を引き戸へ差し込むため母屋へ近づくことや敷地内に入ることすら、そこで捕まってしまうかも知れない危険な行為と言わなければならない。

　自転車を止めた場所にも、注目しなくてはならない。

　被害者宅は、道路から敷地内へ約30メートル入ったところに母屋があり、そこに引き戸の玄関がある。自白調書では触れられてないが、石川は土砂降りの雨の中を被害者の自転車で乗りつけ、玄関引き戸に直進したのではない。直進ルートからは見えない、納屋の庇の下に雨を避けるようにスタンドを立てて被害者の自転車を止めたことになっている。そこは直進ルートの左側にあたり、手前に花壇、その先にちょうど兄、憲一が帰宅して止めたばかりの小型トラック「ブリスカ」があり、自転車を止めたのはその奥である。トラックに並ぶように、わずか「二尺位」（約60センチ、一審で取り調べ済みの父、栄作の調書から）しか離れていないところに、納屋へ前方を向けて（母屋と納屋は向かい合うように配置してあるので、自転車の後方を母屋へ向けて）止めてあった。直進ルートからは往復で少なくとも20メートル以上は遠回りしなくてはならない。建物の配置を知らない、初めて被害者方を訪れた者にとっては、いったん母屋前の玄関引き戸近くまで到達し、そこから後ろを振り返らないと気がつかないような場所だ。自転車を置くのに遠回りする分だけ、犯人にとって危険度は増大する。

さらに言えば、そもそも乗ってきた自転車を被害者宅に置いていくことは、犯人にとっては帰りの、あるいは逃走の足を失うことになる。検察主張のストーリー通りであれば、すでに殺人を実行済みである犯人が、乗りつけた自転車をどうして遠回りまでして置いていこうという気になるのか、不思議である。
　犯人とされた石川は、いつ捕まるかも知れない極度に緊迫したはず時間（自転車を納屋の庇下に止め、玄関引き戸前で脅迫状を開封して、学生証を確認し、再び脅迫状と学生証を封筒に入れ、その封筒を引き戸に差し込むまでの時間）があったのか、なかったのか、「判然としません」というのだ。常識的に考えれば、こうした時間は、体験した者にとって最強度の緊張を伴った強烈な記憶として刻まれる性質の時間だ。
　自白では「判然としません」だが、実際、封は切られていた。
　被害者の兄、憲一は、一審2回公判と控訴審61回公判の二度にわたり、脅迫状を発見した際、すでに封筒の封は切られていたと証言している。さらに、警察に届け出た翌日の早朝、つまり5月2日の早朝に自宅玄関前で、封筒の切れ端とみられる「小紙片」を見つけた状況も説明している。一睡もせず、朝4時半ごろ起きて家のまわりを見たら、玄関からわずか30センチほどのところに小さな紙片が落ちているのを見つけたという。
　「最長辺5センチ、最短辺約1センチの三角形様のもの」と説明される紙片は、憲一から捜査本部に提出され、憲一が法廷で証言する際も憲一の目の前に示された。しかし、憲一は「〈私が見つけたものは〉もっと小さいようですね、〈示された小紙片の〉三分の一か四分の一くらい小さいようなのだったと記憶しております」「もっと小さい」などと自分で見つけた小紙片と法廷で見せられた小紙片は別物という証言をしている。
　脅迫状には、判然としない、不可解なことが多い。
　脅迫状に関連して、最後に触れておかなければならないことがある。
　脅迫状を書いて、訂正し、封印し、被害者宅前でいったん開封し、脅迫状を入れ直し、引き戸へ差し入れた一連の犯行が石川によるものであれば、脅迫状や封筒から石川の指紋が発見されてもよさそうなものだ。石川の自白には、手袋をして指紋がつくのを防いだというような供述はまったくない。
　ところが、脅迫状などから石川の指紋は検出されなかった。石川とはきわどい時間差（長めにみても15分以内）で脅迫状に触れた被害者の兄、憲一の指紋は検出されたという報告書（41回公判で取り調べ）があるのにもかかわらず、で

ある。30分以上は自転車に乗ってきた石川の方が、憲一よりよほど汗ばんでいただろうに、不思議なことではある。検察官は、脅迫状だけでなく自転車からもスコップからも万年筆などからも、石川の指紋が検出されたという証拠を一切、法廷に提出していない。

## *4* 被告人の筆跡と認定

　脅迫状と筆跡をめぐるこれらの鑑定書や検察官、弁護人の主張を踏まえて、控訴審判決は次のように認定した。

> 「〈関根・吉田、長野、高村の三鑑定について〉いわゆる伝統的筆跡鑑定法に従った三鑑定は、多分に鑑定人の経験と勘に頼るところがあり、その証明力には自ら限界あがることは否定できないが、そのことから直ちに、三鑑定の鑑定方法が非科学的であるということはできない。これまでの経験の集積と専門的知識によって裏付けられたものであって、鑑定人の単なる主観に過ぎないものとはいえない」

> 「照合文書〈資料〉を異にしているにもかかわらず、三鑑定とも本件脅迫状の筆跡が同一人、すなわち被告人の筆跡であるという鑑定結果となっていることは注目すべきである」

> 「戸谷鑑定人のいわゆる近代的統計学を応用した科学的方法によっても、脅迫状と封筒の筆跡が、被告人の筆跡ではないとは結論していないのである」
> 〈戸谷への鑑定事項は、同筆・異筆の鑑定ではなかった〉

> 「〈大野、磨野、綾村の各鑑定について〉これらの鑑定書の説くところは、一言にしていえば、不確定な要素を前提として、自己の感想ないし意見を記述した点が多くみられ、到底前記三鑑定を批判し得るような専門的な所見とは認めがたい」

> 「綾村鑑定は、脅迫状に『刑』という教育漢字に含まれない漢字が使われていること、当て字が多いこと、横書きであることを挙げ、これは教育程度の低い被告人の書きえるものでなく、小学校以上の教育を受けた者が、何らかの意識をもって書いたものであるとしているが、被告人が何らかの資料を見て書くこともあり得ることを無視した、納得しがたい見解である。磨野、大野両鑑定も同様である」

> 「被告人は調書において『りぼんちゃんという漫画の本を見て字を習いました』

〈中略〉などと述べている。当審で調べた『りぼん』昭和36年11月号には、まさに二宮金次郎の像の写真が載っており、脅迫状に使われた漢字も『刑』及び『西武』の字を除きすべて右雑誌の中で使われており、〈中略〉したがって被告人の前記供述には裏づけがあることになり、被告人は『りぼん』から当時知らない漢字を振り仮名を頼りに拾い出して練習したうえ脅迫状を作成したと認められる」

「当審における被告人質問の結果によると、昭和38年4月当時『ライフルマン』『アンタッチャブル』『ララミー牧場』などを見ていたというのであるから、TBS6チャンネルの木曜日の午後8時から放映されていた『七人の刑事』なども見る機会があったことが推認され、問題の『刑』はこれで覚えた可能性も十分考えられる。そうではなくても、簡単な字画であるから『刑』の字を以前から知っていたとしても別に不思議ではない」

「被告人は、西武園へしばしば行っていたのであるから同様に〈西武という文字は〉前から知っていたであろうことは容易に推測されるところである」

「〈『りぼん』から漢字を拾い出して脅迫状を作成したのだから〉被告人が教育程度が低く、字を知らないことを根拠に、本件脅迫状は被告人によって書かれたものではないとする綾村、磨野、大野各鑑定は、その立論の根拠を失うことになる。結局、被告人の当時の表現能力、文章構成能力をもってしても、『りぼん』その他の補助手段を借りれば、本件の脅迫状自体、ごくありふれた構文のものであるだけに、作成が困難とは認められない」

「しかも、脅迫文の内容は、いわゆる吉展ちゃん事件の犯人がしばしば親元にかけてきた脅迫電話の内容と全体的に類似性がある。殊に例えば、被害者の身分証明書を脅迫状の封筒に入れ、自転車を届け、

　『このかみにツツんでこい』と書いたのは、吉展ちゃん事件の犯人が

　『地下鉄入谷駅売り場の所に靴下片方を置くから金をボロ紙に包んでおけ』という脅迫電話をかけた手法と類似しており、また、

　『上野駅前の住友銀行わきの公衆電話ボックスに金を持ってこい。警察に届けるな。つまらない了見を起こすな』という点は、前掲の

　『刑札には名知たら小供は死、』

　に通ずるものがあり、そして

　『……これが最後だ。こどもは一時間後に必ず返す場所を連絡する』という点は、前掲の

『……子供わ１時かんごに車出ぶじとどける』に通ずる（この脅迫電話の音声や文句は、当時テレビやラジオでしばしば放送され、新聞にも掲載されたことは、公知の事実といってよい。）」
「〈大野鑑定などをもとに弁護団が主張する〉被告人の当時の表現能力では脅迫文を起草しかつ筆写することは絶対に不可能であり、〈中略〉本件の真犯人は脅迫文に稚拙さを工作することによって自己の出身を隠そうとしたが、その努力をすればするほど自らがかなり高度の文字能力をもつ人間であることを暴露せざるをえなかったとする所論も、単なる臆断の域を出ない」
「以上の次第であるから、本件脅迫状及び封筒の文字は被告人の筆跡であることには疑いがない」

要約すると、この判決は「りぼん　昭和三六年一一月号」と特定した上で、これを参考にしたから脅迫状は書けたのだと、認定した。検察官は確かに「吉展ちゃん事件をヒントに被告人は事件を考えるようになった」と主張してきたが、吉展ちゃん事件の脅迫電話内容と本件の脅迫文の文面を対比して「類似性がある」とまでは主張していない。だれでも知っているから証明する必要のない「公知の事実」と言ってしまえば、それは当時の日本国民ほぼ全員が吉展ちゃん事件について知っていたのであり、全員がまた狭山事件の脅迫状を書き得たということになるのだろうか。

ライフルマン、アンタッチャブル…とテレビ番組の名前が登場してくるのは、法廷で次のようなやりとりがあったからと思われる。石川が最後の被告人質問に立った75回公判（74年5月23日）で、陪席裁判官、井口浩二がやや唐突な感じでテレビ番組に関する質問をした。

　井口　それから先ほど字が読めるか、読めないかという問題があったね。〈昭和〉38年当時あなたの家にはテレビはもう入っていましたの。
　石川　はいっていました。33年から入っていたです。
　井口　どういう番組を見ていたんですか。
　石川　ちゃんばらですね。ほとんどが。
　井口　何か覚えている？当時の番組で。
　石川　当時の番組で特に覚えているのはライフルマンですね。火曜日だったかな。それからアンタッチャブル、それからハイウェイパトロール、それからララミー牧場、そういうのがあったですね。

井口　それで記録を見ると、あなたはその番組を新聞で見たようなことを言っているが、それはどうですか。
　石川　いや、新聞はわかんないじゃないですか。だってそれは見るんだったら裁判官なら調書を見ればいちばんよくわかるんじゃないですか、自分がどういう意味のことを述べているのということを。
　井口　だけど、あなたは平仮名は読めたんですか。
　石川　読めました。
　井口　平仮名はその当時書けたのですか。
　石川　ええ、書けました。
　井口　それで先ほどの〈プロ野球選手の〉長島の問答だけども、あれはしょっちゅう〈テレビの〉画面に字が出るから長島という漢字なんか覚えちゃったということですか。
　石川　画面に出るからですね、だいたい分かったです。
　井口　長島の字は覚えた。
　石川　覚えましたね。
　井口　王なんていうのも分かるのですか。
　石川　書けないけれども見れば分かりますね。字を合わせればわかるからね。

　「七人の刑事」はこの応答の中に登場してこないのだ。判決は「『七人の刑事』なども見る機会があったことが推認され」としているが、検察官も主張していない独自の推定なのだ。推認した上に、「可能性も考えられる」という。証拠上は、「七人の刑事」を石川が見ていたかどうか明らかでない。
　「刑」の字を「覚えた可能性」を指摘するが、判決は「書けた」可能性をも含んだ趣旨で「覚えた可能性」と表現しているようだ。その上で、「簡単な字画であるから……以前から知っていたとしても別に不思議ではない」ともいう。だが、それは書けないけども、せいぜい読めたという理解が常識的ではないだろうか。「長島」「王」についての応答をみると、テレビ画面で「分かった」「覚えた」と石川が言う意味は、「書けないけれども分かる」というほどのことでしかない。
　判決は、脅迫状の作成過程を供述した供述調書（「りぼん」を見ながら「刑事さんという様な字から刑という字を書き……」の部分）を何とか抹消したかったのだろうか。しかし、「七人の刑事」を石川に言わせるために裁判官自らテレビ番組を質問したとしたら（結局、失敗している）、裁判官が有罪を立証する検

察官役を担っているようなもので、公正な裁判とは言えないのではないだろうか。
　捜査本部の取調官ですら石川に供述させられなかった「西武」の字を書いた方法を、あっけなく「西武園へしばしば行っていたのであるから同様に前から知っていたであろうことは容易に推測されるところである」と言い切ってしまっている。自らの自由な推測は許しているのだが、国語学の専門家である大野らの鑑定に対しては「単なる臆断の域を出ない」と激しい言葉で一蹴している。

## 5　脅迫状の「訂正」問題

　さて、検察官も主張変更した脅迫状の「訂正」問題を、判決はどう認定したか。判決書の「自白を離れて客観的に存在する証拠」の脅迫状の項では触れられず、別の部分で次のように認定している。

　当審において取り調べた東京大学名誉教授秋谷七郎作成の鑑定書によると、脅迫状の訂正部分の筆記用具は、ペンまたは万年筆であるとされ、この鑑定結果は信用するに足るものであると認められるから、被告人が犯人だとすると、被告人が万年筆を取り出したのは、『本件』の凶行が行われた四本杉の所で思案していた間のことで、被告人がその場所で被害者の鞄の中を探って筆入れの中にあった万年筆を取り出し、それを使って杉か檜の下で雨を避けながら脅迫文を訂正したと認めざるを得ないことになる。そうだとすると、万年筆を奪った時期と場所に関する供述、並びに『万年筆を使ったことがないからインクが入っていたかどうかわかりません』という捜査段階での供述は、偽りであるといわざるを得ない。そして所論の文字を書く生活から程遠い被告人が、なぜ5月1日にボールペンを持って家を出たか、その他ボールペンに関していろいろ不合理な供述をしている点も解明されるというものである（したがって、万年筆の奪取時期に関する原判決の事実の認定には誤りがあるということになる）。

　一審の事実認定には「誤りがある」と指摘し、脅迫状を訂正したのは殺害直後に「鞄の中を探って筆入れの中にあった万年筆を取り出し……」と変更したのだ。検察官でさえ、鞄を捨てた後の脅迫状を被害者宅へ「届けるまでの過程において」と特定しなかった訂正の時間と場所について、殺害直後にその現場で行ったと認定したのだ。
　調書の一部を排除することの影響は、調書全体の信用性を失うだけでなく、

検察ストーリー全体の信用性にも大きなダメージを与えるはずものだ。

　石川は自らボールペンを所持し、被害者が万年筆を持っているかどうか知らないにもかかわらず、殺害現場から約50メートル（公判調書の現場検証見取り図で、思案していた檜から自転車を止めた場所まで）も離れた自転車まで戻り、くくりつけられたゴム紐を外し、被害者の鞄を開け、筆箱を開け、万年筆までたどり着いたことになる。雨が激しく降る中のことである。殺害の前に、被害者から「鞄の中の、筆箱の中に万年筆がある」などと聞き出していたというような供述はない。被害者が万年筆を制服の胸ポケットなど、第三者が外から見てすぐわかるところに持っていたという証拠もない。

　にもかかわらず、判決は「被告人がその場所で被害者の鞄の中を探って筆入れの中にあった万年筆を取り出し」と認定している。石川が万年筆にこだわる理由が説明されなければ、常識的にはあり得ない認定だ。

　「兄のボールペン」を持ってきたというストーリーはどこかへ消えてしまったのだろうか。それとも「兄のボールペン」を持っていながら、あるかないか分からない被害者の万年筆を探しにわざわざ自転車まで戻ったのだろうか。

　あるいは、そうではなくて、石川は「兄のボールペン」など筆記用具を持たずに犯行を始めたのだろうか。そうだとすると、さらに疑問はふくらむ。犯行は、X型十字路で被害者、善枝に声をかけるところからスタートするのだが、被害者とそこで出会う前は「吉展ちゃん」と同じような幼児を誘拐対象とする計画だったはずだ。幼児は必ず、訂正に使うことができる筆記用具を持っていると確信させる何かがあったのだろうか。常識的には、幼児は筆記用具を持ち歩いていない（下校途中の小学生に誘拐対象を限定しているならば、筆記用具を所持している可能性は高くなる）。

　はたまた、石川は脅迫状に訂正が必要なことを、誘拐対象者と接触し始める時点で失念していたのだろうか。忘れてしまっていて偶然にも女子高生を誘拐し、自分でボールペンを持っているのも忘れて、あわてて被害者の所持品の中から万年筆など筆記用具を捜した？　凶悪犯罪を決行するには、何とも漫画的な展開としか言いようがない。

　それにしても、判決の「被告人が犯人だとすると……認めざるを得ない」という表現には驚く。何の証拠も提出できなかったので、検察官すら「届けるまでの過程において被害者から強奪した万年筆を用いて記載したものと推認される」としか主張していなかったのだ。この判決の論理、思考は、「無罪推定の原則」か

らは180度逆行してはないだろうか。約30分思案した間に、石川が被害者から奪った万年筆で訂正したという証拠は何もない。「四本杉」で万年筆を奪ったという自白調書すらもない。「合理的な疑いを超えた証明」はどこへいってしまったのだろうか。

## 7　足跡

### 1
**現場足跡と押収地下足袋**

　捜査本部は、身代金授受の現場となった佐野屋近くの畑の中で、地下足袋の足跡を発見し、5月3日早朝にそれを石膏型成として採取したことになっている。採取された足跡は3つ。右足2個と左足1個の足跡だ。

　一方、捜査本部が石川の自宅を5月23日に家宅捜索した際、地下足袋5足を押収した。5足はいずれも石川の兄、六造の九文七分のもので、石川は自分用の地下足袋を持っていなかった。押収した5足のうちの1足と、現場足跡との同一性について鑑定が行われた。

　鑑定したのは、いずれも県警鑑識課技師の関根と岸田。5月23日に嘱託され、6月18日(再逮捕の翌日)に鑑定書を完成した。結果は、

① 　現場足跡左足(1号足跡)と押収地下足袋左足は同一種、同一足長と認む

② 　現場足跡右足(不明瞭な方、2号足跡)は、押収地下足袋の右足によって印象可能である

③ 　現場足跡右足(比較的明瞭な方、3号足跡=次頁の写真右)は、押収地下足袋の右足によって印象されたものと認む

というものだった。

　鑑定方法は、現場足跡の石膏と、押収地下足袋をはいて土の上に印象し石膏に採ったものとを比較検討するという方法で行われた。

　この鑑定で注目すべきは、押収地下足袋右足の外側部に長さ約38ミリのゴムがはがれた部分(損傷か所、この損傷か所を鑑定書は『あ号損傷』と名付けている)があり、現場足跡の石膏(3号足跡)にも、これに相当する損傷痕(鑑定書はこれを『あ号損傷痕』と呼んでいる)があるので、「決定的な異同識別資料として適格性がある」と述べていることだ。鑑定書は一審段階で法廷に提出されている。

3号足跡と、自宅から押収された兄、六造の地下足袋で作成された対照足跡。

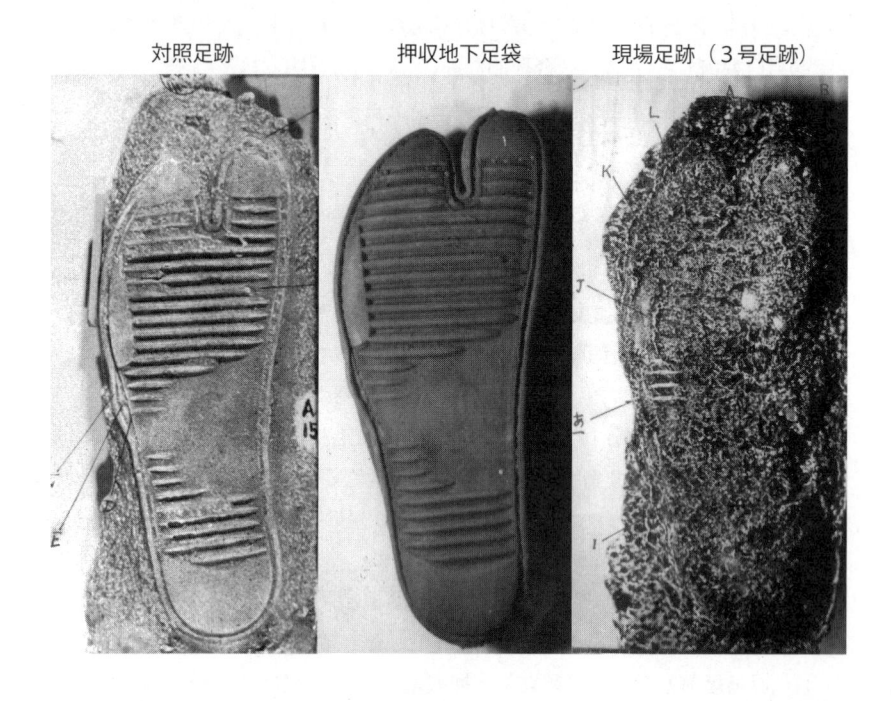

対照足跡　　　　押収地下足袋　　　現場足跡（3号足跡）

　しかし、とにかく現場足跡は不鮮明だった。比較的明瞭だとして、押収地下足袋によって印象されたと特定し得た3号足跡ですら、写真で見る限り素人目にはひどく鮮明度が悪いように見える。
　鑑定書には、押収地下足袋の足長（親指先端から踵の中央部後端まで）「約二四・五糎」とあるが、3号足跡の足長は「約二四・五内外」と記されており、長さの表記が微妙に食い違っていた。現場足跡の大きさについては、発生間もない5月4日付で関根自身が作成した狭山署長あての報告書があり、採取した足跡を「十文乃至十文半である」（一文は約2.4センチ）と表記していたものだった。押収地下足袋の九文七分とはだいぶ違うことになる。
　控訴審では、この現場足跡と鑑識結果に関連して弁護側が様々に批判を加えた。更新弁論や最終弁論での主張を総合すると、その批判の主要な点は次のようなものだった。
　① 外側縁（外側部）が、3号足跡にはまったく観測できない。

② 3号足跡と押収地下足袋右足について、それぞれ写真撮影し、つま先から中央部分の横線模様までの距離や、つま先からかかとまでの距離などを測定すると、16ミリから4ミリまでの差が測定できる。よって足跡は押収地下足袋で印象されたものではない。

③ そもそも3つの現場足跡は、佐野屋付近の犯人が逃走した現場から採取されたものかどうか疑問である。自白では、採取現場とされる地点に石川は立ち寄っていない。

④ 石川はいつも十文半の履物をはいており、兄、六造は九文七分だった。押収された地下足袋はいずれも九文七分で、石川には小さくてはけない。事件当時、石川は足裏にウオノメができており、自宅から佐野屋まで往復約9.6キロも歩けない。

⑤ 死体発見現場近くから死体埋設に使ったと検察官が主張するスコップが見つかっているが、そのスコップからさらに250メートル北東の地点で、地下足袋一足が見つかっている。この領置されている地下足袋と、佐野屋付近で見つかったという足跡との関連について捜査がつくされていない。

このうち、③の現場から採取されたものかどうか疑問というのは、次のような事情があったためだ。一審法廷に提出された佐野屋周辺の「実況見分調書」（5月4日付、捜査員関口作成）によると、複数の足跡が佐野屋南東側の畑の中の3か所で発見されている。

一か所目が「佐野屋から東方へ28.6メートル、県道から3.5メートル畑地に入った地点〈A地点とする。次頁の図参照〉で、被疑者が印象したと思われる足跡一ヶが認められたので写真撮影した」とある。犯人が潜んで、登美恵に声をかけたとされる地点だ。

二か所目が「県道より〈佐野屋東側から2本目の〉農道〈幅1.8メートル〉を東南に133.7メートルの地点〈B地点〉に、東より西へ18ヶの足跡痕が認められるも土がくずれており、明かでない」と記録されている。

三か所目が、B地点より「さらに南東に167.9メートル進むと、〈幅〉3.9メートルの市道に達する。この市道よりさらに東南に65メートル進むと畑地〈C地点〉に30メートルにわたって被疑者の印象足跡痕が認められたが明かでない」と記されている。

この3地点のうち、鑑定に付された現場足跡はB地点から採られた3個だった。B地点の足跡は、しかし、「土がくずれており、明かでない」から、ここで足跡

「佐野屋」への接近・逃走ルート

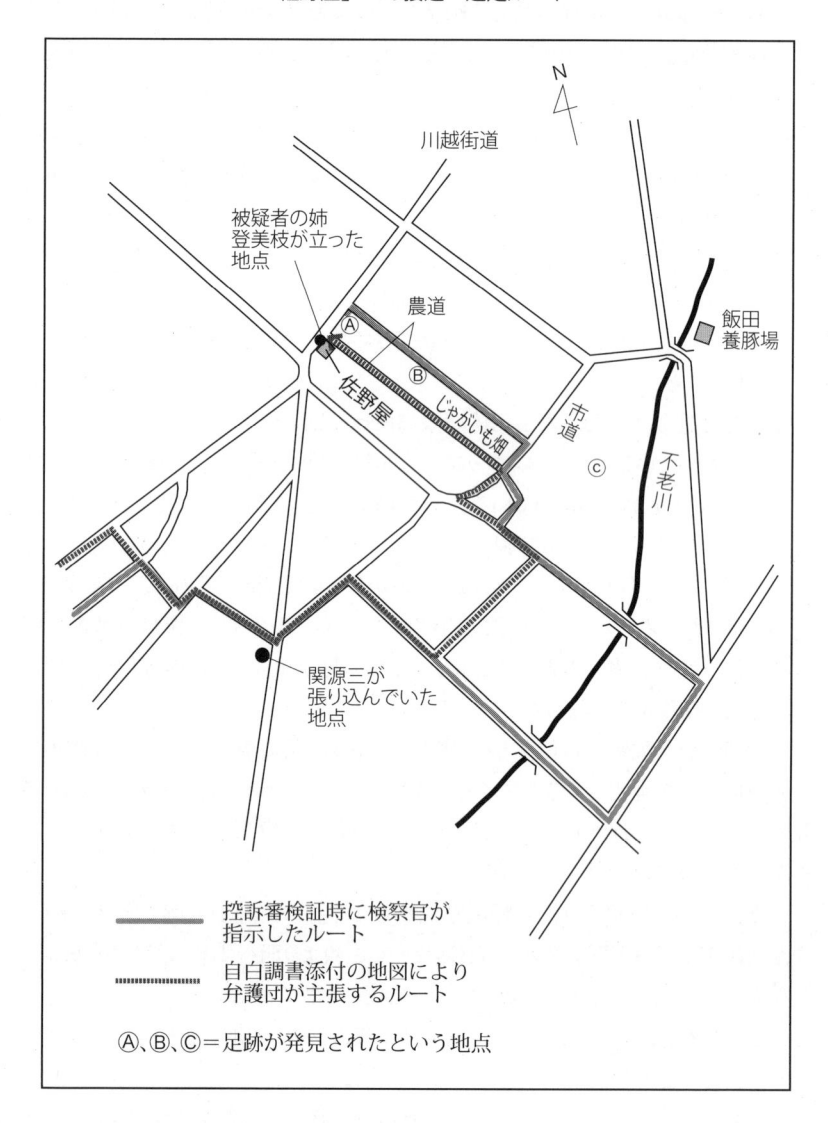

を採取したとも記録されていない。

　ところが、B地点で農道からじゃがいも畑へ入るように（つま先が南西向きに）約18個の足跡があり、畑へ入った第一歩、第二歩は「非常に鮮明なやつ」だったという証言がある。一審3回公判で、実際にこの現場で3個の足跡を採取したという捜査員、飯野は、

　　「3日午前6時半ころから、長谷部警視〈県警捜査一課刑事調査官〉が案内してくれました。それで現場の鮮明なやつを、これとこれを採取してくれと下命がありまして〈採取しました〉」

　　「最初の二足は〈農道から〉馬鈴薯畑に入った第一足跡、第二足跡が非常に鮮明なやつを、これを取ってくれと下命があったので、まずその二足を取ったわけでございます。さらに七、八歩入ったくらいのところに、もっと印象が鮮明になっていると思われるやつを私自身が採取したのでございます」

と計3個を採取した様子を証言している。

　同じB地点なのに、どうしてこうも違うのか。関口は「明らかでない」とし、飯野は「非常に鮮明」という。飯野が3日早朝に石膏を流して採取したために足跡が乱され、そこを翌4日に関口が見分したということだろうか。そもそも、前日に捜査員が足跡を採取した後に、別の捜査員が翌日同じ場所を実況見分するということ自体、あまり考えられない。通常は同時に、あるいは実況見分が先に行われのではないだろうか。捜査を総括する立場の長谷部が直接、3日の採取を指示しているのに、関口はそれを知らなかったのだろうか。

　関口の実況見分調書には、A、B、Cの3地点のほかにも「県道南東畑地を見分する、不老川に至る間無数の長靴及び地下足袋ズック跡が認められた」とも記載されている。つまり、あたりには無数の足跡が残されたことになる。長靴と地下足袋の複数犯を疑わせる記載ではあるが、ここの足跡が採集されたという記録はない。

　3日早朝の時点で長谷部は、犯人は地下足袋をはいているとどうして見込みをつけることができたのだろうか。付近に無数にあった地下足袋ズック痕のうち、どうして被疑者の印象した足跡と、そうでない足跡とを区別することができたのか不可解だ、と弁護側はいうのだ。

　関口の調書には、B、C地点をまとめて

　「本件被疑者の足跡と思料される通称地下足袋跡が印象されてあったのは二か所あったので写真撮影をしたる後、見尺をなす」と記載した部分がある。ここで

いう「通称地下足袋跡」は、もともと調書にそう書いてあったのではない。調書はカーボン紙を下にはさみボールペンで書く方式がとられており、調書には最初、ボールペンで「素足跡」と書かれ、これが後にペン書きで「素足」の部分だけ「通称地下足袋」と訂正されているのだ。このため、もともと見分した足跡は「素足」だったにもかかわらず、後に地下足袋に改変された疑いがもたれる、と弁護側は主張した。

こうした疑問を弁護側に抱かせる原因は、この実況見分調書には採取した足跡そのもの現場写真が添付されていないためだった。前日の飯野による採取で現場足跡は失われてしまったためか、直近から撮影し足跡があった状況が分かるような写真が、実況見分調書には一枚もない。遠景から撮影し、捜査員らしい人物が畑の中を指さしているような写真しか添付されない。

さらに、調書に添付されている佐野屋周辺の遠景を撮った写真は、同じ4日に撮影したはずなのに、一枚には道路に土ぼこりが立っていたり、別の写真には水たまりがあったり、道路脇の同じ場所に電柱丸太が置いてあったり、なかったりしている。また、太陽光線によってできる影も、同一時間帯のはずなのに極端に方向の違う写真があった。つまり、現場写真は別の日に撮られた写真と入れ替えなどが行われた疑いが消えないというのである。

## 2 逃走経路と足跡

次に、石川が5月3日午前零時10分過ぎころ、兄の地下足袋を履いてB地点に立ち寄ったのかどうか。

自白調書には、石川が描いた2日深夜の佐野屋への接近、逃走経路図（6月25日付、検察官原作成調書に添付、90頁写真参照）がある。それによると、石川は佐野屋のすぐ東側に隣接する1本目の農道を南東から接近したことになっている。犯人が潜んでいて被害者の姉、登美恵に声をかけたとされる場所（A地点）には立っていないし、佐野屋東側から2本目の農道や畑の中（B地点）にも立ち寄っていないことになる。自供と、足跡採取現場が合致していない、というのが弁護側の主張だ。

一審の裁判所による検証の際には、飯野が足跡採取地点を指示説明するのみで、石川がどこをどう通って佐野屋に接近し、どこを通って逃走したのか、だれも指示していない。

控訴審の第3回現場検証（65年6月30日）では、2本目の農道（幅員約

1メートル）を通ったと説明された。立会い検察官、河本仁之が、当時の裁判長、久永正勝らに指示説明したところによると、石川は市道のT字路から農道に入り、A地点に到着したことになっている。検証調書によると、河本は、往路（佐野屋への接近）を説明する中で、B地点を示して「農道からじゃがいも畑に入ったこの辺〈B地点〉から南西に向いてあった比較的はっきりした足跡三つ位を採取した」と説明している。

しかし一方で河本は、石川は農道をそのまま県道の川越街道まで達し、さらに佐野屋よりに約10メートル近づいた地点（A地点に相当）で被害者の姉、登美恵と問答した、とも説明している。河本は「なお、被告人はその地点〈A地点〉から自宅までは同じ道を辿って帰った」と説明したと記録されている。検証調書の見取り図によると、石川が歩いたとされる経路と足跡採取の場所が重なっていないのだ。

不思議なことに、この河本の説明通りとすると、石川は佐野屋への接近、佐野屋から逃走のいずれも2本目の農道を通り、しかもこの農道しか通っておらず、じゃがいも畑には侵入していないことになってしまう。じゃがいも畑には足跡は残りようがない。いったい河本はどういうつもりこんな説明をしたものか、久永ら3人の裁判官らが問いただしたという記録もない。

石川の自白調書に添付された地図でも、佐野屋への接近・逃走は直線的で、農道の途中で直角に折れ畑に侵入したとは読み取れない。不老川寄りの30メートルにわたる足跡（C地点）も、添付地図通りの接近・逃走ルートでは残しようがなく、河本も石川との関係を説明していない。

さらに、自供通りの経路では石川は佐野屋からの逃走は不可能だ、とも弁護団はいう。

佐野屋周辺には、2日午後10時ごろから、約40人の捜査員が張り込んでおり、接近・逃走経路にあたる道筋の3か所には各2人の捜査員が警戒にあたっていた。接近途中であれば捜査員の監視の目に入るし、逃走中であれば走って逃げる石川を職務質問したであろうし、逮捕も可能なはずだった。

しかし、張り込みの捜査員はだれも石川を見ていないし、石川らしい人物と遭遇したという目撃証言もまったく法廷には現れなかった。74年2月7日の72回公判で証拠調べが行われた「張込結果報告書」（63年5月6日付、狭山署刑事課長、諏訪部作成）によると、捜査員と石川が遭遇したはずの3か所のうちの1か所には、狭山署交通係、関源三が張り込んでいた（86頁ルート図参照）。

石川の自白調書（6月25日付）に添付されている佐野屋への経路図

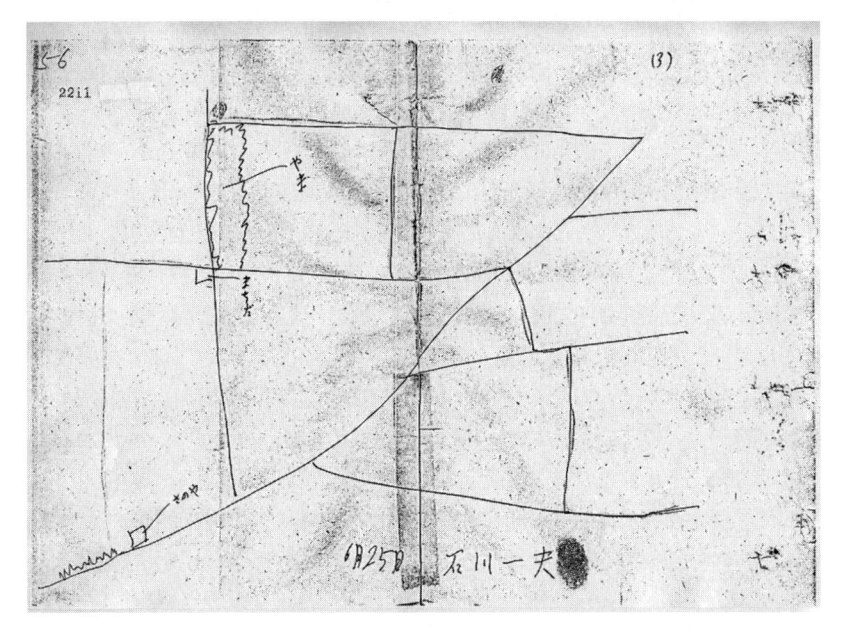

　石川の所属する町内野球チームの実質的な監督であり、十分過ぎるほどに顔見知りの関が、往復とも石川に気がつかないことはあり得るだろうか。
　つまり、当夜、石川は自宅から佐野屋への往復経路を歩いていない、自白は虚偽である、と弁護側は主張した。

　これに対し検察官は、現場足跡は適正に採取されており、犯人しか地下足袋をはいていなかったと主張した。その根拠の一つは、調査官、長谷部の法廷証言（8回公判）だ。
　鑑識課員ではない捜査員（飯野）に足跡を採るよう現場で命じた様子を証言した後、張り込み捜査員の履物を問われた長谷部は、
　「これは、当時、その日〈5月3日〉、昼間ははっきり分からなかったので捜査員を集めまして、履物が万が一、間違っていたらいけないということで調べましたところが、当時そこへ入った者もなし、そのように歩いた者もなし、また、そういう地下足袋を履いた者もいないということで間違いない。これ〈採

取の足跡〉は犯人のものと思っていました」

と答えている。3日夜になってから捜査員に地下足袋を履いた者はいないと確認したから、3日朝に採取した足跡は犯人のものだというのだ。「昼間ははっきり分からなかった」のに、それより前の早朝の時点で飯野に採取させた足跡が犯人のものだと、長谷部をして確信させる何かがあったのだろうか。

2日午後4時55分から午後7時45分まで現地では雷雨（航空自衛隊入間基地の気象観測記録）があり、それ以前の耕作者などの地下足袋の跡は雨に洗われてしまった、足跡採取の3日午前6時30分ころまでに採取現場に足を踏み入れた者は犯人しかいない、とも検察官は主張した。

さらに自白と足跡採取地点との違いについては、「〈自白調書の〉供述記載の本文も添付図面もともに、極めて簡単なものであって、これによって認められることは、たかだか被告人が事件当時、佐野屋の南方から佐野屋東側の畑の中へ入って来て、引き返すときも同様南方へ立ち去ったということに過ぎないのであり、当時の行動の具体的経路の詳細については被告人の供述自体何らふれるところがないのである。してみれば、現場足跡採取場所が被告人の自白に符合しないという所論自体が失当であることは自ら明かである」（74年2月7日付、検察官、大槻の意見書）と反論した。

佐野屋から直線距離で約3キロも離れた死体発見現場近くで見つかった地下足袋との関連については、「〈スコップ発見場所から250メートルも離れているうえ〉本件発生後約1か月半を経過した6月15日の発見であって、〈中略〉それが果たして本件発生時から初めてそこに存在することになったのかどうかは、これを確認するに由なき状態である」（74年9月26日、検察官、大槻の弁論）と言及するにとどまった。

こうした応酬を踏まえ、判決は現場足跡について、次のように認定した。

「〈現場足跡の実況見分調書にある〉『通称地下足袋』の部分は、黒色の原文とは異なり青色インクで訂正されている点をみると、最初『素足跡』と書こうとして『素』の字を『表』と誤記したのでこれを棒で消していったん『素足跡』と書いた後、今度は青インクで『素足』を消して『通称地下足袋』と訂正したと認められる。まことにずさんなものであり、〈中略、調書に添付の写真は〉おおむね遠景写真で、採取足跡そのものを撮影したものが存在せず、写真の影像からみて晴天時と雨後の少なくとも二日以上にわたって撮

影したものを寄せ集めたものであることも所論の通りである。

　しかしながら、実況見分が行われた五月四日の時間帯においては足跡が印象されてから既に三十数時間を経過し、付近は雑多な足跡が入り混じっていてもはや犯人の足跡を判別することができなかったため足跡の接近撮影をしなかったものと判断される。〈中略〉後日青色インクで訂正した部分がある点をとらえてその信憑性を云々するのはともかく、右調書が偽造であるとの所論はいずれも採用できない」

「〈警察技師関根、岸田による〉鑑定の経過は〈中略〉正当に行われていて疑義を容れる余地は全く存在しない」

「現場足跡の採取経過及び地下足袋の押収手続きに疑念をさしはさむ事情は見いだし難く、これらを資料としてなされた鑑定結果も信用するに足り、〈中略〉捜査当局の作為ないしは証拠の偽造が行われた疑いがあるとの所論は採用のかぎりではない」

「所論は、３号足跡と〈石川宅から押収の〉右足地下足袋とは、弁護人の測定によると、部分によっては一六㍉もの差があり、両者は一致しないというのである。しかし、〈中略〉写真撮影の方法、引き伸ばしの方法・倍率などによって少なからず誤差の生ずることは自明のことである。弁護人の測定方法を見ると、まず３号足跡と地下足袋の写真撮影にあたり、寸法割り出しのため同時に定規や三角定規が並べられて撮影されているが、これらはセルロイドかプラスチック製のものと思われる。しかし、かかる定規の目盛りが正確に刻まれていないことは往々にしてあることであり、この目盛りを規準にしているのは、方法においてすでに誤っていると言わざるを得ない」

「〈スコップ発見現場近くから見つかった地下足袋について〉被告人は兄六造の地下足袋を借りて仕事をしたことがあるというのであるから、五月一日にも兄六造の古い地下足袋を無断で借用して出かけ、本件凶行に及んだ後帰宅するに際し、泥で汚れた地下足袋を脱ぎ、これを麦畑内に放棄して素足となり、更にスコップを投げ捨てて帰宅したということも考えられなくはない。しかしながら、要するに右地下足袋と『本件』との関係は、結局において不明であるというほかはなく、地下足袋が存在するということから当然に犯人は別人であって被告人ではないということにはならない」

　「ずさんな」調書ではあっても、偽造ではないという判断だ。40 年以上も前の

話とはいえ、「セルロイドかプラスチック」の定規が正確に刻まれていないということは、なかったのではないだろうか。常識的に考えれば、そんな粗悪な定規を販売したとしたら、たちまち苦情が来て回収騒ぎだ。市販の定規は今も昔も正確である蓋然性はかなり高いと言わなければならない。裁判官は、いったいどんな定規をつかっているのだろう。

農道を直角に折れてじゃがいも畑に侵入している足跡と、農道を直進するだけの自白調書添付の地図との食い違いに、判決はふれなかった。

## 8　血液型

被害者の死体を解剖した埼玉県警鑑識課技師（医師）、五十嵐勝爾の鑑定書が、一審段階で法廷に提出されている。それによると、被害者の血液型はO・MN型だった。

被害者の膣内からは精液が検出され、その血液型を検査したところ、「B型（分泌型あるいは排出型）」とされた。分泌型、排出型とは、血液ではない唾液や汗、精液などの体液からもA、B、AB、O型と区別できるタイプをいい、体液では判別しにくいタイプの方を非分泌型あるいは非排出型という。非分泌型の人は、約25％いるとされる。

一方、石川の血液型については、逮捕前日の5月22日に上申書を提出した際、捜査員が石川からたばこの吸い殻の任意提出を受け、鑑識課で検査した。「B型かAB型か判定困難、B型の可能性大」との結果だった。逮捕当日の23日、石川から唾液の任意提出を受け、それを検査すると、B型だった。ただ、この検査では分泌型か非分泌型かについては検査していなかった。

弁護側は、唾液による検査でB型と出ても必ずしも分泌型とは言い切れないこと、石川逮捕の前に進められた飯田養豚場関係の捜査では石川以外の関係者に対しどのような血液検査が行われたのか不明だ、などを主張した。

二審法廷で、養豚場関係者の血液検査を行ったという捜査員作成の報告書が取り調べられ、それは石川以外に「21人の血液型を検査したが、B型はいなかった」という内容だった。

しかし、石川の友人であり、石川が養豚場の仕事を辞めた後それを継ぐように養豚場に勤め始め、事件発生時もそこで働いていた井上三郎（19歳、仮名）は、16回公判で「自分の血液型はB型と思う。当時、警察の事情聴取は受けたが、

血液型は聞かれなかった。たばこの吸い殻など唾液のついたものを警察の人に持って行かれたことはなかった」という趣旨の証言をしている。この井上の血液型は、捜査員作成の捜査復命書によると、A型とされていた。

二審段階で新たに、法医学が専門の東京大学教授、上野正吉に鑑定命令が出され、石川の血液、唾液が調べられた。上野鑑定（67年5月20日付）では、B・MN型の分泌型だった。死体から採取した精液の血液型と、石川の血液型は、一致したことになる。

判決は次のように認定した。

> 被告人の血液型がB型（分泌型）で、被害者の膣内に残された精液がB型であるということは、両者の血液型が同一であることに相違なく、原判決〈一審浦和地裁判決〉が〈中略、血液型一致を〉被告人の自白の信憑力を補強する事実であるばかりなく、自白を離れても認めることができ、かつ他の証拠と相関連してその信憑力を補強し合う有力な情況証拠であると認定したのは、当裁判所としても肯認することができる。
>
> なお〈中略、養豚場関係の21人を調べた捜査員の〉報告書によれば、〈中略〉被告人以外にはB型の血液型の者が一人もいなかったことが認められる。

血液型の一致は自白の補強証拠にはなる、という認定だ。

ただし、一般に日本人の血液型分布は、A型約40％、O型約30％、B型約20％、AB型10％とされる。分泌、非分泌型と合わせて考えれば、B型でかつ分泌型の人は日本人の約15％を占めることになる。この数字をどうみるか。

それにしても、血液型を聞かれもしないし、吸い殻等を提出したこともない人物の血液型がA型とされている報告書とは、いったい信用に足るものなのだろうか。

弁護側が、井上三郎の血液鑑定を上野正吉あるいは他の専門家に依頼し、法廷に提出したという公判記録もない。井上の血液型もB型と証明するものが提出されていれば、有力な「反対事実の可能性」を証明できたのではないかと思われる。念のために言えば、井上による犯行の疑いがあるというのではなく、血液に関する初期捜査の信用性が低いことが立証できたのではないか、ということである。

## 9　手ぬぐい

　石川の自宅からは5月11日ごろに、63年正月用の磯田米穀店の年賀手ぬぐい1本が捜査本部へ任意提出されている。米穀店が作成したとされる配布先メモでも石川宅は1本である。このことに検察、弁護側とも争いはない。
　手ぬぐいについて、石川の自白調書（6月27日付、検察官、原作成）では、次のように触れられている。

　　「善枝ちゃんを縛った手ぬぐいは五月一日の朝、家を出る時、母ちゃんに出してもらったように記憶しています。その手ぬぐいは、一回か二回くらい使った程度の新しい手ぬぐいでした。その手ぬぐいは、磯田米屋からもらった手ぬぐいであるかどうかは見ておりませんし、気づきませんでした。」

　冒頭陳述にあるように磯田米穀店の63年正月用の手ぬぐいが製作総数、配布総数ともに165本、配布先155軒であるならば、これこそ徹底した捜査によって確実に犯人にたどりつくはずのものだった。
　ところが、手ぬぐい捜査の結果もその過程も実際には見えてこなかった。なぜか一審では手ぬぐいに関する証拠はまったく法廷に提出されなかった。石川が自白を維持していたことや証明の煩雑さもあったのかもしれないが、手ぬぐいを製作した染色業者、卸元、磯田米穀店の経営者らの供述調書や法廷証言、手ぬぐい配布先についての捜査報告書といったものも調べられなかった。一審の死刑判決では、「自白を補強するもの」として脅迫状の筆跡鑑定や現場足跡などが挙げられているが、手ぬぐいは挙げられなかった。一審判決からは、手ぬぐいが抹消されていた。
　だから、控訴審では、製作本数自体が間違いないのか、経営者の磯田定介（仮名）が残していたという配布先メモは正しいのか、回収した155本は本当に63年正月に配布したものだったか、などを一から法廷で確認しなければならなかったはずだ。62年年賀用の手ぬぐいと63年用とは同じ図柄だったが、63年用のものは模様を染め抜く型枠にゴミが詰まったため図柄の一部が白くなっており、これが62年、63年の区別の決め手とされた。本来なら、回収した155本を法廷に並べて図柄を確認しなければ、未回収の本数も確定できない。それが犯人にたどりつく道であった。

しかし、控訴審の法廷にあらわれたのは、手ぬぐい捜査を担当した検察官、滝沢直人の証言だけだった。滝沢は14回公判で次のように証言している。

 検察官、平岡　配布された一本は被告人の家から任意提出されておる。そして石川被告人の自供によれば、自分の家にあったものを持って出たと言っておるということについて、あなたの捜査の結果から関連性として当時どういうふうにお考えになったかですね。

 滝沢　私はこの点につきましてですね、まず二通りの考え方を実はしたわけですが、まあ私はだいぶあとから〈捜査に〉はいったんですが、警察が〈手ぬぐい捜査に〉はいる前にTBSテレビが〈ニュース番組で〉その犯行に使われたと同種類の手ぬぐいをテレビで放映したと、そういうことから何か手ぬぐいを配られた先が相当神経を使ったんじゃないかと。で、考えられることは、そういうことから石川が本当に家にあったものを持って行ったとすれば、石川の家には〈磯田米穀店の手ぬぐいは〉ないわけですから、あとでどこからか都合したんじゃないかという疑問が一つと、それからもう一つは、石川の家へだれかが遊びに行ったときに置いて、何かの都合で石川の家に二本になっていたんじゃないかと、それをたまたま持ち出したんじゃないかと、こういうまあ二つの考えから、結局これは疑問のまま解決できないわけでございます。

主任検察官だった原正も、17回公判で弁護人、中田直人から「手ぬぐいとタオルの出先は結局わからなかったのか」と問われ、「そうです」と証言している。あるのは家族が工作したのではないか、偶然だれかが石川宅に忘れていったのでは、といった推測だけだった。二人の検察官の法廷証言ではあるのだが、配布先メモすらも証拠調べ請求されない以上、その証言内容は証拠というより「主張」でしかないとも言える。

弁護団は「二つの推測は、いずれも単なる推測であって、この推測を裏付ける確かな証拠はなにもない。被告人が5月1日に問題の手ぬぐいを持っていたということはまったく証明がない。逆に被告人は、持っていなかった。なぜなら、被告人宅には問題の手ぬぐいはもともと1本しか存在せず、しかもその1本は事件後もなお〈被告人宅に〉存在するのであるから」と主張した。

手ぬぐいに関して判決は次のように認定している。

　滝沢直人検事の証言によれば、〈中略〉被告人方で〈石川の近所に住む姉婿の〉石川仙吉方か〈ごく近くの〉三浦しず〈仮名〉方から都合をつけて警察へ提出したか、五月一日以前にどちらかの手ぬぐいが偶然被告人方へ紛れ込んでいたのかのどちらかであると推測したというのである。
　ところで、被告人が家人と相謀って五月一日のアリバイ工作をした事実があること、家人も、関源三警察官が万年筆をあらかじめ勝手出入り口の鴨居の上に置き、そこから万年筆が発見されるよう工作をなしたと主張していることなどを考え合わせると、手ぬぐいについても家人が工作した疑いが濃い。被告人が磯田米屋の手ぬぐいを入手し得る立場にあったことを否定する事情は認められない。
　〈中略〉当審における事実の取り調べの結果によって、被害者善枝の両手を後ろ手に縛るのに使われた手ぬぐいも五月一日の朝被告人方にあったと認めて差し支えなく、したがってこれ〈手ぬぐい〉も自白を離れた情況証拠の一つとして挙げるのが相当である。

　家族らとのアリバイ工作と、万年筆の発見経緯に異を唱えたから、手ぬぐいは家族がどこからか都合したのだと推定している。もはや手ぬぐいそのものの捜査結果を基にしての認定ではないのだ。アリバイ工作（199頁参照）と万年筆（143頁参照）については、それぞれ後に詳しくふれる。
　それにしても検察官の推測をそのまま認定したのは、かなり思い切った判断だ。検察官は結局、「疑問のまま解決できない」、入手先はわからなかった、と言っているにすぎない。「家人が工作した疑いが濃い」と表現する以上は、どういう方法でどのように工作したのか、きちんと明らかにするべきだろう。石川の家族にも石川仙吉、三浦しずにも、まことに非礼な話である。
　事件後も石川宅に手ぬぐいがあったということは、石川は犯人ではないという「反対事実」の方が証明されているように思われる。犯行使用の手ぬぐいそのものが「五月一日の朝被告人方にあった」という強引な認定の根拠は、ほかでもない検察官と裁判官の推測、それに石川の自白調書だけだった。
　事件発生後、捜査本部がまず全力をあげた捜査は、この本数が限定された手ぬぐい捜査であったことは、刑事部長や捜査一課次席らの法廷証言で明らかに

なっている。なぜ、捜査員の報告書が法廷に出てこないのか、不思議というほかない。

## 10　タオル

　遺体が発見された際、被害者の顔を目隠しするように覆い、後頭部で縛ってあったタオルは、東京都江戸川区の食品製造会社、星島食品工業（仮名）が発注製作し、広く取引先関係に配布していたものであることに、検察、弁護側とも争いはなかった。捜査員の報告書によると、同社の商品の一つであるマーガリンがデザインされたタオルは、1959年から62年にかけて8,434本が作られ、関東一円のパン・菓子店、製菓業者などに盆暮れに配られた。
　しかし、4年の間に作られたという8,434本の数字自体が、作られた本数の全部なのか、その全部がどのように配布されたのか、ほとんど判明していない。捜査員の法廷証言（48回公判）では、狭山市、その近辺に配布された分しか調査しなかったようだ。
　58年3月から61年9月まで石川が勤務した保谷町の製菓工場も、星島食品と取引があり、このタオルが配布されていた。この工場長、斎藤裕次（仮名）が一審5回公判に証人として立っている。約120人が勤務する工場には、5つの野球チームがあり、石川は「あられ部のキャッチャー」だったこと、工場内で春秋の定期戦が行われていたなどを証言し、次のように続く。

　　原〈検察官〉　野球の親善試合のときに賞品を出しておりましたですか。
　　斎藤　おもにビールとか酒、石けん、タオル、シャツ、肌着、そういったお中元お歳暮でもらった各社のものをためておいて、こういった親善野球のときに全員にわたるよう配りました。
　　原　星島食品工業株式会社というのを知っておりますか。
　　斎藤　はい、知っております。
　　原　あなたの会社と取引がありますか。
　　斎藤　はい、あります。
　　原　そこからお歳暮にタオルをもらったことがありますか。
　　斎藤　はい、あります。
　　原　その量はどのくらいですか。
　　斎藤　どのくらいかはっきり覚えておりませんが大概5本か6本くらいずつ

盆と暮れにもらったと記憶しております。
原　野球の試合のときに、特にそういう取引先から品物をもらっていたかどうかわかりませんか。
斎藤　それはわかりません。
原　こういうタオルを見たことがありますか〈被害者が目隠しされていたタオルを示す〉。
斎藤　あります。
原　これはどうしたときに見たんですか。
斎藤　これは前から星島と取引していたときに、こういったタオルを時々盆暮れにいただいた記憶もありますし、また私も使った覚えがあります。
原　野球の賞品で配ったかどうかあなたはわかりませんか。
斎藤　それは全然覚えておりません。

　この証言では、工場として盆暮れに5、6本もらったことが分かるが、それが野球大会の賞品に配られたかどうか判然としない。
　タオルについて、石川の自白調書（6月25日付け、検察官原作成）では、次のようになっている。

「タオルは5月1日の朝家を出るとき、風呂場の方の針金にかけてあるのを私が持ってでました。そのタオルも割合新しいもので、乾いておりました。そのタオルは首に巻いてジャンパーの下に入れ、ボロ隠しに使っておったものです。
　私が製菓工場に勤めていたとき、野球の試合でタオルを何本かもらいましたが、もらったタオルはたたんだまま母ちゃんに渡してしまってあったので、どんなタオルか見ておりませんし、5月1日の朝、首に巻いて出たタオルが工場のときもらったタオルかどうか、判りません。そのタオルにどんな字と印が入れてあったか覚えておりません。」

　弁護団の反論は、石川が確かに星島のタオルをもらったのか、石川が自宅へ持ち帰ったのか、持ち帰ったとして63年5月1日朝まで石川宅に存在していたのか、これらについて何の証拠も提出されていない、あるのは検察官の推測だけだ、というものだった。

判決は次のように認定した。

　原審（第五回）における工場長、斎藤裕次の証言によれば、タオルは星島食品からその得意先である東豊製菓〈仮名〉がもらい受けて、これを野球大会の際の賞品として選手に贈ったことが認められ、当時選手をしていた被告人もこれをもらったのではないかと考えられる。〈中略〉しかも、被告人は捜査段階及び原審（第一〇回）において、手ぬぐいやタオルの出所については何も供述していないが、現物を示されて、5月1日朝出がけに母親から手渡され汗ふき用に折り畳んでズボンのポケットに入れ、タオルは自分で風呂場の針金に掛けてあったものを取って、ジャンパーの襟の下にぼろかくしとして使ったと供述しているのである。
　してみれば、原判決が「被害者善枝を目隠しするのに使われたタオル一枚につき被告人は入手可能な地位にあったこと」を自白の真実性を補強する情況証拠の一つに挙げているのはまことに相当であり……。

「考えられる」ということと、合理的な疑いを超えて証明されるということの間にはずいぶん距離があるように思うのだが、判決に躊躇は感じられない。工場長、斎藤の証言から、「〈星島のタオルが〉野球大会の際の賞品として選手に贈ったことが認められ……」と判決はいうのだが、斎藤は「わかりません」「覚えておりません」としか証言していない。どうしてこんな認定ができるのか、わからない。

## 11　内山証言

　もし、「犯行時刻の直前に、犯行現場近くで、不審な人物を見た」「その時見た人は、今、私の前にいるこの人です」という事件目撃者の証言があったら、それはかなり有力な状況証拠となる。犯行現場そのものを目撃したのではなくとも、現場に接近した場所、時間に被告人がいたとする証言は、被告人が犯行現場にいたことを推測させる力を持つ。
　しかし、目撃された人物が、捜査当局が逮捕した容疑者や被告人と同一人物かどうかという犯人識別の問題は、過去多くの事件で課題を残してきた。
　例えば、見知らぬ人物を1、2分の短い時間しか見ていないのに、その人が被告人として法廷にいる人物と同一であると言い切るには、かなり衝撃的な記憶

に残りやすい体験であったか、もともと自分の記憶力に相当の自信が必要だろう。初対面ではなく、目撃対象が知人、友人や顔見知りの人で、「なじみのあの人を、あそこで見た」という証言なら、信頼性が高いかも知れない。

まったく未知の人物に関して、単に「見た」「すれ違った」などという目撃証言は、その信用性の判断がなかなか難しい。まして「まさにこの人です」と断言するのではなく、「似ていると思います」「どちらかというと似ている気がします」というような証言であった場合、それも事件からかなり時間が経ってからの証言である場合、いったいどう判断すればいいのだろうか。

目撃証言によって犯人を特定する場合、容疑者と似たような背格好の人物10人前後を、目撃者から見えるところに立たせて（ラインナップ）、あるいは歩いてみせる（パレード）、そして「この中にあなたが見た人はいますか」という質問をして選ばせるという手法を、近年の欧米では採られるようだが、日本の捜査機関ではあまり広がっていないようだ。目撃者が、捜査員からたった一人の人物との面通しや一人しか写っていない写真を見せられて「この人ですか」と尋ねられれば、「警察はこの人を容疑者と思っている」と思いこむ人もいるだろうし、すでに容疑者として逮捕されている人物に面通しされる場合も「やはりこの人が犯人なんだ」と先入観が生じる危険性もある。

「内山証言」はこのような問題をはらんでいることから、狭山事件では大きな争点となった。

被害者の父、中村栄作方の前の道路（幅4.7メートル）を北東へ約122.5メートル行った向かい側に、内山耕作の家はあった。5月1日の午後7時30分ごろ、中村方の入り口引き戸に脅迫状が差し込まれたちょうどその時間帯に、内山方を訪れて「中村栄作さんのうちはどこですか？」とフルネームで尋ねた人物がいたとされる。

3日朝から付近一帯の捜索が開始され、捜査本部が近くの市役所支所に設置され、公開捜査後は大勢の報道陣が押し寄せた。地元では大騒ぎになった誘拐殺人事件であるが、内山がその訪問者のことを捜査員に話したのは、発生から1か月以上も過ぎた6月5日のことだった。すでに石川は5月23日に恐喝未遂容疑などで逮捕され、新聞、テレビなどが大きく報道した後のことだった。

内山は、一審5回法廷（63年11月13日）で次のように証言している。

検察官、原　あなたのうちと中村栄作さんのうちは、どのくらい離れていますか。

内山　4、5軒離れています。

裁判長、内田　家数の4、5軒ですね。

内山　そうです。

原　今年の5月1日にあなたのところに人が尋ねてきたことがありますか。

内山　あります。

原　時間は何時ごろですか。

内山　時間は7時半ごろと思います。7時3、40分と思いましたね。

原　あなたがどういうことをしている時に尋ねてきたんですか。

内山　私が風呂から入って出て座敷にいるときに声がかかったので、おりているのです。

原　どういうふうな声です。

内山　今晩は、という声です。

原　声がかかった所は、どの辺からそういう声がかかったんですか。あなたのうちに入って声をかけてきたのか。

内山　入ってきてません。外です。

原　〈中略〉それであなた、どうしました。

内山　それから座敷からおりていきまして。

原　座敷からどこへおりたんですか、土間におりたんですか。

内山　土間におりたんです。それからあかりをつけましてね。外のあかりをつけまして、それでガラス戸を開けて今晩はと言ったんです。そうすると、中村栄作さんのうちはどこですといって聞いた人がいらっしゃるんです。

原　そうすると、あかりをつけたそのあかりというのはどこにあるんですか。

内山　表です。とばくちのところです。

原　表戸のところ。

内山　戸口の上です。

原　そのあかりをつけると中がよく見えるようになるんですか、外が見えるようになるんですか。

内山　だいたい外です。

原　電灯は何燭ぐらいですか。

内山　40です。
原　　40ワットですか。
内山　はい。
原　　尋ねた人はあなたからどのくらい離れたところにおりましたか。
内山　そうですね、約9尺、9尺から1丈〈約2.7メートル〜3メートル〉ぐらいありましたね。
原　　天候はどうですか。
内山　天候は雨が降っていました。
原　　その晩、尋ねた人は、なんか雨具は持っていましたか。
内山　雨具は持っておりません。
原　　雨にぬれておったわけですか。
内山　ぬれていました。
原　　何か持ってるもの、ありましたか。
内山　自転車を持っておりました。
原　　自転車をどういうふうに持っていました。
内山　自転車をこういうふうに持っておりました。
原　　自転車をあなたとの間に置くように立ててハンドルを持っておったというんですね。
内山　そうです。
原　　その男の年齢は、どのくらいですか。
内山　年齢は22、23歳と思いました。
原　　背丈は。
内山　背丈は5尺1、2寸〈約153〜156センチ、石川の身長は155センチ〉と思いましたがね。
原　　〈中略〉石川一雄が逮捕されたのち警察へ行って石川一雄を見たことがありますか。
内山　あります。入間川の警察署で見ました。
原　　〈中略〉それを見て5月1日に尋ねてきた男とはどういうふうに思いますか。
内山　たいだい顔かたちで似ていると思いましたね。
原　　どのあたりが似ていると思いました。
内山　（両手を顔のあたりへやって）この、この、なんです、ここがこう膨れ

原　〈中略〉今ちょっとうしろを見てね、石川を見てください。
内山　（うしろを見て）そうです、そうです、この人です。
原　前を向いてください。5月1日にあなたのうちへ尋ねてきた人というのはこの人だと思えるわけですか。
内山　そうです、この人と思います。
原　〈中略〉中村栄作さんのうちはどこですか、と尋ねられてあなたはどういいました。
内山　それから私は指をさしてね、なんです、裏、裏から、こう4軒目のうちが中村栄作さんのうちだよと教えました。
原　教えた。
内山　ええ。
原　そしたら。
内山　そしたら、聞いた方は何も言わずに、なんです、自転車を、ハンドルを持って行きました。〈中略〉
弁護人、石田　中村さんの事件があってですね、あなたは警察へ5月1日の夕方、変な男が尋ねてきたということをすぐ届けたんですか、それともすぐには届けなかったんですか。
内山　すぐは届けませんでした。
石田　いつごろ届けられたんですか。
内山　さあ、あれは。
石田　おおまかで結構です。
内山　10日、20日たってからでしょうか。
石田　〈中略〉すぐに届けなかった理由は何かあるんですか。
内山　はあ。
石田　何か特にあったわけですか。
内山　それが、なんです。このやたらに話していいかなんか、なにしろ百姓のことで何もわからないので、やたら……。
石田　いや正直なところでいいですがね。あるいはあなた自身、自分があの、どうしても嫌だっていうことなのかも知れないし、そうでないかも知れませんが。
内山　……申し上げてあるわけだと思いますが、何ももう長くなって……

石田　いやいや、簡単で結構です。
内山　………。
石田　あまりむつかしくお考えにならなくていいのです。
内山　（小声で）で、どうも、この、なんつっていいのかな……（小声で）なんつっていいのかな………なんとも考えておらんので、ちょいと………。
石田　理由があるんですかないんですか。
内山　理由は………理由っていうほどでもないと思うんだが。
石田　ああそうですか。
内山　へい。〈後略〉

　なぜ、届け出が遅れたのか、石田の執拗な追及にもかかわらず、内山の答えは要領を得ない。弁護団は控訴審（17回公判、66年5月31日）でも再び内山に法廷証言を求めた。明治36年1月生まれ、一審証言時は60歳。こんどは63歳、事件から丸3年を経ての証言だ。

弁護人、中田　（被告人を指示した上）証人は、そこにいる人に前に会ったことがあるか。
内山　ありません。
中田　証人は昭和38年5月1日晩、証人のところへ人が尋ねてきたということについて原審で証言されているが、今、弁護人が指示した人はその人ではないわけか。
内山　古いことではっきりしたことはわかりません。
中田　〈中略〉原審では10日か20日くらい経ってから証人が5月1日のことを届け出たということを言っており、それに対してどうしてそんなに遅く届け出たのかということを聞いたが、証人ははっきり理由を言わなかったが、その理由は何か。
内山　届ける前に届け出た方がいいか、届けでない方がいいか、とても心配してしまい恐ろしくなったのです。
裁判長、久永正勝　何が恐ろしくなったのか。
内山　それがよくわからないのですが、警察に届ける前、ただ恐ろしかったのです。
中田　〈中略〉はじめ恐ろしくて言わなかったというが、それを言うようになっ

たのはどうしてか。
内山　わかりません。
中田　恐ろしくなくなったから言ったのか。
内山　そうではありません。
中田　警察からいろいろ聞かれたから言ったのか。
内山　よくわかりません。
中田　5月1日証人のところへ中村栄作の家を尋ねて来た人があったということは真実あったことなのか。
内山　真実あったことです。
中田　証人はそのことをなぜすぐ警察に言わなかったのか。
内山　別にどうということはなく、ただ恐いということで言えなかったのです。
中田　結局、証人はそのことを言ったわけだが、それはどういうわけか。
内山　わかりません。
弁護人、石田　〈中略〉恐ろしかったと言われたが、どういうことで恐ろしかったのか。
内山　ただ恐ろしかったのです。
石田　若い男が家に尋ねてきたということで、恐ろしくなることがあるのか。
内山　警察に届けるということは恐ろしかったのです。
石田　〈中略〉証人が家を教えたことで恐ろしくなったというわけは何か。
内山　ただ恐ろしかったということでよくわかりません。
石田　何がただ恐ろしいというのか。
内山　口では言えないのですが恐ろしかったのです。〈中略〉
検察官、平岡　この事件について捜査本部ができたことは知っているか。
内山　知っています。
平岡　どこに出来ていたか。
内山　公民館に出来たと記憶しております。
平岡　そこへ地元の婦人会が炊き出し等の手伝いに行っていたのを知らないか。
内山　話に聞きました。
平岡　証人の妻も行っていたか。
内山　はい。
平岡　すると警察が一生懸命捜査していたことはわかっていたわけか。

内山　はい。
平岡　〈中略〉証人は原審で証人として取り調べを受けたとき、被告人の顔を見てこの人だと言っておるが、その原審で見た人と警察で見た人と同じであったか。
内山　やはり似ていました。
平岡　今言った、2回見た人と、ここおる人とは似ておるかどうか（そのとき被告人を指した）
内山　どうもよくわかりません。

　証言は「恐ろしかった」を繰り返すばかりで、やはり届け出が遅れた理由はよく分からないし、届ける決心をした事情も判明しない。逮捕直後からの弁護人、中田直人は「真実あったことなのか」と男が尋ねてきたこと自体を疑っている。事件で隣近所は大騒ぎになり、自分の妻も連日、捜査本部へ炊き出しの手伝いに出ていたというのに、常識的には不可解な話だ。
　一審証言では「この人です」とはっきり言ったのに、今回は「〈会ったことが〉ありません」「どうもよくわかりません」と変化した。記憶が薄れたのだろうか。
　検察官のストーリー通りに、事件の犯人が被害者宅の近所で被害者の家を尋ねるということは、犯人にとって恐ろしく危険なことのように思う。脅迫状の封を切った場面でも触れたが、もし仮に、被害者の帰りが遅いので午後7時ころから隣近所であたりを探し始めていたなら、たちまち住民に取り囲まれる可能性だってある。
　第一、顔をさらして尋ねることも危険度を増す行為だ。犯人は被害者宅がどこかわからないから尋ねたのだろうが、たまたまそこが内山宅ではなく、中村栄作の家で「中村栄作のうちはどこですか」と尋ねたら、どういう展開になったのだろうか。
　被害者の家は、表札を掲げていなかった（61回公判、中村憲一証言）。内山自身が「4、5軒目」と証言しているように内山家と中村家は、道路をはさんで微妙な位置関係になっている。付近を知らない人間が、雨の中、「裏から4軒目」と言われて正確に目指す中村家の場所を理解できるものだろうか。
　男が尋ねてきた時間がまた、非常に絶妙なタイミングなのだ。7時30分では、被害者の兄、憲一がブリスカを運転して戻ってきたところとかち合う可能性があるし、7時40分では脅迫状の発見時間に間に合わなくなってしまう。

一方、石川の自白調書（6月25日付、検察官原作成）では、内山方で尋ねた様子を次のように描写している。
　「〈自宅は焼き芋屋の近くと被害者から聞いていたので〉その焼き芋屋の近くの農家に立ち寄って中村さん方を尋ねました。私が入口の前に行って、今晩は、と声をかけますと、六〇くらいの男の人が入口の戸を開けて顔を出したので、
　　中村栄作さん方はどこですか
と尋ねると、指さしながら裏の4軒目の家だと言って教えてくれました。
　私が聞いた家は善枝ちゃん方とは道路の反対側になる家でした。自転車は道路に立てて聞きに行ったと思いますが、判然としません」
　しかし、4日後の6月29日付、警察官、青木一夫作成の調書では、
　「善枝さんの家の近所で善枝さんの家をききました。この前話したとき私は、自転車を道に立てかけて置いて私だけが入って家を聞いたといいましたが、ただ今聞けば、向こうの人は私が自転車を持っていたということだそうですが、よく考えてみるとそうであったと思います。私はそのとき、人を殺したりこれから手紙を届けるという時でしたからいくらか気持ちも落ち着いていなかったので思い違いをしていたと思います」
　内山証言でいう光景と一致するように、きっちりと変更されている。
　被害者からおおよその自宅の場所を聞き出したとしても、中村家の位置を正確には知らない石川が中村家にたどり着くには、危険を冒してでも第三者に尋ねる必要があった。この事情を、捜査本部側からみれば、石川を中村家までたどり着かせるには、どうしても「内山証言」が必要だったと言うこともできる。
　内山証言に対し、弁護団の福地明人は最終弁論で「つじつまの合わない証言に信用性のひとかけらもない。果たして5月1日に内山宅に自転車を引いた男が訪ねたかどうかさえはっきりしないというべきである。ましてやそれが、被告人であったなどという目撃証言はまったく採用できるものではない」と主張した。
　検察官による74年2月の意見書、同9月の弁論では、内山証言に関連した言及はなかった。判決は次のように認定した。

　　内山証人は当審においては、被告人を見せられて、弁護人の「証人はそこにいる人に会ったことがあるか」との問いに対して、「ありません」〈中略〉「古いことではっきりしたことはわかりません」などとあいまいな供述をしたことは

所論の通りである。

　しかしまた、検察官の〈中略〉「証人は、原審で証人として取り調べを受けたとき、被告人の顔を見てこの人だと言っておるが、その原審で見た人と警察で見た人と同じであったか」との問いに対し、「やはり似ていました」とも供述しているのであって、同証人の原審供述が事件発生間もない昭和三八年一一月一三日であり、当審供述が昭和四一年五月三一日であることと、同証人の年齢（当審証言当時六三歳）を考慮すると、当審における証言は記憶の薄れによりはっきりしなくなったものと判断され、これをもって、同証人の原審供述の信用性を否定する理由とはなしがたい。

　また、同証人が〈中略〉事件後直ちに警察へ届け出なかった理由について、同証人が原審及び当審で供述しているところは、結局届け出ることによって事件とかかわりを持つことが恐ろしく、わずらわしいということに帰すると解され、そのように考えて届け出をためらい、後になってようやく届け出をするに至った心情も理解できないことではない。

　所論は、隣人が被害にかかっているならば、直ちに犯人と思われる訪問者の人相、風体、年齢その他を警察に届け出るはずだと主張するが、一般世人の人情を理解しない見解と評せざるを得ない。

　しかも被告人は、〈中略、捜査段階の供述調書で〉内山方に行ったときのことを詳細に供述し、〈中略、原審公判でも〉内山方へ立ち寄った事実を肯定しているのである。

　〈中略〉以上の通りであるから、証人内山の原審供述が信用性に乏しい旨の所論は失当であって、同人の証言は十分信用に値するものと認められ、結局、被告人が脅迫状を中村方へ届けに行く途中、内山耕作方に立ち寄り、同人に中村方の所在を尋ねた事実は疑う余地がない。

　内山証言は発生間もない一審での証言の方が信じられる、被告人も一審公判で立ち寄ったことを認めていたから、それは間違いないという認定だ。
　しかし、自分の家のすぐ近くの女子高生が被害者となった「誘拐殺人事件」である。3年で記憶が薄れるだろうか。事件を知ってからすぐに届けず、一か月も経ってから届けるのが、「一般世人の人情」だろうか。
　蛇足ながら、先に長々と引用した内山証言を法廷で直接見聞きした裁判官が、この判決で事実認定したのではない。一審はもちろん裁判所が違うし、控訴審

でも証言時の裁判官はすでに異動している。

　書類にした証拠ではなく、法廷での生の証言が重視される理由の一つは、証言者の立ち居振る舞い、顔色、視線の動き、声づかいの変化などを観察することも裁判官が心証を形成する要因となり得るからだ。法廷証言は、顔色の変化なども含めてその全体が証拠となる。証言者を観察していない裁判官が、記録にあらわれた文字を追うだけでは、証言の法廷を追体験したことにはならない。更新が重ねられる長い裁判は、その正当性も疑われると言ったら、言い過ぎだろうか。裁判員参加の法廷では、連日の集中審理であるため、こうした問題が浮上することはない。

## 12　犯人の音声

　5月3日午前零時10分から約10分間、佐野屋前で犯人と会話を交わした被害者の姉、登美恵は、一審2回公判で、そのときの犯人の声について様々に尋ねられている。また、捜査段階でも、犯人の声と石川の声が似ているかどうか確認するため、取り調べ中の石川の声を録音したテープ（15分間のもの2本、計30分）を聞き、さらに狭山警察署内で石川の声を直接聞いている。テープは6月11日に自宅で、石川の生の声は翌12日に取り調べの様子を廊下から約40分聞いている。

　登美恵の法廷証言をまとめると、次のようになる。
　　佐野屋前での犯人の声について
「〈声が土地の者の声なのか〉私たちとほとんど変わらない」
「〈最初の、おいおい、という声は〉低い声だったと思います」
「声もそんなに力のこもった声でなくで、ドスのきいたとか、そういう声じゃなかったんです」
「〈どちらかと言えば、あまり特徴のないごく普通の声だった、こういう感じだったわけですか、という問いに〉はい」
　　石川の声のテープや、生の声を聞いて
「〈佐野屋前でかけられた声と、石川の生の声とはどうだったか〉そっくりだったです。私は、細かい特徴というのは佐野屋さんのとき、つかもうと努力したんですけど、ピンとくるものがなかったんですけど、声全体から受ける感じが〈石川の生の声と〉ピッタリだったんです」

「ただ声の太さとか、それから私は、年はと聞かれて 25、6 歳くらいで、それも合ってましたから」

「〈石川の声のテープが回り出した瞬間に、佐野屋前の犯人の声と同じだとわかりましたか〉はい、感じました」

「実際に〈石川の生の声を〉聞いたときには口数も少なくて、声そのものはテープと変わりなかったんですけど、口数も少なかったせいか、ピンとくるというものはなかったんです。〈生の声は〉口数が、ただ裁判所へ行ってから言いますということと、知らないということと、そのふたことを繰り返しているだけだったので……」

　緊張の中、佐野屋前での犯人とのやりとりしている間に、その特徴をどれだけ正確に把握できるのか、難しい作業ではあったと思われる。しかも40日を経て石川の声との比較を求められている。

　佐野屋前で登美恵のすぐ近くにいて犯人の声を聞いていた地元中学のＰＴＡ会長、松岡英夫も、警察署で石川の生の声を聞いたことを法廷で証言している。松岡は、

「まあ、おらあ、というようなところは似てたとは思います」

「〈犯人の声と石川の声は〉まあ似ているんじゃなかろうかと、決定的なものじゃなくて、なかろうかというようなくらいの感じでした」

とやや慎重な言い回しで証言している。さらに詳しく、佐野屋で聞いた犯人の声の特徴を求められると、

「当時はだれしもあそこに立った人は経験すると思いますが、緊張とこの、静寂さでもってそういうことを判断する余裕がないんです、実際言いますと」

と率直な心境を述べている。被害者の肉親ではない、冷静な協力者の立場での松岡ですら「余裕がない」という状況だったのだが、実姉の方が比較的冷静だったようだ。

　弁護人の福地は、「短時間、途切れ途切れに聞いた特徴のない〈犯人の〉声が、40日後に〈登美恵が証言するように〉そっくりだったという感じに甦るなどとは信じられない。捕まった石川が真犯人であってほしいとする登美恵の願望が投影されているとも考えられ、彼女の証言によって犯人と被告人を結びつけることは不可能である」と主張した。

　検察官による反論は特にみられず、判決では次のように認定された。

〈登美恵、松岡の〉証言によれば、証人らの身分関係、その他の諸事情を考慮に入れても、原判決にいうように「5月3日午前零時過ぎころ、佐野屋付近で登美恵が聞いた犯人の音声は被告人のそれに極めて似ている」と認めるのが相当である。もとより、これによって犯人の声が被告人の声と同一であると断定することができないことは、所論のいうとおりであるが、原判決もこれを被告人と犯人とを結びつける有力な情況証拠の一つとみているのであって、この判断に誤りは存しない。

ここでも結局、「自白を離れて客観的に存在する証拠」の一つである「犯人の音声」は、状況証拠の一つとしては価値があるというのだ。
それにしても、6月12日、石川の一次逮捕についての処分直前（脅迫未遂を除いた別件9件で起訴されるのは6月13日）の取り調べの模様を語る登美恵証言の内容には、切迫感がある。石川の取調官に対する言葉をそのまま伝えているからだ。
「ただ裁判所へ行ってから言いますということと、知らないということと、そのふたことを繰り返しているだけだった」という状況は、本件否認の様子を表現している。この日は、翌日の勾留満期を控え、恐喝未遂での起訴を目指し本件の自白を迫る捜査員と石川の間でギリギリの調べが展開されていた。

# 第3章　秘密の暴露

　判決は、「自白に基づいて捜査した結果発見するに至った証拠」として鞄、万年筆、時計、横沢証言の４点を挙げている。これらは、犯人以外だれもその場所等を知らないのに容疑者の自白に基づいて物証などが発見される、いわゆる「秘密の暴露」にあたるとされている部分だ。

## 1　鞄

### *1* 被害者の鞄

　被害者は、自転車に乗って高校からの下校途中に事件に遭った、とみられている。下校時、自転車の後ろの荷台には、教科書などを入れた鞄がゴム紐で括りつけられていた。捜索でも見つからなかった被害者の鞄が、石川の自白によって石川が自分で埋めたとされる場所から発見された、だから石川が犯人に間違いない、というのが検察官の主張だ。
　弁護団の主張は、結論から言えば、「石川は鞄を捨てた場所を知らなかった」「鞄の発見場所を含めて、自白は捜査員の誘導によってなされた虚偽の自白だ」（74年９月10日、弁護人、宮沢洋夫の最終弁論）というものだ。
　まず、被害者が使っていた鞄とはどういうものだったか。
　発生翌日、被害者の所持品について、父親の中村栄作は63年５月２日付の供述調書（一審で取調べ済み）で、
　　「昨日〈５月１日〉はいつも通り川越高校の制服で、薄茶色の一見革製に見えるチャック付きのカバンを自転車の荷掛けにつけて登校しました」
　　「これは学生用のものではなく、家にあった旅行カバンで、二つに半開きとなり上部両側に手掛けがあり、チャックは両端の中段から中段まで通しで開閉するようになっています」
　と説明している。また兄、憲一は、一審公判で「ダレス鞄というもので、〈私が〉都内の会計事務所へ出入りしておりまして、そのときに会計の専門学校へちょっ

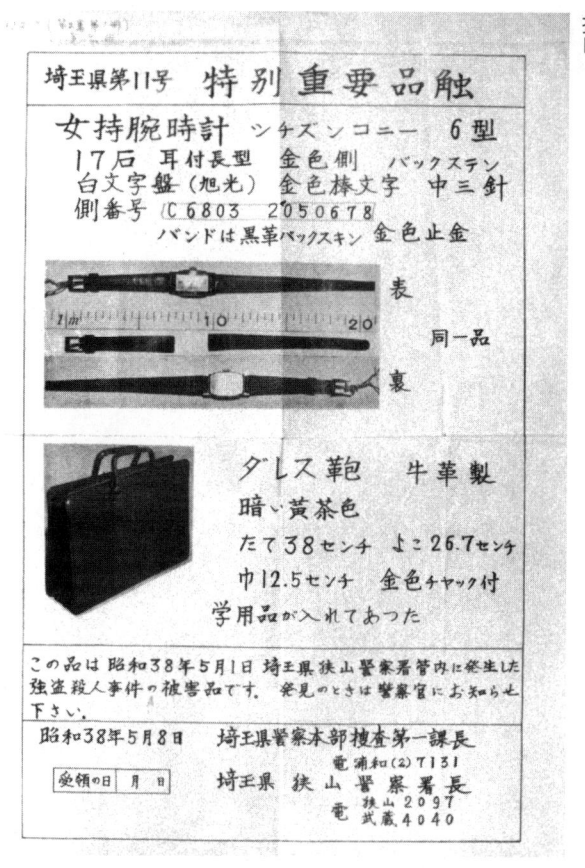

捜査本部が作成した
「特別重要品触」

と夜間通ったりなどしたときに買った鞄で、今から3年くらい前のように思っております、そのときに買った鞄を、善枝が昨年4月ころから使い始めた〈1960年ころ憲一が購入した鞄を、62年4月ころ、中学3年の善枝が使い始めた〉」という趣旨の証言をしている。兄が購入したというが、購入した場所、メーカーなどが捜査された形跡は、公判記録にはまったく登場してこない。

　父親は「旅行鞄」と表現したが、兄は「ダレス鞄」という。ダレス鞄とは、1953年から59年まで米国の国務長官だったジョン・フォスター・ダレス（1888～1959年）がそのタイプの鞄を愛用していたことから、名前がついたとされる。日本が戦後占領を終結させるべく各国との講和を模索していた50、51年に、国務長官顧問として来日し、この鞄を片手に様々な会談に臨んだ。ダレス鞄は、マ

チ幅の厚い、大きなガマ口のような開口部が特徴で、米国では通常、ドクターズバッグと呼ばれるものだ。上部で「二つに半開き」になり、「旅行鞄」と呼んでもおかしくはない。

　父親の説明する「一見革製」との表現からは、本当は革製ではなく別の素材でできているという印象を受ける。しかし、事件発生7日後の5月8日、捜査本部が作成し、全国に手配した「埼玉県第11号　特別重要品触」では、「ダレス鞄　牛革製」と明記されていた。さらに「暗い黄茶色　たて38センチ、よこ26.7センチ、幅12.5センチ　金色チャック付」とある〈左頁写真参照〉。

　一方、その品触を伝える当時の新聞記事、例えば読売新聞5月9日付、朝刊社会面には、「狭山署特捜本部は8日、被害者の重要品ぶれ5万枚を全国に手配した。被害品次の通り。▽皮カバン＝上から底まで四方向がチャックになっているダレスカバンで……」とある。同じく品触を伝える同日付、朝日新聞は、「牛革製で型はダレスカバンと呼ばれるもの。両側に握り手があり、回りにチャックがある」と説明されている。父親の言う「二つに半開きとなり……チャックは両端の中段から中段まで通しで開閉」とは、どうも違っているようだ。両側の中段までしか開かない半開きに対して、品触や新聞報道では、「4方向」あるいは「回りに」にチャックがついている、つまり全開になる。通常、ダレス鞄と呼ばれるものは、握り手は一つだ。握り手の下をくぐるようにバンドが通り、カギがかけられる。品触に掲載されているような両側に握り手があり、四方向に開く鞄は、どうもダレス鞄とは別物のように思われるが、兄は自信あり気に「ダレス鞄」と呼ぶのだ。

　それにしても、どこで購入したか、メーカーも判明しない鞄の大きさについて、中村家ではメモでも残していたのだろうか。「よこ26・7センチ、幅12・5センチ」というミリ単位の表示は、発生7日後にどうして確認できたのか。兄が、同じ鞄を2つ購入していたという記録も出てきていない。写真付きの品触を作成したということは、8日までに被害品と同種のものを、捜査本部がどこからか入手したことには違いないのだが、公判記録からは判然としない。

## 2　鞄の発見場所

　鞄は、いつ、どこから、どうのようにして発見されたのか。鞄発見の経緯は、なかなか複雑で理解しにくい。

　石川は、最初の逮捕から約1か月になろうとする6月20日夕方から夜にかけて「3人共犯説」を自供したとされる（石川、弁護人はもっと後の23日ごろと主

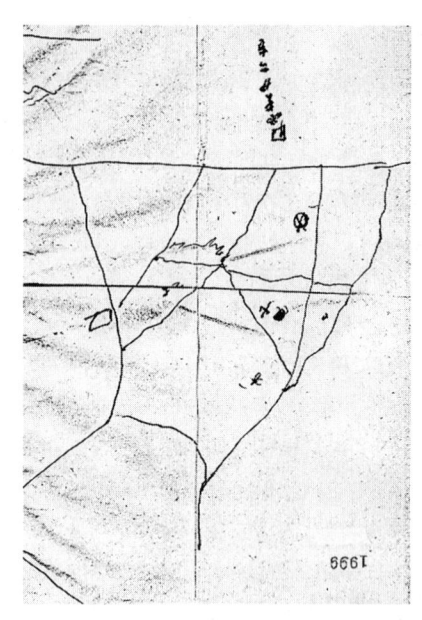

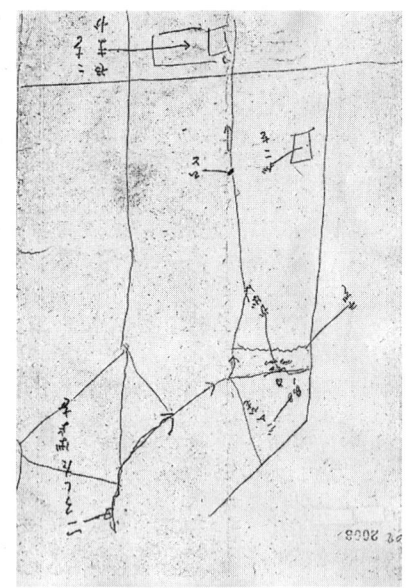

6月21日付、関調書に添付の地図（上が北方向）　21日付、青木調書に添付の地図（「かばん」と指示あり、上が北方向）

張している）。それまで本件強盗殺人を一貫して否認してきた石川から、3人による犯行を認める自白を最初に引き出したのは、狭山署交通係、関源三だった。

　関の公判証言（5回公判など）によると、関が、翌21日の午前中に再び石川の自白調書を取る。この21日付、関調書に、石川が自分で鞄を捨てた場所を書き込んだ略図のような地図（写真左）が添付されている。この調書の作成が完了した時間は「午前11時半ころ」（関証言）。それから関は、この地図を持って川越署分室を出る。狭山市の死体発見現場近くで、略図の場所から鞄を発見するためだ。

　しかし、発見できずに午後3時ころ、川越分署に戻ってくる。「石川君、なかったよ」と言いながら、石川の取調室に入ったところ、ちょうど捜査本部の警部、青木一夫らが石川を調べていた。関は、このとき石川がこの日2枚目の地図を描くのを見た、と証言している。

　この2枚目の地図（写真右）を持って、関は再び川越署分室を出て現場捜索へ向かう。分室を出たのは「午後4時ごろ」（関証言）。今度は、鞄が見つかっ

た。関と同行し、鞄発見の実況見分調書を作成した捜査一課警部、清水利一によると、発見のとき「小職の時計は午後6時40分であった」とある。

関が持って出た2枚目の地図は、21日付、青木一夫作成調書の末尾に添付されている。その青木調書の冒頭には、この種の調書では珍しく取り調べ時間が記入され、「六月二十一日午後五時頃、川越警察署分室において、本職はあらかじめ被疑者に対し自己の意思に反して供述する必要がない旨を告げて取り調べたところ、任意次の通り供述した」とある。この青木調書は、5時ころから調書が作成されたのに、どうして4時ころに関は2枚目の地図を持って出ることができたのか、不思議だ。

2枚目の地図は、いつ描かれたのか。取り調べに同席していた捜査一課調査官、長谷部梅吉は、2枚目ではなく1枚目の地図に石川が訂正し、これとは別に後になってあらたに石川が2枚目を描いたという趣旨の証言（8回公判）をしている。長谷部は、

「なかった〈1枚目の地図では鞄を発見できなかった〉というので、それが石川君の言うのが真実だが地図の書きようが悪くて発見できなかったのか、それとも地図は正確なんだが発見に行ったものの見誤りで発見できなかったのか、石川君にその場で確かめたわけです。そうしたら、石川君がここのところをこうと細かに説明し、鉛筆で地図を訂正したと、こういうふうに記憶しております」

「一回目の地図に訂正を加えて〈関らが再び捜索現場へ〉持っていったんじゃないかと記憶しております。そして、その後に違った紙に一枚書いてあるんじゃないかと思います」

「最初書き散らしたところへ〈訂正した場所を〉書いたので、それをどうも書類の末尾に綴るというのはどうかというので、石川君もう一枚丁寧に書いてごらんということで書かしたのがあると思うんです。捜索に持っていったのは、しわになったり、汚れておったんじゃないかないかと思うんですが、これは私、錯覚かもしれません」

「〈青木調書に添付されている地図は、2回目の捜索へ行った後にあらたに書いた地図か、との問いに〉そうです」

と証言している。この証言通りとすると、最初の関調書に添付された地図には、しわと汚れがあることになるが、添付の現物にはしわも汚れもない。「あとで丁寧に書かせた」とすると、この青木調書に添付地図は、鞄が発見された後に石川

が描いた可能性も出てくる。それは「秘密の暴露」にはならない疑いも出てくるということになる。

　いずれにしても関、長谷部らによると、鞄の発見は6月21日なのだが、これとは違う日であったと証言する人物もいる。捜査の最高責任者である捜査本部長、県警刑事部長の中勲だ。中は43回公判（1971年3月2日）で、
　「〈鞄の発見は6月24日であるという記憶はありますか、という弁護人、中田の質問に対し〉はい」
　「〈石川が単独犯を自供しているという警察側による〉発表が、確か25日のように記憶していますが、鞄が発見されたのはその前日〈24日〉と記憶しています」
　「自供だけでは〈自供している、と新聞などへ発表することは〉ちょっとできない。鞄が出てきて、一応物証が出たということで、第一回の発表をしてよかろうという〈県警〉本部長の意向もあり、〈中略〉刑事部長お前が行ってはどうかという本部長の話があって、単独犯だという〈25日の〉発表は私が行ってしたように記憶しています」
　と証言した。
　二審冒頭で全面否認に転じた石川自身は、取り調べ中の様々なできごとの記憶をもとに、「最初に〈3人共犯説を関に〉自供したのは23日ころ」「〈関が、石川が描いた地図を持って鞄を探しに行ったのは〉24日か25日だと思います」（26回公判の被告人質問）などと法廷で語っており、この点では中証言とほぼ一致している。
　発見の日付は重要な意味を含んでいる。中の証言通り鞄発見が24日、その前日の23日が石川のいう共犯説自供の開始日とすれば、検察官の主張する21日の鞄発見は石川の自供前ということになり、そもそも発見に至る説明がつかない。調書や発見日が偽造された疑いも生まれる。中は慎重にも、証言の中で石川が共犯説自供を開始した日を特定することはなかったが、最高責任者がすでに法廷に出ている自白調書や実況見分調書とは違う発見日を証言したことは重視しなければならないだろう。

　次に鞄は、実際どこで発見されたか。
　鞄の場所を説明する前におさえておきたいのは、この6月21日の時点では、すでにゴム紐、教科書類が見つかっていることだ。被害者のものとされる自転車

鞄・教科書・ゴムヒモの位置関係

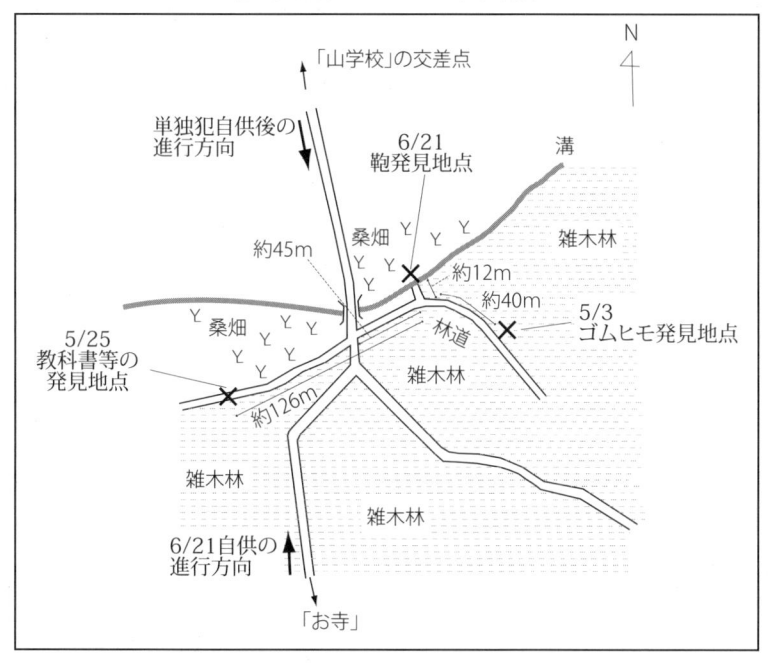

図中のラベル:
- 「山学校」の交差点
- 単独犯自供後の進行方向
- 6/21 鞄発見地点
- 溝
- 雑木林
- 桑畑
- 約45m
- 約12m
- 約40m
- 5/3 ゴムヒモ発見地点
- 5/25 教科書等の発見地点
- 桑畑
- 林道
- 雑木林
- 約126m
- 雑木林
- 雑木林
- 6/21自供の進行方向
- 「お寺」

の荷掛け用ゴム紐は、5月3日午後、この日は大捜索が展開された最初の日だったが、捜索に加わっていた関源三によって発見されている。教科書とノート類が見つかったのは、5月25日。近くの農業、宮田定吉（仮名）が農作業中に発見した。だから、石川の自白が始まったとされる6月20、21日ころには、捜査本部にとってこのゴム紐と教科書の発見現場は確定済みだった。

21日付、関作成の調書では、石川は、

「善枝ちゃんの家へ手紙を届けに行く途中、山〈雑木林〉と畑の間の低いところへ、その鞄を捨てたのです。この場所はわかりにくいから、略図を書いて説明します」

「山の中を山学校〈雑木林の中にある大きな農家のこと。石川は小さいころ、ここは夏季だけの授業に使われたことがあり、石川が農作業の仕事をしたこともあった〉の方へ行って、山を出はずれる所の畑から二〇米位で、山の中から行くと道の左側で三〇米位の所へ捨てたんだ。鞄の中には帳面と本があったのは知っているけど、その他何かあったと思うけど、わかんなかった。

それを自転車から降ろして鞄ごと山の中へおっぽっちゃったんだ」
「〈教科書、ノート類を捨てた場所に〉自転車の紐も鞄と一緒におっぽうちゃったんだ」
と供述している。この供述は、「3人共犯説」を述べていた期間（検察官によれば、6月20日から22日までの3日間）のもので、殺害現場は単独犯行説に移ってからの「四本杉」ではなく、「山の中のお寺の裏」あたりとされていた。
　だから石川は、「〈雑木林から〉山学校の方へ」向かって、つまり北進するように自転車を走らせていたことになる。その途中で「左側〈道路から西方向になる〉で」30メートル入って、鞄ごと、つまり教科書類も、荷掛け紐も一緒に「山の中〈雑木林の中〉」に捨てたということになる。
　荷掛け紐は、関自身が約1ヵ月半前に見つけているわけだから、鞄と荷掛け紐と一緒に捨てたという供述を取って、今度また鞄だけを探しに捜索へ行ったことになる。供述通りであれば、荷掛け紐を発見すると同時に、鞄も一緒に見つかっているはずなのに関は不思議に思わなかったのだろうか。
　一方、「午後五時頃」から作成したという21日付、青木作成の調書では、
「善枝ちゃんの家へ手紙を届けに行く途中、山〈雑木林〉と畑の間の低いところへ、その鞄を捨てたのです。この場所はわかりにくいから、略図を書いて説明します」
「この場所は、新しい学校〈事件当時、建設中だった東中学校〉より南側の方へ三一四百米位よったところです。私はそのとき、その学校の方へ向かって行きました。そうすると私の前を黒っぽい服を着た男が歩いていくので、この人を追い越してはまずいと思って、一寸右へそれて約三十米位山の中へ入って行って善枝ちゃんの自転車についていたゴム紐を放り投げ、それからその近くの山と畑の間の低いところの土を少しばかり、はいていたゴム長靴でかっぱき、本は鞄から出して鞄だけその土をかっぱいたところへ放り出し、そのそばにあったわら〈藁〉一束くらいをかけて置きました」
「それから本もそばへ放り出して長靴で泥をかけておきました」
となっている。鞄は「山と畑の低いところ」に捨てたことになっており、どうも溝ではないようだ。添付地図（116頁写真右参照）でも溝から離れた雑木林沿いの地点が記されている。この地図を持って行った関らが、どうして溝から鞄を発見したのか、不思議というほかはない。
　この青木調書では、道路から「右へ〈東方向〉」曲がって、鞄ごとではなくゴ

ム紐、鞄、教科書類の順に、いずれも「近くに」捨てたようだ。関調書と青木調書とでは、鞄を捨てた場所が道路を挟んで反対側に位置してしまうのだ。

　関調書のように「鞄ごと〈教科書など中身が入ったまま〉」捨てたというのは、実際の位置関係を問わなければ、捨てる状況としては理解しやすい。しかし、青木調書のように先に鞄だけ捨て、教科書などの内容物は手に持つか自転車の前籠に入れるかして、「そば」へ移動し、それから教科書類を捨てるというのは、どうもぎこちない動きのように思える。捨てる順序として不自然なのだ。

　一連の調書にはあまり登場してこないが、石川は5月1日朝、自宅を出る際、母親か家族に作ってもらった弁当（石川は当時、アルミ製の弁当箱を使っていた、と56回公判で妹、美智子が証言している）を持って出ている。弁当の中身を「竹の子と黒いキノコの混ぜ飯でした」と説明している調書（6月23日付、青木作成調書）もあり、この昼食をとった後も持ち歩いていた。弁当箱を捨てたという供述はどの調書にもまったく出てこないし、実際、石川は5月2日以降もこの弁当を持って仕事に行っている。

　そうすると、自転車のハンドルは持たなければならない、教科書類も持ち、弁当箱も持った、あるいは教科書類も弁当も前籠に入れたとするなら、そうした供述があってもいいはずだが、ない。

　弁当箱に関して言えば、検察側ストーリーの通りであるなら、内山方で中村宅を尋ねる際も、中村方へ脅迫状を差し込む際も、スコップを盗み、徒歩で芋穴まで戻る際も、ずっと一日中持ち歩いていたことになる。邪魔にならなかったようだ。

　実際に鞄が見つかったとされる場所は、南へ向かって進み道路から左側へ44.8メートル入り、さらに北へ約12メートル行った地点だ（119頁の図参照）。63年9月23日、一審、浦和地裁による現場検証の際、立会人となった関源三が鞄の発見された場所として裁判官らに指示したのが、ここだった。幅1.4メートル、深さ75センチ、底の幅44センチの溝の中から見つかったとされる。教科書類が発見された場所からは、約138メートルも離れた場所だった。

　鞄が発見されたとき、立会人となったのは、約一か月前に教科書類を見つけている宮田定吉だった。関は、1回目の捜索ではだれも立会人を用意していなかったが、2回目には発見の確信があったのか、事前に宮田に立ち会いを求めていた。

　鞄発見現場にあったのは、鞄だけではなかった。不思議なものが見つかってい

る。清水の実況見分調書には、
　　「鞄を土中より取り上げたところ、その鞄の下に、牛乳ビン一本（半分位牛乳あり）、模様入りハンカチ一枚、白三角巾様のもの一枚が無造作に置いてあり、ハンカチ、三角巾とも三角にたたんであった」
　と記されている。
　鞄の発見場所は、雑草の生い茂る雑木林近くの溝である。事件と無関係に、偶然に牛乳びんなどがあり、たまたまその上に鞄を捨てたなどということは常識的にはありえない。鞄を捨てた者が、意識的に鞄の下に牛乳びんなどを置いたと思われるのだが、石川の自白調書にはまったく牛乳びんなどは登場しない。
　また、清水の見分調書によると、発見された鞄の中には、刺繍用の糸巻き二つ、真鍮の編み棒一本、紙片4枚（2枚は英文音楽ガリ版刷り、1枚は辞書の621ページを破いたもの、1枚は鉛筆で英字が記載されたもの）、グリーンと白の縞模様の女物の櫛一つ、それにチリ紙若干が入っていた。

　石川は、犯行を認めていた一審7回公判（63年11月21日）の被告人質問で、次のように陳述していた。
　　検察官、原　〈発見された鞄を示して〉この鞄に見覚えありますか。
　　石川　はい、あります。
　　原　これはだれのものですか。
　　石川　善枝ちゃんのものです。
　　原　これは善枝ちゃんのどこに持っていた……。
　　石川　自転車のうしろに縛ってあったんです。荷掛けのとこ。
　　原　これはどうしました。
　　石川　これはやはり手紙を届けに行く途中で、溝のところへ埋めたと思います。
　　原　山学校からみて前の方になる。
　　石川　ええ。
　　原　鞄の中に入っていた教科書はどうしました。
　　石川　教科書も一緒に埋めました。
　　原　同じところですか。
　　石川　同じところじゃないです、別です。
　　原　どのくらい離れているところですか。

石川　50メートルくらいだと思いますけどね。
原　どうして別々に埋めたんですか。
石川　最初はね、おれはそばだと思ったんだけどね。
原　いや、中に入っている教科書類と、鞄とを別に埋めた理由はあるんですか。
石川　いや、別になかったです。あわてたから遠くになっちゃったかも知れないです。

　この時点でも、石川はまだ鞄と教科書の距離は「50メートルくらい」という。最後の「そばだと思ったんだけどね」「別になかったです。あわてたから……」の答えは、何とも理解し難い不可思議なニュアンスになっている。
　この2年後、石川は、控訴審3回公判（65年7月15日）で被告人質問に答えながら、関、青木の両調書ができた事情について次のように語った。
　「狭山署で取り調べを受けていたころ〈6月17日の二次逮捕より以前〉、嘘発見器〈ポリグラフ〉にかけられた。その機械を担当する人から、教科書類が発見された場所を地図で示され教えてもらった。このため教科書発見場所は、〈3人共犯を自白する以前に〉知っていた」
　「〈共犯説自供後〉鞄はどこへ捨てたと調べられ、勝手に想像して教科書が見つかった場所の近くにある雑木林の穴に捨てたことにして、その地図を描いて関さんに渡した」
　「関さんが出かけた後、長谷部さんが、いま関さんから電話がかかってくると言ったんです。そしたら、場所が違うじゃないか〈鞄が出てこない〉という電話が本当にかかってきた」
　「長谷部さんが、教科書を埋めたところは川じゃないか、川の地図を描いてくれ、と言った」
　「〈四本杉や教科書が見つかった付近は、幼いころから遊び場所にしていた石川にとって、よく知った場所だったので自分から〉そこは川じゃない溝だ、と言いながら地図を描いた」
　「そのうち関さんが『おれの尻を見ろ、〈泥で汚れて〉真っ黒になってしまった』と言いながら戻ってきて、今度は間違いないから行ってくれと言って〈2枚目の地図を渡した〉」
　「そしたら本当に鞄が出てきた」

「長谷部さんは、おれの勘は何でもあたるって言ったので、長谷部さんはえらい人だと思った」
　石川が言うには、長谷部のいう通り溝のある場所の地図を描いたら、そこから鞄が見つかった、ということらしい。

　鞄発見の後も、鞄、教科書、ゴム紐についての石川の自白は微妙に変化する。6月25日付、検察官、原作成の調書（同日付原調書は2通あるが、通し番号が後になっているもの）では、
「私が鞄を埋めた所は、山学校の四辻を山の方〈南方向〉に向かって入り、畑が終わって山には入ろうとする所を左〈東方向〉に折れて五十米位か百米位入った所の山と桑畑の境の低くなった所です。その所から少し、山の方に入った所に自転車の荷掛けのゴム紐を捨てておきました。その場所の図面を書きましたので提出します」
となっている。
　この25日にはすでに単独犯説を自供している。殺害場所は「四本杉」に変わり、自転車での走行経路は鞄などの遺棄地点へ直行するのではなく、いったん出会い地点のX型十字路まで戻り、右折して山学校前の十字路をふたたび右折する（南へ向けて曲がる）というふうに大幅に変化している。鞄の投棄場所付近へは北側から進入したことになる。この調書では、鞄と教科書類は一緒に埋めたのかどうかはっきりしない。鞄、ゴム紐の順で捨てている。
　さらに、6月29日付、青木一夫作成の調書（この調書は、全部で75通ある石川の供述調書の中でも最も長文のもので、事件全体のストーリーを述べている）では、次のようになっている。

　　私は善枝ちゃんをあなぐら〈芋穴〉の中に隠してから、今度は自転車に乗って善枝ちゃんの家へ自転車と手紙を届けに行きました。そのとき途中で善枝ちゃんの持っていた鞄や本を捨てました。
　　このことも前に話してありますが、私は自転車に乗って善枝さんを殺した山の方から山学校の方へ向かって行き、山学校の前のところから右〈南方向〉に曲がりましたが、そのとき、新しい学校〈建設中の東中学校〉の方から自動車か三輪車かがきたことと、学校のところには飯場があるで、そこを避けたのです。

それからまた、この前も話したように山の中へ入って行って、自転車の荷掛けについていた鞄を荷掛けから降ろしました。私がこの鞄を荷掛けから降ろしたのは、鞄なんかくっつけて自転車に乗っていると誰かに見られるとまずいと思って外したのです。

　そのとき私は、自転車の荷掛けについていた縄のようなゴム紐は自分で持って帰ろうと思って自転車の前の籠に入れておきました。私は鞄を降ろしてその鞄を持っていって、私が本を捨てたところへ本やその他のものが入ったまま足で土をかっぱいて埋めようとしたが、あんまり厚みが厚いから鞄を持ち上げチャックを開いて逆さにして中のものをうんまけたのです。うんまけるとは、容れ物を逆さにして物をあけることです。

　そのとき筆入れも一緒に土の上へ落ちだけれども蓋もとれず中のものも飛び出しませんでした。私はその筆入れだけを拾っておいて本の上へ足で土をかけた後で、筆入れを開けてみたら中に鉛筆やペンが入っていました。ペンというのは、万年筆のことです。私はそのまま筆入れの蓋をして右のいくらか破れたジーパンの腰のポケットに入れました。中に入っていた鉛筆などががたがた音がしました。

　それから私は、鞄を左手に自転車のハンドルと一緒に持って、自転車を転がして三〇米位行って鞄を山と畑の間の深いところへ入れてその上へわら〈藁〉をかけておきました。そのとき土はかけません。

　問い　その時、鞄のほかに何か捨てたものはないか。
　答え　ありません。
　問い　牛乳びんはどうか。
　答え　全然気がつきません。
　　　それから私は、十米くらい行ってから持って帰ろうと思っていた自転車の荷掛けの紐を、自転車を転がしながら山の中に捨てました。ここは自転車の乗れない山の中です。この前話したときこの鞄などを捨てたようすはいくらか違っていたかも知れませんが、今日話したことが本当です。

　この供述では、「山学校前十字路」を南進してから、山の入り口あたりで左右どちらに曲がったとも述べていない。教科書、鞄、ゴム紐の順に捨て、その間の距離は約30メートルと約10メートルという。調書には、地図も添付されていない。

それにしても、筆入れの中から万年筆を見つけた様子はリアルに語られているが、この部分だけが脅迫状の訂正に関連して判決では否定された。鞄はこの現場に捨てたと認定しながら、筆入れの中の万年筆はすでに殺害現場で訂正に使われたこととされた。調書の流れを無視し、一部分だけを取り出してウソと断定することは、やはり、かなりの力技と言わなければならないだろう。
　牛乳びんについて問うところだけは、なぜかＱＡ方式で書かれているが、不思議なことに石川は牛乳びんにはまったく気がついていない。「うんまけた」なら、糸巻きや編み棒も鞄から飛び出しそうなものだが、それはなぜか鞄の中に残ったままだった。
　さらに調べが進んだ７月４日付、原作成調書でも、鞄を捨てた場所について短く言及がある。この調書には、被害者との出会い、殺害場所、自転車での走行経路、中村方、スコップを盗んだとされる養豚場、死体埋設現場へという５月１日の移動状況を「藁半紙八枚」を貼り合わせた地図に描き、添付されている。その中に、

　「この略図で本と鞄を捨てた所を書きましたが、私は本と鞄は別々ではありますが、割合近い場所に捨てたような気がします。
　　問い　鞄を捨てた所と本を捨てた場所とは、どのくらい離れていたと記憶しているか。
　　答え　私は、三十米位離れているのではないかと思いますが、或いは五十米位離れていたのではないかとも思われます」

と説明している。添付の略図では、「山学校」前十字路から南進して、それから左〈東方向〉へ曲がった地点に「ほんとかばんのすてたところ」という印があり、それはどうも一か所を示しているようにしか見えない。
　６月２１日の関調書から７月４日の原調書まで、鞄、教科書類について供述の要点をまとめると、右頁の表のように変遷していることになる。本当に体験したことなら、こんなに激しく変転するものだろうか。
　実際には、道路を南進して右〈西方向〉へ曲がらなければ、教科書が発見された地点へは行くことができない。二審の第一回現場検証（64年11月28日）に立ち会った検察官、原が教科書発見地点と鞄発見地点として指示した場所は、一審の検証時に関源三が説明したのと同じように約138メートル離れていた。鞄発見地点とゴム紐発見地点は約50メートルも離れていた。原は、南進からまず右折して教科書を捨て、Ｕターンして道路を横切り、直進、左折して約12メー

鞄を捨てた場所などの供述の変化

|  |  | 捨てた位置 | 捨てた状況 |
|---|---|---|---|
| 6月21日 | 関調書 | 山の出はずれのところから約20メートルの地点で、左側（西側）に約30メートル | 鞄ごと教科書を中に入れたまま |
| 21日 | 青木調書 | 道路から右へそれて約30メートルの近くのヤマト畑の間の低いところ | まずゴム紐、次に鞄、教科書の順に |
| 25日 | 原調書 | （南進して）畑が終わって山に入ろうとする地点で左（東側）に折れ、50メートルか100メートル入った、山と桑畑の境 | 添付の地図では東へ向かって順に教科書、鞄、ゴム紐 |
| 29日 | 青木調書 | （南進して）山の中へ入っていって教科書を捨てた所から約30メートルの山と畑の間 | 教科書を捨て、筆記入れをポケットに入れ、約30メートル離れて鞄を捨て、約10メートル離れてゴム紐を捨てる |
| 7月4日 | 原調書 | 添付の地図では、南進して左（東側）に曲がった地点 | 鞄と教科書は同一地点 |

トル先の溝に鞄を捨て、そこからまたUターンし、左折、雑木林の中へ入りゴム紐を捨てるというコースを指示している。土砂降りの雨の中、こういう経路で自転車で移動することはあまり常識的ではないように思われる。

再び言えば、6月20日以前に捜査本部は教科書とゴム紐の発見現場をそれぞれ確定していたはずである。どうしてこんなにチグハグで、激しく変遷する供述になったのか、不思議でしかたがない。矛盾を追及しながら取り調べを進めるのが当然のはずなのだが、取調官が混乱していたのだろうか。

## 3 発見された鞄と被害者の鞄の同一性

このようにして発見された鞄は、しかし、本当に被害者が所持していた鞄そのものだったのかどうか。それを確認した人間は、公判記録をみる限り一人しかいない。善枝の兄、憲一だ。憲一は一審7回公判で証人に立ち、検察官、原から発見鞄を示され、次のように証言している。

原　〈善枝が学校に持っていっていたのは〉この鞄ですか。
憲一　はい。間違いないと思います。そうです。
原　かっこうや色、こういう色とかかっこうその他。
憲一　はい。形は同じです。
原　同じですか
憲一　はい。

原　　名前なんかは書いてなかったですか。
憲一　名前は書いてありませんけれども、記憶にあるところはあります。
原　　記憶にある、特にこの点が間違いないというような点があるんですか。
憲一　はい、このですね、提げ鞄の中側にええと、金〈かね〉がうってあるんです。
原　　はあ、はあ。
憲一　このとめ金ですね。このとめ金の中側にこの皮が、ぼくが二つばかり離したのは記憶があるんです。ですから、これは三つ離れておりますけど、二つ離れていることは、ぼくは知っているんです。ですから、その〈憲一にかわって、善枝が使い始めてからの〉一年ちょっとの間にでも離れたんではないかなと思いますけど、今ひとつは着いてますが、二つ離したことはぼくは知っているんです。自分が離したものですから。
原　　この提げ皮ですか、取っ手というんですかね。
憲一　取っ手の裏にはってある皮のことなんですが。
原　　とめ金の裏っ側に金、皮ですか。
憲一　金をかくしている皮ですね。
原　　それがとれているのが特徴があると。
憲一　はい、ぼくが二つばかり使っているときに、一つは離れたし、一つは皮が離れ始めたもので自分の手ではがしたことを記憶ありまして、二つだけはがれたという事実はあります。それで間違いないと思っております。

　この種の証言は、法廷で、しかも鞄の内側を見ながらでないと、なかなかイメージがつかみにくい。留め金を隠している皮（全部で4つある？）を、憲一が自分で2つはがした、発見鞄は3つはがれている、だから善枝のものに間違いない（？）、という話のようだ。なぜ間違いないのか、にわかに理解しにくい。
　仮に、「自分で3つはがし、発見鞄も同じか所の3つがはがれている」というのなら、同一の可能性もあるという程度の証言にはなるかも知れない。留め金を隠す皮のほかに、例えば「ここの傷がまったく同じだ」などという、もっとはっきりした特徴はなかったのだろうか。
　発見された鞄は、「特別重要品触」を報道機関に公開したように「四方向がチャック」「回りにチャック」で全開になるものだった。握り手は二つ。これをダ

レス鞄と呼ぶかどうかは別にしても、父親の栄作が警察官に述べたように「両側の中段までチャックがついた半開きになる」ものではなかった。なぜ違うのか。早い段階で栄作を証人として法廷に呼び、「一見革製」とはどういう意味なのか、「旅行鞄」と発見鞄は同一なのか、を確認するべきだったろう。姉、登美恵も所持品の確認のため一審の証言席に立ったが、なぜか登美恵には発見鞄を示しての確認をしていない。

鞄発見の状況などについて、検察官は意見書（70年6月17日付）で、
「当審における被告人の陳述においても、最初関源三に対し自供して捨てた場所の図面を書き、同人らが捜索に行ったが見つからなかったといって帰り、被告人が再度の図面を書いたことは事実として認めている」
「〈当審の関証言や鞄発見の実況見分調書などにより〉鞄が被告人の六月二一日自白に基づき捜索の上発見されたものであることは明かで、これを争う被告人の主張陳述を納得させるに足る実証は何もない」
などと反論した。

鞄について、判決の認定は次のようなものだった。

　　所論は、被告人の鞄類、教科書類を埋めた点に関する自白はあまりにも不合理・不自然な点が多く、それにもかかわらず捜査当局が鞄類の発見について絶大な自信をもって捜し出しているのは奇妙であり、捜査当局が既に何らかの方法で鞄類を発見入手し、そこで被告人を不当に誘導して鞄類を捨てた場所の地図を書かせ、その場所に鞄類を置いておき、あたかも被告人の自供に基づいて被害品を捜索発見したかのごとく見せかけるという工作をした疑いがあるというのである。
　　〈中略〉しかし、鞄類を捜索した関源三、被告人の取り調べに当っていた長谷部梅吉、青木一夫らの当審各証言によっても、所論がいうような違法な工作はもちろん、被告人の取り調べに当たって不当な誘導があったことを窺わせるような状況を見いだすことはできない。〈中略〉被告人は、原審（第七回）において鞄類をはじめ教科書類、自転車の荷掛け紐を捨てたことを自認しているのである。〈これを否定した〉被告人の当審供述は、これを裏付けるに足る証拠は何もなく、単なる思いつきの弁解であるとみるほかはない。
　　〈中略〉

たしかに、被告人は、〈検察官〉原調書中で教科書を捨てた場所は山学校の方から行くと道路の左側で鞄を捨てた場所の近くであるといっており、この供述は〈中略、鞄発見の状況を記録した実況見分調書など〉によって認められる教科書の発見現場の状況と相違している。
　しかし、被告人は原審（第七回）において教科書類は鞄と五〇米離れた場所に埋めたといっており、右の実況見分調書の記載についても殊更争っていないのである。そして、被告人の捜査段階における供述によっても教科書を捨てる場所まで自転車を押して行ったのか、それともどこかに自転車を置いておいたのか、そのとき鞄を逆さにしたというがどうして鞄の中に糸巻きや櫛が残っているのか、鞄の下から牛乳びんなどが発見されているのに、被告人はどうしてこれに気付かなかったのであろうかなど、その際の状況の細部については明かでない。
　しかし、このような細部の状況については、捜査官において細心の注意をもって疑問の解消に努め、被告人の供述を引き出しておかない限り、どうしても不明瞭な点が残るもので、ある程度はやむを得ないところである。殊にこの事件では、これらの物の埋没行為は「四本杉」での凶行後中村栄作方へ脅迫状を届けに行く途中に行われたもので、被告人自身も言っているように、精神的に興奮しており、しかも薄暗い中で急いで行われたことであってみれば、記憶自体が不正確となり、あるいは事実の一部を見落とすことも考えられ、これを理由に被告人自身が教科書類、鞄、荷掛紐を埋めまたは捨てた事実までを否定できないことは、原判決が説示しているとおりである。〈中略〉
　ところで、原判決は「教科書類を埋没する機会に取り出した筆入れの中にあった万年筆一本が被告人の自宅から発見されているのであるから、被告人が鞄類、教科書類を溝内及び付近の溝内に埋没したとみて差し支えなく」と説示しているけれども、被告人は「四本杉」での凶行の後、脅迫状を訂正するため善枝の鞄の中を探って万年筆を奪取したと認められるのであるから、原判決の認定は万年筆を奪取した時期及び場所については誤っているけれども、その余の判断は〈中略〉はおおむね正当であるから、結論を左右するものではない。

　要するに、控訴審で被告人・弁護人が何と言おうと、捜査段階と一審で被告

人が自白しているのだから間違いはないのだ、という。控訴審法廷で長谷部ら捜査官が「違法な工作」「不当な誘導」があったとは言ってないから、それはなかった。捜査官は細心の注意で供述を引き出しておかなくともやむを得ない。記憶自体が不正確となることも考えられる。原判決の万年筆の認定は間違っているが、自供による鞄発見との認定は正しい——というのだ。「合理的な疑いを超えて」犯人であることを証明するのが、検察官の責務であるはずだが、「不明瞭な点」が残ってもよいのだろうか。

判決がいうように「記憶自体が不正確」あるいは「事実の一部を見落とした」石川であるなら、最後まで正確な鞄の遺棄地点を特定できないはずだ。1枚目の地図では間違ったのに、なぜ2枚目の地図では正確に鞄を埋めた地点を描くことができたのだろうか。記憶自体が不正確なら、よみがえった記憶も不正確になるはずだ。「見落とした」の意味が不明瞭だが、もともとの記憶がないという意味なら、そもそも記憶はよみがえらない、自分で捨てた場所を特定できない、という結果になるはずなのだ。

鞄その他の物証について、捜査の基本である、容疑者を現場へ同道したいわゆる「引き当たり」は、まったく行われていない。これが行われていれば、すでに自白した犯人なら即座に自分で鞄を捨てた場所へ捜査員を導くはずだった。不明瞭な点も残されなかった。「引き当たり」が実施されなかった理由にこそ、この捜査の本質が潜んでいる。

## 2　万年筆

*1*
### 発見された万年筆と被害者の万年筆の同一性

被害者善枝が筆入れの中に持っていた万年筆は、単独犯自供後の石川の自白によって石川宅から6月26日に発見、押収されたとされる。これは、かなり決定的な状況証拠と言える。

しかし、弁護団は「発見万年筆が、被害者ものか疑問」「石川の家は、一次逮捕の5月23日、再逮捕翌日の6月18日と2回にわたり大がかりな捜索を受けており、3回目の6月26日に見つかるのは不自然」「捜査本部が何らかの方法で入手した万年筆が、関源三によって石川宅に置かれた疑惑がある」などと主張した。

どちらを信用したらいいのか？　万年筆は、何を語りかけているのだろうか。

被害者の父親、栄作は5月2日の調書で、善枝の万年筆を「ペンはパイロット〈製〉、オレンジ色のペンでよく胸や腰のポケットに差し込んで携帯していました」と語っている。購入して善枝に与えたのは、兄、憲一で「金色のキャップがついておりまして、持つ軸の方にはピンク……、ピンクといってもいろいろまざって口で表せないようなピンク色をした万年筆で、パイロットスーパー十四金です」〈一審7回公判〉と証言している。事件約1年前の62年2月10日、西武百貨店で、いとこが高校に入学するのでプレゼント用に万年筆を買ったが、その際妹、善枝と弟用に2本も買い、合わせて3本一緒に購入したという。値段は1本千円。万年筆の保証書も捜査本部に提出され、法廷でも取り調べられた。

## 2　万年筆発見の経緯

　検察官の主張によると、石川宅で発見された経緯は、次のようなものだった。
　石川が単独犯行の自供に入った後の6月24日付、青木一夫作成供述調書（24日付で青木は3通の調書を作成しており、公判記録でその3通目に綴られているもの）には、

　「それから万年筆は、今申しました風呂場の入口のしきいの上に今もかくしてありますから、どうか善枝ちゃんに返してやって下さい」

と供述している部分がある。同じ調書のこの直前に、被害者から奪った腕時計について、

　「時計は家に帰って風呂場の入口の内側の敷居（敷居というのは障子の上のものです（録取者注、かもい））の上へかくして置いたけれども五月十一日頃の夜七時頃に狭山市田中あたりで捨ててしまいました」

と述べている。つまり、被害者から奪った腕時計と万年筆を「風呂場入口の内側の鴨居」に一緒に隠しておいた、そして腕時計だけ捨てたので、万年筆は今でも鴨居の上にある、というわけだ。この供述に基づいて2日後（決定的な証拠になる可能性がある万年筆であるにもかかわらず供述の翌25日ではない。裁判所の捜索差押許可状は25日付で出ている）の26日に3回目の家宅捜索が行われた。捜索した捜査員はわずか3人。県警捜査一課警部、小島朝政作成の捜索差押調書（一審で取り調べ済み）によると、捜索は午後3時10分から同34分まで、24分間だった。発見の状況を次のように記している。

　「立会人、石川六造と共に勝手板張りの間に至り、同所南側出入り口の内側において本職は右同人に対し、

この辺に一雄君が何か置いてあるというので捜してくれませんか、
と同出入り口上方付近を示すと、同人は
　　　いくら捜したって何もありやしないよ
と独り言を言いながらこの出入り口上方のカモジ（上の敷居）の上を西側の
方から右手を入れて捜したところ、同中央カモジの上に至ったとき
　　　あ、あった、こんな物が、
と言いながらやや驚きの表情でピンク色の万年筆一本を指先でつかみだして
本職に差し出したのでこれを差し押さえた（添付写真第一、第二号参照）」
　この状況を六造は、16回公判〈66年5月21日〉で次のように証言している。
　　弁護人、中田直人　〈26日の捜索に来た捜査員の中に〉あなたの知ってい
　　　る警察官はいましたか。
　　六造　小島警部です。
　　中田　それで。
　　六造　一雄君が万年筆があるって言うから、そこをちょっと兄さん見てくれ
　　　と言うんです。それで、どこだと言ったら、お勝手だと言うんです。そ
　　　の前に図面を見せてくれたんです。それでお勝手のほうへ行ったんで
　　　す。
　　中田　だれが行ったんです。
　　六造　小島警部です。その次に私です。
　　中田　あなたは、それに付いていったわけか。
　　六造　はい。
　　中田　それで。
　　六造　ここだ、と言うんです。それでお勝手の、つけがもいの上なんです。〈中
　　　略〉2回目の捜索のときに、ボロ切れを詰め直したところです。
　　中田　そこを小島警部がここだと言って指さしたんですか。
　　六造　そうです。で、手を上げようと思ったら、ちょっとカメラをあれするか
　　　ら待ってくれと言ったんです。
　　中田　そこにはボロ切れはあったんですか、前と同じに。
　　六造　はい。
　　中田　すると、取り出す前に、カメラで撮ると言ったのですか。
　　六造　ええ、撮りました。それで、たぶんここにあるということで、取ってく
　　　れと言ったんです。

中田　だれが。
六造　小島警部です。
中田　あなた、どうしましたか。
六造　こんな所にあるわけない、この前〈18日の第2回捜索〉見ていったんだから、と言った。いや、一雄君が図面までちゃんと描いてくれたんだから、ここにあると言うから、取ってくれというんです。そこで足袋とボロ切れを取ったんです。そしたら一寸か一寸五分〈約3センチか約4.5センチ〉くらい入ったところにあったんです。
中田　あなたは、ボロ切れと足袋を出して手を入れてみたのですか。
六造　はい。手を入れるまでもないんですよ。とば口にあったんです。つけがもいは、柱が三寸ですから、〈鴨居の奥行きは〉やっぱり三寸なんです。その奥には外から来るしたみのあたりがあるんです。それで、奥には入らないんです。
中田　すると、ねずみの穴に行くまでもなく、すぐ手前の方にあったわけですか。
六造　はい。
中田　あなたは、その万年筆を手にしたわけですね。
六造　はい、それで手に持って写真を撮られました。
中田　手に持っておれ、と言われたんですか。
六造　はい。
中田　それから、どうなりましたか。
六造　それから、小島警部が袋を出したんです。それで袋に入れろ、と言うから入れました。

　この通りまさしく万年筆は出てきた。六造が取り出す前に捜査員がカメラを構え、万年筆を手にした六造をタイミングよくドンピシャと撮影している（右頁写真）。六造は裸の指で万年筆をつまんでいる。
　「万年筆はキャップが金属、本体はプラスチックで、指紋が検出される可能性が高いのに、なぜ無造作に六造に取らせたのか」と弁護団は言う。確かに、この時点では万年筆に指紋が付いていない、あるいは検出不可能、と捜査本部が断定する根拠はないように思われるのだが、どうしたことだろうか。
　小島作成の万年筆の捜索差押調書では、鴨居がどんな構造になっており、ど

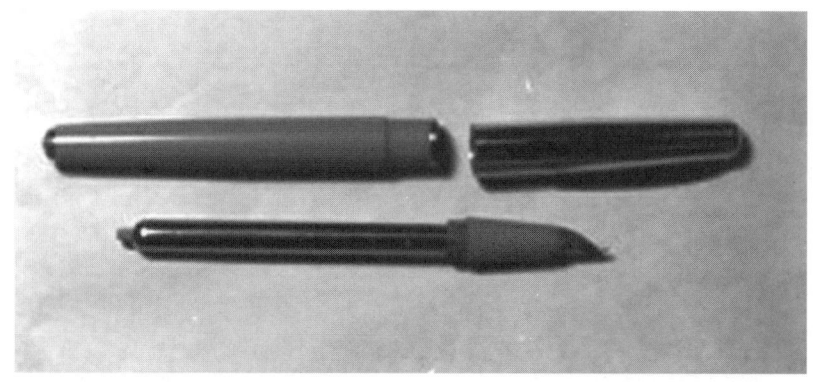

石川宅から発見された万年筆

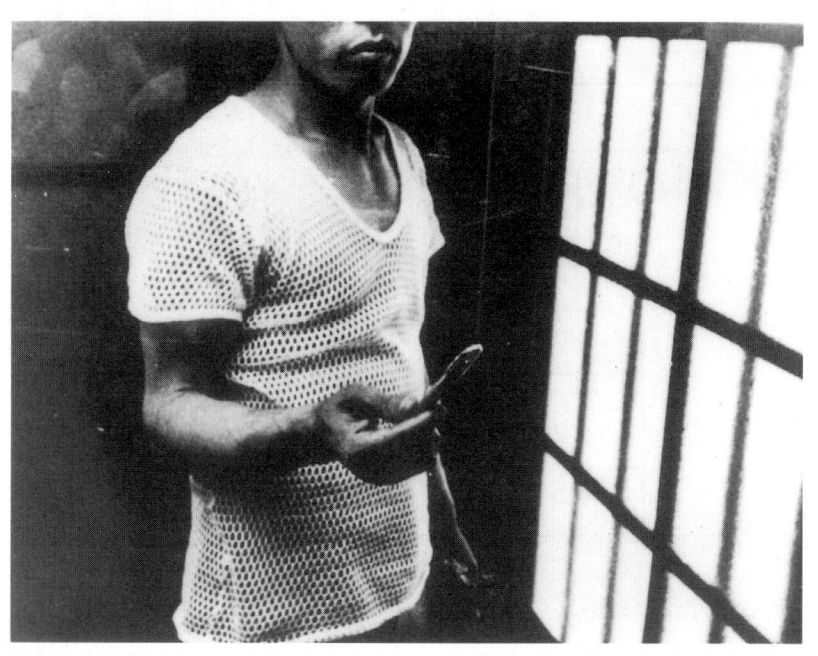

捜査員が撮影した兄、六造が万年筆を発見した直後の写真。六造は右手で素手で持っている。

第3章 秘密の暴露

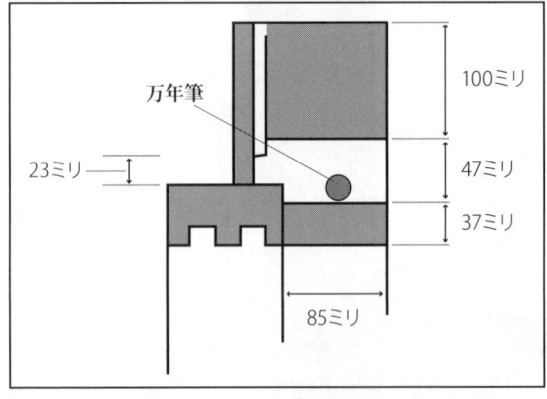

鴨居の断面図
（上写真は万年筆が発見された鴨居＝1970年5月の控訴審検証時）

のくらいの高さがあるのか記載されていない。このときの実況見分調書は公判記録にない。鴨居の構造が登場してくるのは、控訴審の裁判所による第5回現場検証の調書だ。ここで、鴨居の開口部は、幅4.7センチ、奥行き8.5センチ（断面図参照）、「台所の板の間の床板から鴨居上面（万年筆を置いたところ）までの高さ1.75メートル」と判明する。

　石川は、なぜ万年筆が勝手口鴨居にあるという供述になったのか。3回公判（65年7月29日）で石川は次のように語っている。自白後の石川の取り調べの様子

がうかがえる。

弁護人　中田直人　6月26日にあなたの家から万年筆が出てきたんですが、万年筆についてはどういうふうに調べられましたか。

石川　おれんちにあるって言ったんだね。

中田　誰が。

石川　長谷部さんだと思ったね。確か。ちょっと長谷部さんか誰か、あんまり変なこというとおこられちゃうからな。お前の家に誰かあがれる人はいるか、おれの友達はいけないけど、清〈石川の弟の名前〉の友達がいる、と言ったんです。誰だ、というから、ただお、というやつの名前を出したんです。そしたら、それに持って来てもらおうか、と言ったんですね。

中田　長谷部さんが。

石川　ええ。じゃその人、頼んで持ってきて下さい、と言ったんです。そしたら関〈源三〉さんが、そこで、ただおというのは、どこの家の人だと言ったんで、関さんの家の前の家の人だと言ったんです。それじゃ、そのようにしようと言ったんです。

中田　それで、そのただおという人が家に取りに行ったんですか。

石川　それはわからないですね。

中田　長谷部さんの方から、お前の家にペン〈万年筆〉があるんだ、と言ったんですか。

石川　ええ。

中田　お前の家のどこにあるんだ、というようなことは。

石川　靴墨を置くところはどこだ〈と長谷部に聞かれて〉、おれは決まったところがあるから、鴨居のところ、と言ったんです。

中田　あなたはその時、ただおという人を、清の友達という人を教えたりなんかした、そういうことがあった時に、万年筆のある場所を地図に書いたんでしょう。

石川　ええ、書いたですね。

中田　それは、靴墨はどこに置くのか、というようなことを聞かれて、靴墨を置く場所にあると言ってかまわずに鴨居を、その場所を書いたというのは。

石川　おれんちのあそこに、あんちゃんのと俺のと〈ひげ剃り用の〉カミソリ

　　　　があるんだね。俺のカミソリがあるところ、そこを書いたんです。あんちゃんのは少し離れたところにね。
中田　あなたの家は玄関の右手の方に、台所の方に通ずる勝手口がありますね。
石川　あります。
中田　あなたがいつも自分の使うカミソリを置いたのは、その勝手口の戸の上の鴨居のところですか。
石川　ええ、そうです。〈勝手口の戸を〉開けて上です。
中田　あんちゃんは、あなたと違うカミソリを。
石川　置く場所がちょっと違うけれどね。
中田　あんちゃんはどこに置いてたの。
石川　あんちゃんは風呂場の方の鴨居なんだね。
中田　勝手口から入って右手にある風呂場に出入りする戸の上の鴨居のところに置いてあった。
石川　そうです。
中田　あなたは、勝手口の戸の上の方に置いた。
石川　ええ、まだ八本くらい残っていたと思ったね。
中田　あなたが捕まったときには、そこにあなたが使わずに置いていた。
石川　ええ。
中田　いくらの。
石川　5円の。
中田　柄の長いのですか、短いのですか。
石川　短いやつ。
中田　そのただおという人を、友達を教えてやったりしたことはいいんですが、そのカミソリを置く場所を地図に書いたというのは、誰かに書けと言われたんですね。
石川　別に書けと言われないです。ただね、カミソリなんか置いてあるところを、ペンを置いてあるところと〈長谷部が？〉言ったから、そこから本当に出てきたんです。だから、これは〈事件の犯人は〉あんちゃんだなと思ったんです。
中田　あなたは長谷部さんから家に万年筆がある、と言われたけれども、もちろん家にペンがあるかどうかは知らなかったわけでしょう。

石川　ええ、そうです。
中田　警察の人は、誰かを取りにやらせるから、というような話をあなたにしたわけだね。
石川　ええ、そうです。
中田　すでに自白しているあなたは、かまわず自分がカミソリをいつも置いているところを書いた。
石川　ええ、そうです。
中田　それに基づいて誰かを取りにやった。
石川　ちょっとわからないけど、取りにやったんでしょう。
中田　そして、あなたの書いたその場所から出てきたと言ったんですか。
石川　本当に出てきたんだね。
中田　たまたま書いたところから〈万年筆が〉出てきたと言われて驚いたんですか。
石川　あんちゃんだと思ったんですね。
中田　そこに万年筆を隠したのは、あなたのお兄さんだというふうに思ったんですか。
石川　ええ、そうです。
中田　そうすると、犯人はあなたのお兄さんじゃないかというふうに〈取り調べを受けていた当時は〉疑ってるんですか。
石川　ええ、俺はね、足袋がそうだからね。

　やや理解しにくい部分もあるが、靴墨や自分用のカミソリの置き場所を書くように長谷部から言われ、図面を描いた、そしてそこから万年筆が出てきたと言われた、石川としては兄、六造が犯人ではないかと疑っていた、という説明のようだ。
　調査官、長谷部梅吉は10回公判（65年12月14日）に証人として立ち、被告人の石川と直接対決したシーンがある。

石川　それから時計〈万年筆の言い間違い〉の件であるが、〈5月1日の殺害、埋設後？〉石川は家にあがるとき、どっちからあがったかと言うから、風呂場の方からあがったと言ったら、風呂場の方には万年筆があったのではないか、どこに置いたのかと言うので、俺は知らないと言ったら、〈長谷部が〉剃刀があったところかと言うから、そこに剃刀があったでしょうと言ったら、〈長谷部から〉鴨居かと

言われた。当時、俺は鴨居がどういうものか分からなかったので、鴨居ってどこですかと聞いたら、ここにある障子の上のところを言うんだと言って部屋〈取調室〉の障子の上の鴨居を指示したが、そのときのことを覚えているか。

長谷部　鴨居の点は、石川が自供してからどういうところかということで、見取り図を描かせたが、上手く描けず、障子の上の敷居だと言って部屋の鴨居を指差したので、障子の上にあるあれは敷居ではなく鴨居だと言ったことはあります。

石川　俺が三人で殺したと言ったことがあるか。

長谷部　一度くらいあったと記憶しています。

石川　一度ではなく、三日間あるんだが、覚えていないか。

長谷部　そう言われてみると、一度ではないような気もします。

石川　そのとき証人は、時計〈万年筆の間違い〉は鴨居のところから出たと言ったがどうか。

長谷部　そんなことはありません。

石川　〈中略〉当時俺は五円の剃刀を風呂場の上に置いたので、それではそれが出たところには剃刀が20本くらいあったでしょうと言ったら、〈中略、長谷部が〉それでは石川そこを描いてくれ、誰か家の者にわからないよう持ってこられる人がいるかと言うから〈中略、弟の友人の名あげたら〉証人はそれではその人に持ってきてもらおうというので、俺がそのようにして下さいと言った。なお、そのとき関もいたのであるが、そうことを記憶していないか。

長谷部　記憶ありません。

石川　先ほどから俺が時計と言ったのは万年筆の間違いであるから訂正するが、当時はその万年筆をペンと言っていた。〈中略、関が〉それでは長谷部さん、そのように〈弟の友人に持ってきてもらうように〉してみましょうと言った。〈中略〉そういうことを覚えているか。

長谷部　記憶ありません。

裁判長、井波七郎　〈中略、6月〉23日か24日頃の朝、ペンが鴨居の上にあったということや剃刀が同じところに置いてあるという話から、それを持ってきてもらおうというような問答があったかどうか。

長谷部　記憶ありません。

長谷部としては、石川が万年筆を置いた場所を供述する前に鴨居から万年筆が発見されたと話したことはない、弟の友人に持ってきてもらう話も記憶にない、ということのようだ。石川としては、どうも共犯説の自供期（検察主張によれば、6月20〜22日）にカミソリが置いてある鴨居の話をしたらしく、青木調書の日付（24日）とは違っている。

## 3　3回目の家宅捜索後で万年筆を発見

　石川の供述によって万年筆が発見されたというのだが、なぜ1、2回目の家宅捜索では万年筆は発見されなかったのだろうか。

　1回目の捜索は、捜索差押調書（一審で取り調べ済み、小島作成）によると、石川の逮捕に引き続き5月23日午前4時45分から午前7時2分までの2時間17分間、小島を含め捜査員12人によって実施された。この調書には、「勝手場、風呂場を捜索したところ、風呂場入口のところのコンクリート上にぬれた地下足袋一足があった。この地下足袋の底も横模様であったので押収した。居宅東側二室と勝手場、風呂場の捜索が終わったので西側の二室を捜索した」との記載がある。勝手場や風呂場の捜索は行われたようだ。

　「捜索の総指揮者だった」という小島自身、13回公判で「各捜査員に部屋を決めて捜索した」「天井裏も捜索し、捜査員が屋根にも上った」という趣旨の証言をしている。六造の法廷証言（16回公判）によれば、「天井裏から床下まで全部見ましたね」「〈押入れの中も〉蒲団なんか全部出して見ました」というほど徹底したものだった。

　捜索差押調書の添付写真には、風呂場付近を写したものもある。勝手口鴨居そのものは写っていないが、お風呂の引き戸のすぐ前に、捜査員が用意した脚立が置かれており、それに乗ったならば勝手口鴨居は優に見下ろされたはずだ（142頁写真）。六造がつかんだ万年筆は、何の覆いもなく鴨居に置かれていたのにもかかわらず、金色のキャップにピンクの本体は捜査員の目に入らなかった。あるいは見落としたのだろうか。

　2回目の捜索は、石川が狭山署内で瞬間的に保釈され、すぐに再逮捕された6月17日の翌日、18日午前5時55分から午前8時3分まで、2時間8分間かけて行われた。

　18日付、小島作成の捜索差押調書では、このときは小島を含め14人の捜査員が実施した。「差し押さえるべき物」として、「ダレス鞄、シチズン六型金色腕

鴨居の近くに脚立が置かれている第1回捜索時（5月23日）の写真

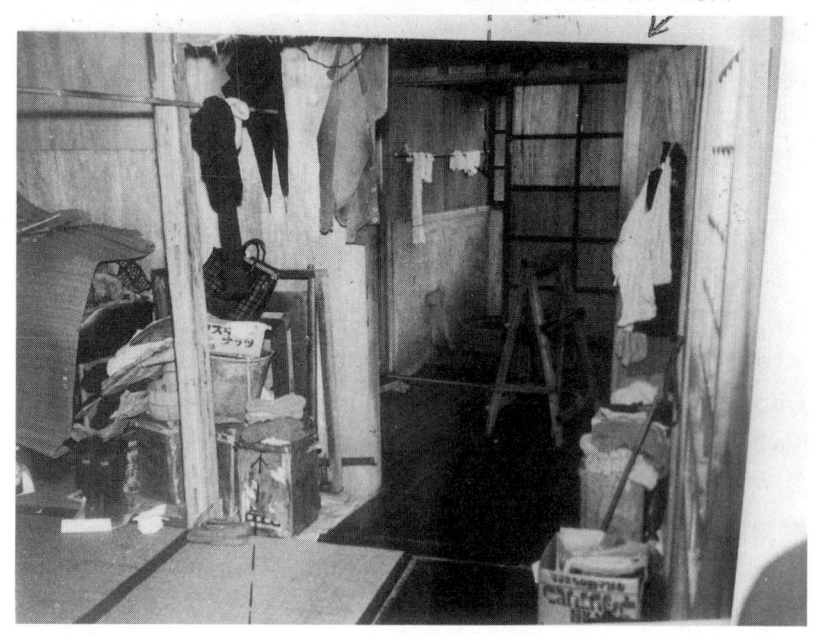

時計、パイロットスーパー万年筆」などと記載され、目的物として万年筆が明記されていた。この調書には「勝手場の状況　板張り勝手場には、炊事用具、食器具のほか、わずかに六畳の間から入り口右側に雨合羽作業衣等が数枚柱釘にかけてあるほかは何もない。ここを捜索したが、差し押さえるべきものは発見できなかった」と記載されている。

２回目の捜索の様子を、六造は同じく16回公判で、

「〈捜査員が〉炊事場の方に行ったんです。で、天井裏なんかに、ねずみの穴があって、ぼろきれなんかで塞いであった穴がいくつかあったんです。その塞いであるものを取って穴を見せろと言うんです。だから自分で取ってみたらいいでしょう、と言ったら、何ていう刑事さんか分からないけれども箱を台にして取って見てました」

「〈3回目の捜索で万年筆が見つかった鴨居の向かって左隅にもねずみ穴があって、そこに〉陸足袋のぼろきれが片一方あったんです。それからハンカチのぼろきれが挟まっていました」

「警察官が〈ぼろきれを〉全部みんな自分で取って、また詰めました」

と証言している。この通りであれば、勝手口鴨居は十二分に捜索されているはずであり、万年筆があったならば当然発見されなければならない。

だが結局、2回の捜索では万年筆は発見されなかった。小島は、この不自然さを法廷（13回公判）で弁護団から追及され、「あまりにも簡単な所にあったということだと思います」と語り、捜査員の見落としであると主張している。

弁護団が、万年筆発見に関連して関源三に疑惑の目を向けるのは、次のようなことがあったからだ。六造の証言によれば、万年筆が自宅から発見される4、5日前、関が石川宅に一人で訪れ、勝手口から家の中へ入り込んだことがあったというのだ。

　弁護人、中田　2回目と3回目の捜索〈中略〉の間に、関巡査部長が、あなたの家へ来たことがありますか。
　六造　ええ、あります。
　中田　〈中略〉万年筆が出てきた日からどのくらい前ですか。
　六造　4日か5日くらい前だと思います。
　中田　そのとき、あなたはどこにいましたか。
　六造　関さんが来たときは、私は寝ていました。
　中田　関さんが来たことをどうして知ったのですか。
　六造　おふくろが〈私が寝ている北西奥の四畳半まで〉起こしに来たんです。
　中田　それで、あなたはどうしました。
　六造　それで何回も起こされるので起きたんです。そしたら関さんは上へあがってて、なんだこっちに寝てるんかと言って、これから、〈川越署分室で取り調べを受けている〉弟さんに頼まれて、結局下着を取りにきたんだけれども、と言うんです。それで、おれには分からないから、お袋に聞いてくれと言ったんです。そしたらお袋が、あとで届けるからとか言って、7、8分くらい話して帰ったと思うんですけど。
　中田　〈中略〉何時ごろですか。
　六造　〈朝の〉7時半か8時ごろだと思います。
　中田　〈中略〉起こされたとき、関さんはどこにいましたか。
　六造　お勝手に上ってました。で、私の方へ向いて来るんですよ。廊下おりて四畳半の方へもう途中まで来てたんです。

中田　〈中略〉そのときは、関さんは、お勝手の方から上ってきたわけですね。
六造　ええ。
中田　そのほかに関さんが、あなたのところへ尋ねてきて、お勝手の方から来たことがありましたか。
六造　いや、ないです。
中田　〈中略〉お勝手の方からうちの中まで上がりこんだのは、その第3回目といいますか、万年筆が出てきた日の4、5日前に来たときだけなんですね。
六造　はい。

　普段は表玄関から訪ね、勧められても座らない関が、珍しく勝手口から家の中に上がり込んだというのだ。同様のことは母親のリイも法廷証言しており、関自身も「お勝手の方に立っていたことがあります」と証言（53回公判）している。
　ともかく石川の自宅から万年筆が発見された。押収された万年筆は間違いなく善枝が使っていたものと一審法廷で証言したのは、兄、憲一と姉、登美恵だった。
　万年筆について、結局、判決は次のように認定した。

　　被告人の〈捜査官の偽計によって虚偽の供述をしたかのごとくいう〉右当審供述はそれ自体極めて不自然であり、殊に兄六造が犯人ではないかと思ったという点は奇怪な供述（被告人は、河本検事から犯人は兄六造ではないかと言われて怒り、湯飲み茶碗を投げつけようとしたと言っている）であって、到底そのまま信用することはできない。
　　そして青木一夫、長谷部梅吉、関源三の当審証言に徴しても、被告人は、自分から進んで万年筆がある場所の見取り図を書いたものと認められ、取調官が偽計を用いてこれを書かせたと疑わせる節は見いだせない。
　　なお、被告人は原審（第七回）において本件万年筆を示されて、「これは善枝ちゃんちへ手紙を届けに行くときカバンを捨てるとき一緒にこれが出てきたので、その時取ったです。……家へ持って帰り、時計と同じところへ置きました。逮捕された後も、この万年筆はかもいの上にありました」と供述しており、その他関連証拠を検討してみても、万年筆を奪取した時期や場所については嘘と言わざるを得ないが、万年筆を鴨居に隠匿していたという点は信用することができる。
　　〈中略〉鴨居の高さは床から約一七五・九糎で、万年筆のあったのは鴨居

の奥行き約八・五糎の位置であるから、背の低い人には見えにくく、人目につき易いところであるとは認められない。
〈中略〉叙上の諸事実を考え合わせると、被告人の家族の〈2回目の捜索で鴨居の上も捜査員が見ていた、3回目の捜索の4、5日前に関が勝手口から上がってきたなどの〉前示各証言は、いかにも不自然で、たやすく信用することができない。これに比べて〈石川の家の中へ入ったことはない、などの〉関源三の証言は十分信用することができる。したがって、関源三が所論のように、捜査官があらかじめ何らかの方法で入手していた本件の万年筆を持参して、被告人方の勝手口入口の鴨居の上に差し置いてきたなどということを窺わせるものは何もないというべきである。

 要するに、家族の証言は信用できない、長谷部、関ら捜査員の証言は信用できる、という判断だ。判決は、鴨居の上の万年筆は「人目につき易いところであるとは認められない」としているが、これは一審浦和地裁の事実認定と食い違っている。一審判決は鴨居について、次のように認定していた。

〈万年筆の〉隠匿場所は、勝手場出入り口上方の鴨居で、人目に触れるところであり、その長さ、上方の空間及び奥行きはわずかしかなく、もし手を伸ばして捜せば簡単に発見し得るところではあるけれども、そのため却って捜査の盲点となり看過されたのではないかと考えられる面もあり、現に家人ですら気づいていなかった模様である。
 しかし、〈中略、1、2回目の捜索で万年筆を発見できなかったという〉捜査に手抜かりがあったといって、もとより被告人の〈鴨居に万年筆を隠したという〉前記自供内容の真実性は、何ら減殺されるものではなく、むしろ、この点に関する被告人の捜査機関に対する自供内容の概略は、「鞄から教科書類を取り出して溝に埋める際に、万年筆等在中の筆入れに気づいてこれを自宅に持ち帰り、腕時計と共に前記鴨居の上に隠しておいたが、その後筆入れは万年筆だけを残して燃してしまった」というのであるから、これは鞄類、教科書類の各発見現場から、普通ならそれらと共に出るべき万年筆、筆入れが発見されておらないこと、或いは前記隠匿場所が筆入れを燃やしたという風呂場に近いこと等の状況にも符合しており、却ってこれを措信し得るところである。

一審では、鴨居は「人目に触れるところであり、〈中略〉簡単に発見し得るところで〈中略〉捜査の盲点となり看過された」としていたのだが、控訴審では「人目につき易いところであるとは認められない」となってしまった。一審の裁判長、内田武文らは直接、検証の際に現場の鴨居を見ている。控訴審判決時の裁判長、寺尾正二らは、弁護団が更新時に現場を直接見るよう請求したが、あらためての検証は実施せず結局、実際の鴨居は見てはいなかった。

　一審判決は、教科書類を埋める際に万年筆に気づいたという自白が信用できるから、自宅に持ち帰り鴨居に置いたことも信用できる、と認定しているのだが、二審判決はその論理を「被告人の嘘と言わざるをえない」として断ち切った上で鴨居に置いたことだけは認定しているのだ。脅迫状を訂正した筆記用具の変更は、こんなところにも影響を与えている。

## 3　腕時計

### 1　被害者の腕時計

　被害者、善枝が持っていた腕時計は、事件発生から2か月後の7月2日に、狭山市田中の道路脇で、近くに住む78歳のお年寄りによって発見された、と検察官は主張し、その通りに一審でも認定された。

　弁護団は一審段階から、この時計の発見経緯などに疑問を表明していたが、控訴審ではより明確に「証拠品の時計〈発見された腕時計〉は、被害品としてはニセ物であり、お年寄りが発見する筋立ては〈捜査員による〉デッチあげである」（弁護人、宇津泰親による74年9月10日の最終弁論）と主張した。

　検察官と弁護団の真っ向対立は、まず、善枝の腕時計とはどんな時計だったのかをめぐって始まる。

　父親、栄作は、5月2日付の供述調書で善枝の時計について「角の長方形の金張りでありますが、メーカーや型はわかりません」と短く言及している。しかし、鞄のところで触れたように5月8日に、捜査本部が作成配布した「特別重要品触」（この品触は、一審段階で弁護側が証拠調べ請求したが、検察官不同意で、裁判所は請求を却下し、控訴審で取り調べられた）があり、ここで鞄とともに腕時計も特定されている。品触によると、被害品は、

「シチズン　コニー　6型　17石　耳付き長型　金色側　バックステン　白文

ペット（発見時計）　　　　　　　コニー（品触時計）

字盤（旭光）　金色棒文字　中三針　側番号Ｃ 6803　2050678　金色止金　バンドは黒革バックスキン」

とあり、同一品として表裏の写真が添付されている（114 頁写真参照）。

購入したのは兄、憲一で、その証言（一審 7 回公判）によると、「昨年〈62 年〉三月下旬ごろ」「御徒町の銀栄社〈仮名〉」という店舗で買い、善枝が中学 3 年のときは学校へはしていかず、「旅行だとかなんかのときだけつけていたようで、ほかはぼくのたんすの引き出しへ入っておりまして、登美恵も使っておりました。登美恵の方が使った回数は多かったように思います」という。63 年 4 月に高校生になってからは善枝が毎日学校へ身につけていった。

ところが、7 月 2 日に見つかった時計は、種類が違うようなのだ。発見の状況を記録した捜査一課警部、小島朝政作成の実況見分調書（一審で取り調べ済み）によると、発見された時計は、

「シチズン　ペット　6 型　17 石」

と記載されていた。品触の「コニー」は時計本体の両側、スクリュー部分にあたるところが、なだらかなカーブを描いているのに対し、「ペット」の両側はやや三角形にふくらんでおり、一目で違いがわかる。さらに、発見時計の側番号は「Ｃ 6606　1085481」で、これも品触とはまったく違う番号だった。発見時計の現物は、物証として法廷に提出されており、まさしくこの番号だった。

この違いは、いったいどうしたわけか。12回公判（66年2月10日）で証言席に立った捜査一課次席、将田は、弁護人、中田直人の追及を受け、次のように答えている。

中田　時計については、同一種類として〈特別重要品触に〉写真を出しておるが、それはどこから持ってきたのか。

将田　5月8日ごろ御徒町にある銀栄社と記憶しておりますが、そこへ捜査員が、被害者の兄中村憲一に、一緒に行ってもらい憲一が善枝に買ってやった時計の型はどういうものであったか、検討してもらい、この型だということで、そのとき時計を銀栄社から借りて来て写真に撮らせたのであります。

中田　〈中略〉その品触には時計の側番号が書かれておるがどうか。

将田　はい。

中田　時計の番号が、捜査当局にわかったのはいつか。

将田　被害品の時計が発見されてからです。

中田　発見前には側番号はわからなかったのか。

将田　わかりませんでした。

中田　その品触に、時計の側番号が書かれているのは、なぜか。

将田　これは、この品物の原稿を作った〈捜査一課の〉岩淵警部補に対する私の指示が不徹底のためでありまして、品触に書いてある側番号はその時借りてきた類似品の側番号まで、誤って入れてしまったのです。

中田　当時、岩淵警部補はどういう仕事をしていたのか。

将田　当時は、捜査一課の手配、共助係りをやっていました。

中田　品触等を作る専門家か。

将田　そういう事務を担当しておる係りです。

中田　〈中略〉参考に借りてきたにせよ、発見されていない時計の側番号をそういう係りの人が、間違って書くということがあり得るのか。

将田　私の指示が不徹底のため側番号が入ってしまったのです。

中田　指示が不徹底ということは、証人が特に側番号がわからないから、書くなというべきところを、言わなかったということか。

将田　私が借りてきた類似品の時計の側番号をメモして渡したのですから番号を入れた方がいいのではないかということで、入れてしまったのではないかと思います。

中田　〈中略〉それではなぜ、側番号をメモして渡したのか。
将田　この時計の側番号はこうだ、しかし、これは借りてきた類似の時計で、被害品ではないんだということで、あったのですが、指示不徹底のため借りてきた時計の側番号が入ってしまったのです。
中田　証人が借りてきた時計の側番号をだいだいメモに書いたのは、どういうわけか。
将田　これは借りてきた側番号だという意味で、書いたのですが、結果的には誤って書かれてしまったので、私のミスです。
中田　〈中略〉その品触について訂正したことはあるか。
将田　訂正しませんでした。
中田　報道関係者に対して、側番号を訂正したこともないのか。
将田　ありません。
中田　証人自身が自分のミスだと気づいたのは、いつか。
将田　〈品触が〉出来上がったものが捜査本部に持ってきてあったのですが、私がそれを見たのは、捜査本部に持ってきてから、4、5日経ってからです。
中田　すると、その品触ができあがったのが5月10日ごろということであるから、証人は5月14、15日ごろには、それを見ておることになるのか。
将田　そうです。そのとき品触を見まして、側番号が入っているからまずいなということであります。
中田　それでも訂正しなかったのか。
将田　訂正しようと思っていたのですが、捜査事務が多忙であったため失念してしまったのです。
中田　〈中略〉証人は、時計の側番号を誤って書き込んでしまったということを、上司に話したか。
将田　捜査本部長に話しました。
中田　長谷部警視にも話したか。
将田　話したと思います。
中田　副本部長の〈狭山署の〉竹内署長にも話したか。
将田　捜査本部の幹部は、みな私の話を聞いておると思います。
中田　〈中略〉すると、捜査本部の幹部は、みな時計の側番号が違っていることを知りながら訂正しなかったのか。

将田　結果的には訂正しませんでした。
　　中田　捜査当局は、銀栄社を捜査したとき、善枝が持っていた時計の側番号を知っていたのではないか。
　　将田　わかりませんでした。
　　中田　ミスだと気づきながら訂正もしないでほっておくということは、考えられないことであるが、実際には被害品の側番号を知っていたのではないか。
　　将田　側番号を知ろうと努力はしましたが、わかりませんでした。

　捜査本部はミスに気がつきながら、だれ一人として訂正することなく、7月2日の発見にいたったというのだ。捜査幹部が法廷でミスを強調するのも異例の光景だが、将田のこの説明は、品触に側番号が間違って入ってしまった説明にはなっても、品触の時計の型式は「コニー」なのに発見時計は「ペット」だったことの説明にはなっていないように思われる。
　通常、購入時に受け取る保証書に側番号は記入されているが、兄、憲一は腕時計の保証書はもらわなかったという。「〈保証書は〉ありません」「〈捜査段階で警察には、保証書を購入した店から〉いただいてないということだけは言ってあります」、だから捜査本部には保証書を提出していない、という趣旨の証言をしている（60回公判）。
　だが、その保証書はあったと思われる証言が、将田とは別の捜査員から出ている。県警本部防犯少年課から捜査本部に応援に来ていた巡査部長、鈴木章は、時計、鞄、万年筆など被害品の捜査に携わっていたが、46回公判（71年3月11日）で次のように証言している。

　　弁護人、宮沢洋夫　時計の捜査に関連して時計の保証書を中村憲一さんから領置した記憶はありませんか。
　　鈴木　あるかも知れません。
　　宮沢　そういう記憶はあるでしょう。
　　鈴木　数回いろいろな用で〈中村家に〉行ってますし……。
　　宮沢　時計の保証書を領置した記憶はあるでしょう。
　　鈴木　記憶はちょっと……。
　　宮沢　そんなようなことをした記憶はあるでしょう。
　　鈴木　あります。

宮沢　中村憲一さん方には、時計のこと以外にどんなことで行きましたか。
鈴木　忘れました。

　この証言によれば、時計の保証書は捜査本部に領置されていたことになる。しかし、一、二審の法廷に保証書は提出されていないし、弁護団にも開示されていない。この保証書は、どこへいってしまったのだろう。

## 2　腕時計発見の経緯

　被害品とされる腕時計は、どこから、どのようにして発見されたのか。
　検察官主張によれば、石川が時計の処理を供述したのは、6月24日付、青木一夫作成の調書が初めてである。万年筆のところでも触れたように〈132頁参照〉、この青木調書で石川は、

「〈奪った〉時計は家に帰って風呂場の出入口の内側の敷居（敷居というのは障子の上のものです（録取者注、かもい））の上へかくして置いたけれども五月十一日頃の夜七時頃に狭山市田中あたりで捨ててしまいました。私がこの時計を捨てた場所は
図面に描いて出します」

と供述している。この地図に示された地点は、死体発見現場からは北へ直線距離で約1,270メートルもある、西武川越線〈現西武新宿線〉の線路を越えた先の道路上だった。捜査員らは、この供述を得て6月29日から現場一帯を捜索したが、時計は見つからなかった。7月2日午前11時ころ、近くに住む78歳のお年寄り、大川雅太郎（仮名）が畑の見回りの帰りに発見した、とされる。大川の自宅は、発見現場から約20メートルの距離だった。
　小島の実況見分調書によると、時計は幅3.8メートルの未舗装道路の北側にある茶畑の最も道路よりの茶の木の根元から発見された。道路からは45センチ茶の木の根元へ入り込んでいる。大川は、小島に次のように説明したという。

「私は今日〈中略〉畑の野廻りの帰りみち、午前十一時頃この辺の茶の根株の辺をよく見て歩きました。それというのは、近所の人から聞いたのだが、善枝ちゃん殺しの犯人がこの辺に時計を捨てたので刑事さんが来て捜していたという話を聞いていたからで、それで、その辺を暇にあかして捜していると、茶の木の根本に古い落ち葉があり、その中からちらっと光るものが目にとまりました。私はあれっと思ってその付近をよく見ると腐ったビニールの袋がその手前にあったので、杖でそれを除けて奥の光るものをよく見ると、女持ち

**時計発見場所の検証見取り図**

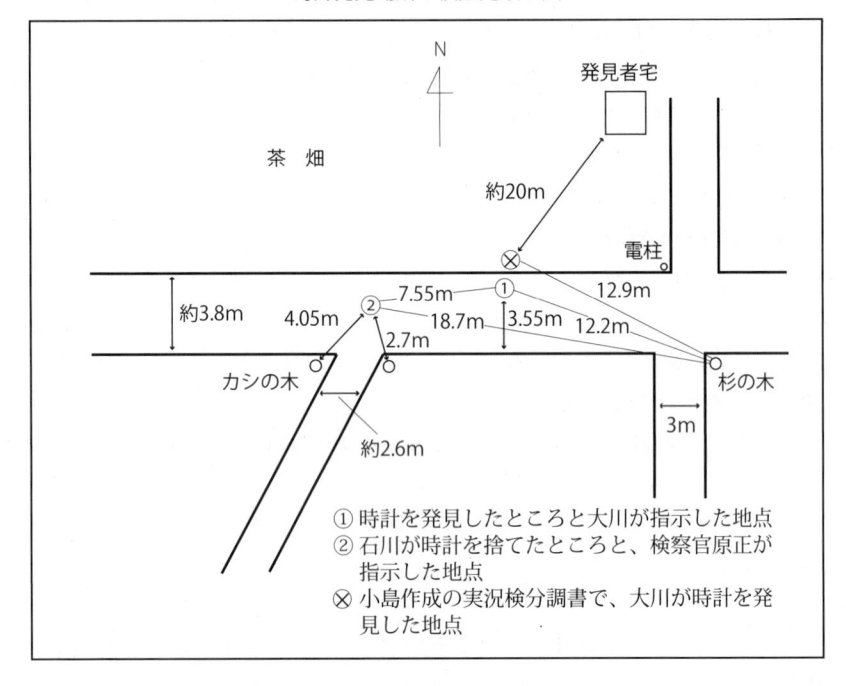

① 時計を発見したところと大川が指示した地点
② 石川が時計を捨てたところと、検察官原正が指示した地点
⊗ 小島作成の実況検分調書で、大川が時計を発見した地点

腕時計であることがよくわかりました。そしてその時計をそのままにして私は駐在所に届けたのです」
と調書には記載されている。大川は時計とわかっても自分で手に取って確認することなく届け出て、小島自身が午後零時50分に現場に到着して領置した。
　小島は「領置した時計の状況」として、「時計には一面に土ほこりがついていて〈中略〉バンドは黒色バックスキンで比較的汚水が目立たず特に湿気は帯びていなかった」と記している。
　しかし、一審で裁判所が行った現場検証（63年9月24日）に立ち会った大川が指示した場所は、なぜか道路の上の地点（見取り図の①の地点）で、道路から45センチ茶株に入った地点ではなかった。また、この検証に立ち会った検察官、原正は、「被告人が時計を捨てた置いたのは、この辺（②点）である」と指示説明した、と検証調書には記録されている。②の位置は、まさしく道路の真ん中だ。①と②は7.55メートル離れている。とすると、時計が動いたか、だれかが移動させたか。

石川は「5月11日に捨てた」と供述しており、発見される7月2日まで52日もの間この道路にあったことになる。表通りからは一本、集落の中へ入った道だが、地元の人からは「中道」と呼ばれ、大川は「昼間は結構〈人が〉通ります。自動車や三輪車も時々通りますが、その多くは自転車に乗った人や歩きの人です」と小島に説明している。こんなことが常識的にありうるのだろうか。
　なぜ、捨てた地点と見つかった地点が、7.55メートルも違うのだろう。ちなみに一審判決は

「被告人の捨てた時計を何者かが、事件に関係する品物であることに気付いて、比較的早い時期に拾った地点近くの茶畑の根元——この場所の時計を発見するには、かなり注意深く捜さないと看過しやすい——に戻して置いたと考えられる余地もある」

と説明をしていた。
　とにかく、こうして時計は発見されたことになっている。
　弁護団が「デッチあげ」を主張する根拠の一つは、自供〈6月24日〉に基づき現場付近の捜索が6月29、30日の両日行われたにもかかわらず、捜査員は発見できなかったことだ。これほどの大事件で自供を得てからすぐに捜索するのではなく、中4日もおいての捜索すること自体が不自然だと弁護団は指摘する。
　この捜索の遅れについて、取調官の青木一夫は27回公判で、「調書を取ったときには、どうもそういう道路の真ん中へ捨てるということは、ちょっと考えられないということで、その日には捜索しなかった。しかし、それから1、2日くらいしてからと思うが、重ねて尋ねた折りに、この前描いた図面は間違いないんだというようなことを言ったので、これは一応捜索しなきゃいけないんじゃないかということで、捜索することにしたと思う」と証言している。
　実際の捜索の状況については、狭山署捜査課の飯野が25、50回公判の2度にわたり証言している。それをまとめると捜索は次のようなものだった。
「2日とも、二人一組で、二組〈計4人〉で捜索した」「T字路の真ん中に捨てたというので、T字路を中心に半径約5メートルの範囲で捜した」「車で〈時計を〉はねた場合を想定して、〈時計が〉飛ぶとしても5メートル範囲というふうに私は私なりに考えました」「近くの農家から、まんのう、あるいはじょれん、という農具を借りて茶畑の二畝くらいの範囲も捜した」「2日とも1時間半から2時間くらい現場を捜し、付近の農家などへ聞き込みも行った。同時に、定期的に通る人、牛乳配達、新聞配達の人なども聴取したが、結局、見つからなかった」

②から5メートルの範囲で捜索したので、7.55メートル離れた①の地点は捜索しなかったというのだ。

しかし、これとは違う証言もある。捜査一課巡査部長だった梅沢は、45、48回公判（71年3月9日、同年5月15日）で捜索の状況を次のように証言している。

「〈石川が〉歩きながら投げた、というふうに聞いたと思いますから、投げて届く付近まで捜したような気がします」「〈道路の〉両側捜したですね。道路にしては20メーターくらい、あったんじゃないでしょうか。20メーターや30メーターはあったでしょう」「〈小島作成の実況見分調書添付の見取り図で、時計が発見された地点を示され、時計が発見された現場付近は調べたか、との問いに〉行っております」「〈棒か何かで捜したのか、との問いに〉はい。〈発見地点、その周辺はやられたんですね、との問いに〉やっております」

この証言では、発見地点はもちろん、結構、広範囲に捜索したようだ。時計の保証書を領置した記憶があると証言した鈴木章も、この時計の捜索に参加しており、鈴木は、「捜索の程度にも問題はあると思いますが、4、50メーターくらいはやったと思います」「道から畑に数メートル入ったところあたりまでは見たと思います」と証言（46回公判）した。

プロの捜査員がこれほど探して見つからなかったものを、どうして散歩のお年寄りが発見できたのだろう。

大川と捜査員とで何らかの工作が行われた、と疑わせる証言がある。

大川本人は事件から約2年後に死亡しているが、事件当時、独り暮らしだった大川のため、洗濯などの世話に訪れていた親類の女性が出張尋問の法廷（浦和地裁川越支部、72年8月15日）で、「事件後の土砂降りの日に、警察官らしい二人が大川宅を訪れて、大川と話していた。そのとき私〈証言の女性〉は大川に頼まれ、お茶を出した」という趣旨の証言をしている。

この女性は証言当時、82歳だから、事件当時は73歳。記憶が薄れかけた時点での証言だったかも知れない。この証言の約2年前に、弁護士が女性宅を訪れて、生前の大川からこの女性が聞いたという時計発見前後の状況を詳しく聞き出し、女性が話す内容をテープに録音していた。公判記録によると、この録音テープは64回公判で、裁判官が休憩を宣告し、退席した後の法廷で、書記官、検事、弁護人らが同席する中、再生された。再生されたテープには、時計発見後に大

川が警察官から時計を見つけた謝礼金500円をもらった、と大川からこの女性が聞いたという内容も含まれていた。テープの反訳が証拠として提出された。

一方、石川は発見日である7月2日以前に、取り調べ中に時計を見せられた記憶があるという。26回公判で、石川は弁護人、中田の質問に対し次のように答えている。

中田　一人でやったというように言ってから〈石川が6月26日ごろに単独犯行に転じてから〉長谷部さんから時計を見せられたことがありますね。

石川　はい。

中田　それは一人でやったと言い出してから何日くらい経ってからですか。

石川　1日から2日くらいだと思います。

中田　〈中略、捨てた場所の〉地図を描いたのはいつごろですか。

石川　その地図を描いたのは27日ごろだと思います。

中田　一人でやったと言い出してから、すぐですね。

石川　そうです。

中田　時計を見せられた日と地図を描いた日の前後関係はどうですか。

石川　地図を描いた日の次の日の夕方、時計を見せられたと思います。

中田　地図を描いた日について特に覚えていることがありますか。

石川　その地図を描いた日は、雨が随分と降っていました。

中田　いつごろから降ってきたのですか。

石川　夕方からだと思います。雷がものすごく鳴ってきて、手錠をかけていた〈石川は取り調べの際、いつも手錠をかけられていた〉ものだから、それを外してやろうかといって片方だけは外してくれたのです。片方は描きものをするので、いつも外していて、いつも片方しかかけてなかったのですが、それを外してくれたわけです。それから、いつも調べているところが雨が降る〈漏る？〉ので、弁護士さんと面会するところへ移ったのを記憶しております。

中田　雨が降りだして雷が鳴ってきたというのは、調べを受けているときですか。

石川　そうです。

中田　そういうことがあった翌日、時計を見せられたという記憶なのですね。

石川　そうです。自分でもその時計をはめてみました。

石川は、地図を描いたのは6月27日ごろで、その翌日には時計を見せられ、はめてみたというのだ。時計が発見される以前に取調室で、石川が被害者の腕時計を実際に腕にはめてみたとしたら、大川による発見は「デッチあげ」いうことになる。長谷部は9回公判（65年11月9日）で、発見後に石川にその時計を示したことを認めているが、当然ながら発見前に石川に示し腕にはめさせたことは明確に否定している。
　発見された時計を石川に確認する調べが遅れたことも、不可解だと弁護団は指摘する。仮に7月2日の時計発見が真実だったとしたら、不思議なことに同じ2日付で検察官、原が作成した石川の自白調書には、
　「私が時計を捨てたところは、磯田米屋の近くの三叉路で、道の真ん中にそっと置いたので誰かが拾ったと思います。その場所はこの図面の通りです」
などとあり、まだ捨て場所の地図を書かせているのだ。この日昼過ぎには捜査員の小島が時計を領置しているのに、検察官はこの日の午前中にでもこの調書をとったのか、検察官も時計発見には一言もふれていない。7月3日から6日まで警察官、検察官は計7通の自白調書を作成しているが、発見時計を石川に示して確認を求めていない。それは、7日付の原調書になって初めて登場する。その原調書には、
　「検事は〈領置された〉時計を示したところ、
　　その時計は、いままで言ったように善枝ちゃんを松の木を後ろに抱かせて後ろ手に縛った後で、善枝ちゃんの腕から盗った時計です。どうしてその時計かと、分かると言えば、時計の形と側が金色で後ろが白い金属であるのが同一であり、時計のバンドが、黒い皮で、その古さや汚れの状況が一致するからです。
　　ガラスにひびがあるのは私は気付きませんでした。しかし、その時計が、私が捨てたところにあった事はどうも変だと思います」
と供述したとあるのだ。「どうも変だ」とは、いったい何を言おうとしたものか。「その古さや汚れの状況が一致する」とは、被害者の腕から奪ったときの時計の汚れ〈汚れていたとは思われないが〉と、52日間野外で風雨にさらされた後の汚れとが「一致する」という意味だろうか。

## 3　発見された腕時計と被害者の腕時計の同一性

　このようにして発見されたという腕時計は、結局、兄、憲一と姉、登美恵によって善枝の所持品と確認される。登美恵は一審7回公判で、
　「〈善枝の時計を〉何回も借りて使った」「〈発見時計を示されて、善枝のものと〉間違いないと思います」「革バンドの穴が二つ大きくなっていて、時計の方に近い穴〈腕周りは細い〉が私がやっていたと思われる穴で、その次の穴が善枝がやっていたと思われる穴で、二つ続けて大きくなっている〈特徴がある〉」「〈発見時計を、時計に近い方のバンドの穴ではめてみると、私＝登美恵の腕に〉ぴったり一致するんです」
　と証言している。憲一も、同じく一審7回公判で、
　「〈検察官に示された発見時計を手にとって、善枝のものに〉間違いないように思います。ただ、このガラスのキズですね〈発見時計の文字盤を覆うガラスは、ちょうど12時の上のところのガラスにキズがついていた〉、こういったものがなかったときは、僕は見たことがありますけれども、それ以降はほとんど善枝に預けちゃっていたもんで細かく記憶はございませんですが」「外見間違いなく記憶しております」
　などと証言している。しかし、控訴審60回公判で、弁護人、山上益朗から再び発見時計の確認を求められた憲一は微妙な証言をしている。

　山上　善枝さんの所持品とされる時計が見つかったということになっておりますがね、この時計は17石ですか、19石ですか。
　憲一　17だと記憶しております。
　山上　登美恵さんは〈事件発生6日後の〉5月7日に検事さんにお話しておる中で〈登美恵が善枝の所持品について述べた検事調書が、控訴審段階で弁護側に開示された。その中で〉、19石と言っておりますがね、この善枝のかねがね使った時計は19石だと。
　憲一　………。
　山上　はっきり覚えていない。
　憲一　はい。
　山上　ということは、善枝のものは19石であるかも知れないということになるんですね、はっきりしていないんだね。
　憲一　はい。

山上　あなたはこの善枝さんの時計を何か卸屋さんからお買いになったんですか。
憲一　はい。
山上　これは保証書は。
憲一　ありません。
山上　〈中略〉証人は善枝さんが行方不明になりました５月１日現在で善枝さんの持っている時計のメーカーが何で何型で何石でというようなことは知っておりましたか。
憲一　はっきりした記憶はございません。
山上　あなたははっきりと善枝が持っていた時計はこれだということは最初から知らなかったんじゃないんですか。というよりも覚えてなかったんでしょう。時計を買ったということは真実かどうかともかく、その型がどうだとか、メーカーがどうだとか、そういうことは関心がなかったんじゃないんですか。
憲一　いえ、金張りで裏がステンレスになっていて、シチズンだということは知っていました。それでどんな名前だかもそれ問屋さんで名前は言われたんだけれども、そういう細かいところまでは記憶にありませんでした。
山上　何石かということは、もちろん記憶ありませんね。
憲一　ええ、はっきりした記憶は。
山上　ありませんね。
憲一　はい。

　よく使っていたという登美恵が「19石」だったと話していたとすると、当初の品触に「17石」とあるのは間違いなのか。先の将田の証言では、憲一が「この型だ」と特定して品触を作ったことになっているのだが、「19石」だとすると品触自体に疑問符がついてしまう。

　弁護団の「デッチあげ」主張に対し、検察官の主張はおおまかに言えば「捜査段階の自白調書通り、石川が捨てたという場所の近くから被害時計は発見され、家族によって善枝の時計と確認されている」という趣旨のようだ。検察官の意見書（1970年６月17日付）では、
　「被告人に対する警察官の調書においては時計を示した旨の記載はまったくな

い〈だから、長谷部を含め警察官は被告人に時計を示していない〉」
「〈7月2日以前に時計を見せられたなど〉被告人の主張や陳述は作為的なものか、そうでないとすれば、その具体的正確であるという記憶自体に重要な思い違い、ないし記憶違いを包蔵しており、陳述の内容に客観的事実との関連について混乱のあるものであることを指摘せざると得ない」
などと主張していた。
　時計をめぐり真っ正面からぶつかった被告人・弁護団と検察官の主張を、はたして判決はどのように判断したのか。認定は次のようなものだった。

　被告人が7月2日以前に見せられて腕にはめてみたという時計であるが、押収の腕時計〈発見時計〉をみると、バンドの穴数は被告人がいう4個ではなく、6個である。〈中略〉また、7・7検原〈検察官、原作成の〉調書によれば、その記載内容からみて同日以前に被告人に対して時計を見せた様子はうかがえない。なお、被告人は6月28日に検事の取り調べを受けたというが、同日付けの検調書は記録中に存在しない。
　叙上の諸点を総合すると、具体的な事実を挙げて正確な記憶によるものであるかのようにいう被告人の当審供述や発問は、必ずしも正しいものではなく、殊に時計の図面、それを捨てた場所の図面を描いた日時や、七月二日の時計発見届け出前に取調官から本件時計を見せられているという部分は、その後に知り得た知識を交えた作為的なものか、重要な点で思い違いをしているのかのいずれかであって、結局において信用できないのである。そして、このような被告人の当審供述や発問を前提とする所論も採用することができない。
　〈中略、発見時計と品触の側番号が違っている点について〉付言すると、本事件の捜査の統轄責任者であった将田政二の当審（第一二回）証言によれば、捜査官は被害者善枝の兄中村憲一を同道させて本件腕時計を購入した店に赴き、同型の女物腕時計を借り受け、それを見本にして品触の書面を作成し、軽率にもその側番号まで品触に記入したものであることが明かであり（特に、保証書でも保存してない限り、腕時計の側番号がその発覚前に判明している場合は通常考えられない。）〈中略〉原判決が「弁護人らの主張のごとくたとえ側番号が、品触と異なっていたとしても、それはむしろ品触自体が誤っていたとみるべきである。」と説示し〈中略〉ているところは、

当審における事実取り調べの結果によればそれぞれ前示の各証拠〈将田の証言など〉によって裏付けられ、その判断は正当であることがいよいよ明らかになったわけである。

〈中略〉たしかに、七、八名の捜査員が六月二九、三〇日の両日にわたり、被告人が描いた図面を持って被告人の指示した三差路付近をくまなく捜索しても本件腕時計を発見し得なかったにもかかわらず、その後間もない七月二日に大川雅太郎によって、被告人が捨てたという地点から約7・5米離れた道路脇の茶株の根元から発見されたことは一見不思議であると考えられないわけではない。

しかし、7・2小島朝政作成の捜索差押調書〈実況見分調書の間違い？〉及び当審第7回検証調書をみると、茶株の周辺には茶の葉の枯れ葉などがたくさんあってよほど注意深く捜さないと見落としてしまうような場所であることがわかる。そして捜索に携わった飯野源治、梅沢茂、鈴木章らの当審供述及びこの捜索を指揮した小島朝政の当審（第55回）証言によれば、同人らは、被告人が捨てたという場所が道路上であるうえそれから相当日にちが経過していることから、通行人のだれかが拾ったかもしれない、あるいは自動車などが道路脇へはね飛ばしたかもしれないなどと考えながら、拾得者がいないかと付近の聞き込みをすすめるとともに、現場を丁寧に捜索したことがうかがわれる。〈中略〉また、捜索員らが捜索にあたって故意に手抜きをした節は見いだせない。大勢の捜索員が二日がかりで捜索して見落としてしまったことは徹底した捜索をしなかったものとして非難を免れないにしても、ことさら捜索員が茶株の根元を捜さなかったとは考えられない。まして、捜査当局において事前に何らかの方法で本件時計を入手していて、それを茶株の根元へ差し置いたと推測すべき事情はまったく見いだすことができない。

〈中略、大川雅太郎の親類の女性による証言からは〉雅太郎が散歩の途中偶然腕時計を発見して警察へ届け、礼金をもらい受けたことを聞いたことや、警察官が雅太郎を訪ねて話をしているときにお茶を出したことをうかがわれないわけではない。

しかし、同人は、右の両事実は雷雨があったころといっているが、その前後もはっきりとは記憶していないし、警察官と雅太郎の話の内容も知らないというのである。したがって、同人の証言をもってしては、原判決挙示の大

川雅太郎の検察官調書の信憑性を疑わしいとみることはできない。まして、捜査当局において大川雅太郎と合い謀り、あらかじめそこに差し置いてあった本件の腕時計を同人に拾わせたというような事実を推測させる状況はまったく見いだすことができない。

〈中略〉被告人が五月一一日ころ田中の三差路に本件時計を捨てたと自供したのは、取り調べ中に警察官から種々誘導されたためというのであるが、特定の三差路に捨てたという事実は到底誘導しようもないことである。のみならず、被告人は原審（第七回）において「腕時計は風呂場の入口のかもいの上においておいたが、五月一〇日か一一日ころ、はっきりとわからないけれども田中の磯田米穀店の近くの道路上に捨てた。」と供述しているのである。この点に関する被告人の当審供述は信用できない。

以上これを要するに、被告人の供述に基づいて被告人が捨てたという地点の近くから本件腕時計が発見されたことに疑いはなく、時計の発見経緯について捜査当局の作為が介在したことを推測される状況は見いだすことができない。〈中略〉ことに被害者から奪取した所持品の処分のごときはまさに犯人のみが知り得る事実であるから、被告人が犯人であることを強力に物語る情況証拠であるといわなければならない。

要するに、品触の誤記や捜索の見落としを含めた将田ら警察官の証言と、被告人の自白調書、一審法廷での供述は信用できるが、控訴審に入ってからの被告人の主張や弁護側が提出した新たな証拠は信用できないということだ。17石か19石かといった問題には触れもしない。かっこ書きで、（保証書でも保存してない限り、腕時計の側番号がその発覚前に判明している場合は通常考えられない）というのだが、その保証書を領置した記憶があるという捜査員の証言は無視されている。

それにしても、6人以上の警察官が2日も捜して見つからず、判決も「よほど注意深く捜さないと見落としてしまうような場所」と判示する場所から、散歩中のお年寄りが見つけなどということは、常識的にはありえない事態だ。時計を発見した大川といい、石川宅の勝手口鴨居で「万年筆」をつかんだ兄、六造といい、どうも同じような役回りを演じさせられた感じなのだ。

## 4　横沢証言

　自白してからの石川の調書に、5月1日夕方「自転車に乗って、脅迫状を届けに中村家へ向かう途中、自動三輪車に追い越された」という趣旨の供述がある。検察官主張のストーリーで言えば、雨の中、石川が被害者の教科書、鞄などを捨てた後、遠回りして中村家へ向かって自転車を走らせている途中のできごととされる。この「自動三輪車に追い越された」という供述をもとに、捜査本部で5月1日の付近の道路の自動車の通過状況を調べたところ、横沢茂〈仮名〉という近くの住民から「その道を1日夕方、自動三輪車で通りました」という証言が得られた。だから、自供が裏付けられ、これは「秘密の暴露」にあたるという主張だ。
　3人共犯説を述べていた時期の6月21日付、青木一夫作成調書（同日3通目の調書）に、
　　「私が自転車を中村さんの家へ届けるとき、その自転車に乗って行きましたが、人目につかないように自転車のランプはつけずに行きました。それから私はそのとき川越道路〈川越街道〉に出る手前の五百米くらいのところで、三輪車に追い越されましたが、この場所はさっき描いた図面へ赤丸印をつけておきます」
とあり、走行経路の図面が添付されている。地図には「をいこされたところ」と印がつけられている。単独犯自供後も、この経路を維持しており、同様の地図が添付された調書もある。しかし、どんな自動三輪車で何色だったか、などの供述はない。
　一方、横沢は一審6回公判に証人として出廷し、5月1日「午後7時過ぎ、友人2人を乗せ、鎌倉街道を南下し、川越街道を右折した。雨が降っており、ライトをつけていたが、人や自転車には気がつかなかった。はっきりしない」という趣旨の証言をしている。自転車に乗っている男を目撃したという証言ではない。
　石川は3回公判で、「〈取調官から〉鎌倉街道でぼくを見たという人がいる、三輪車に追い越されているはずだ、と言われた。それで〈鞄や教科書を捨てた地点から中村家へ向かう道としては〉遠回りになるけど鎌倉街道を通った道を描いた」と述べている。この供述について、弁護人、福地明人は最終弁論で「取調官の誘導に基づく虚偽の供述であり、架空のコースである」と主張した。福地は、取調官が石川にこのような遠回りを供述させた理由を、

① 善枝を心配した兄、中村憲一が車で高校までを往復する経路と交差しないよう配慮する必要があった
② 検察主張のストーリーでは、午後4時ころの殺害から午後7時30分の脅迫状差し込みまで時間が余りすぎるため遠回りさせた

と推測している。また、脅迫状に「車出いく」と書かれており、発生直後の段階で捜査本部はしらみつぶしに現場周辺の車の通行を捜査したはずで、石川の「追い越された」という供述以前に横沢の通行を把握していたはずであるとも主張した。

判決は、

> 原審記録中に、横沢の警察官調書の作成日付けは六月二七日とあり、捜査当局は被告人が自供するまで、被告人が鎌倉街道を通ったことも、その際自動三輪車に追い越されたことも知らなかったものと認められる。したがって、被告人の鎌倉街道を通った旨の供述が、取調官の誘導によるものでないことは疑いのないところであって、被告人の当審供述は到底信用することができない。〈中略〉結局、被告人が脅迫状を中村栄作方へ届けに行く途中、鎌倉街道を通ったこと、その際自動三輪車に追い越された事実は、被告人の自供によって判明するに至った動かし難い事実である。

と認定した。

「追い越された」という石川の供述と「通った」という横沢証言が、どの程度の重みがある証拠なのか筆者にはピンとこない。たぶん現在の感覚で車両の通行量を想定するからだと思われる。当時の狭山市で、どれくらい車両が行き交っていたのだろうか。めったに車両は通行しない道路だったとして、「追い越された」「通った」というだけで「動かし難い事実」として確定できるのだろうか。横沢証言自体は、単に「通過しました」というだけの内容で、自転車に乗った男を見たというものではない。見ていないのだから、もちろん、石川らしい風貌だった、というような証言ですらない。結局、「追い越された」という事実は、石川の自白調書の中にしか登場していない。

# 第4章　死体

## 1　自白と死体の状況

　被害者、中村善枝の死体が発見されたのは、5月1日の事件発生から3日後、通学路周辺の雑木林一帯で大捜索が始まって2日目になる4日だった。捜査員、大野作成の同日付実況見分調書（一審取り調べ済み）によると、死体は幅約2.1メートルの農道のほぼ中央、深さ約80センチのところに埋められていた。この調書には、

　「死体は穴の底に頭部を南方に向けうつぶせとなり、死体の右側頭部に接して、人頭大の玉石を発見」

　「死体には、太い荒縄が、たぐったように、身体の上部においてあった」

　「白木綿のメリヤスのズロースをはき、そのズロースは両膝の上までずりおろしてあった」

　「頸部は、木綿細引き紐で、ひこつくし様に後で締められていた」

　「両足は、木綿細引き紐で、ひこつくし様に締められて、その末端が死体の上にあった」

　「死体の外部所見　　頸部左側に擦過傷、後頭部のやや中心に長さ2糎、幅0・4糎の裂傷が認められる」

などと記載されていた。

　殺人事件では、殺害方法と死体の処理方法が解明されなければならない。発見された死体の状況、司法解剖の結果などが、それを判断する材料になる。客観的に判断されるそうした死体の様相と、被告人の自白内容が一致するかどうか、これが被告人が犯人であるかないか、の判断に直結する。

　検察官は、県警鑑識課所属の医師、五十嵐勝爾作成の鑑定書と捜査段階の自白調書などを根拠に、殺害方法を扼殺（手や腕などによる頸部の圧迫により、気道を閉鎖させ、窒息死させること）と判断し、起訴状では「同女〈被害者〉の

喉頭部を押さえ付け……〈被告人の〉右手を同女の喉頭部に当てて強圧を加えつつ……よって同女を窒息死させて殺害」と指摘している。

さらに、一審冒頭陳述では殺害の様子を「被告人は同女に乗りかかると同時に右手掌にて同女の喉頭部を押さえ、同女が叫び声を出さないようにしたが、なおも大声で『助けてくれ。』と叫び騒ぎ立てようとするので、もはや同女が死にいたるもやむを得ないものと決意し、更に強く喉頭部を押さえつけながら姦淫を遂げ、喉頭部から手を離した時には右喉頭部の強圧により同女は窒息死していた」と描写していた。

具体的に殺害方法を供述している石川の自白調書（6月25日付、検察官、原正作成調書）では、

「〈殺害現場とされる四本杉に被害者を連れ込み、父親の名前、自宅の場所などを聞き出し、持っていた脅迫状に父親の名前を書いて訂正したという供述に続いて〉しかし、その中〈うち?〉にその女学生と性交したいという気になりました。それで後ろ手に縛った手ぬぐいをといて松の木からはずし、また後ろ手に縛りなおした上、立っていた女学生に足をかけて仰向けに倒しました。そうしてスカートの下にはいていたズロースを膝より一寸下付近まで引き下げたところ、女学生は、

　　　助けて

といってわめき始めたので、私は声を出さないよう右手の親指と外の四本の指を両方に広げて女学生の首に手の平が当たるようにし、声を出さないように上から乗りました。私は性交するのは初めてだったので、夢中でしたが、ズボンのチャックをおろして陰茎を出して女学生の陰部を左手でさぐりながら陰茎を入れました。入れて五分くらいした頃陰茎がぐっときて気分が良くなり満足したので性交をやめましたが、気がついてみると女学生はぐったりして動かず、これは死んでしまったなと思いました」〈一部表現を変更してある。以下同〉」

となっている。

石川が起訴事実を争わなかった一審の判決は、検察官主張を全面的に認め、

「同女が救いを求めて大声を出したため、右手親指と人差し指の間で同女の喉頭部を押さえつけたが、なおも大声で騒ぎ立てようとしたので、遂に同女を死に致すかも知れないことを認識しつつあえて右手に一層の力をこめて同女の喉頭部を強圧しながら姦淫を遂げ、よって同女を窒息させて殺害した」

と認定していた。

　控訴審での石川と弁護団の主張は、死体やその周辺の状況が語る事実と自白調書の内容が重要な点で食い違いがあり、結局、石川は犯行の実態を知らず、真相を語り得なかった、このことは石川が犯人ではないことを示し、自白は虚偽架空だ、というものだ。

　争点は、殺害方法、頭部損傷、胃の内容物からの殺害時刻、死斑や逆さ吊りの状況など広範囲にわたった。これらのうち、殺害方法など主要な点について順次、弁護側、検察側の主張と、判決の認定を見てゆく。

## 2　殺害方法

　現在は司法解剖と言えば、大学医学部法医学の担当医師によって行われるケースがほとんどだが、当時の埼玉県警には鑑識課の技術職員として医師の資格を持った人間がいて、司法解剖を担当していた。1941年に新潟医科大学を卒業、軍医、東京大学法医学教室副手、鳥取医専法医学教室助教授を経て、49年9月から県警（49年当時は国家警察）の職員となった五十嵐勝爾だ（本人の53回公判証言による）。

　その五十嵐が、「5月4日19時0分ころより21時0分ころまでの間に」、被害者の自宅構内で、電灯照明の下に被害者の死体を解剖し、作成した鑑定書（以下、五十嵐鑑定、5月16日付、一審で取り調べ済み）が、検察官主張の根拠となっている。

　五十嵐鑑定は、「前頸部には圧迫痕跡は著明であるが、爪痕、指頭（ゆびさき）による圧迫痕、索痕、表皮剥脱等がまったく認められないので、本屍の殺害方法は加害者の上肢（手掌、前膊（手首から肘まで）または上膊（肘から上の腕））あるいは下肢（下腿等）による頸部扼圧（扼殺）と鑑定する」と書かれている。このうちの「手掌」（手のひら、指は含まれない）で押さえつけたことが、石川の自白に合致する。五十嵐鑑定が、頸部所見として挙げているものを拾い出すと、次のようなものがある。

　「外表検査」の項で、

　　b　前頸部において横走する蒼白色皮膚襞皺1条　長さ約9・9糎、巾径は約0・5糎にして、上下両縁の境界は明瞭ならず

　　C1　喉頭部上縁に左方に向かい横走する約6・2糎、約0・3糎巾の暗

赤紫色１条
　Ｃ２　中頸部で横走する暗紫色１条　頗る不明瞭
　Ｃ３　前頸部一帯にわたり暗紫色を呈し、そのうちには小指爪大以下の暗黒色斑点若干　この下縁部には平行に斜走する赤色線条（巾約０・３糎）多数を認めしむ
　Ｃ４　前頸部一帯にわたりＣ１の下方から上胸あたりまでは暗赤紫色を呈し、そのうちには小指爪大以下の暗黒色斑点やや多数が散在　上縁部には斜走する赤色線条（巾約０・３糎）多数を認めしむ

「内景検査」の項で、
　　Ⓐ前頸部に、舌骨から下顎底にわたり、手掌面大の皮下出血
　　Ⓑ前頸部に、喉頭部より下部に手掌面大の皮下出血

「説明」の項で、
　　前頸部の損傷、並びに死因よりみれば、前頸部損傷は明らかに頸部扼圧の結果にして、索条物の絞頸ではない。前頸部に存在せる赤色斜走線条（Ｃ３、Ｃ４参照）は生活反応がなく、索状物（荒縄あるいは麻縄の類）の死後の圧迫により生じたる死斑と判断される。

「鑑定主文」の項で、本屍に存在する生存中成傷の新鮮創は次の通り
　①　前頸部において咽頭部縁下方より上胸部にわたり暗赤紫色を呈し、そのうちに横走する暗赤紫色２条ならびに暗黒色斑点やや多数存在す（Ｃ１、Ｃ２、Ｃ４）
　②　前頸部において、下顎骨下方より舌骨部にわたり、暗紫色を呈し、そのうちに暗黒色斑点若干が散在す（Ｃ３）
　③　前頸部において、舌骨部より下顎底にわたり手掌面大の皮下出血（前記②に相当）
　④　前頸部において、咽頭部より下部に手掌大の皮下出血（前記①に相当）

　鑑定書には、「ローマ文字の大文字は、生存中の成創。小文字は生活反応を認めなかった死後損傷（死後損傷は末尾の鑑定主文には記載しなかった）」という注意書きがあり、Ｃ１、Ｃ２、Ｃ３、Ｃ４は大文字で書かれていた。
　これらの所見の中で、「圧迫痕が著明というのは、どれを指すのか」と法廷で弁護人が尋ねたのに対し、五十嵐は「おもに内部所見です」と答えている。内部所見にあたる内景検査、つまり前頸部二か所にある手のひらの大きさの皮下出

死体頚部のスケッチ
（一次再審段階で、上山滋太郎・鑑定人が五十嵐鑑定添付の写真などをもとに作成）

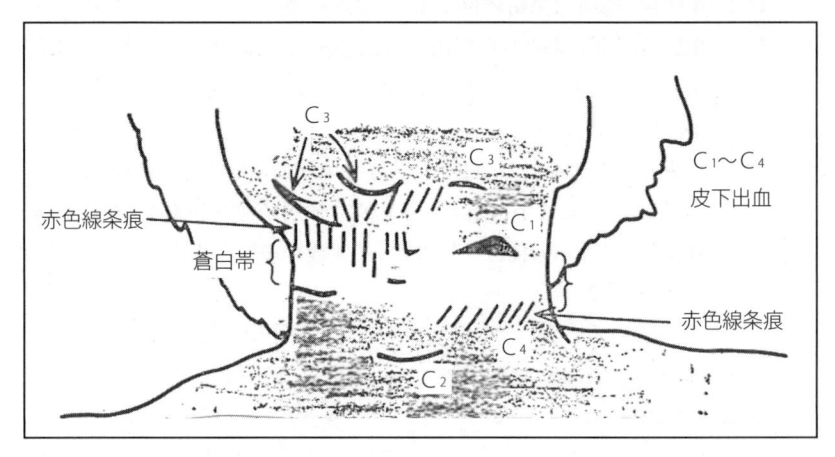

血Ⓐ Ⓑが圧迫痕だと答えている。ここで重要なのは、五十嵐自身は、石川の自白にある「右手の親指と外の四本の指を両方に広げて女学生の首に手の平が当たるようにし、声を出さないように上から乗りました」というような殺害の動作は特定していないことだ。腕、足でも首を挟んで圧力を加えた可能性も許容している。

　一方、弁護側反論の主柱となったのは、京都大学医学部教授で法医学を専攻する上田政雄が作成した鑑定書（上田鑑定、1972年7月20日作成）だ。上田は、殺害は扼殺ではなく、幅の広い索状体による絞殺か、圧迫によるものと鑑定した。資料は、五十嵐鑑定（添付の写真を含めて）と五十嵐の法廷供述、死体発見の実況見分調書、それに石川の自白調書（6月25日付検察官、原調書など）で、上田鑑定書は66回公判で取り調べられた。

　上田鑑定を要約すると、死体の特徴の第一点は、自供通りの殺害方法であれば、石川の右手親指や四本の指の指頭痕、爪痕が必ず被害者の頚部に残っているはずだという点だ。親指と人指し指の間で首を挟むように圧迫すれば、特に親指に力が加わりやすいことは明らかなのに、五十嵐鑑定の頚部所見には親指を含め右手の五指全体にわたる指頭痕、爪痕にあたるものがまったくない。自白のような扼圧の方法であれば、それらがなければおかしい。このため、上田鑑定では「石川の供述にあたる所見は、以上の死体所見からはまったく考えることができない」と述べている。

第二点は、自白通りの痕跡がないのとは逆に、自白では絶対にできない痕跡が頸部にあると指摘したことだ。五十嵐鑑定では前頸部に「索痕」が見られないとしているが、五十嵐鑑定がいうＣ１の「暗赤紫色一条」、Ｃ３の「暗紫色を呈し…小指爪大以下の暗黒色斑点若干」は索状物の痕跡である、と上田は判断した。Ｃ３の下縁をなす線とＣ１を延長した線の間を約３センチと推定し、この二つの線は索状物の縁辺によって生じた跡だと説明し、

　　「何らかの索状体で絞頸したものと考えれば、この前頸部のＣ１、Ｃ２等が最も強く、おそらくこの部分に結節があったものと考える」
　　「Ｃ１、Ｃ３の変化を幅広い索状体の辺縁でできた損傷と受け取らなければ、顎下部にできた皮下出血〈五十嵐鑑定の◯Ａ〉や喉頭部下部になる皮下出血〈同◯Ｂ〉がまったく説明がつかない。これらの損傷部を、索状体を交叉する際に圧迫した痕跡と考える」

との見解を示した。さらに、五十嵐鑑定には「眼球結膜は滑沢度やや低下せるも透明……蚤刺大溢血３点が眼瞼結膜に存在す」「舌骨ならびに喉頭部諸軟骨、いずれも骨折を認めず」などとあることから、上田鑑定は「眼瞼結膜に溢血点が比較的少なく、眼球結膜にも溢血点や浮腫を見ていない。この所見は私の経験上何らかの幅広いもので絞殺されたか、かなり幅のある太い物で強く側頭部を圧迫した時に最もしばしば認められる」という理由からも、自白のような単純な圧頸を否定した。

　自供の殺害方法ではできるはずのない痕跡は、もう一つある。Ｃ３とＣ４に見られる「斜走する赤色線条多数」だ。これを五十嵐鑑定では「索状物（荒縄あるいは麻縄の類）の死後の圧迫により生じたる死斑」としている。しかし、上田によると、それは死斑ではなく、「幅広い索状物」が死の直前か直後にいったん解かれ、それとは別に「死を確実に」するため細引き紐などで頸部を「二―三回締め」た痕跡であるとした。ところが、石川の自白には被害者の首に縄や紐を巻き付けたという供述はまったくなかった。

　自白通りであれば、死体頸部にあるはずの指頭痕などがなく、あるはずのない紐などで巻いた跡が首にある。この違いから石川の犯人性は否定されると、弁護団は主張した。

　検察官は66回公判に述べた意見で、「〈死体を直接見ることなく、写真に頼った鑑定では〉写真と被写体の誤差は撮影の角度、被写体の位置などから細かく観察しようとすればするほど大きくなるものであり、極端な場合は埋められ首が曲

がって出来たしわかあるいは頭の下に置かれた枕の状態によって出来たヒダか否かの識別も不可能になってしまうものである」などと再鑑定の限界を指摘した。

判決は次のように認定した。

〈「何らかの幅広いもので絞殺されたか、かなり幅のある太い物で強く側頭部を圧迫した」などという上田鑑定の表現をみると〉被害者の死体の前頸部の外景所見からは幅広い凶器（索状物）で絞殺したとは断定しておらず、幅広い手、足などの鈍体で圧頸した可能性もあるというのである。〈中略〉上田鑑定と五十嵐鑑定との見解の相違は、死体前頸部の外表所見をどうみるかによって生じているものと考えるが、五十嵐鑑定でも「本屍の殺害方法は加害者の上肢（手掌、前膊または上膊）あるいは下肢（下腿等）による頸部扼圧（扼殺）と鑑定する」と結論を下しており、両者は必ずしも相容れない鑑定ではないと認められる。〈中略〉

ところで、〈中略、五十嵐鑑定は〉爪痕や指痕が前頸部にないことから内景所見を重視して〈中略〉結論を下したことが明かである。そうだとすれば、〈直接死体を解剖しておらず、内景所見をなしえない〉上田鑑定人自身が「〈五十嵐鑑定添付の写真は〉白黒写真であり、カラー写真でない点前頸部の所見を観察するには著しく不便である〈中略〉」といっているように、写真による死体の再鑑定には限界があることは否定できず、上田鑑定人は〈中略〉外表所見をあまりにも重視し、〈中略〉幅広い索状体で扼頸して死に至らしめたものと推定したものとみるほかはなく、〈中略〉同鑑定人の「被告人の供述するごとく〈中略、親指と他の４本の指を両方に広げて〉首をしめたという所見は考えられない」との結論は、偏った状況判断によって、一概に決めつけたきらいがあって、賛同することができない。

要するに、上田鑑定は再鑑定に必然的に伴う限界を考慮した良心的な鑑定ではあっても、直接死体を解剖した五十嵐鑑定の結論を左右するに足るものとはいえない。

次に死体前頸部に存在した赤色斜走線条であるが、〈中略、五十嵐、上田〉両鑑定とも〈中略〉犯人が死後索状物によって死を確実ならしめるために締めた痕跡であると推認しているが、同部分の絞頸が死因であるとは判断していないのである。

ところで、被告人は取り調べに当たった検察官に対して死体の頸部に巻

き付けられていた細引き紐については記憶がないといって否認の態度をとり、原審公判廷においてもこの点について何も供述していない。しかし、先に触れたように被告人は捜査段階において真相を語らず、または積極的に虚偽の事実を述べていることを考え合わせると、被告人は細引き紐の出所はもとより、被害者の頸部に細引き紐を巻き付けたことを、情状面において自己に不利益であると考えて否認しているものと認めざるを得ない。そうだとすれば、両鑑定の推認していように、被告人は被害者の死を確実ならしめようとして、細引き紐で絞頸したものと判断せざるを得ないのであって、被告人がこの点を否認するからといって被告人が犯人でないとはいえないのである。

　ところで、被告人は捜査段階において、被害者を姦淫しながら右手の親指と他の4本の指とを広げて頸部を強圧したというのであるが、右鑑定の結果からは、扼頸の具体的方法についてまではこれを確定することはできない。しかしながら、被害者の死因が扼頸による窒息であることは前記のとおり疑いがないから死体の状況と被告人の自白との間には重要なそごがあるとは認められない。それゆえ、論旨は理由がない。

　結局、直接死体を見てない上田鑑定は信用できず、自白と死体状況の食い違いも「重要なそご」ではない、というのだ。被告人はウソツキだから被害者の首に細引き紐を巻き付けたことを語らないというのだが、殺害自体を自白している人間が細引き紐を語ることを「情状で不利なる」と考えるものだろうか。

　じっくり読むと、この判決は被告人に逃れられない論理で成り立っている。「殺した」という大筋の自白は信頼できるとしているのに、客観状況と細部の供述内容の食い違いなどは被告人がウソツキだから信用できないというのだ。これでは、いったん「やりました」と自白してしまった以上、細部の自供がどんなに客観状況と矛盾しようと、被告人は有罪認定から逃れられない。殺害行為の細部はどうでもいい、と言っているようなものだ。この判決文からは、自白との齟齬はないとしながら、「右手の親指と他の4本の指とを広げて頸部を強圧した」という殺害方法すら裁判官らが信用していないようにも読み取れる。

## 3　頭部損傷

　五十嵐鑑定によると、被害者の後頭部には「約1・3糎長、約0・4糎巾」

という傷があった。「創洞の深さは帽状腱膜〈頭皮と頭蓋骨の間にある腱膜〉に達し、創底ならびに創壁には凝血を存す」とあり、「その存在位置、損傷程度、特に創口周囲の皮膚面に著明な挫創を随伴せざることよりみれば、棒状鈍器等の使用による加害者の積極的攻撃の結果とはみなしがたい（勿論断定的否定ではない）。むしろ、本人の後方転倒等の場合に鈍体（特に鈍状角稜を有するもの）との衝突等により生じたとみなし得る」と説明されている。「生存中成傷の新鮮創」の一つで、当然、出血があったとみられる。

　問題は、この傷の影響と出血の量だった。上田鑑定では、
　　「もし解剖鑑定人〈五十嵐〉の考える如く、後頭部損傷を来したのは被害者が窒息を来すころかその少し前に受けていると仮定すると、〈中略〉皮膚に裂傷を来すほどの損傷を受けているのだから被害者は一時的にしろ意識不明になっていると考えねばならない」
　　「この場合には後頭部損傷によりかなりの出血があるのが常道で、後頭部損傷の周囲皮下には凝血が多量に付着しておるべきはずである」「うっ血〈鬱血〉がおこっても後頭部が体下方になっている〈例えば、逆さ吊り〉限りにおいてかなりの外出血が考えられよう」
と述べている。かなりの出血があったにもかかわらず、検察官からは５月１日に石川が着ていたとされる服や被害者の服装から血痕が発見されたという主張はなされていない。被害者を目隠ししていたタオルにも血痕はない。

　５月１日の石川の着衣については、自白調書の中に「カーキ色のジャンパー」「白っぽく見えるジャンパー」「ジャンパーは、襟が折れていて色は茶封筒のさめたような、そしていくらか白っぽく見えるもの」という表現があり、さらに「ズボンは今はいている紺色に近いＧパンです」（６月22日付、青木調書、当時石川はズボン類としてはＧパンを一着しか持っておらず、最初の逮捕から一か月になる時点で押収されずに、取り調べを受けている石川自身が身につけていた！）と供述している。

　殺害現場とされる「四本杉」付近と、死体を一時逆さ吊りしたとされる芋穴などで、ルミノール反応を調べたとする捜査報告書や実況見分調書も法廷には提出されていなかった。血液付着に関連した証拠は、法廷にはまったく登場してこないのだ。上田鑑定などを踏まえて弁護団は、
　①　石川のどの自白調書にも、被害者が殺される前に意識不明になったという供述がない

②　多量に見られるはずの出血について、石川は何も供述していない
③　自白調書で述べている殺害現場から芋穴までの運搬方法〈被害者、善枝の身長は、158.5センチ、体重約54キロ。「死体の頭を私の右側にして仰向けのまま、私の両腕の上へのせ、前へささげるようにして」「両腕で、首のところと足の方に下から手を入れて抱えて」と説明されている。このロボットのような方法で約190メートルも運んだことになるのだが、自白には途中で休んだり、つまずいたりなどという供述もなかった〉であれば、石川の右手、上衣の右袖口、目隠しをしたタオルなどに血痕が付着するのに、それに合う物証がない

などと指摘し、客観的事実と反する供述をしている石川は犯人ではない、と主張した。

これに対し、検察官は「骨膜までは傷が通っていなかったことをもって出血が少なかったときめつけるわけには行かないし、又この傷の発生時期如何によっては即ち裂傷が出来てすぐ死亡したというごとき場合であったら出血量が少ないこともありうるので、一般的には断定できない」「被害者が必ず意識不明状態になるとの点については、本件傷害の程度から判断して必ずそうなるというのは言い過ぎ」などと反論した。

判決は、頭部損傷と出血に関し次のように認定した。

　　　五十嵐鑑定人が後頭部裂傷が意識不明の状態をきたす程のものであれば必ずその旨の記載をしたであろう鑑定書にその旨の記載がないことなどを考え合わせると、右の後頭部裂傷は被害者がそのために意識不明になる程の傷害であるとは認め難い。
　　　また、本傷からの出血の多寡についても、上田鑑定は写真をみて判断しているが、写真による判断にはおのずから限界があること、直接死体を解剖した五十嵐鑑定人の鑑定書に外出血についての記載がないことからみて、本傷による外出血があったとしてもさほど多量ではなかったと考えるのが相当である。
　　　なお、捜査当局において、本件の殺害現場、芋穴の中およびその間の経路等につき血液反応検査など精密な現場検証を行っていたならば、本傷による外出血の存否は明らかになっていただろう。しかるに、被告人の着衣や被害者の着衣に血痕が付着していたかどうかについてすら、鑑定がなされて

いない。
　これを要するに、被告人が後頭部の傷害について供述していないのは、客観的事実と相容れない虚偽の自白であるとか、被害者の着衣および被告人の着衣ならびに犯行現場から血痕が発見されていないのは奇怪であるとかいう論旨は、失当である。

　またしても「写真」を理由とした上田鑑定の排除である。
　しかし、「さほど多量ではなかった」と認定した出血量では、本当に石川の着衣などに血痕は付かないのだろうか。特に、被害者を目隠ししたタオルについては大きな問題があると思われる。この確定判決は、被害者は後ろ手に手ぬぐいで縛られ、タオルで目隠しされた状態で、後ろへ倒されたという認定だ。もちろん、このとき被害者は生きていた。タオルは後頭部で結ばれていたのだが、実況見分調書添付の死体の写真を見ると、ちょうど後頭部の損傷部位を覆うかのように結ばれている。
　とすると、転倒した状態を上からみれば、頭、毛髪、タオル、次に地面となる。傷を作った「鈍体」が何であるかはともかく、その「鈍体」と後頭部の間にタオルが挟まった状態で、後頭部に新鮮創がつくられたのである。「さほど多量ではなかった」にしても出血してタオルに血が着かないわけがない。
　しかし、タオルの写真をみると、一つの血痕もなく、「マーガリン」や会社名などが印刷されている以外、真っ白だ。これは常識的にはあり得ないことのように思える。石川の自白とは違って、被害者が頭に怪我し出血した時刻と、目隠しされた時刻は、だいぶ離れているのではないだろうか。しかも犯人あるいは第三者が何らかの出血処理をしたことをうかがわせる。白いタオルは何を物語っているのだろうか。

## 4　死亡時刻

　石川は腕時計を持たない生活をしていた。このためか、自白調書は時間についておおまかな表現しかない。被害者と遭遇した時間についても、
　　「私は五月一日の午後四時ごろかと思いますが、入間川の山学校のところで善枝ちゃんに話しかけて山の中に連れ込みました」（6月23日付、青木調書①）
　　「山学校の前の道を歩いている時でしたから午後三時ごろであったかも知れま

せんし、あるいはもっと遅かったかも知れません」（6月23日付、青木調書②）などの供述がある。

一方、被害者は5月1日、6時限目の英語の授業を午後2時35分に終了したことが判明している。高校を出た時間については、この授業が終わってすぐに「今日は誕生日だから」と言って下校したという級友の証言と、それから約1時間後の午後3時23分ごろに出たという別の級友の証言があったほか、午後3時前後に西武線との立体交差になったガード下付近で見たという情報などもあった。

3時23分ごろ下校という証言は、入間川駅を利用して電車通学している級友が一審法廷で行った。「〈級友自身が教室で〉帰宅しようと時計を見たら3時23分で、乗車する電車は3時24分入間川駅発だったので間に合わなかった〈高校から入間川駅までは約300メートルある〉。このとき、善枝さんは教室から『さようなら』と言って自転車を転がして行った。私は一つ遅い午後3時54分発の電車で帰った」というものだ。

被害者は高校を出た後、東京五輪記念切手の購入を予約した際の領収書を受け取るため、高校から約100メートル離れたところにある郵便局に立ち寄ったことが推定されている。被害者の制服上衣の左ポケットから、5月1日付の「第4回オリンピック寄付金付き切手予約代金領収書　額面1140円」が見つかっているからだ。

検察官は後者の級友の証言を重視して「午後4時ごろ、X型十字路で出合った」と一審冒頭陳述で主張した。一審判決は被告人と被害者は「3時50分ごろ、X型十字路で」出会ったと認定したが、殺害時刻そのものについては言及していない。

控訴審で弁護団は、「被害者の5月1日の昼食はカレーライスだったが、この昼食以降、殺害される前までに別の食事をしており、1日夕方以降も生きていたのではないか」という疑問を提起した。控訴審後半の弁護団長を務めた佐々木哲蔵は、裁判長交代にともなう73年12月8日の更新弁論で、被害者の胃に残された内容物などを理由に「カレーライスが死ぬ前の最終食事とは断定できない」「善枝ちゃんは5月1日の晩から5月2日の朝までの間に殺されたとしても矛盾はなく、石川君の自白は何ら的確な裏付けのない砂上の楼閣にすぎない」と主張した。

5月1日の朝、この日誕生日の善枝は朝食に赤飯を食べて登校している。分

校の授業は、1時限目にペン習字、2〜4時限が調理実習でカレーライスを作り、それを昼食として食べている。5時限目に音楽、6時限目に英語だった。担任教諭は一審法廷で「11時50分ころと12時5分くらいの間に〈昼食として〉試食しました」と証言している。ご飯を除いてカレーの方の材料は、
　「タマネギ、ニンジン、肉、ジャガイモ、あと福神漬があったと思います」
と級友が法廷証言している。

死亡日時について、五十嵐鑑定は「角膜は微混濁を呈するも、径約0・7糎に開大せる歪形瞳孔を容易に透見せしむ」とあり、「死後経過日数は、ほぼ2〜3日くらいと一応推定する」と幅のある表現になっていた。また「臓器検査　胃」の項には、
　「腔内には大約250立方センチメートルの軟粥様半流動性内容物を容れる。消化せるでんぷん質の内に、馬鈴薯、茄子、玉葱、人参、トマト、小豆、菜、米飯粒等の半消化物を識別せしむ」
　「本屍の最後の摂食時より死亡時期までの間には（ごく特殊なる場合を除き）最短3時間を通過せるものと推定せらる」
と記載されていた。

小豆は朝食の赤飯とみられるが、問題はトマトだった。カレーの材料としては挙げられていないトマトの半消化物が、なぜ胃の中に残っていたのか。

上田鑑定は「〈250CCという内容物の〉量は一回の食事にしてはかなり多く残っており、普通の食事をとった後では2時間程度であろう」「胃内容物の色調が〈五十嵐鑑定には〉記述されていないが、〈中略〉もしカレーライスを食べていた場合は、これくらいの消化程度ではカレー粉の黄色色調が胃内容物に残っているべきである」と述べている。つまり、死亡約2時間前の食事が昼のカレーライスではなく、まったく別の、トマトを含んだ食事の可能性が強いというのだ。

弁護人、山上益朗は他の全体状況も踏まえ、最終弁論（74年9月3日）で「被害者は顔見知りの男に誘われ、屋内へ連れ込まれ、トマトを含むものを口にしたあと死亡したと考えれば、トマトの存在を合理的に説明できる」と述べた。

これに対し、検察官は「胃の内容物の消化時間は、食べたものの崩れ方から判断するので、人により見解が分かれ、千差万別変化の多いことも本鑑定人〈上田〉が指摘するように事実である。なお、カレーの黄色色調が胃内容物に残っているべきであるとの点については、ただ五十嵐鑑定には色調についての記載がないだけのことで、現在では黄色色調があったか否か分からない」などと反論した。

判決は、次のように認定した。

　　級友の原審証人が、自分の乗る電車の時刻を根拠に被害者が自転車に乗って下校したのは午後3時23分ころであるという方がより信用性がある。〈中略、郵便局に立ち寄った後〉出会い地点までの距離関係に徴すれば、原判示のように被害者が加佐志街道のX型十字路に差しかかったのは午後三時五〇分ころと認めて差し支えない。
　　更に、〈中略、犯行現場である「四本杉」との距離などから〉殺害時刻は、午後四時ころから四時半ころまでの間であると認めるのが相当である。
　　他方、〈中略〉一般に胃内容物の消化状況から死亡時刻を推定するのは、文字通り推定であって、しかく厳密なものではないと考えられるところ、五十嵐鑑定によると、被害者の死亡時刻は食後最短三時間というのであるから、原判示から推認できる午後四時ないし午後四時半ころと何ら矛盾するところはない。〈中略〉
　　しかし、上田鑑定は五十嵐鑑定を資料とした再鑑定であることを考慮しなければならない。それゆえ、被害者が原判示から推認できる午後四時ないし午後四時半ころより早い時期に死亡しているという所論は採用できない。
　　たしかに級友は〈中略〉トマトを昼食に食べたとはいっていないけれども、五十嵐鑑定によれば、胃内容をみるとトマト片がカレーライスの材料の中に混在していたというのであるから、被害者は昼食時にトマトを食べたと考えて間違いない。それは、被害者自身または学友のだれかがカレーライスの材料として〈中略〉トマトも買ってきてカレーライスの添え物としたということも十分考えられる。ただ現在となっては、この点を確かめるすべがないだけのことである。
　　〈中略〉このように胃内容から昼食のカレーライスの材料が検出されているほか被害者が朝食に取った赤飯の小豆が残っていることを考え合わせると、その後別の機会に食事をとったとすれば、別の内容物が発見されるはずであり、別の機会にトマトだけとった可能性はほとんどないといってよい。

　ここでも上田鑑定は退けられた。鑑定の内容ではなく、形式的に再鑑定だからとして排除してしまうなら、実質的には再鑑定自体が無意味なものになってしまう。五十嵐が司法解剖する時点では、だれが被疑者か不明であり、被告人・弁

護側の鑑定人が立ち合う可能性はゼロだから、事後的な被告人側からの反論は実質的に成り立ち得ないことになってしまう。これは鑑定人や鑑定内容の中立性確保に関連する問題でもある。

「昼食時にトマトを食べたと考えて間違いない」というのだが、昼食にトマトはなかったという証言はあっても、トマトがあったという証拠は一つも法廷には出ていない。どうして「間違いない」と断定できるのだろうか。「被害者自身または学友のだれかが……添え物としたということも十分考えられる」としているが、これは「考えられる」ではなくて立証されなければならない事柄ではないだろうか。「現在となっては、この点を確かめるすべがない」ことの責任は、被告人が負うべきではなく、捜査当局が負うべきだろう。

## 5　死斑

死斑は、死後に血液が重力にしたがい体の低位部に移動し、体表面からこれが透けて見えるものだ。上田鑑定によれば、「血液が死体の下側に位置する細血管内に沈下したことにより、死体下側の皮膚表面に見える淡赤色または紫赤色の斑点をさす。一般に、死斑が生じるためには、死体は死後3時間ないし4時間、一定の姿勢を静謐に保つことを必要とする」とされる。

また、いったん生じた死斑がその後の死体の体位転換によっても消失することなく残存するには、「4時間ないし6時間以上の経過時間を必要とする」(54回公判の五十嵐証言)とされる。つまり死斑が生じるには最短でも3時間以上、死体は一定の姿勢に固定されなければならない、ということで両鑑定に争いはない。

五十嵐鑑定の「概括的全身所見」の項では、「全身の皮色は一般に死後の蒼白を示すも、体幹および上下肢等には淡赤色虎斑状に弱く死斑が出現している」と記載されている。五十嵐は法廷で背面にも死斑があったことを認め、「〈この死体は発見時の〉うつぶせになる前に、かなり長い間、仰向けの姿勢をとっていたのではないかと思う」と証言(54回公判)した。上田鑑定でも腹部、背面ともにかなりの死斑が認められている。

とすると、死体は一定時間(五十嵐によれば、4～6時間以上)仰向けにされていたことになり、この背中の死斑がどのようにして生じたのか、が問題となった。

弁護団は、殺害から芋穴での逆さ吊りまでの時間が仰向けの状態とし、石川の自白などをもとにこの時間を推定した。検察主張のように殺害後、「檜の下で約30分思案」、芋穴まで約190メートルの死体運搬、荒縄・木綿細引き紐の盗み出し、脅迫状の訂正（ボールペンで）などに必要と思われる時間や、午後7時30分到着とされる中村家まで雨中、自転車での移動距離（約8.2キロ）などから、芋穴出発は遅くと午後6時30分ころと推定した。したがって殺害時刻の「午後4時過ぎ」からは、多めにみてもおおよそ2時間から2時間半が仰向け状態であり、死斑が発生する3時間に足らず、死斑が固定する4〜6時間に足らない。だから、石川の自白は事件の真相を語ったものではなく、石川は犯人ではない、というのが弁護団の主張だ。
　これに対し検察官は、72年5月10日の意見陳述で「殺害後、いったん芋穴に死体を（仰向けに）かくし、午後7時30分ころ、中村方へ脅迫状を届けての帰り、スコップを盗んで、午後9時ごろ農道に穴を掘って、死体を（うつぶせに）埋め直しているのであるから、死体の体位の転換を行った時間に徴して死斑の状況と、死体処理の方法とは一致し、被告人の自白に何ら客観的事実との矛盾はない」と主張した。脅迫状を届けた後、また芋穴に戻って埋設するまで「あお向け」だったというのだ。
　検察官は、一審の冒頭陳述以来、「芋穴に逆さ吊り」を主張し、一審判決も「逆さ吊り」を認定していた。文字通りの逆さ吊りは、頭を下にしてぶら下がった（頭は、芋穴の底には接触していない）状態を想像させるが、検察官は72年という控訴審後半の段階で、実質的にこの宙づり状態を取り消したのだった。
　そもそも死体の足首には、逆さ吊りなら観察されるはずの索溝〈全体重がかかることから表皮が挫滅してできる。被害者の体重は約54㌔〉がないことから、上田鑑定では逆さ吊りが否定されていた。五十嵐自身も顔など死体頭部のうっ血が軽かったことなどから「〈死後2〜3時間の逆さ吊りは〉私には考えられない」（54回公判）と証言していた。こうした事情もあって検察官としては、宙吊りから接地状態に変更せざるを得なかったとみられる。
　ここで死斑の問題は、実際に「逆さ吊り」があったのか、あったとすればどのような吊り方であったのかという問題と密接に関係してくる。

　自白によると、死体の吊り下げは、被害者の両足首を木綿細引き紐で縛り、この紐を荒縄と結びつけて、荒縄の他方の末端を芋穴から2・45メートル離れた

桑の木の幹に縛ったということになっている。この細引き紐、荒縄の連結方法はかなり複雑で、吊り下げ方式もこの紐・縄の利用方法に大きく影響を受ける。検察官の主張の根拠は、石川の自白調書（7月1日付、原調書）に吊り下げの様子を描写している次の部分だった。

「桑の木に結んだ縄はたるんでおらず張っておりましたが、善枝ちゃんの体が穴の中に宙に下がっている様な強い力で下から引っぱっている張り方ではなく、比較的ゆるやかな引っ張り状況でしたので、穴の深さはどの位かわかりませんでしたが、善枝ちゃんの体の頭からお尻くらいまでは穴の底に着いている状態ではなかったかと思います」

死体の一部が、芋穴の底に接触しているような供述になっているのだ。しかし、この吊り下げた状態については別の自白調書も存在する。例えば、

「〈荒縄の末端を〉桑の木の縛りつけたのですが、桑の木に縛りつけたときも縄はピンと張っていたから、善枝ちゃんの頭は穴ぐらの底についていたかも知れないけれども足はほとんど真上にあって、善枝ちゃんの身体は逆さになって頭が下に足が天井を向いていたと思います」（6月28日付、青木調書）。

というもので、縄がピンと張られていたということは文字通りの吊り下げに近い状態を推測させる。

もし死体が芋穴の底に接地していたとしても、どのような格好で接地したかも問題となる。接地面が、背中側なのか、お腹側なのか、自白調書からは明確ではない。芋穴の深さは3メートル。吊り下げた場合に、頭頂部から底の地面に接触したとして、次に、顔を上向きにして背部で芋穴底との接触面を拡大させたのか、あるいは、顔や胸を下にエビ反りのように背中を上に倒れる可能性もあるのではないだろうか。あお向け、うつぶせ以外にも、左右のどちらかの肩側に斜めに倒れる状態も想像される。これは死体硬直の度合いなどにも関係し、予想はかなり困難なことだろうし、確率の問題かも知れない。

判決は、次のように認定した。

　　五十嵐、上田両鑑定によれば、死体の背部に死斑が存することは明らかな事実である。〈中略〉死体を芋穴に吊した時刻はおおよそ午後六時半ごろとみるのが相当で、したがってこの間〈殺害から吊すまでの間〉死体をあお向けの状態にしておいた時間はおおよそ1時間半ないし2時間半となり、この時間経過は右の鑑定人らがいう一般に死斑が生ずるために要する三時間

ないし四時間や、いったん生じた死斑がその後の死体の体位転換によって消失することなく残存するために要する四時間ないし六時間のいずれにも及ばない短時間であることは、所論のとおりである。

しかし、検察官がいうように、芋穴の中で死体があお向けの状態であったとすれば、殺害時刻を午後四時半ころとみて、原判示のように午後九時ころ農道に掘った穴に死体をうつぶせに埋め直した時まで約四時間半くらいあお向けの状態であったことになり、死斑の状況と被告人のいう死体処理の方法は一致することになる。

そこで、死体が果たして芋穴の中でどのような状態であったかと検討するに、〈中略、被告人の調書には吊り下げた状態について様々な描写があり、被告人の〉供述は一定しておらず、被告人が芋穴の中で死体が果たしてどのような状態になっていたのかはっきり記憶していないものと考えられる。

そこで、芋穴の深さ、芋穴の近くの桑の木と芋穴との距離、荒縄や足首に巻かれていた木綿細引き紐の長さなどから、死体が芋穴の中でどのような状態であったかを推認することとする。〈中略、死体とともに発見された荒縄の長さなどを計算して〉被害者の死体全体を芋穴の底に平らに横たえることは十分〈可能〉である。そして、芋穴の口は縦六四糎、横七七糎の大きさであるが、その底は三方に奥行き３米ないし４米の深い横穴が掘られていて広いから、逆さに吊り下ろす場合に死体全体をあお向けに芋穴の底に横たえることは容易であるし、そうでないとしても、身体が腰の部分で折れ、上半身があお向けの状態になることも考えられる。その状態はいずれとも判明しない。少なくとも死体は宙吊りの状態でなかったと考えるのが相当である。なぜなら、死体を文字通り宙吊りにするには相当な労力を要するのであるが、この場合死体を一時隠すのが目的であるとすれば、その必要は更にないからである。

そうだとすれば、検察官のいうように、被害者の死体は殺害後、農道に掘った穴に埋め直すまでの間のおよそ５時間近く、あお向けの状態であったと認めて差し支えない。結局、死斑の状態と被告人の自白との間に矛盾はないと言わなければならない。

〈中略、足首の痕跡がないことについて〉被害者がソックスをはいていたこと、足首に力が加わるのは死体を芋穴へ出し入れするときだけの短時間であること、しかも芋穴の口が狭いこともあって死体の出し入れの作業を静かにしな

ければならないこと（現に被告人自身そのように供述している。）などを考え合わせると、死体の足首に索溝などの痕跡が残らないことも十分納得できるのであって、格別異とするには足りない。

繰り返して言えば、吊り下げた死体の頭部などが芋穴の底に接触した場合に、必ずあお向けになるわけではないと思われるのだが、どうなのだろう。うつ伏せか、その他の可能性も考えれば、あお向けになる確率は大きくみても5割以下というのが常識的なところではないだろうか。「反対事実の可能性」もあると言わなければならない。

「頭部損傷」でふれた死体の運搬（両腕だけで約190メートルも運んだ）によって疲労したためか、石川は今度は労力を惜しんで中途半端な吊り方をしたと認定されている。判決のように「いずれとも判明しない」部分を自由に考えることが許されるのなら、労を惜しむ犯人は死体を運搬せずにそのまま雑木林の中に隠すだろう。運ばずに、農道よりは人通りの少ない雑木林の中に死体を置いた方が第三者に目撃される可能性も低くなる。

## 6　荒縄と細引き紐

逆さ吊りに使用したとされる荒縄と細引き紐は、複雑な状態で相互に結びつけられていた。捜査員、大野作成の死体発見の実況見分調書などによると、「死体には、太い荒縄が、たぐったように、身体の上部においてあった」。

死体の上にまとわりつくように乗せられ、埋もれていたその荒縄は、一見すると4本のように見えるが、実は2本がそれぞれ二つ折りにされたもので、その折り返し点から32センチのところに木綿細引き紐との結節点があった（次頁の図と184頁の写真参照）。一本の細引き紐（長さ2.6メートル、太さ0.8センチ）も二つ折りにされ、折り返し点近くに「ひこつくし状」の輪をつくっている。その「ひこつくし状」になった輪の中に、被害者の両足首が入れてあり、締められていた。細引き紐の一方の端には、被害者が自転車の前籠に入れていたされるビニール風呂敷の二つの角の切れ端が結びつけられていた。荒縄と細引き紐のこうした結び付け方は、かなり特徴のあるものと言える。

しかも、折り返された2本の荒縄（弁護団の計測によると、①＝約12.30メートル、②＝約11.28メートル）は、それぞれが結び目のない1本ではない。短

足首に巻かれていた細引き紐と荒縄の連結物（●は荒縄の結び目）

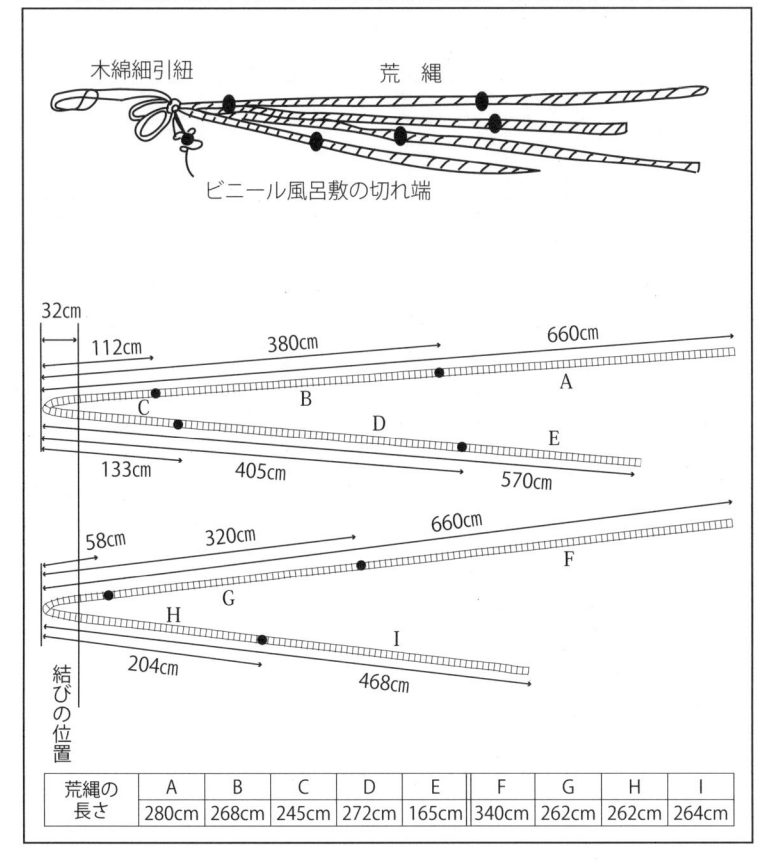

| 荒縄の長さ | A | B | C | D | E | F | G | H | I |
|---|---|---|---|---|---|---|---|---|---|
| | 280cm | 268cm | 245cm | 272cm | 165cm | 340cm | 262cm | 262cm | 264cm |

い縄をつなげて1本にしてあるのだ。①は280センチから165センチの長さの荒縄5本を4か所で結んだもの。②は340センチから262センチの荒縄4本を3か所で結んで1本にしたものだ。計7か所の結び目は、いずれも「ま結び」と呼ばれる結び方で、ほとんど余り目がない、引っ張ればほどけそうな、きわどい結び方だった。

　荒縄を7か所で結び、さらに細引き紐と連結するという作業は、だれがやったにしても相当鮮明な記憶が残る、面倒な作業のはずだ。結構時間もかかったことだろう。

　荒縄と連結された細引き紐とは別に、被害者の首に巻かれていた木綿細引き

荒縄と細引き紐の連結物の写真（左下にビニール風呂敷の切れ端が写っている）

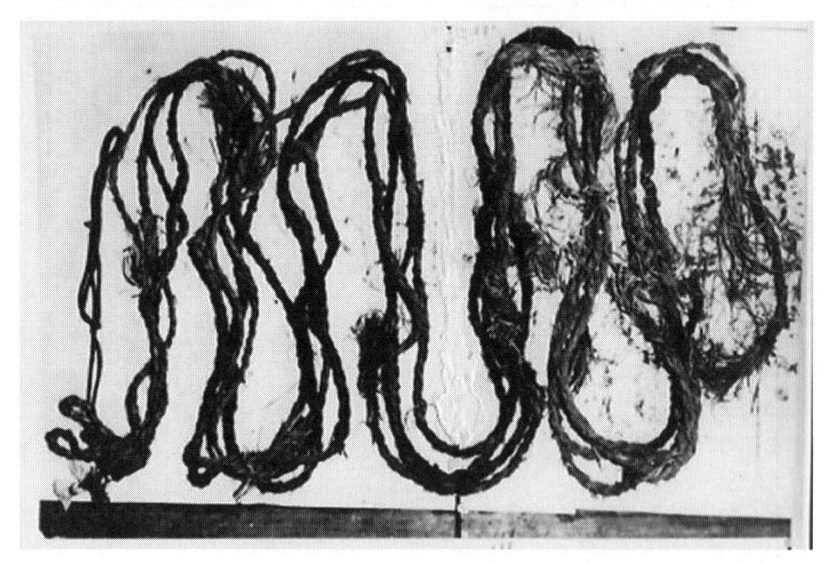

紐もあった。大野の実況見分調書に「頸部は木綿の細引き紐で、ひこつくし様に〈首の？〉後で締められていた」と記載されている細引き紐である。この紐は、「長さ一・四五米、太さ〇・八糎、輪の部分は直径十五糎のもので、ひこつくしに後でしめられ、その輪はゆるんでいた」と記録されている。

この両足に巻かれていた荒縄と細引き紐の連結物、それに首に巻かれていた細引き紐はどこから入手したのだろうか。石川の自白調書によると、いずれも殺害現場近くの民家の庭から盗んできたことになっている。

「殺した善枝ちゃんを芋穴に隠すためには、縄で縛って下げておき、後で引き上げる為には縄が必要だったので、近くの建築中の敷地に張りめぐらしてあった縄を取ってきました。そのころの時刻は六時近いころではないかと思います。〈中略〉縄を探しに行った時、同じ建築場所の梯子のあった所に麻紐〈木綿細引き紐〉があったので、それを拾ってきました。そのころは薄暗くなりかけており、付近に人影はありませんでした。雨も降っておりました。持ってきた縄を切れない様に三本くらいの束にしてその女の足首を縛り、さらに麻紐も足首にかけて、芋穴に死んだ女を逆さに吊し、縄の端を近くの桑の木にゆわえつけておきました」（6月25日付検察官、原調書）。

「善枝ちゃんを芋穴に吊した縄は、建てかけの家や、その隣の家の周りから盗んだのはよく考えてみると、その家の東側に張ってあった縄を盗んだのです。今まで、南側の縄だと言っていたが、それは記憶違いです。盗んだ順序は、まず犬のいる家の二本を盗み、次に建てかけの家の西側の横倒しの梯子のそばの麻縄みたいな細い縄〈木綿細引き紐〉を盗み、最後に建てかけの家の東側の縄を盗んだのです。なお、犬のいる家の雨戸は閉めていました」（7月3日付検察官、河本調書）。

「善枝ちゃんを芋穴に下げるとき使った縄は何本かつなぎ目のある縄でした。また、私がつないだところもあります。その縄を三本にしたか四本にして使ったかその点、判然としません。梯子の近くにあった麻縄を使いましたが、麻縄と縄とをどういうふうにつなぎ合わせて使ったか判然とした記憶はありませんが、麻縄の方を善枝ちゃんの足首にかけ、その麻縄に三本か四本にした縄をつないだ気がします。善枝ちゃんの足首に縄をかけた時のかけ方は、縄の先の輪に縄をとおして縄が引けば縄が締まる様な状況にし、その輪に足首を入れて引き締める方法をやりました。
この時、検事は、昭和38年領第164号の符号5号及び6号を示したところ、
　その5号の麻縄〈被害者の首に巻かれていた木綿細引き紐〉については、どこを縛っておいたのか覚えがありません。しかし、その麻縄は梯子の付近から盗ってきた麻縄のようです。
　6号の縄は、善枝ちゃんを芋穴に吊した時の縄に間違いありません。その縄は、前に言ったように建築中の家の近くから盗ってきたものです。
　その縄の先に麻縄がありますが、その麻縄に善枝ちゃんの足首をかけたと思います」（7月7日付検察官、原調書）。

　荒縄同士を7か所で結び、さらにそれと細引き紐と結ぶという計8か所の結び目がある極めて特徴的な連結物について、「3本くらいの束」「麻縄と縄とをどういうふうにつなぎ合わせて使ったか判然としません」などという供述は、本当に体験した人の供述としてはどうも描写が希薄なように思われる。ここに引用した調書のほかにも、縄と細引き紐に言及した自白調書があるが、どこから、何本の縄、細引き紐を盗んだのか、それらの長さはどのくらいだったのか、必ずしも判然としていない。
　検察官主張によれば、複数の荒縄と2本の細引き紐（足首と首に巻かれてい

た）は、ともに死体を吊した芋穴から北西に約150メートル離れた民家2棟（犬を飼いながら現に居住していた中川方と、まだ建築中だった椎名方。この2棟は隣接しており、北側に中川方、南側に椎名方）の周辺から石川が盗んできたことになっていた。

中川、椎名方の庭には、その長さや太さはともかく、確かに荒縄はあったようだ。

しかし、盗難の状況を調べた捜査員、神田作成の中川、椎名方の実況見分調書（6月30日付、30回公判で取り調べ済み）は、石川を同行させて実施していないので、石川の言う「建築中の敷地」「建てかけの家や、その家の周り」が、実際にどこを示すのか、明確ではない。この調書の中で、中川方の主婦は庭の花壇と椎名方との境界に張りめぐらしていた約12メートルの荒縄1本（約7メートル以上の長さのもの1本と、それ以外のもの1本とをつなぎ合わせたもの）と、7.8メートルの荒縄1本（これはつなぎ目のない1本）の計2本が5月1日ころ、盗難に遭ったという趣旨の説明をしている。

これを石川が盗んで使用したとすると、連結物を構成する荒縄の最長は340センチだから、約7〜7.8メートルの荒縄をいったん切断しなくてはならない。切断にはナイフなどの鋭利な道具が必要であろうし（常識的には、石川でも道具なしで力まかせに断ち切ることはできない）、いったん切断した上で、再びつなぎ合わせるという不可解な作業が必要になる。が、どうも自白からはそうした光景が浮かび上がってこない。

さらに不思議なことに、死体の首に巻かれていた細引き紐については「梯子の付近から盗ってきた麻縄のよう」といいながら「どこを縛っておいたのか覚えがありません」というのだ。石川が「足首をしばっただけで、足首のほかは縛っていない」と述べた調書（7月4日付、検察官、河本作成調書）もある。

石川は、首の細引き紐については、まったく言及していない。これは明らかに死体の客観状況と食い違っている。なにしろ死体の首に巻かれていた細引き紐である。捜査段階で、取調官は相当追及したと思われるのだが、自白調書には被害者の首を「ひこつくし状」にした細引き紐を使って巻いた（あるいは締めた）という供述は一度も出てこないのだ。真実、犯人であるのなら、足首を縛ったことを供述しながら、首に巻いたことは知らないということがあり得るのだろうか。不思議というほかはない。

弁護団は、死体の逆さ吊り自体が存在せず、取調官によって誘導された虚偽架空の自白であると主張し、「死体の芋穴への逆さ吊りという不自然な、また非

科学的な捜査官の勘だけにたよった科学的裏付けのない想定を考え出し、これを石川被告人に押しつけて自白させた」などと強調した。

自白が虚偽架空だと主張するのは、首と足首に巻かれていた2本の木綿細引き紐は石川が盗んできたと自白した民家には存在しなかった、つまり石川には盗めなかった、という分かりやすい理由があったからだ。神田による中川、椎名方の実況見分調書によると、中川方の主婦は

「〈木綿の〉荷作り紐を使った記憶がない。梯子〈中川方建物の南東隅に長さ約2メートルの梯子が立てかけられてあった〉の付近や、家の周りにそのよう荷作り紐を使って置いた記憶もなかった」

と見分時に語ったと記録されている。また、椎名方を建築中だった大工も、

「〈建築中の〉建物の南側で西よりの家の隅へ横に倒して〈梯子を〉置いた記憶があるが、木綿の荷作り紐のようなものは必要がないので〈自分は〉置き忘れたことはない」「〈建築現場には〉瓦職人も来ていたが、木綿の紐は必要ないわけだ。ただ、〈瓦職人が〉小物を積んできたとき、忘れていったことも考えられる」

と説明している。瓦職人の調書は公判記録にはなく（証拠調べ請求されていない）、証人としても出廷していない。主婦と大工の二人は、4回公判で証言席に立っており、主婦は「〈細引き紐に心当たりはありますか、と法廷で検察官に尋ねられて〉それはわかりません」「〈捜査段階で検察官から細引き紐を示されて、見覚えがないかと質問された際に、見覚えがないと答えたか、と法廷で弁護士から尋ねられて〉はい」と答えている。大工は「細いロープですか、縄跳びのロープみたいなものを知らないかと〈事件発生直後に、警察官や検察官から〉聞かれたことがあります。その縄〈木綿細引き紐をさすと思われる〉はうちで使った覚えがないし、〈椎名方建築現場に〉持って行くような必要もないし、まあ分からない」と証言している。

ところが、伝聞形式ではあるが、中川方には細引き紐があったように語った人物がいる。神田の実況見分に補助者として参加していた警察官（巡査）、本田進である。本田は、一審の浦和地裁が63年9月23、24の2日間にわたって実施した検証に立ち会い、中川方の前で（この検証時、すでに中川一家は他へ引っ越していた）「〈本田が、中川の主婦から見分時に説明を受けたところ〉細引き紐は玄関前に置いた梯子に巻き付けてあった、ということでした」と指示説明した、と検証調書に記録されている。検証する裁判長、内田武文ら3人の裁判官の前で、

こう述べたようなのだ。

　これは、いったいどうしたわけか。神田とともに本田も「荷作り紐を置いた記憶がない」という主婦の話などを聞いていたはずなのに。神田の実況見分調書は将来とも公判に提出されることはないとの確信でもあって、検証時にウソをついたのだろうか。

　捜査を担当した検察官は、木綿細引き紐の出所をどうみていたのか。

　一審の冒頭陳述では、「家屋建築中の現場付近〈中川、椎名方の２軒をさすをみられる〉にあった荒縄、細紐を盗んで」と述べていたのだが、17回公判（66年５月31日）に証人として出廷した検察官、原正は、弁護人の中田直人の質問に対し、次のように証言している。

　中田　二人〈中川の主婦と大工〉の当審における証言を総合すると、あの付近には首に巻かれておる紐は少なくともなかったということであるが、証人自身、木綿紐がどこから出たか捜査したか。

　原　　私自身は捜査しませんが、河本検事が捜査した報告書によると、中川という人が引っ越し〈転出ではなく、５月１日当時住んでいた家への転入＝62年10月〉のときに持ってきたものがあるだろうということであった気がします。

　中田　中川がそう言っていたということか。

　原　　そういうような記憶です。

　中田　そういう検事調書があるのか。

　原　　古いことではっきりした記憶がありません。

　中田　証人が知っている捜査資料の中で、中川方以外の場所から、ああいう紐が発見されたということを報じているものはないか。

　原　　それはありません。ただ、最初は死体発見場所から四本杉の方向に向かったところに茶畑がありますが、その茶畑に縄が敷き込んであります。これは茶畑の肥料にするためと、草が出ないようにするためで、畳屋から縄をもらって来て敷き込むわけです。その縄が死体に使われたという風な話であったわけで、私たちはそれだと思っていたわけです。また、木綿紐の方は、それを運ぶときに使っておったリヤカーにつけてあった紐があったが、そのリヤカーはその当時から何か月前かに新しく自動車か何か買ったので、いらなくなり、従ってそれにつけてあった木綿紐もいらなくなってあそこへ捨ててしまったような気がするとい

うようなことを、その茶畑の所有者が言っておりました。それで私たちはその木綿紐が一緒に使われたんだと思っていたのです。

　原が何を言おうとしているのか、よく分からない。茶畑の所有者が捨てた木綿細引き紐が犯行に使われた、というのなら冒頭陳述でそう述べるべきであったろう。それともこの証言の時点で、細引き紐の入手先を冒陳の「建築中の現場付近」から、「茶畑」へ訂正しているのだろうか。しかし、茶畑の所有者はだれなのか、法廷にも公判記録にも登場してこない。
　最終的に、検察側の主張は次のような内容となった。
　「当審証人、原正の供述によれば、中川、椎名方以外にも、本件死体遺棄の現場からほど遠からぬ所に、証拠物のごとき木綿細引き紐が存在したと思われる節も認められるので、被告人が本件犯行当時、右中川、椎名方以外の場所からこれを持ってきて、犯行の用に供する可能性も十分あったのであり、右中川らの証言のみから直ちに、自白にかかる犯行そのものの供述の信用性を否定することは相当でない」（74年2月7日付、検察官、大槻一雄の意見書）。
　これは、「茶畑の所有者」から「あそこへ捨ててしまったような気がするというようなこと」を聞いたという原証言そのものなのだ。検察官が主張するのは、「ごとき」「節」、そして「可能性」だった。判決はつぎのように認定した。

　　首に巻かれていた木綿細引き紐については、被告人は捜査段階及び原審の公判ならびに当審における事実の取り調べを通じ、終始知らないと答えている。
　　荒縄と足首にかけられていた木綿細引き紐については、被告人は捜査段階において中川、椎名方から持ってきた旨供述している。荒縄については中川〈や大工〉も肯定するところであるが、木綿細引き紐については確たる記憶がないと述べ、原審の検証に立ち会った本田進の〈梯子に巻きつけられてあったという〉伝聞供述が存在しないわけではないけれども、結局のところ、木綿細引き紐の出所については確たる証拠はないといわざるを得ない。
　　思うに、脅迫文にみられるように、幼児誘拐の機会をうかがっている犯人としてみれば、幼児を適当な場所に縛りつけておき、その間にかねて用意した脅迫状を届けようと考えて、あらかじめ木綿細引き紐を持ち歩いていたこと

も考えられないわけではない。殊に、脅迫状、足跡その他これまで述べてきた信憑性に富む客観的物証によって、被告人と「本件」との結びつきが極めて濃厚となり、被告人が「本件」の犯行を自供するに至った後においても、木綿細引き紐をあらかじめ持ち歩いていたというようなことは、そのこと自体明らかに被告人に不利益な情状であり、ひいてはそれが死を確実にするためこの木綿細引き紐で首を絞めた紛れもない事実にも結びつかざるを得ない以上、被告人としてその出所を明らかにしないのはそれなりに理由があるのである。
　当裁判所としては、この疑念を否定し去るわけにはいかないのであるが、そうかといってそう断定する確かな証拠は存在しないし、また、被告人が偶然どこかに落ちていた物を拾って使ったと考えても、物の性質上格別不自然ともいえない。被告人の捜査段階における供述には他にも不明な点があり、記録によってうかがわれるその供述態度を考え合わせると、木綿細引き紐の出所が明確でないから被告人は「本件」の犯人ではないと一概にいうことはできない。
　〈中略、計８か所の結び目がある荒縄と細引き紐の連結物について〉なるほど被告人はその点〈短い荒縄をつなぎ合わせるなどして連結物を作成したこと〉に触れた供述はしていないけれども、自らもつなぎ合わせたと供述しているところからすると、椎名方から芋穴まで持ってくる途中なり、あるいはつなぎ合わせる間に、一、二本を落とすなり、もしくはつながなかったと考えてもそれほど不自然ではない。そして、田舎の田畑や農道にこのような縄切れが落ちていたとしても、人々の関心を引く事柄でもない。その見落としが本件の山狩りなり、実況見分に際してあったとしても、それほど異とするには足りないと考えられる。

　判決は、細引き紐の出所がわからないのは「不利な情状」を避けたい石川が隠しているからだ、と言っているようなのだ。結局、これまで何度も登場してきた「犯人ではないと一概にいうことはできない」という二重否定による強引な認定となっている。
　石川は、「捜査段階及び原審の公判」では細引き紐について「終始知らない」とは答えていない。具体的に「建築場所の梯子」「梯子のそば」などと供述しているのである。「終始知らないと答えている」という認定は誤っている。したがっ

てそれに続く、「あらかじめ木綿細引き紐を持ち歩いていたことも考えられないわけではない……あらかじめ持ち歩いていたというようなことは、そのこと自体明らかに被告人に不利益な情状であり」という部分は、裁判官の誤った想像としか言いようがない。

　ここで判決は、石川が事前に細引き紐を用意して持ち歩いていたと認定しているようなのだが、それは幼児にしろ女子高生にしろ誘拐した者を殺害するために準備していたということだろうか。とすると、事件のストーリーは大幅に変更されることになる。検察主張のストーリーでも、殺害はにわかにくわだてた強姦の際に起こった偶発的な結果だ。最初から殺害用に細引き紐を用意していたとなると、周到な殺害計画による犯行となり、検察主張を超える凶悪事件となってしまう。
「死を確実にするためこの木綿細引き紐で首を絞めた紛れもない事実に結びつかざるを得ない」とは、何を根拠にそう認定したのか明示されていない。もしかすると、殺害方法や頭部損傷について写真による再鑑定であるために、判決が批判し、排除した上田鑑定を援用したものだろうか。上田鑑定は、「死の直前か直後に『幅広い索状物』がいったん解かれ、死を確実にするため細引き紐で頸部を巻いた痕跡」を指摘していた（168頁参照）。それをこんな形で利用してもよいものだろうか。
「首を絞めた紛れもない事実」とは、いつの時点のことをさしているのか。上田鑑定は、石川とは関係なく何者かの犯人が「死の直前か直後に」頸部を巻いたと指摘しているのであって、検察官主張のストーリー通りであれば、殺害時に石川は細引き紐を持っていない。殺害後、30分ほど檜の下で考え、死体を芋穴まで運び、脅迫状を訂正し、それから荒縄・細引き紐を盗みに出かけ、芋穴に戻っているのだ。細引き紐を持って芋穴に戻るのは、すでに死体を自らの手で運んだ後だから「死を確実にする」までもない。石川なら、強姦直後の死を確実にするため被害者の首を絞めようとする時点では、細引き紐は手元にないのだ。

# 第5章　自白

## 1　自白の取り扱い

　容疑者が取り調べを受けている犯罪に関与したのか、していなのか、これを誰よりも知っているのは、その容疑者本人だ。「刑務所に入れられるほかにも様々に社会的な不利益を被るのだから、やってもいない犯罪を容疑者は自白するはずもない。だから、自白しているのなら、やはりその容疑者は犯人だ」とみるのが、自白に対する素朴な受け止め方だろう。

　しかし、これまでに冤罪とわかった事例の中に、捜査段階では容疑者が自白していたケースが多々あるのも事実だ。元裁判官、守屋克彦の著書『自白の分析と評価』（勁草書房、1988年）には、自白調書があっても無罪が確定した36例などがあげられている。死刑が確定し、後に再審無罪となった免田、財田川、松山、島田の4事件は、いずれも自白調書があった。死刑になるかも知れない凶悪犯罪の容疑で取り調べられても人間は虚偽の自白をすることがあるのだ。虚偽自白は、毎年7万件前後もある刑事事件の判決（地方裁判所での判決数）を戦後60年以上も積み重ねてきた中で、極めてまれな数十件でしかないかも知れない。しかし理由は様々あれ、自分でウソと知りながら、捜査当局の追及を受けて犯行を認めた（認めざるを得ない状況におかれた）人間も現にいたことを忘れてはならないだろう。

　これまでたびたび部分的に引用してきた石川の供述調書は、計75通にも上る。裁判員裁判では、こんなに多数の調書が法廷に出てくることはないし、自白事件などの場合には被告人が直接法廷で陳述するだけで調書は1通も法廷に登場してこないこともあるだろう。否認事件で、捜査段階の自白調書が出てくる場合でも、石川の時代の調書よりはずっとコンパクトにわかりやすく工夫されたものが数通取り調べられるだけになると思われる。

　被告人側が自白調書の取り調べに同意しない場合、その調書を作成した状況が法廷で調べられる。被告人が強制や誘導などによって供述したのではなく、任

意に供述したかどうかを、取り調べた検察官や被告人に確認する手続きで、それを踏まえて裁判員が「取り調べの任意性に疑いは感じられましたか」と裁判長から尋ねられることもある。そうした裁判員の意見を参考にして3人の裁判官が調書を証拠とするかどうかを決定する（この判断には裁判員は加われない）。任意性がなければ、証拠として認められない。法廷で朗読されることもない。

任意性ありと認められれば、その内容が朗読され、初めて次の段階に進む。内容が信用できるかどうか、だ。検察官らの取調べには自白していたのに、なぜ被告人は公判で否認するのか、調書と法廷供述とどちらが信じられるのか。この判断には裁判員も職業裁判官も対等の立場で議論をたたかわせなければならない。最終的な評決にも影響する裁判のヤマ場といってよいだけに、十分に評議を尽くさなければならない。

## 2　被告人の生い立ち

さて石川の場合である。犯人ではないと主張する石川は当初否認していたのに、どうして自白するに至ったのか、なぜ一審で自白を維持したのか、石川や弁護団による説明を聞かなければならない。こうした説明は、検察側からすれば「すべてウソだ」ということになるのだが、どちらが信用するに足るものなのか、将来の裁判員である読者に判断してもらいたい。

要約して言えば、石川が主張する虚偽自白の理由は二つあった。

一つは、兄、六造が中村善枝殺害の真犯人だと誤解し（あるいは取り調べにあたった警察官や検察官に、誤解させられ）、一家の生活を支える兄が逮捕されては大変だから自分が身代わりになったということだ。

もう一つは、その身代わりを決意させたのは「殺害を自供しても、10年で刑務所から出してやる」という、取り調べを総括していた捜査一課警視、長谷部梅吉の言葉を信じてしまったためだった。

では、なぜ、逮捕当時24歳の青年で数々の職業経験もあった石川が「兄の罪」をかぶるほどに家族の生活を大切に思い、なぜ一警察官が超法規的な権限があるというような奇妙な話を信じてしまったのか。その背景には、部落差別による貧困やそれゆえの家族を思う気持ち、十分な教育を受けられなかったための社会的な無知があった、という主張になる。

事実認定の上では、生いたちなど被告人に固有の事情にはあまり立ち入るべ

きではない、特に殺人のような凶悪事件では被告人と犯人との同一性を客観的に（例えば、指紋が凶器に残されていたとか、目撃者の証言などによって）判断すべきで、生いたちは同一性が立証された後に、量刑を検討する段階で情状面の要素として考慮すればよい、という考えもある。偏見や先入観が、事実認定に影響を与えないようにするためだ。ここまで筆者も、石川の育成状況には踏みこまなかった。

　しかし、石川の場合、自白とその維持には部落差別の問題があり、捜査の進め方にも被差別部落への強い偏見があったと、弁護団によって主張されている。立ち入らないわけにはいかない。控訴審の最終盤（75回公判、74年5月23日）で、弁護人、青木英五郎は、被告人質問に立ち、石川の生活史と差別の実態について詳細に聞き出している。ここで、その被告人質問を要約して（青木の質問と石川の答えをまとめ、筆者の責任で独り語り形式に直した）紹介し、のちに取り調べの実態、自白の経過に移りたい。

　私が生まれた昭和14年から敗戦直後の昭和23年ごろまで、私の家は8畳一間の古いバラック建ての家でした。山から切り出した丸太でつっかい棒をしたような家に、両親と兄、姉、私と弟と妹の7人が暮らしていました。昭和25年ごろ、ドラム缶で作った風呂ができるまでは近所の母の実家にもらい湯をしていました。水道はもちろん、家に井戸もなく、800㍍ほど離れたところにある共同井戸まで毎日水くみするのが私たち子供の仕事でした。小学校2年生のころからは、約二反歩〈約2,000平方㍍〉の畑を兄と二人でしました。

　父親は、狭山茶の工場で働いていましたが、ひと月働き、次の月は休むといった不安定なものでした。その仕事のないときは、日雇いの百姓に出たりしていました。母親は目が悪く、ほとんど家にいました。子供だったころの私の記憶では、食糧事情がひどく悪く、うどんがごちそうでした。砂糖を湯に溶かした一杯が、家族一人一日分の食事になっていた時期もありました。父親がウナギだというので食べたらヘビだったということもありました。

　小学4年生のころからは、通称山学校と言っている大きな農家に父親と一緒に行って農作業の仕事をしました。学校を休んで行きました。このほか学校を休んだのは雨の日、これは家に傘がなかったからです。PTA会費を集める日も休みました。ノートも鉛筆、消しゴムなどもありませんでした。教科書だけは、近所の一年上の人から譲ってもらいました。着古しの着物で、同級生などから「きた

ない」といじめられたこともありました。床屋へ行っても「きたないね」と侮辱され、遠くの床屋へ変えました。

　学校を休むのが多くなると、授業はほとんどわからなくなりました。教室で教科書を読むよう先生から指名されたことも一度もありませんでした。家に帰って教科書を広げることもなく、私は少しも字がわかりませんでした。

　三つ年上の兄は小学5年生で奉公に出ましたが、私は6年生途中で学校をやめ、農家に住み込み子守奉公しました。半年ほど子守をして次は、親類の靴店に奉公に出て、修繕する靴の底をたわしで洗う仕事をしました。続いて茶畑と製茶工場を持っている家や漬物工場で住み込みの奉公をしました。漬物工場では月1,500円ほどもらいました。

　16歳で家に帰り、奉公はやめました。18歳ころまで土木作業や農作業の仕事をやり、飯場に住み込むこともありました。このころようやく一人前の給料をもらうようになりました。勤めではなく、請負で土木作業をすることもありました。月3万円ほど収入があって1万円は家に入れ、残ったお金で野球の道具などを買うようになりました。

　地元の若者たちでつくっていた「菅四ジャイアンツ」という野球チームに加入し、私はキャッチャーが得意でした。日曜ごとに小学校の校庭で練習しました。社会人チームの公式戦は年1、2回ありましたが、市内のチームに試合を申し込んでも被差別部落のチームだというので断られ、いつももう一つの部落のチームと試合しました。青年と子供たちが一緒に野球をやることもあり、昭和35年ころから、関さん〈関源三〉がコーチや審判役をしてくれました。巡回に自宅にくる警察官らに対しては、両親らが「警察の旦那様」とペコペコ頭を下げて平身低頭の様子だったのを幼いころから見ていましたから、偉ぶらない親切な関さんには親しみと信頼を寄せていました。

　製菓工場には昭和33年3月から36年9月まで勤めました。日勤、夜勤の2交代制で、メリケン粉を練った生地をローラーで伸ばし、煎餅の型をつくる簡単な仕事でした。残業もしたので、月2万円にはなりました。そのころ友達から競輪の車券を買うことを教えられました。製菓工場をやめてからは、工務店に約1年間勤め、その後、飯田養豚場で働くようになりました。養豚場を38年2月末にやめてからは、家に帰り、兄のとび職の仕事を手伝っていました。

　小学校をやめてから逮捕されるまで、私は文字の読み書きがほとんどできませんでした。土木作業でも製菓工場などでも、仕事上、読み書きはほとんど必要あ

りませんでした。数字を覚えておいて報告すればいい仕事でした。はがきや手紙は書いたことがありません。一番困ったのは、職業安定所に行ったときです。書類が書けずに困り、友達と一緒に行って書いてもらいました。履歴書なども親類に頼みました。名前と住所はだいたい書きましたが、一雄の雄がむつかしく、夫という字を書いていました。選挙の投票には何回も行きましたが、父親に言われるままの名前を家で練習してから行きました。

当時の私は、そうした生活にほぼ満足していました。本も読まず、たまに競輪場へ行ったり、映画館で石原裕次郎の映画を見たりして自分としては充足していた感じでした。字を習って本を読んでみようという気持ちはどこからもわいてきませんでした。

昭和38年5月23日朝、私は逮捕されました。その後、中田弁護士が狭山署に面会に来たとき、私は弁護士という言葉自体知りませんでした。自分を助ける仕事で来たのだということを理解できませんでした。弁護士の仕事がわかっていたら、面会のあとに、弁護士と話し合ったことのすべてを警察官に話してしまうこともしなかったでしょう。中田弁護士が別件の第一回裁判〈勾留理由開示のこと〉が6月18日にあると言っていたのに、それがなくなったのは弁護士が悪いせいだとしか思えなかったのです。私の無知でした。

狭山署で調べを受けていたころ、横書きの何かコピーをとったようなもの〈脅迫状の写真か？〉を見せられ、写して練習しろと取調官から言われ、練習して書いた記憶があります。

取り調べを受けていた私が、長谷部警視が言った「自白すれば、10年で出してやるという男の約束」を信用してウソの自白をした理由は、長谷部さんがすごく偉く、裁判官より偉いと思ったからでした。再逮捕後、川越署分室に移されたとき、ほとんどの警察官がペコペコ頭を下げていたし、長谷部さんから「お前は一人でやったと自白しなければ、おれが〈起訴された別件の〉9件だけで死刑にできるんだぞ」と言われたからです。死刑にできるのだから、偉い人だなと思いました。

その長谷部警視が「10年で出してやる」というので信用してしまったのです。控訴審の最初に「私はやっていません」と言ったときも、弁護士を信用していませんでした。だから弁護士にも相談せず、突然言ったのです。

私が拘置所の中で、文字を勉強するようになったのは、控訴審も進んだ昭和42年ころからです。自分の無実を訴えるには自分の手に頼るほかはないから、勉強しました。

昭和14年（1939年）1月生まれの石川が小学生だった時期は、終戦前後の混乱期だった。国民の多くも貧しかった。しかし、学籍簿（61頁参照）にあるように小学校高学年の多くを休学し、中学には通学していないのは、やはり当時の被差別部落の実態を反映したものだろう。62回公判（72年6月17日）で、部落解放同盟中央委員で同盟埼玉県委員長（当時）の野本武一は、部落差別の実情に関連し次のように証言した。
　「石川君は小学校にも満足に行けなかったという実態の中で、法律が何たるかも分からない、ただ一番頼りにしたのは最後には警察官であったということです。〈中略〉部落差別が石川君という人間を、何事も社会から離れるような人間を作り出してきたこと、そして警察の甘言によって自白を強要され、それを維持するという立場を一貫終始して守ってきたのです」
　「差別が原因でありましょうが、〈部落の人たちは、いったん〉結びつくと共通感情というものを持っておりますから、やはり義理堅い」
　「自白維持の背景には、そうした心理を利用した捜査当局による部落差別の問題があり、それが狭山事件の本質だ」
　弁護人、青木は裁判官交代にともなう更新弁論（73年11月27日、69回公判）でも、長く同和教育にたずさわってきた滋賀県の小学校教師、平井清孝の次のような見解を引用していた。

　　普通では考えることのできない、部落の青年が持つ特有の精神現象を考えなければならない。部落の子は普通一般に、縁もゆかりもない他人に、可愛がられたり、いとしまれたりした経験に乏しいものである。このことも差別によるものであるが、部落の中で、血縁同志である人と人の間には、驚くほど親愛関係がみられる。しかし、これが他人となると、よそよそしい冷たさがみられる。このことが、さらに部落外部のものに対するとき、差別からきびしく自己を守るために、一種の心理的警戒体制をとるという、そのような精神傾向がある。
　　ところが、このことが逆に作用して、部落外部の人たちが商売上とか、教育上、その他行政上などで、部落の人々の信用を得たときは、それがさらに牢固として、抜くことのできないほどの強靭な、絶対的な、その人に対する尊敬と信頼にまで進む場合が、しばしばみられるのである。

部落の青少年たちは、ひとたび人を信じると、どのような障害があろうとも、また自己に不利益なことがあろうとも、その信じる人を絶対に疑わないという純真さを持っている。被告が関巡査に抱いていた心情は、まさにそういう性質のものであったとみられる。〈一審で〉死刑の宣告を受けてさえ、自分の周辺がおかしいとは気づかず、特定の人を信じているという被告の心情や行動は、〈中略〉徹底的に掘り下げ、検討しない限り、正しく知ることはできない。
　ところで、これに関連してぜひとも注意しなければならないことは、このようにひとたび人を信じたとなると、正邪を論じないで、地獄の果てまでも、その人と共に歩こうとする、こういう部落の人々の性情に乗じ、それを利用して、まさにその信頼を裏切るような背信行為をする、そのような態度をとる部落外部の人々が往々にしてある、ということである。これは最も悪質な部落差別である。しかし、このことは、その差別が悪質であればあるほど、その言動は巧妙であり、それを指摘することが困難である。さらに、その背信行為を、差別として立証することは、多くの場合、はなはだしく困難である。

　さらに最終弁論（74年9月24日）でも、青木はこうした石川の事情を強調した。
　「彼の職業歴からわかることは、その職業のほとんどが孤立したものであるとであります。転々と職業をかえているばかりでなく、彼の場合、集団の中での生活がないに等しいのです。〈中略〉孤立した生活をしていることは、社会生活がないということであり、彼が社会的に学び、社会人として身につけるべきものが徹底的に破壊されていることであります。したがって大人になってゆく過程においても、〈中略〉人間としての成長が徹底的にはばまれています。つまり、〈中略〉石川君は小学二年程度の学力のままで、身体だけが成長しても、社会人としてはきわめて低い精神年齢にあったものといわねばなりません」

## 3　取り調べ状況

　この石川にどのような取り調べが続いたのか。
　5月23日の逮捕から別件9件での起訴（6月13日）をはさみ、7月9日の本件での起訴まで48日間あった。石川の供述調書75通のうち一審で取り調べ

られたのが 54 通。控訴審には入ってから取り調べ状況を明らかにする目的で提出されたのが 21 通ある。強盗殺人など本件関与について認否別に分けると、次のような通数になっている。

　否認期　5月23日から6月18日までの27日間
　　　　　　　33通　脅迫未遂容疑を含めた本件否認の19通
　　　　　　　　　　別件関係では全部自白の14通
　共犯期　6月20日から22日まで3日間（19日の調書はない）
　　　　　　　　6通　警察官作成の調書のみ
　単独期　6月23日から7月8日まで16日間（7月9日の調書はない）
　　　　　　　36通　警察官作成の調書16通
　　　　　　　　　　検察官作成の調書20通

　共犯説として自白を開始したとされる20日、単独犯説として自供し始めた23日は、自白調書の日付などによる検察側の主張で、石川・弁護側は否認から共犯説に転じるのは23日ころ、単独犯説に再転したのは26日ころと主張している。

## 4　否認期

### 1　アリバイ

　取り調べ初日の5月23日に石川はアリバイを主張したようだが、これはあっさり否定される。筆跡鑑定にも使われた逮捕前の上申書（19頁参照）でも書いているように5月1日は「ごご4時ごろまで」兄、六造と一緒に仕事をしていたというアリバイだったが、捜査本部が家族などに事情聴取したら、すぐにわかってしまうウソだった。逮捕2日目の調書（5月24日付、捜査員、清水利一作成）には、次のようにある。

　　本年五月一日の日の行動についてお尋ねでありますから正直にお話し致します。
　　この事については昨日から何回も聞かれましたが何分にもまず近所の〈中略〉家へ鳶職で兄の六造と行っていたと言っておりましたが、それは皆うそです。
　　私が何故その様なうそを申し上げたかと言いますと、〈中略、私の自宅近くの農道に女子高生が殺されて埋められる〉事件があり、私が丁度その日

遊びに出て夜七時三十分頃雨にぬれて帰って来たのを父親が知って居て心配し、お前は疑われては大変だから〈中略〉六造と鳶仕事に行っていたとアリバイを作っておけと言われたので私もその気になり、今日まで警察の刑事が来て聞かれてもその様にお話しておりました。
〈中略〉私は、その日ちょうど金を持っておりましたのでつい仕事をするのが嫌になり、パチンコでもしようと思い、朝飯を食べて家を出午前七時十分、入間川駅を出発して所沢を通り越して西武園で下車し、西武園の山の中え行って長靴の中に敷いていった新聞紙を取り出して腰を降ろし煙草を喫って遊んでおりました。そこに約二時間くらい居て又西武園駅へ行って所沢まで切符を買い、所沢で下車して〈中略、駅前大通りの〉大きなパチンコ屋え行き、二十二番の機械で二百円玉を買ったら五時頃までに四百五十円現金で稼ぎました。それから残金で五十八番で十分くらいやりましたがすぐ取られて仕舞いました。
それで私は家え帰ろうと思って所沢駅え行き入間川駅まで切符を買い午後七時半頃入間川の駅に到着帰宅したのです。

なぜ父親に言われたからといってすぐバレるようなアリバイ主張をしたのか。事件にかかわりたくないという父親の心配はわかるとしても、確かに浅薄なウソであった。しかし、問題はそのアリバイ主張の中身だ。
すぐ破綻するようなたわいもないアリバイ主張自体が、犯人ではないことを裏付けているとも言える。本当に犯人だとしたら「ごご４時ごろまで」仕事をしていて、あとは家へ帰っていたという家族しか証言者がいないアリバイを主張するだろうか。午後４時とは、検察主張の通りの犯行時間帯なら、犯人と被害者がちょうど出会うころの時刻で、殺害、脅迫状を届けるという犯行は４時以降の時間に行われている。むしろ、本当の犯人なら４時から死体埋設を終えて午後９時過ぎに帰宅するまでの時間帯について、家族以外の第三者による証言を準備するのではないだろうか。仕事をしていたと主張した「近所の家」の人間に、話を合わせて仕事をしていたことにしてくれ、というような工作の跡もない。
本格的なアリバイ工作を試みる犯人であったなら、検察ストーリーによれば重要証拠となる兄の地下足袋、妹のノート、奪ったとされる被害者の万年筆、１日に履いていたゴム長靴、１日に着ていたジャンパーにＧパン（いずれも血痕なし）などを自宅にそのまま置いておくものだろうか。判決が指摘する手ぬぐいを工作す

るような家族（96～97頁参照）が、それらのものを放置しておくものだろうか。
　調書には「私が丁度その日遊びに出て夜七時三十分頃雨にぬれて帰って来たのを父親が知って居て心配し」とあるが、これはむしろ、父、富造も石川本人も午後7時30分ころに何があったか知らないことを証明する言葉と思われる。午後7時30分は、犯人が内山宅を訪ね、被害者方に脅迫状を差し込む、例のきわどい時間帯だ。それなのに7時30分ごろの帰宅を心配するとは……、親子が何も知らない、事件とはほど遠いところにいたことを物語っている。
　では、供述の後半部分、本当は何をしていたのか。
　パチンコ店が開くまで西武園で時間をつぶし、午後7時半ごろ帰宅したという主張は、控訴審で若干変化する。3回、27回公判で、石川は1日の行動を次のように説明した。

| | |
|---|---|
| 午前7時30分ころ | 弁当を持って自宅を出る |
| | 入間川駅から電車に乗り、村山駅で降り、西武園に行く |
| 午前9時30分ころ | 村山駅から所沢駅に到着。 |
| 午前10時 | 所沢駅前のパチンコ店に入る |
| | パチンコ店前の銀行のそばで弁当を食べる |
| 午後2時ころ | パチンコを終了し、電車で入間川駅へ戻る |
| | 入間川駅西側の通りをぶらぶら歩き、途中、たばこ屋で新生一個とマッチ2個を計46円で買う。青果店の前で、顔見知りとなっていた同店の店主とあいさつする。 |
| 午後3時半～4時ころ | 雨が降ってきたので、入間川駅北側にある荷小屋（西武鉄道貨物上屋＝壁がなくて屋根だけの建物。外から自由に出入りできた）に入り、雨宿りと時間つぶしを兼ねる |
| 午後4時ころ | 荷小屋の前を、自転車で過ぎ去る中学生の一団を見る |
| 午後5時3分ころ | 自衛隊入間基地から養豚場へ帰る飯田養豚場の車を目撃する |
| 午後7時ころ | 荷小屋から帰宅 |

青果店の店主は27回公判（68年9月17日）で証言席に立ち、石川の名字と顔は知っているが、5年前の5月1日午後に店頭で石川とあいさつを交わしたかどうか「忘れた」と答えた。石川は店主から「パチンコかい？」と声をかけられ、石川自身は指で玉を弾くしぐさをして答えたというのだったが、店主は覚えていなかった。ただ店主は、石川が店頭を通りかかれば「パチンコに行くのかい？」と声をかけるようなことはあり得るという趣旨の証言はしている。

　弁護団によると、中学生の一団は、5月1日午後3時30分ころから始まった市内中学校の野球大会が東中学校で開かれ、雨で中止となって集団で帰宅する中学生たちである可能性が強い。野球大会は4月下旬から5月上旬にかけ7日間断続的に実施されたが、石川の供述と大会の運営状況が一致するのは、5月1日しかなく、この中学生目撃談は石川供述の真実性を物語るもの、と主張した。

　荷小屋に一人で約3時間も過ごしたことは、石川のアリバイを証言してくれる人物がいないという結果を招いた。会社や学校など社会的な集団から孤立し、不安定な土木作業などの仕事をしていた石川の差別的な生活状況そのものが原因しており、捜査本部はアリバイの成立しにくい石川を犯人に仕立て上げた、と弁護団は主張した。

　石川とその家族は、身代金授受の2日夜から3日午前零時過ぎにかけては、まったく何の手当てもしていない。検察側も2日夜については、工作があったとは主張していない。石川自身は一次逮捕直後から一貫して、友達と遊んで午後6時ごろ、帰宅し、家族と夕食をとり、テレビを見て午後10時ごろ就寝した、と主張している。父、富造も、母、リイも、兄、六造も口裏合わせをするどころか、ほとんど2日夜の記憶がないという趣旨の法廷証言をしている。仮に、殺害時間帯のアリバイ工作をした犯人が、身代金授受の時間帯は工作しないということがあるだろうか。ここにも石川やその家族が、事件とは無縁だったことがあらわれている。

　検察官は、控訴審に入ってから「荷小屋から中学生を見た」などのアリバイ主張は不自然で、石川の記憶による供述は信用できない、青果店主の証言は明確ではない、などと主張した。

## 2 ポリグラフ

　逮捕当日、5月23日の午前中と午後の2回にわけて、石川は狭山署でポリグラフ検査を受けている。汗腺の活動を反映するとされる皮膚の電気反射や、呼吸、

脈拍、血圧などを測定するもので、ウソをつくと測定値の変化でわかるとされる機器だ。

このときの石川の承諾書（裁判所による身体検査令状が必要だという説もあるが、令状は取られていない）には、「私はただいま言われましたような女の人を殺したことなど知りませんから、本日ポリグラフ検査をすることを承諾いたします」という趣旨の記載がある。県警鑑識課作成の「ポリグラフ検査結果確認について」と題する文書には、「先に発生した〈被害者、中村善枝に対する〉強盗強姦殺人、死体遺棄ならびに恐喝未遂被疑事件に関し、容疑者石川一雄に対して、本年5月23日〈中略〉、ポリグラフ検査を実施した」となっている。一次逮捕の容疑は、バイクとの接触事故にともなう暴行、友人の作業衣を持ち出した窃盗、それに脅迫状を届けた脅迫未遂の疑いだったが、逮捕初日にいきなり本件の強盗殺人容疑で取り調べたことを示している。

石川は、積極的に殺人の疑いを晴らしたいとこの検査を承諾した。承諾書をとった狭山署刑事課長も10回公判で「〈石川は嫌がることなく〉すすんでいったと記憶しています」と証言している。この検査は5月29日にも行われている。

その結果はどうのように出たのか。2回公判（65年7月13日）の被告人質問で、石川は次のように述べている。

「ウソ発見器をやったら〈黒と〉出ていたと〈捜査本部が？〉言っていたぞと〈検察官、原が取り調べの中で〉言ったわけです。だけどそんな馬鹿なことはないと俺は言ったわけです」

「〈検察官、原は、石川の共犯者とみていた養豚場経営者の〉飯田和頼さんの場合も〈ポリグラフ検査をやって黒と〉出ていたから、早く出してやる〈刑期を短くしてやる意味か？〉から話せ、と言ったわけです」

「長谷部さんからも言われました。〈検査結果は〉俺に間違いないと言ったわけですね。だからそんな馬鹿なことはないと〈私は〉言ったわけですね。実際に殺してないから早く帰してくれと言ったわけですね。そうしたら、帰すわけにはいかない、と〈長谷部が〉言ったわけですね」

「〈狭山署長、竹内武雄が6月11日ころ、関源三とともに取調室に来て〉言いました。ウソ発見器にやはり善枝ちゃんを殺したことが出ていると。だから、関さんがここにいるから早く話せと言ったです」

原、長谷部は公判でこうした取り調べを否定し、署長の竹内も41回公判で、「〈ポリグラフの結果は〉一応黒と言えば黒という程度の線ということは〈担当者

から?〉聞いていますが、〈中略〉黒ということを石川君に話したことはないと思う」と証言している。

結局、ポリグラフ検査の結果は一審法廷には提出されず、検察側が証拠調べ請求したのは72年9月、控訴審終盤になってからだった。その立証趣旨は「被告人が本事件に関し有罪意識を有すると推定されると判断されること」というものだった。

## 3 手錠

一般に、手錠をかけたままの取り調べは、供述者に心理的な圧迫が加わるとされ、施錠した状態で供述し、作成された調書に任意性があるかどうか問題となるケースがある。取調室から逃走を図ったり、取調官に対し暴力をふるったりするおそれがある容疑者には手錠をかける必要性が認められる場合もあるが、取調官側からの圧迫を強く感じやすい気の弱い人や少年などの場合には任意性が疑われる場合もある。調書に任意性が認められなければ、その供述調書は証拠とすることはできない。

石川は、調べを受けるときは「いつも、左手に手錠をはめられていました。狭山署でも、川越署分室でも同じです」「〈取り調べ中〉ものすごく雷が鳴ったときがあって、〈そのときだけ落雷しないよう?〉両方はずしてやろうか、と言われたことがある」(27回、56回公判)などと被告人質問で語っている。

狭山署での取り調べにあたった捜査本部の警部、清水利一は、法廷で取り調べ状況を尋ねられ、「〈石川には〉手錠をかけて調べたことが多いと思っております」「私は調べをするときは、自分もお茶が好きですから、被疑者にもほとんど飲ませます。そういうときは〈被疑者＝石川の手錠を〉外します」と証言している(47回公判)。

また、狭山署、川越署分室を通してほとんどの取り調べに立ち合った警部補、遠藤は、「〈調べ室では、左右両方の手錠について〉両方は外したことは、それは、おそらくないと思いますよ」「両方の手錠を外したということはない。おそらく片方の手は〈手錠が〉かかっておったんじゃないか、かけてあっただろうと、だけれども長い間だから〈事件から時間が経っているから?〉記憶ないけれども両方外したことも、あるいはあるかも知れません」と証言し(56回公判)、取り調べ中は少なくとも片手錠がかかった状態だったことを認めている。

最終弁論(81回公判、74年9月26日)の「弁論を終わるにあたって」で、

弁護人、中田直人は、次のように述べている。

「かつて寺尾裁判長は、〈狭山事件とは別の判決で〉『いやしくも犯罪の捜査ならびに公訴提起の権限を持ち、やがて〈訴訟の〉当事者となるべき相手方たる被疑者を、自ら取調室において取り調べ検察官が、被疑者を両手錠、縄つきのまま取り調べること、換言すれば人的もしくは施設面の改善によって解決すべき問題を、両手錠、縄つきという直接的有形力によって、代置させてよいものだろうか。それはあまりにも非人間的であり、むしろそれ自体強制というに近いものではあるまいか。〈中略〉刑事裁判による実体的正義の実現は、刑事手続きにおける正義を通じて達成されなければならない』とし、手錠を施したまま取り調べをし、作成した検察官調書の任意性を否定する判決を行ったことがある。〈中略〉正義は裁判所によって回復されなければならない。裁判所が本件捜査の実態を直視し、最も厳しい態度でその責任を追及することを期待してやまない」

中田が引用している判決は、寺尾が東京地裁の裁判官だった65年5月29日に、ある恐喝事件で言い渡したもので、寺尾は「両手錠、腰縄つき」の取り調べで作成した検察官調書3通は任意性に疑いがあるとして証拠から排除していた。石川も、お茶を飲むときや雷が鳴ったとき以外は両手あるいは片手に手錠をはめられて調べを受けていたのだから、調書の任意性に疑いがある、証拠としての能力がない、と中田は主張した。

## 4 切り絵

石川は狭山署で取り調べを受けている際に、取調官が人形の絵を描いた紙を切り刻み、示されたことがあると、法廷で語っている。

「長谷部さんなんかは、幽霊とか、絵を描いてハサミに腕とか足とかちょんぎったものを見せたりね、『俺たちは刑事だから石川を殺して埋めてしまっても〈だれにも〉わからない』と言いました。『君の親には、〈警察署から〉逃げられた、と言えば、〈殺しても〉わからないぞ』と言われました。だから、それだけは許してくれと言いました。そのときは、何もわからなかったので、本当にそう思いました。〈恐くて〉夜なんかよく眠れないので注射をうってもらいました」

「〈長谷部が〉『これが善枝さんだ』と紙に絵を描いてね、で、善枝ちゃんの手と足とか言ってね、こういうのが夜、ばけて出るとか、こう言ったわけです。それで切って手に挟んだり足に挟んだりしたわけです」

「〈ハサミで絵を切ったのは〉六月に入ってから、一週間くらい続きました。昼はやらないんだけども、夜、十時を過ぎるといつも取調室でそういうふうにやるんだね」

　まるで子供だましのような取調室の光景なのだが、連日厳しい調べを受ける石川にとっては恐怖の夜だったらしいのだ。これが実際にあったとして、そのときの石川の恐怖は、体験していない第三者にはなかなか理解し難いかも知れない。「殺して埋めてしまっても〈だれにも〉わからない」「君の親には、〈警察署から〉逃げられた、と言えば、〈殺しても〉わからないぞ」などという言葉をまともに受け止めれば、それは死の恐怖だ。殺人をちらつかせて得られた供述に任意性はない。

　当然ながらと言うべきか、長谷部は「〈取り調べ中に、石川を殺して埋めてしまうぞと言った〉記憶はありません」「〈取調室で人形の絵を描いてその腕などを切ったことは〉ありません」と10回、51回公判で証言している。

## 5　兄への疑惑

　一次逮捕の勾留満期（6月13日）が迫る6月11日、石川は狭山署で検察官、河本仁之の取り調べを受けた。このときの取り調べで、石川は「あんちゃんがやった〈殺した〉のではないか」と河本から追及を受けたというのだ。兄を疑われた石川は、怒って河本の湯飲み茶碗を投げつけようとしたという。

　この日の調書の内容は、初めて3人共犯説を概括的に供述したものとなっており（石川は11日にはこの内容は供述していない、と主張している）、調書の末尾に「右の通り録取し読み聞かせところ誤りのない旨申し立てたが署名押印を拒否した」とある不思議な調書だ。自白調書としては成立せず、一審法廷には提出されなかった。控訴審になってから当時の取り調べ状況を立証するとの趣旨で検察側が提出してきたものだ。

　この11日の取り調べをめぐり、40回公判（70年12月5日）に証人として立った河本に、石川は次のような質問を投げかけている。

　　石川　証人〈河本〉は暗に私の兄、六造〈中略、他に六造の友人の2人〉を指して、3人共犯でやったのではないか、というようなことを〈私に〉言って、私が「もし兄貴がやったのなら、俺がやったことにしてくれ」「兄貴は警察に一度も逮捕されたことはないから、そんなことはするわけはない」と言ったら、証人は
　　　「兄、六造の地下足袋が〈佐野屋近くの畑で採取された〉足跡と一

　　　　致しているから兄さんがやったのではないか」
　　　　ということを言い、〈中略、兄を疑われて石川が怒って、取調室にあっ
　　　　た河本の湯飲み茶碗を石川が持ち河本に向けて〉湯飲み茶碗を投げ
　　　　つけようとしたのです。〈中略〉どうですか。
　　河本　〈調書の内容が正確でないためか、どうかは分からないが〉調書の署
　　　　名の問題から、そうなったと思います。

　河本が証言するには、兄、六造に関連してではなく、ともかく署名する、しないをめぐって口論となり、石川は署名を拒否し、茶碗を投げつけようとしたというのだ。
　しかし、河本は同じ40回公判で弁護人、橋本紀徳の質問に対しては、
　「〈捜査中に、六造がこの事件に関連しているのではという嫌疑を持ったことが〉あるいはあったかも知れません。確か現場の足跡、地下足袋の足跡でしたか、その足跡に合う地下足袋が被告人方から発見されたようなことがあったと思うのですが、すると被告人に限らず、その兄さんも犯行をなした可能性を一応疑ってみなければいけませんから、そういう意味でそういう嫌疑は一部にあったかも知れません」「〈石川に、六造らによる犯行だと質問しなかったか、と問われ〉そのへんははっきりした記憶がありません」と微妙な答えを返している。
　石川にしてみれば、この河本の取り調べ以前から、自宅から押収された六造の地下足袋と現場足跡が一致したという話は警察の取調官から聞いており、「もしかしたら兄が……」と不安に思っていた。そこへ具体的な名前を出しての追及を受け、カッとなったということだろうか。
　石川が六造の方を心配していた理由は、殺害があったとされる5月1日の夜遅く（午後10時15分ごろ）、六造がびしょ濡れになってバイクで帰宅したのを覚えていたからだった。この夜、六造はとび職としての仕事の打ち合わせで遅くなった（捜査本部も六造の訪問先などで確認済みだったと思われる）のだが、石川自身はそのことを知らず、取調官からも、接見の弁護士からも知らされてなかった。
　この河本が取り調べた11日の時点で、石川は署名押印こそしなかったものの「兄貴がやったのなら、俺がやったことにしてくれ」と検察官に述べたというのだ。「俺がやったことに」の前後に別のいくつかの言葉を補えば、本件について「半ば落ちた」と検察官が受け止めることは可能だったかも知れない。

## 6 泣き落とし

　石川によれば、勾留満期前日にあたる12日の夜、狭山署刑事課長の諏訪部正司と取調室で二人きりになった。石川は、このときの様子を2回公判で弁護人、中田の質問に答え、

　「俺の手を〈諏訪部が〉握ってね、泣きながら、『石川、殺したと言ってくれ』と言ったわけですね。『俺は狭山の人だから悪いようにはしない』と言ったけれどもね、俺もつられて泣いちゃったけれどもね。俺は殺さないから、『殺さない』と言ったわけです」

　「〈頼むから殺したと話してくれ、と諏訪部が言ったのか、との質問に〉ええ、そうです」

と語っている。いったい、警部である所轄署の刑事課長が、取り調べをしている被疑者の前で泣くことがあるのだろうか。ところが、諏訪部自身が「ありました」と10回公判で証言している。弁護人、橋本と次のような応答が記録されている。

橋本　　証人は、被告人と頻繁に話をしたり、あるいは聞いたと思うが、その機会に被告人について、どんな感情をいだいたか、証人の感想を述べてもらいたい。

諏訪部　その当時からもう2年あまりも経っており〈10回公判は65年12月14日〉、もう感じも薄まっているので、特に申し上げることはないように思います。ただ、気の毒な方だ、とは思いました。

橋本　　証人は、石川も男だ、俺も男だ、とこんなことを言いながら、石川と手を取り合って泣いたということはないか。

諏訪部　ありました。

橋本　　それはいつか。6月12日の夕方ころではないか。

諏訪部　月日の記憶はありません。

橋本　　手を取り合って泣いたとは、どういう気持ちからか。

諏訪部　私は、人間はみな善だと思っております。しかし、そのときの石川はすくなとも悪いというか、魔というか、そのような存在にあったのではないかと思いました。

橋本　　被告人はそのとき、どんなことを言ったのか。

諏訪部　忘れました。

橋本　　被告人が涙を流して泣いた、ということは何回あったか。

諏訪部　1、2回程度ではないかと思います。

橋本　この日、被告人が特に、証人と手を取り合って泣いたという、何か特別の理由があったのではないか。
諏訪部　私はあくまで、破邪顕正という気持ちで、石川と一つの部屋にいたのです。
橋本　その場所はどこか。
諏訪部　狭山署の第一か、第二の調べ室です。
橋本　証人のほかに誰かいたか。
諏訪部　私と石川の二人であったような記憶です。

続く11回公判でも証人席に立った諏訪部に対し、石川が直接、質問するシーンも繰り広げられた。

石川　そのとき、俺も泣いたら、諏訪部さんはどういうふうに言ったですか。お前は善枝ちゃんを殺したから、そのように小さく泣くんだろう、そう言ったんです。「俺が親のつもりで、この温かい手を、この気持ちを察してくれ」と言ったじゃないですか。
諏訪部　そのようなことは記憶しておりません。
石川　〈泣いたときと同じ日か明らかでないが〉これが最後だって、写真をとったことがありますね。
諏訪部　その点は記憶にございません。〈中略〉
石川　鏡みたいな、ガラスが付いているところがあるでしょう。面通しするとかいうところ。あの隣で写真撮ったんだよね。
諏訪部　それは、あるいは捜査員の関係から撮ったかも知れませんが、その点はよく記憶にありません。

　手を取り合って泣いたり、記念写真のようなものを撮ったこともあったようなのだ。写真撮影については、再逮捕前、狭山署で調べていた当時の主任取調官だった警部、清水利一が47回公判で「〈石川の、証人と長谷部さん、遠藤、山下らと一緒に写真を撮ったことはご存じでしょう、との問いに〉覚えております」と証言している。

## 7　共犯情報

　一次逮捕の勾留満期近く、強盗殺人についての取り調べが大詰めを迎えていたころ、捜査本部は複数による共犯説を採っていたようだ。

6月4日には別件の⑤（茅束を盗んだ事件。29頁参照）の容疑で、養豚場の経営者、飯田和頼（仮名、24歳）を逮捕し、同じ日に養豚場の同僚で友人の東山歩（仮名、20歳）を別件の②（工事現場から杉材を盗んだ事件）の容疑で逮捕している。東山は別件③の傷害事件でも、石川と一緒に現場にいた一人だった。捜査本部は、飯田、東山の双方から、5月1日の行動などについて聴取していたようだ。石川、飯田、東山ともに狭山市内の被差別部落に生まれ育った若者だった。石川は法廷で、
　「〈取調官から〉お前〈石川〉と一緒に東山がやった〈女子高生を殺した〉と言われた。東山がやったと言っているから、お前が知らないと言っても、裁判へ行ったらお前がやったことになる。だから、早く自供しろと言われた」
という趣旨の発言をしている。東山自身も18回公判で、脅迫状の写真を見せられ、「お前が書いたのではないか」「飯田養豚場からスコップを盗んでないか」「石川と私と、それから戸田〈仮名〉という友達と3人で殺したんじゃないか」などと追及を受けた、と証言している。
　この取り調べパターンは、捜査当局が共犯関係にあるとにらんだ複数の容疑者に対して自供を引き出すため行う「切り違え尋問」と呼ばれる手法だ。偽計による心理的な強制を伴うとしてたびたび問題になっている。新たに「戸田」という石川とも共通の友人の名前を出して追及している点が注目される。
　飯田自身は「お前がやったのではないかという取り調べは受けてない」「逮捕される前から5月1、2日の行動は何度も聞かれた」「10日間ほどで釈放され、逮捕容疑では起訴されなかった」という趣旨の証言（15回公判）をしている。
　捜査本部には、5月中から有力な共犯情報が寄せられていた。
　市内に住む石川、東山とも顔見知りの植木職人、奥田茂（仮名）の目撃証言だ。弁護団の開示請求に基づき、控訴審最終盤の74年5月21日になって検察側が開示した奥田の供述調書6通がある。奥田は63年6月5、9、10、11日と立て続けに調書を取られている。「5月1日に、山学校付近の道路で、石川と東山を見た」という趣旨の目撃証言だった。
　6月5日にこの目撃談を調書に録取した検察官、原正は「植木職人の奥田は、石川、東山の二人が5月1日午後2時か3時ごろ、〈当時、建築中だった〉東中学校の近くの道路際にいるのを見たという内容の目撃証言で、当時は信用した」という趣旨の証言（17回公判）をしている。この「山学校」や「東中学校」の位置は検察官が主張する、石川と被害者、善枝の「出会い地点」と極めて接近

していた。

　また、取調官の警部、青木一夫も、すでに5月中に奥田茂から目撃調書を取ったと証言（17回公判）し、その内容について「〈事件発生の5月〉1日に、今回の事件の現場近くに二人の男がいた。東山と石川のように思う、ということでありました」「〈奥田は〉その二人の男は、石川ならびに東山だということを私に申しました。私は、〈奥田が初めからはっきりと石川と東山だったとは言わずに、何度か聴取を重ねるごとに石川、東山とはっきりしてきたので〉石川と東山であることには信憑性がないと〈思いましたが〉、そこに二人の男がおったということにつきましては、ある程度間違いなかろう〈と思いました〉」と語っている。

　つまり、捜査本部は5月中（石川の一次逮捕以前かどうかは判明していない）から、1日に「出会い地点」近く（山学校付近の道路）で石川、東山らしい二人組みの男を見たという目撃情報を把握し、しかも主任検察官はこの目撃証言を「信用した」というのだ。石川の自白前に、こうした共犯情報を捜査本部がすでに把握していた事実が注目される。

　結局、飯田は不起訴となり、東山はその後、②の窃盗で起訴され、懲役1年、執行猶予3年の刑を受けた。

## 8
### 署長と関源三

　勾留期限が迫るころ、石川はいまだ捜査本部が把握していない「〈自分のやった〉悪いこと」を取調官らに話そうか、どうしようか迷っていたという。それは、窃盗や暴行などそれまで自白していた別件の9件とは違う窃盗事件だった。

　女子高生殺害の起きる前年、62年秋ごろ、石川は元米軍ジョンソン基地（航空自衛隊入間基地）から仲間2人とともに鉄パイプを盗みだし、くず鉄商に売りさばいたことがあった。石川が法廷（3回、66回など）で語ったところによると、この窃盗の自白に踏み出せなかった理由は、一緒に基地内へ入った2人は石川よりいずれも年上、子供もいる家庭持ちで、警察に捕まるとかわいそうだと思ったこと、うち1人は近所でも評判の暴れん坊で自分（石川）の供述で発覚したとなると逆恨みされ、何をされるか分からないほど「おっかなかった」ということであった。

　この窃盗を取調官に話すべきか迷っていたころ、狭山署長の竹内武雄と、同署交通係りの巡査部長、関源三がそろって取調室を訪れた。このとき石川は「三人で悪いことをやった」と窃盗とは言わずに竹内らにほのめかしたというのだ。

「〈署長らと会って〉ある悪いことをしたから、それを話そうと思っていたんだけれどもね、裁判所へ行ってから何もかも話そうと思ったです」

「〈今は詳しく言えないが、裁判所へ行ってから〉三人で悪いことをやったと話すと〈署長、関に〉言ったわけです」

と法廷で語っている。

　直接の取り調べを担当していない署長と交通係が、なぜ取調室に入ったのか。竹内は「6月12、13日ころ、一回だけ、私と関巡査部長と取調室で石川に会った」（41回公判）と証言している。入った理由とそのときの状況は次のようなものだった。

「〈捜査本部の副本部長だった竹内が〉自分でまあ、何らか考えてみて、関部長ならば、前の経緯もあるし、住居も〈石川の家と〉近いし、〈石川を〉知っておるということで、関部長ならば真実を話すであろうという気持ちで、ちょっとそう長い時間じゃないですが、会ったわけです」

「〈前の経緯とは？、と問われ〉本人〈関〉も一緒に遊んだことがあると、補導というか警察官という立場で、近所の少年たちをあの辺で野球をやったことがあるということも聞いていたし、それでは全然知らないよりよかろうという意味です」

「〈竹内、関、石川の3人で話した内容は〉まあ、半分は雑談、半分は本人〈石川〉の気持ちをほぐすというかね、やわらかにしよう気持ちが大部分ですね。調べというほどではないですね。ただ、何となく印象をつかもうという感じですね。〈中略〉調べというかしこまった本格的な調べじゃないです。せいぜい二、三〇分程度だったと思います」

　しかし、竹内はこの場では石川から「3人で悪いことをやった、と裁判所に行って話す」とは全然聞いていないと証言している。関もまた、竹内とともに石川と会ったことは証言している（5回公判）が、竹内とは日付がずれていて「6月16日ごろ」という。会話の内容は、

「そのときはまあ、署長はまあ冗談に言っていたんですが、石川君に先生なんていうようなことを言って、いろいろ言って、いろいろとまあ、私もいたもので、世間話というか、まあ何ということもない雑談が出たわけです。その内容を私ははっきり記憶しておりません」

「〈裁判所へ行ったら3人でやったことを話すということは〉私はそれは聞いていません。ただ、そのときですね、『おとっちゃんに会ったら話すよ』という

ようなことを石川君は言ってように思うんですが」
というものだった。容疑者に向かって「先生」などと言いながら、気持ちをほぐすため取調室に入った署長と関が、石川から「3人でやった悪いこと」と聞いたとしたら、どう受け止めたのだろう。その情報は、すぐに捜査本部の幹部らに伝えられ、三人共犯による本件強盗殺人の自白までもう一押しだ、との見通しを捜査本部は抱いたかも知れない。

## 5　弁護士不信

　一次逮捕までの石川の日常生活に、弁護士という職業の人物は登場してこなかった。どんな仕事をする人たちなのかすら、知らなかったようだ。
　そんな石川に逮捕直後から、弁護士がついた。兄、六造から相談を受けた共産党所属の狭山市市会議員を通し、自由法曹団に弁護依頼が持ち込まれた。その会員だった中田直人、橋本紀徳の両弁護士が選任届けを出したのは5月29日だった。
　中田らの法廷証言（61回公判）などをまとめると、石川と弁護士の接見は、検察官らの指定により次のように行われている。

| 回数 | 日付 | 接見時間 | 接見した弁護士 |
|---|---|---|---|
| ① | 5月30日 | 約30分 | 中田　橋本 |
| ② | 6月 3日 | 30～40分 | 中田　橋本 |
| ③ | 6月 7日 | 30～40分 | 中田　橋本 |
| ④ | 6月13日 | 30～40分 | 中田　橋本 |
|   | 同日 | 別件9件起訴 | |
| ⑤ | 6月14日 | 30～40分 | 石田亨〈14日選任〉 |
| ⑥ | 6月15日 | 40分 | 中田 |
|   | 17日 | 本件で再逮捕 | |
| ⑦ | 6月18日 | 20分 | 中田　石田 |
| ⑧ | 6月19日 | 5分 | 橋本 |
| ⑨ | 6月20日 | 5分 | 中田　石田 |
| ⑩ | 6月26日 | 15分 | 石田 |
| ⑪ | 6月28日 | 15～20分 | 中田 |
| ⑫ | 7月 6日 | 15～20分 | 中田 |

⑬⑭ 7月上旬に 2 回　　不明　　　　　橋本または石田

　6 回目、6 月 15 日の接見まで、石川は弁護士に取り調べの様子をきちんと伝えていたようだ。中田は一次逮捕・勾留中の石川の様子を、次のように証言している。

　「いわゆる善枝さん殺しにつきましては、終始〈否認で〉変わるところがありませんでした」

　「石川君の言うところによると、〈取り調べが終わる時刻が〉大変遅くなったり、殺したろうとか、お前なんか殺して埋めおいてもわかならいとか、それから何かしきりに毎日、おばけの話をされるんだというようなことを言って非常に怖がっていたようでしたので、取り調べにも違法があると考えておりました」

　「〈石川からの注文は〉お父さんお母さんがどうしているか、ということと、お父さんお母さんに元気でいるからと伝えてくれというようなことが多かったと思いますね。それから、むしろ差し入れはあまり要らないと。〈石川の好物だった〉せんべいだけは食べたいというようなことを言っていたと思います」

　ところが、7 回目、18 日以降の接見では、

　「〈中田の方から〉問いかけることや何かについても石川君は非常に言葉すくない返事しかしませんでしたし、まあ大きなショックを受けていたと私は見ました」

　「〈川越署分室の〉ものものしさといい、それから石川君の態度といい、警察官の我々に接する態度といい、何か、狭山時代とはすべてにおいて掌を返したということをひしひしと感じました」

　石川の様子が激変したというのだ。この間に、別件についての起訴後勾留の取り消し、保釈、本件での再逮捕、急造された川越署分室への引致と激しく手続きが動く。中田らは起訴翌日の 14 日、石川の身柄に関して勾留取り消し、保釈、勾留理由開示の 3 つの請求を、同時に浦和地裁川越支部に行った。「法律上許されるすべての手続きをとって起訴によって引き続いている勾留をやめさせ、石川君を釈放させたいと考えたから」の同時請求だった。15 日の 40 分間の接見で中田は、石川にこれらの手続きを説明したという。

　「〈3 つの手続きがどういうものか逐一、説明〉いたしました。なお、14 日に勾留理由開示の期日が指定され、それが 18 日と指定されたわけですが、そのことも〈石川に〉伝えました。逐一説明したと言っても、主としてやはり直接的には勾留理由開示というものはどういうものか、という説明におのずか

ら重点がかかったんだろうと思います。〈中略〉ただ、保釈の請求はしておりましたし、私どもとしては恐喝未遂が起訴されなかったということと相まって保釈になる可能性が非常に強いものと考えていました。したがって勾留理由開示の前に保釈になった場合には、〈中略〉裁判所へ行く手続きはないだろうということも説明しました」

「〈保釈になった後、本件で再び逮捕されるかも知れないという見通しは〉私自身は、そう思っておりましたし、石川君にもそのことを言いました」

40分かけた中田の説明を、石川が理解したかどうか。石川は、18日には裁判がある、裁判官に強盗殺人などはやっていない、鉄パイプ泥棒はやったと話して厳しい取り調べを終わらせたい、それで悪いこと（別件の9件）もやっているので何年か刑務所に入っても仕方がない、と思っていたようなのだ。

中田の予想通り、17日昼ごろ保釈許可決定が出たが、狭山署内で再逮捕される。石川にしてみれば、1日早いが、裁判所へいくつもりで警察車両のジープに乗せられ、着いた先が裁判所ではなくて川越署分室という展開だった。一次逮捕から26日目で分室へ移り、石川への取り調べは強盗強姦、強盗殺人に集中する。被告人質問（2回公判など）で、この激変を石川自身は次のように説明している。

「よくわからなかったけれども、裁判へ連れて行かれるのかと思って草履をはいて行ったわけだね。捕まった〈再逮捕された〉とき、だから警察の草履を借りて行ったわけです。で、裁判へ行ってまた〈狭山署に〉帰ってくるのかと思ったら、そのまま川越〈署分室〉へ連れていかれて、そのままになりました」

「〈弁護士の〉中田先生に18日に、裁判があると言われてね、そのつもりでいたんだね。そうしたら、18日になっても裁判がなかったからね、だから弁護士さんはウソツキだと俺が長谷部さんに言ったわけですね。で、長谷部さんは弁護士さんなんかと我々〈警察官〉は違うと、ウソを言ったら我々はすぐに首になると。だから、今度は長谷部さんなんかと信用したんです」

「〈裁判がないと分かって、弁護士がウソをついたと考えたわけですか？〉そうです」

「〈弁護士に腹を立てましたか〉ええ、腹立てました」

「〈腹を立てたことを警察官にも話したわけですか？〉ええ、検事さんにも警察の人にも話しました」

石川のこれらの陳述は、再逮捕後、弁護士への信頼が失われていったことを表している。逆に、長谷部ら取調官の影響力が強まりつつあるとき、それまで40分もあった接見時間は20分から5分へ短縮される。5分で何ほどの信頼がつなぎ止められたか。5分でせき立てられるように接見を終える弁護士より、取調官の方が大きな存在に見えたかも知れない。あるいは、弁護士は自分を見捨てるように冷たくなった、と映ったか。

　川越署分室へ移って間もなく、石川は絶食を始めている。2回公判で石川が説明するには、「19日ごろから6日くらい絶食した。その間、せんべいは少し食べた。分室へ移って急に飯がまずくなったので、『こんなまずいもの食いたくない』と刑事さんに言ったら、その刑事さんが『それなら食うな。俺たちは戦争へ行って水だけで30日も生きていた。どのくらい生きていられるか、食わないでいてみろ』と言うから、食わなかったんですね。で、〈絶食開始から〉6日くらい経ってから、どうしてもお腹がすくから、刑事さんに謝って食ったです」という状況だった。

　ここに登場する刑事も、おおよそこんなやり取りがあって石川が絶食したことを後に法廷で証言している。貧困の中に育った石川が音をあげるほどとは、いったいどんな食事が出されたものか。

　中田によると、19日に接見した橋本から「石川が、飯を食っていないと言っている」と報告を受け、20日朝に中田、石田と川越署分室に駆けつけた。そこの柔剣道場のようなところで、検察官の原と「会わせろ」「会わせない」の問答の末、5分の接見を実現し、「何をおいても体が大事だから食事をしなきゃいかん」「ともかく元気を出して」と励ましたが、石川は「大変しょげている様子」に見えたという。

　原との交渉の際、中田は原から「これから1週間か10日は、どんなことがあっても〈弁護士が石川に〉会ってもらっては困る」と当面、接見日時を指定しない方針を伝えられた。結果的に、20日の中田接見から26日の石田接見まで石川は外部との連絡を絶たれた。弁護士との接見は法律に定められた被疑者、被告人の権利でもあるのだが、検察官の「会ってもらっては困る」の一言で石川は隔絶した空間に押し込められた。

　この期間、接見日時を指定しなかったことについて、原はのちの17回公判（66年5月31日）で証人席に立ち、弁護人の橋本から「接見を許さなかったことには理由があったのではないか」と追及されている。原の答えは、実にあっけらかんと「別にありません」というものだった。

孤立してゆく石川が自白する前、最後に取られた調書が、18日付の調書だった。それには、こうある。
「〈一～八項目まで、職歴や家族構成などを供述した後〉
　九　私の好きなものは競輪とパチンコ、そのほか野球と魚釣りくらいのものです。
　十　本年5月1日の午後4時ごろに〈中略〉善枝さんを殺し、腕時計や鞄、現金などをとったり強姦などをしたことがあるかということですが、そのようなことはやったことはありません。
　そのやらないというわけは、5月1日には午前7時10分か半に、カーキ色のジャンパーで、濃い空色ゴム長ばきの格好をして
弁当箱を新聞紙に包んでお母ちゃんに仕事に行って来るからと断って歩きで入間川駅に行ったのです。このときは仕事に行かなかったのですが、〈母に〉ウソのことを言ったのです。このとき私は、金を千円くらい持っていたが、この金は〈4月〉27日か28日ごろに何とも用件を言わずお母ちゃんから借りたのです。〈中略〉
　入間川駅から所沢駅まで切符を買ってから西武園まで行き、それから所沢の〈中略、パチンコ店で〉午後5時ごろまで遊んで帰りも電車で帰りましたが、午後7時ごろには家に帰りました」

## 6　共犯期

### 1
#### 脅迫状の配達役

　石川の最初の自白調書は、6月20日夕方から川越署分室を訪れた関源三によって作成された。関が石川から録取する初めての調書で、関作成の調書は石川の調書全75通のうち、この調書と翌日の2通だけだった。20日付、関調書を次に掲げる。3人による共犯をとなえるもので、友達が突発的に被害者を殺害してしまい、石川が脅迫状の配達役を受け持ったというストーリーになっている。


　　供述調書
　　本籍　狭山市入間川〈中略〉
　　住所　本籍地と同じ

職業　鳶手伝い　石川一雄
　　　　昭和十四年一月十四日生まれ（二十四歳）
右の者に対する強盗強姦殺人死体遺棄被疑事件につき、昭和三十八年六月二十日川越警察署分室において、本職はあらかじめ被疑者に対し自己の意思に反して供述する必要がない旨を告げて取り調べたところ、任意次の通り供述した。
一、俺は関さん善枝ちゃんは殺さないんだ
　　手紙を書いたのは俺で、持っていったのも俺なんだ　シャベルを盗んだのは俺なんだ　おまんこしたのは入間川の友達で、殺したのは入曽の友達なんだ
　　俺は穴を掘って埋めるのはみていないんだ
　　縄で縛ってあったろうなんか、知らないんだ
　　初めから言うと
　　五月一日は一人で西武園へ遊びに行ったんだ
　　朝七時頃の電車で行って午前十時ごろ迄遊んで居たんだ　西武園から帰りに所沢のパチンコ屋へ行った処
　　名前は約束してあるから言へないけど
　　　　入曽の友達　一人と
　　　　入間川の友達　一人の　二人
　　が居て　入間川の友達が、
　　　　「今日は善枝ちゃんのたん生日でやらせるから行くべい」
　　と言ったので、善枝ちゃんって誰だいと言ったら
　　　　「堀兼で俺は前にやった事があるんだ　入間川分校に来て居るんだ」
　　と言ったから
　　それでは行くべいと言って午後二時ごろパチンコ屋を出て入間川へ電車で帰ってきたんだが、
　　駅前のすずやという菓子店で入間川の友達が
　　　　アンパン五ヶ七十五円で買ったんだ　金は俺が出したんだ
　　それで荒神様の方へ歩きながら食ったんだ
　　荒神様には五十人くらいお詣りの人がいたと思いました
　　善枝ちゃんと入間川の友達は幾度もおまんこしているらしいので通る道

を打ち合わせてあったんだべい
　　善枝ちゃんを捕まえた所を描いてみらあ　紙くんな
　本職このとき藁半紙一枚を出した処　別紙の通り略図を石川一雄が作成した
　　それで荒神様の所から新しい学校の方へ三人で歩いていって
　　山学校のそばの十字路の所に入間川の友達がいて　俺と入曽の友達はそれから少し山の方へいった所で待っていたんだ
　　そうしたら入間川の友達が　善枝ちゃんを連れてきたんだ　俺は善枝ちゃんの自転車を持って一番後からついて行ったんだ
　　入間川と入曽の友達は善枝ちゃんと一緒に歩いて　庄重さんの所まで行ったんだけれど又ひっくり返って山の方へ行ったんだ
　　善枝ちゃんをとっつかまえたのは午後三時半ごろだ
　　それから山の中をお寺の所まで行って皆でいろいろ話をしていたんだ
　　てんがけさせろって言えないから
　　それで俺は一回りして来らあと言って善枝ちゃんの自転車で新しい中学校の方まで行って一時間くらいして帰って見たら
　　山の中に善枝ちゃんが死んでいて木の葉っぱがかけてあったんだ
　　二人はそばに立っていたから
　　　　何したんだ
　って聞いたら　二人が
　　　「さわいだからやっちゃったんだ」
　と言ったので　ああ殺しちゃったんだなと思ったんだ
　　それでどうしてやっちゃたんだって聞いたら
　　　「さわいだから」って言っていたんだ
　　そうしたら入曽の友達が
　　　「入間川の友達がおまんこして、俺がすべいと思ったらさわいでやっちゃったんだ」
　と言っていたんだ
　　それで、これではしようがないから逃げべいやと三人で相談して幾らあったら逃げられるんだべい　一人五万円くらいかな　それでは手紙を書くべいという事になって　俺が
　　　　俺が書かあ　字を教えてくれ

と言ったら入曽の友達が
　　　字を教えらあ
と言って難しい字を教えたんで。此では書けないからやさしいのを教えろと言ったら　やさしい字を教えてくれたんだ
それを俺が
　　　善枝ちゃんの鞄の中から帳面を出して一枚
　　　引っさばいてそれへ書いたんだ
書くものは（ボールペンだと思った）
　　　入曽の友達が出したんだ
このボールペンは友達に返しっちゃった
そのときはまあだいくらか明るかった　お寺のおばさんが洗濯物を取り込んでいたと思った
それで　善枝ちゃんを片付けんのは俺はおっかないから手紙を持って行ってくると言って　自転車と手紙を持って善枝ちゃんの家へ行ってシャベルは帰りに盗んでくると言って堀兼へ行ったんだ
手紙へは初め十五万円と書くべいと思ったんだけど多い方が良いと思って二十万円にしたんだ
又　庄治此の紙へ包んで持ってこうって書いたのはいいかげんに庄治って書いたんだけど、四丁目に庄治っていうのがいたんだな
それから俺が堀兼へ行く前にいける（埋める）所を相談して置いた
　　　倉さんが首つりした所へ行ったら
二人がかついで来て待っていたんだ
俺はおっかなくなったからシャベルを入曽の奴に渡して家へ帰っちゃったんだ
だから俺は手や足を縛ってあった事は知らなかったんだ　鞄はうっちゃったんだけど今日は言わない
　　　今度　関さんが来たとき地図を描いて教えるよ
今日はこれでやめべい
入曽と入間川の奴は誰がつかまっても言いっこなし　という事になっているから名前は言わない　今言った通り間違いない

　　　　　　　　　　　　　　供述人　石川一夫　指印
右の通り録取して読み聞かせたる処誤りのない旨を申し述べ署名右指示

印した

　　　　　　前同日
　　　　　　狭山警察署　　　司法警察員
　　　　　　巡査部長　　　関源三　印
　　　　立会人　〈略〉

　ここでは、文字を書く習慣がない石川がなぜか「俺が書かあ、字を教えてくれ」と自ら脅迫状作成を言い出し、さらに、被害者とは見ず知らずの石川が脅迫状を届けるのにどうして被害者宅を知り得たのか説明がない。捜査本部に配属された取調官ではなかった狭山署交通係の関が、なぜ狭山署でもない川越署分室の取調室にやってきたのか。一審や5回公判での関の証言をまとめると、次のような状況だった。

　「〈竹内・狭山〉署長から電話で命令があって、〈20日〉午後6時までに川越署分室へ行け、ということで行った」「〈川越署分室についたら〉そのとき石川が飯を食わない、という話を誰かがしていた。〈20日の時点で〉3日くらい食わない、ということを聞いた」「午後7時ごろ、石川のいる調べ室に入った。調べ室には、長谷部警視、そのほかに一人くらいいたが思い出せない」
「〈調べ室に〉入ってすぐに
『石川君、飯食ったか』と私が聞いたわけです。そしたら石川君が
『ああ食ったよ』と言ったわけです。そしたら長谷部警視さんが〈石川に対し〉、
『関さんにウソ言っちゃダメだよ、お前、飯食わないじゃないか』と言ったわけです。それで私が、
『石川、飯食わなきゃしょうがないぞ』と言ったところが、石川が
『いや、俺はいいんだ』『飯食わなきゃやせちゃうから、そしたら俺、頭ぶつけて死んじゃうから』というようなことを言いました。それから石川が
『関さん、俺はいいんだ』とまた言いました。それで私が
『それじゃあ、そんなこと言って飯食わないというんなら、俺〈関が〉いたってしょうがないから帰るよ』と言って立ち上がったんですけど、また『帰るよ』と言って立ったんですけど、また自然にそこへ座っちゃったんです。それで私が
『石川、そんなこと言っちゃあダメなんだ。お前、飯食うんだよ』と言って、私は石川の手を握ったんです。それで二人で手を握って泣いていたというよ

うな状況だったんです」

「石川も泣き始め、手を握り合って二人が泣いている2、30分の間に、長谷部さんが部屋から出ていった。そのとき長谷部さんが何か発言したか、覚えていないです」

「どうして泣いたか私もよくわからないんです。自然にそうなっちゃったんです」

「二人でまあ泣くというか、うなるというような状態だったんですが、そのとき石川が

『俺は善枝ちゃんは殺さないんだ』『殺したのは入曽のやつだ』と言い出したわけです」

「石川がそう言い出したのは、午後8時ごろ、それから調書を取り始めたのです」

「〈その後、調書の内容がすらすらと石川の口から出てきたのか〉そうです」

「調書ができたのは、午後11時半ごろだと思っております」

## 2 「10年の約束」

一次逮捕からこの日で29日。一貫して本件否認を通してきた石川が、泣きながら自分から自白を始め、関によれば、その内容がすらすらと出てきたというのだ。この愁嘆場のような自白開始の状況を石川の側からみると、少し違った光景となる。2回公判の被告人質問で、弁護人、中田直人の問いと石川の答えは次のようなものだった。

中田　あなたが初めて自分がやったと言ったのは何日だと思いますか。

石川　〈6月〉23日ごろだと思います。

中田　誰に対して言ったのです。

石川　関さんです。

中田　それは今聞いた〈さきほど聞いた〉食事をしないでいる〈絶食している〉あいだのことですか。

石川　ええ、あいだです。

中田　念のため伺っておくんですがね、裁判所に出ている書類を見ますとね、関さんが作った、あなたの供述調書で6月20日付のものがあるんですがね、最初に関さんにそれは3人でやったんだという内容なんですがね、最初に関さんに話したのは20日ではないのですか。

石川　23日ごろだと思います。

中田　そうすると、あなたの記憶では川越〈署分室〉へ行ってから5、6日経ってからあとのことだというふうに今でも思うんですか。
石川　ええ、一週間ぐらい経っていたです。
中田　一週間ぐらいの間、やはりやったとは言わなかったわけですね。
石川　ええ、そうです。
中田　〈中略〉どういうふうに調べられたのですか。
石川　〈長谷部らが〉頼むからやったと言ってくれ、というからね、だから知らないと言っていたんだよね。そのうち、夕方になってしまってね、そうしたら関さんがちょうど来たんだね。そうして結局、関さんに話すようになったわけです。3人でやったということをね。
中田　〈中略〉どういうふうにきつく調べられたのか、その調べ方について話してください。
石川　君はいつまでもウソをついているとね、出さないというわけです。でも善枝ちゃんを殺したと言えば10年で出す、と言ったわけです。だけど俺は殺さないと言ったわけですね。そうしたら、親に会いたくないのか、と言うからね、会いたいと言ったらね、それなら言って早く出してもらった方がいいんじゃないか、とそう言ったわけですね。10年で出してやるから、とね。
中田　〈中略〉それから、さきほど聞いたことですけれども、我々は弁護士みたいにウソをつかない、と言ったのはやはりそのときに言ってますか。
石川　ええ、言ってます。
中田　すると、早く言えとかね、いつまでも甘く見るなとか言って怒鳴りながら、一方ではまた、10年で出してやるから早く言えというような取り調べが、その日は続いたわけですね。
石川　ええ、そうです。
中田　そういう調べの中で、あなたはどういう気持ちになりましたか。
石川　俺は10年で出してくれるなら話してしまおうかと迷ったんだがね、だけれど殺さないものを殺したなんていうと家のお父ちゃんが可哀想だと思ったんだがね。でもそんなふうにしていちゃ、あれだからね、迷っていたわけです。
中田　警察の人の調べは怖いというふうにそのときは思っていたのですか。
石川　ええ、思っていたです。

中田　話そうか、話しないでおこうかというふうに、いろいろ迷ったわけですね。

石川　ええ、そうです。

中田　その間、取り調べはさきほど言ったように怒鳴られたり、あるいは約束するぞというようなことが繰り返されたわけですか。

石川　ええ、そうです。

中田　初めに聞いたように、たくさんのものを盗ったりしていることもあるし、その10年なら35、6歳で出られる〈取り調べを受けている石川は当時、24歳〉かもわからんというようなことを考えたのも、そのときですか。

石川　ええ、完全に〈服役して刑務所から〉出てしまうと言ったわけです。

中田　関さんが来たのは、あなたが10年で出してくれるなら言おうか、言わないようにしようかと迷っていた、そういう状況のときですか。

石川　〈関は、竹内〉署長さんに3人でやったことを聞きに行ってこい、ということで来たわけです。

中田　そう言って関さんが調べ室に入ってきたわけですか。

石川　ええ。

中田　関さんが来る前に、今関さんが来るぞというようなことを誰かあなたに言いましたか。

石川　長谷部さんです。電話がかかってきたんです。

中田　関さんが来ると電話がかかってきたわけですか。

石川　ええ、善枝ちゃんを殺したということをね、関さんでもどっちでもいいからね、話せと。10年ということは約束するから、というからね、だから関さんが来たとき話してしまったわけですね。

中田　その席には、長谷部さんや、ほかの人もいたわけですね。

石川　ええ、いたです。

中田　それからどういうことがありました。

石川　長谷部さんはね、そこでね、関さんが入ってきてからね、今、〈長谷部が調べ室から〉出てしまうからね、話しづらかったら関さんに話してくれ、と言ってね、立とうしたんだけれども、関さんがいいやと言ってそのままにしていたからね、で、少したったら関さんが私の手を握って泣いてしまったわけですね。話さなければ俺帰るぞ、とね。善枝ちゃ

んを殺したことを話さなければ俺帰るぞ、と言って泣いてしまったわけですね。それから、長谷部さんが、さっきの約束は間違いない、と言って出ていったわけですね。

中田　そうすると、関さん一人が残ったわけですか。

石川　ええ、それで3人でやったということを話してしまったわけです。

中田　関さんが一人で残ったらすぐ、あなたはそう話したわけですか。

石川　少したってからです。また〈長谷部が出て〉行ってから泣いたわけですね、話さないのかと言ってね。俺もね、泣きながら話してしまったわけです。

中田　何と言ったわけですか。

石川　泣きながら3人でお寺のところで殺した、と言ったわけです。

中田　今から考えてみてね、そのときはどういうつもりで、ああいうことを言ったか、自分の気持ちがわかりますか。うまく説明できますか。

石川　わからないです。ただ10年で出してもらえばいい、ということです。

中田　〈中略、共犯の〉入曽の男だとか、入間川の男だというようなことを言いだしたのは、どうしてですか。

石川　ただ、何となくね、3人だと思ってね、3人と言って、また〈自分の家から〉遠いことを言うとわからなくなるからね、入曽と入間川と区別したわけです。

中田　あなたは、それまでの間にね、警察の人から、お前が殺したんだろう、とずっと調べられてきたわけでしょう。

石川　はい、そうです。

中田　警察の人は、お前一人で殺したんだろうというふうに聞いていたんですか。

石川　そうじゃないんです。

中田　何人でやったというふうに聞いていたわけですか。

石川　はあ、そうです。

中田　何人でやったんだというふうに。

石川　3人か4人で。

中田　〈中略〉入間川の人とか入曽の人とかいうのを挙げて3人でやったというようになったのは、取り調べの中で警察の人も3人か4人でやったろうというふうに聞いていたし、そういうこともあったでしょうか。

石川　そうです。最初3人で悪いことをしたんだね、署長に話すと言ったやつ〈鉄パイプ泥棒のこと〉、それとからめて言ったわけですね。

　この共犯説自供を始めるとき、石川の心の中には、ずっと持ち続けていた「もしかして兄ちゃんが……」との不安、兄を逮捕されては稼ぎ頭を失う一家の心配、それなら自分が兄の罪を負っても……という自己犠牲への迷いなど、様々な思いが渦巻いていたことだろうと思われる。
　さらに、「10年なら……」と迷っていた理由には、石川のある誤った思い込みもあった。石川は62年ごろ、近所に住む知り合いの男性から「俺は以前、自動車を盗んで警察に捕まり、8年間、刑務所にいた」という話を直接聞いたことがあったのだという。多分に誇張した年数と思われるのだが、車一台盗んで8年の懲役なら自分は別件の9件などいろいろ悪いことをしているから女子高生殺しも加えて「10年なら……」と考えたというのだ。
　石川は、「車一台盗んで懲役8年」が事実かどうか確認するすべを持っていない。狭い生活圏の中で、直接顔をつき合わせて会話する相手こそ石川にとって信頼すべき人物だった。相手の言葉を疑う世知を身に着けていなかったとして、責めるのは酷というべきであろう。車一台の窃盗で8年の実刑が相場と思い込み、長谷部ら取調官もそれを利用したようだ。取り調べの中で、長谷部は「話せば10年で出してやる。男の約束をしよう」とも言った、と石川は主張している。
　なぜ、警視とはいえ一警察官にそんな約束が可能と、石川は受け止めたのだろう。常識的には信じられないことだ。中田は、この点も重ねて同じ日の法廷で尋ねている。

　　　中田　普通の人の考えでは、警察の人が〈から？〉10年で出してやると言われてもね、人を殺したということを自白する以上はね、そう簡単に信用できないと思われるのだがね。
　　　石川　俺はそういうことはわからなかったから、かまわず10年で出してくれるなら、いいと思ったです。で、お父ちゃんにもお母ちゃんにも会わしてくれないからね、10年で出してくれるなら真面目になろうと思ったです。で、何回も〈長谷部に〉念を押したんですけれどもね。
　　　中田　あなたが自白するまでの間、長谷部さんはあなたに、今言ったような10年で出してやるというようなことを何度か言いましたか。
　　　石川　ええ、言いました。狭山に〈再逮捕前、狭山署で取り調べを受けて〉

　　　　いるとき、日にちは幾日かわかないけれども。
　中田　やったと言えば10年で出してやると言ったわけですか。
　石川　どっちでもいいと言ったわけですね。手紙〈脅迫状〉出したでもいいし、殺したでもいい、ということでね。そのとき言いました。

　自白までの29日間は長い。否認から自白にいたる期間としては、過去の冤罪事件の例をみても異例の長さと言える。閉ざされた中で、現に目の前にいる取調官らが唯一の権威ある者に映り、それにすがりつきたくなってしまったのか。文字、画像、音声などでどのように表現しようと、体験した者でなければ理解しにくい心象風景が、世の中にはある。警察官や検察官による一か月近い追及に否認を通した人間でなければ分からない無力感や絶望感、一時的でもそこから逃れようとする刹那的な願望と、何とかどこかで折り合いを着けなければならなかった。
　しかし体験者ではなくとも、ここで石川が言う「で、何回も念を押したんですけれどもね」との言葉には、何とも悲しい巧まざる響きがこもっているのを感じないだろうか。

## 3
### 「約束」を否定する取調官

　約束したはずの長谷部は控訴審で計4回、証言席に立っている。そのたびに「10年の約束はない」と否定している。9回公判（65年11月25日）では、石川が直接、長谷部に問いかけた。
　石川　〈最初に共犯を自白した日の調べで〉証人〈長谷部〉が、もう善枝ちゃんを殺したことに決まっているんだ、ここらで話したらどうだい、話さなくたってどっちみち別件の9件やっているんだから10年はつとめるんだ、殺したと言えば10年で出してやる、というので、俺が真実に10年もつとめるのか、と聞いたら、証人は、石川君だって家にいるころ〈逮捕される以前に〉、車を盗んだ人が8年もつとめていると言っていたではないか、10年は当たり前だ、と言ったことを覚えているか。
　長谷部　ありません。
　石川　10年で出してやると言ったことはない、というのか。
　長谷部　そんなことを言ったことはありません。〈中略〉
　石川　俺は死刑の判決を受けてから、〈浦和拘置所の〉房で〈同房の〉

みんなに聞いてみたら、警察で言われたことはウソだ、死刑になる、というので、そのことを〈拘置所の幹部である〉区長に話したら、区長はそんなことはない、俺も嘆願書を出してやると言ってくれましたが、その次の日、死刑になると〈私に〉言った男は転房になってしまった。

俺は、死刑になるとみんなから言われても、〈浦和拘置所にいたころ〉証人から手紙も来ているし、10年で出られると言われたことを信用してがんばってきておるのであるが、証人はそう言ったことを真実に覚えていないのか。

長谷部　私はそんなことを言いません。石川が善枝ちゃん殺しの容疑で逮捕された、その当時の取調主任官が石川を取り調べておりますが、石川は自供しない、そこで私は、この事件は証拠は少ないし、面倒である。この事件の取調主任官は熊谷二重人逮捕事件の責任者であったから、もしこの事件〈狭山事件〉が裁判所へいった場合、こういう取調主任官が調べたんだから無理があったんではなかろうかと思われてはいけないから、この際、取調主任官を替えたらいいだろう。静岡の二俣、幸浦事件がそれぞれ最高裁で崩れているので、上司にそのことを話して、結局、取調主任官を替えてもらったわけです。そういうことを上司に上申した私が、石川に10年で出られるとか、真実のことを言わなければどうのこうのいうようなことは言うはずがありませんし、言ったことはありません。

　これを水かけ論と言ってしまうのは簡単だ。一般にある水かけ論なら、どちらが正しいか判断できず、議論は時間切れで終了するほかはない。刑事裁判ではどちらに確信を抱かせるほどの信頼性があるのか、水かけ論の場合も含めて判断しなくてならない。いや、どちらも確信を抱かせるほどの説得力を持たないというなら、無罪推定の原則に帰り、そこでとどまるべきなのだろう。

　石川と長谷部、どちらが真実を言っているか。石川が持ち出した長谷部からの手紙は、その本意はどうあれ、事実、石川のところへ届いている。一方、長谷部が持ち出した取調主任官の交代も事実だ。川越署分室へ移送したのを機に、それまでの清水利一から青木一夫に替わっている。

　しかし、ここで長谷部は饒舌になり過ぎたのではないだろうか。二俣、幸浦事件を捜査失敗の例に挙げているところだ。両事件の轍を踏まないよう上司に進言

したという時期が、どうも真実を証言したとは思われないのだ。長谷部のウソが透けてみえる。

冤罪が主張され大きな問題となった事件は戦後いくつもあるが、二俣事件*は53年11月27日に最高裁で、死刑判決が破棄され静岡地裁へ差し戻しになっている（57年12月26日に東京高裁で無罪確定）。二俣事件が「最高裁で崩れた」のは、狭山事件の捜査（63年5〜7月）より10年も前なのだ。幸浦事件*で、最高裁が死刑判決を差し戻したのは57年2月14日。これも狭山捜査の6年前だ。

この間、「最高裁で崩れた」の表現に該当するような事件としては、松川事件で死刑を含めた有罪判決が破棄、差し戻しになり、狭山事件が起きる直前の63年2月には吉田岩窟王事件*の再審開始を確定させる決定などが出ている（表参照）。どうして長谷部の口から、二俣、幸浦事件が出てきたのか。6年以上も前に最高裁が判断した二つの静岡の事件が、よほど長谷部の印象に残ったということなのだろうか。しかし、常識的な感覚からはどうも不思議でならない。

なるほどと、うなずかされる事情がある。

幸浦事件の第二次上告審で、最高裁が検察側の上告を棄却し無罪を確定させたのが、63年7月9日なのだ。まさに石川が本件、強盗強姦、強盗殺人で起訴された日だ。

| 二俣、幸浦事件などの経過 | |
|---|---|
| 1953年11月27日 | 二俣事件で、最高裁が死刑を破棄、静岡地裁に差し戻し |
| 1955年12月 | 埼玉県警本庄署で、二重逮捕、発覚 |
| 1956年 9月20日 | 二俣事件の差し戻し審で、静岡地裁、無罪判決 |
| 1956年10月 | 埼玉県警熊谷署で、二重逮捕、発覚 |
| 1957年 2月14日 | 幸浦事件で、最高裁が死刑を破棄、東京高裁に差し戻し |
| 1957年12月26日 | 二俣事件で、2次控訴審で東京高裁が無罪判決、確定 |
| 1959年 2月28日 | 幸浦事件の、東京高裁の差し戻し審で全員無罪 |
| 1959年 8月10日 | 松川事件で、最高裁大法廷が有罪を破棄、仙台高裁に差し戻し |
| 1961年 8月 8日 | 松川事件差し戻し審で、仙台高裁が全員無罪の判決 |
| 1962年10月30日 | 吉田巌窟王事件で、最高裁が実質的な再審開始決定 |
| 1962年 5月19日 | 八海事件で、最高裁が第2次上告を有罪方向で広島高裁に差し戻し |
| 1963年 2月28日 | 吉田巌窟王事件で、名古屋高裁が再審無罪の判決、確定 |
| 1963年 7月 9日午前 | 幸浦事件で、最高裁（第2次上告審）が検察上告を棄却、全員無罪確定 |
| 同日午後 | 石川、強盗殺人などで起訴 |

幸浦事件の再上告棄却はこの日の午前中で、当然、各メディアは大きく報道した。読売新聞夕刊は１面トップでこのニュースを伝え、前文には「静岡県の捜査当局は二俣事件、小島事件＊についでまたも黒星となった」とある。朝日新聞も夕刊トップに「検察側は、さきに無罪が確定した『二俣』『小島』両事件と合

＊二俣事件
　1950年１月７日朝、静岡県二俣町の民家で一家４人（父、母、妹２人）が血まみれとなって死亡しているのを、長男（12歳）が見つけた。警察は２月23日、別件の窃盗容疑で少年（18歳）を逮捕、自白を得て殺人で起訴した。少年は公判で、拷問によって自白したとして否認したが、一審は死刑。東京高裁も控訴棄却したが、53年11月27日最高裁は、凶器の出所、足跡の大きさの違いなどから自白の真実性に疑問を呈し、死刑を破棄、静岡地裁に差し戻した。同地裁は56年９月に無罪、東京高裁も57年10月26日に検察控訴を棄却し、無罪が確定した。この事件では原一審段階で、取調官が少年を声も漏れにくい土蔵の中で拷問したとする現職巡査の内部告発があり、法廷証言もあった。

＊幸浦事件
　1948年11月29日ころ、静岡県幸浦村の芋飴製造業の一家４人（夫、妻、長男、二男）が、こつ然と姿を消した。翌年２月、同村の佐藤（仮名）ら３人が強盗殺人容疑で、関連した盗品買い受け容疑で１人が逮捕、起訴された。軽度の知的障害があったとされる佐藤は逮捕翌日に自白するなど４人ともに自白調書があったが、公判で否認。一審静岡地裁浜松支部は３人に死刑、東京高裁も控訴棄却した。しかし、最高裁は57年２月14日、重大な事実誤認を指摘して同高裁に差し戻した。59年２月28日、同高裁は全員に無罪判決を言い渡したが、検察が上告。最高裁は63年７月９日、上告棄却し無罪が確定した。検察は、佐藤の自白によって被害者の４遺体が発見されたとしたが、二審段階で警察が遺体を発見した後に佐藤の自白を取った疑いが指摘されていた。佐藤はまた、取り調べ中の拷問で、耳に焼火箸を押しつけられたと主張し、「棒状の加熱体による火傷」との鑑定書も提出されていたが、一、二審はこれを認めず死刑判決だった。佐藤は無罪確定前に、死亡し、公訴棄却となっていた。

＊吉田岩窟王事件
　1913年（大正２年）８月13日夜、愛知県千種町（現在の名古屋市千種区）の路上で、繭を運んで帰宅途中の農家の男性（31歳）が、鈍器で後頭部を殴られ、１円20銭入りの財布が奪われた。警察は翌日、ガラス工の男２人を逮捕したが、２人は「主犯は吉田」と供述し、同じくガラス工、吉田石松（当時34歳）も逮捕、起訴された。吉田は捜査、公判と一貫して否認を通したが、一審名古屋地裁は吉田に死刑、ガラス工の２人に無期懲役の判決。吉田のみ控訴し、名古屋控訴院は無期懲役に。14年11月３日、上告は棄却され、無期が確定した。
　吉田は35年に仮釈放となって以来、再審請求を続け、先に仮釈放となっていた２人の所在をつきとめ面談し、虚偽の吉田主犯を自白したなどとする詫び状を取っていた。61年４月、５回目の再審請求でようやく名古屋高裁第４部は開始決定したが、検察の異議で同高裁第５部は開始決定を取り消した。特別抗告に対し最高裁は62年10月30日、大法廷決定で第５部決定を取り消し、再審開始が決まった。名古屋高裁第４部（裁判長＝小林登一、裁判官、成田薫、斎藤寿）は63年２月28日、吉田のアリバイを認めるなどして無罪を言い渡した。検察は上告せず、逮捕から50年ぶりに無罪が確定した。裁判長の小林は判決の中で「吾々の先輩が翁に対して冒した過誤をひたすら陳謝するとともに実に半世紀の久しきに亘りよくあらゆる迫害に堪え自己の無実を叫び続けてきたその崇高なる態度〈中略〉に対し深甚なる敬意を表しつつ翁の余生に幸多からんことを祈念する」と述べた。無罪には、吉田が再審活動中にたまたま出会った現職検事、安倍治夫の助力もあったとされる。

＊小島事件
　1950年５月10日夜、静岡県小島村で飴製造業者の主婦が薪割り斧で殺され、現金2500円が奪われた。６月19日、同県で農業の男性（25歳）が逮捕され、自供、強盗殺人で起訴された。一審静岡地裁で無期懲役、東京高裁は控訴棄却。最高裁第２小法廷は58年６月13日、「自白に任意性がない」として破棄、同高裁に差し戻した。同高裁は59年12月２日、無罪を言い渡し、確定。幸浦、二俣、小島の３事件は、ともに拷問などによる自白が問題となったが、いずれも同一の警部補が捜査の中心になっていたとされる。

わせて、同じ静岡県下で起こった三つの強殺事件で三たび敗れたわけである」と書いている。これは、石川の取り調べを総括していた人間としては、かなり印象深いできごとだったと思われる。この日午後に行われた石川の本件起訴を確認し、ほっと肩の荷を降ろしたつもりでこれらの夕刊を手にしたとしたら、長谷部は何を思っただろうか。

「石川、強盗殺人で起訴」のニュースは翌日、10日朝刊の各紙に載っている。
　しかし、石川が再逮捕された6月17日ころには、上司に「最高裁で崩れたから」と言って取調官の交代を上申することはできないのだ。長谷部は虚偽の証言をしているのではないだろうか？　ひとつの虚偽があるとすれば、「10年の約束はなかった」という証言がふたつ目の虚偽である可能性も生まれる。

　長谷部が主任取調官交代の理由としてあげている熊谷二重犯人逮捕事件とは、狭山事件の発生から8年前、1955年7月3日、埼玉県大里郡江南村の雑木林で、女性の腐乱死体が発見された事件だ。
　被害者はS子（18歳）と判明したが、捜査は難航。3か月後の10月2日になって熊谷署が、無職のA（25歳）を別件（50円のパンを無銭飲食した詐欺容疑）で逮捕したところ、Aは逮捕翌日に大まかな犯行を自供、のちに殺人で再逮捕され、強姦殺人などで起訴された。Aの自白調書では、「松林の交差点で、自転車に乗った顔見知りのS子と出会った。自転車をとめてS子を降ろし、松林に引きずり込んだ。押し倒したら抵抗したので、夢中で首を押さえて強姦したが、終わってから気がつくとS子は死んでいた。死体の処理をしばらく考えて、自宅から唐クワを持ち出し、現場に深い穴を掘って埋めた」というストーリーになっていた。何となく狭山事件と似ていないだろうか。
　公判に入ってAは否認に転じたが、求刑直前まで進んだ56年10月4日、江南村に住む別の男B（32歳）の自宅から被害者が乗っていた自転車の部品が発見された。Aの弁護士に寄せられた「Bが犯人だ」とする情報により、B宅の捜索にこぎつけたものだった。BはS子殺しを自供し、殺人などの容疑で逮捕、起訴された。1年以上も未決勾留が続いていたAは11月13日に公訴棄却となった。
　Bの自供では、自動車を運転中にあやまって自転車に乗ったS子をはねた。足を負傷したS子を病院に運ぼうと助手席に乗せたが、足の骨折を確かめようとした際に欲情し強姦。車を見られ、治療費を払うのも困るので、クランク回しで後頭部を強打するなどして殺害し、死体を埋めた、という犯行だった。Bは57年

11月7日に無期懲役の判決を受け、確定する。

犯人に仕立てられたAは、埼玉弁護士会の特別調査委員会に「取調官から、顔が腫れるほど殴られ、ウソの自供をした。自供後も被害者の自転車の隠し場所を追及され、調べ室で何回も体を揺さぶられ、腰の上に乗っかられた。犯行現場の地図も細かいところは捜査員に教えられて描いた」などと証言。同弁護士会は、取り調べ中に拷問があったとして取調主任官だった清水利一ら4人を特別公務員暴行罪で浦和地検に告発したが、同地検は4人とも不起訴処分にした。県警捜査一課の課長補佐だった清水は、その後、加須署次長、大宮署捜査一課長を経て、62年3月に再び県警捜査一課、課長補佐に戻っており、狭山事件を迎えたのだった。

埼玉県警には、もう一つ別の二重犯人逮捕もあった。熊谷署が先のAを逮捕したのは55年10月だが、この半年前にも本庄署で誤認逮捕が起きている。55年2月8日に児玉郡上里村の中山道で発生した強盗傷害事件などを捜査していた本庄署は、同年5月に少年（18歳）と男性工員（20歳）を逮捕、二人の自供を得た。工員は起訴され公判でも自白を維持し、7月21日に懲役5年の判決を受けた。控訴したものの、その後取り下げ、服役した。

しかし、同年12月に同署が自動車窃盗犯の男らを現行犯逮捕したところ、2月の強盗傷害も自供した。その被害品も男の自宅から発見され、二重逮捕が発覚した。すでに服役している工員や少年の自白は虚偽と判明し、工員は56年8月2日に再審で無罪が言い渡された。少年も少年院から釈放された。真犯人らは同年5月8日になって懲役6年の判決を受けた。

工員は埼玉弁護士会の特別調査委員会に「取り調べ中、警官に頭を柱にぶつけられ、髪の毛を引っ張られるなどの暴行を受けて自白を強要された」と述べたため、同弁護士会は署長ら5人を特別公務員暴行罪で告発した。しかし、浦和地検は4人を起訴猶予、1人を不起訴処分とした。弁護士会が5人を浦和地裁に付審判請求し、地裁は10月18日、4人について請求棄却、本庄署員の巡査（43歳）一人のみ付審判を決定した。巡査は暴行を否認したものの、浦和地裁は禁固10月、執行猶予2年を言い渡した。巡査は控訴し、東京高裁が破棄自判、あらためて禁固3月、執行猶予1年とした。

巡査はさらに上告して意外なことを主張した。「替え玉説」だ。巡査は上告趣意書や上申書などで、県警本部監察官が工員に巡査が暴行したと示唆したり、本庄署内部で口の軽い者を取り調べメンバーから除外したり、書類の整理・監

察対策の協議を行ったと主張した。工作の中心は署長で、実際に暴行したのは巡査部長であったと具体的な名前を挙げて自己の無罪を訴え、これまで真実を述べなかったのは、「殊更に他の同僚の人たちを犠牲にする必要がない」「〈自分が〉一切を背負って処理されることを〈警察幹部が〉望んでいること」「同僚上司よりことごとに冷遇迫害される場合を考慮しなければならない一巡査の身分として到底真相を述べることができなかった」からだ説明した。

　つまり、強盗事件で犯人をでっちあげた後に、たまたま真犯人が判明し、捜査員による特別公務員暴行罪が疑われた。埼玉県警は傷口を最小限にとどめるため、今度は公務員特別暴行罪の犯人をでっちあげたということになる。そうだとしたらこの巡査の立場は、別人の罪を被ることを覚悟し、それに埼玉県警が関与するという点で、石川の立場と相似形をなしている。狭山事件の場合、吉展ちゃん事件に連続する犯人取り逃がしとあって埼玉県警だけではなく警察庁にとっても威信崩壊という傷を最小限にとどめるべく、早期犯人逮捕は至上命題だった。

　しかし、最高裁はこの巡査の主張を認めず、「適法な上告理由にあたらない」として上告を棄却した（巡査の替え玉主張などは、村井敏邦ほか編『検証付審判事件　全裁判例とその検討』〔日本評論社、1994年〕収録の高山俊吉「本庄二重逮捕事件」による）。

## 7　単独期

### 1　ストーリーの肉付

　検察官によれば、6月20日夜から、石川は崩れ始めた。

　石川は自白したのだから、厳しい追及は終わった、あとは10年我慢すれば……と思ったかも知れない。しかし、ここから新たな苦痛の日々が始まった。事件の詳細を聞き出そうとする取調官の追及はゆるむどころではない。ストーリーを肉付けする本格的な追及が始まった。

　取調官としては石川から聞き出さなければならないことがあまりに多い。ほかの2人はだれで、正確な殺害場所はどこか、字を書き慣れない石川がなぜ自ら「俺が書かあ」と言うのか、鞄の中から出した「帳面」から一枚破いて脅迫状を書いたというその「帳面」はどうしたのか、石川が知らない被害者の自宅へどうやってたどりついたのか。最大の謎ともいうべき「いいかげんに庄治って書いた」とはどういうことか、身代金受け取りにはだれが行ったか、などなど。

21日の調書は、関が鞄発見に出発する際に作成されたものと、青木作成の鞄を捨てたところの訂正版、さらに同じく青木作成の内山方で中村宅を尋ね脅迫状を届けたという内容のもの、計3通が作成された。
　22日は、養豚場からスコップを盗み出す様子などを述べたものと、脅迫状を書いたときに友達から字を教えてもらった様子などを述べたもの、計2通の調書が青木によって作成されている。この中に、脅迫状作成について、調書の一部が珍しく一問一答形式になっているところがある。
　「私がその手紙〈脅迫状〉を書いたのは五月一日の夕方でまだ明るい頃でした。書いた場所は言えません。その場所を言うと、私と一緒に善枝さんを殺した友達二人、これは入間川の男と入曽の男ですが、これがわかってしまうからです。〈中略〉
　　問　書いた日が違いはしないか。
　　答　違わない、その日です。ただ、場所をいうとわかってしまうから言えないのです。〈中略〉
　　問　〈脅迫状が入っていた〉封筒の表か裏を書き直した記憶はないか。
　　答　ありませんがよく考えてみます
　　　　私はそのときに手紙を書いたのであって、その前に書いておいたのではありません。前にこんなものを書いたことはありません」
　訂正前の脅迫状には「4月28日」とあるのに、石川は5月1日の殺害後に初めて「手紙」を書いのだという。現に取調官の手元には、訂正跡が明らかな脅迫状があるが、石川は5月1日を譲らない。したがって石川が22日時点で自供するところの脅迫状には、訂正か所も存在しないこととなる。日付の訂正を熟知する真犯人なら、なぜここで1日に殺害現場で書いたことにこだわるのだろう。取調官も当惑したに違いない。
　どう追及されても共犯の名前は出てこない。結局、3人共犯説の自供は、3日間しか続かなかった。23日から単独犯としての自供が始まる。同日付、青木一夫作成の調書は、次のように始まる。

　　一、私は今まで善枝ちゃんを殺したりおまんこをしたり埋けたりしたのは、私と入間川の男と入曽の男と三人でやったと言っておりましたが、それは嘘で実は私が一人でやったのです。詳しいことはあとで話しますが、大ざっぱにいうとこうです。

二、私は五月一日の午後四時ごろかと思いますが、入間川の山学校のところで善枝ちゃんに話しかけて山の中に連れ込みました。連れ込んだ場所や、どんな風にしてつれこんだかは後で話しますが、場所は〈近所の〉倉さんが〈以前に〉首つりをした山〈通称、四本杉〉です。

三、それから無理に両手を後ろ手に縛っておまんこしました。その時さわいだので善枝ちゃんの首を絞め殺してしまいました。

四、それから手紙を書いて五月一日の夜、善枝ちゃんの家へ自転車といっしょに届けました。

五、今まで本当のことを言えなかったのは、おとっつあんや家の者に心配をかけるから言えなかったのです。

細かいことは後で話します。

## 2 関源三の再登場

ここでも「手紙」を書いたのは５月１日だ。３人共犯から石川の単独犯行への転換は、捜査本部としても奥田茂証言（210頁参照）などを基にしていた複数犯説を捨てることになる。捜査の大転換だ。石川としては３人共犯のストーリーを詳細に説明できないため、苦し紛れに単独犯へ変更せざるを得なかったようだ。この転換時にも、タイミングよく関源三が登場する。２回公判で石川が語る転換の状況は次のようなものだった。

中田　〈３人共犯を自供した〉のちに、あなたは自分が一人でやったのだと言いましたね。

石川　はい。

中田　そのときには、どこで殺したと言いましたか。

石川　三本杉だか、四本杉だかというところです。

中田　死体が出てきたところの裏に当たる山のところですか。

石川　ああ、そうです。

中田　そこで、その山で一人で殺したんだというふうに変わったのはどういうわけでしょう。

石川　結局、あの、３人でやったと言ったらね、どういうふうにして〈死体を〉運んだと言われたんです。お寺のところで〈殺した〉と言ったら、長谷部さんに〈どうやって運んだか聞かれ〉、そしたら言えなくなったんです。おっかないから。どういうふうに運んだと言われると、どういう

ふうにして運んでいいかわからなくなったから結局、近くにしたんです。
中田　長谷部さんは、そのとき死体をこういうふうに運んだんではないかとか、何かに乗せて運んだんではないか、ということは聞きませんでしたか。
石川　最初、車で運んだろうと言いました。車はどこで借りたと言われるから、だから近くにしてしまったんです。
中田　〈中略〉殺した場所が変わったのと、3人が一人でやったということに変わったのは関係があるのでしょうか。
石川　ただ一人でやったと言ったのは、そんなこと〈3人共犯説〉を言っているといつまでたっても出さないと言ったんでね、結局一人でやったと言って早く出してもらおうというんで。
〈中略、3人共犯説を自供中の石川を取り調べていた検察官、原は、2人の名前を言わないなら石川の精液を出して調べる、と言ったので〉
石川　俺は結局、おっかなくなってしまったんですね。
中田　おっかなくなって検事さんに何か言いましたか。
石川　一日待ってくれと言ったんです。それじゃ明日まで待ってくれと言ったら、明日、俺〈原〉が来ると言って約束して、その日はそのままで終わりました。
中田　あくる日、検事さんは来なかったんですか。
石川　ええ、来なかったんです。約束していて。
中田　検事さんは来なかっただけれども、警察の人には調べられたんでしょう。
石川　ええ、関さんに調べられたんです。
中田　そのとき、警察の人は、検事さんが言ったようなことは言いませんでしたか。
石川　言ったです。原検事さんに約束したろう。話してくれ、話してくれと言ったんです。
中田　話さなければどうこうということは言わなかった。
石川　別に言わなかったけどね、俺は、〈関以外の取調官たちが〉話せ話せというから考えたんです、少し。そしたら長谷部さんが、前に言ったこと忘れるな、と言ったんです。10年で出してくれるということをね。考えていたら夕方になってから関さんが来たんです。それで結局、関

さんに一人でやったことを話したんです。

　連日の追及に苦悩する石川にとって、関は本当に「地獄に仏」というような話しやすい相手だったのだろう。結果的に、捜査を担当する検察官と狭山署交通係りの巡査部長が連携プレーのようにして単独犯自供を引き出している。関によると、この単独犯告白はまたしても二人だけの空間で行われたとされる。5回公判で次のように証言している。

中田　〈3人共犯説を石川が自供後〉取調室であなたと石川君の二人だけが話したというようなことはありませんか。

関　　あります。

中田　〈中略〉どういうことで二人だけになったんです。

関　　それが、そのとき、まあ皆〈長谷部ら取調官のこと？〉に用がないから向こうに行ってくれということを石川君が言ったわけです。

中田　取り調べ中に、そういうことを言ったんですか。

関　　取り調べ中なんですが、ちょっと切れたときです。それで皆とは用がないから向こうに行ってくれと言ったので、そうかと言いながら出て、私と石川君だけになったことがあります。

中田　石川君は二人だけになって、あなたに何か言いましたか。

関　　そのとき、関さん、俺がやったんだ、というようなことをまあ、言ったわけです。

中田　おれがやったんだというのは、どういうような意味ですか。

関　　おれがやったんだというのは、おれがやったんだけれども死刑になりたくないんだ、というような話をして、それから、善枝ちゃんいかっていたのは〈埋められていたのは〉どういうふうになったんだべ。

中田　いかっていた。

関　　埋めたあった状態ですが、どういうふうになっていたんだと、で、あのとき、ずっと〈自分＝関＝は取調官らのための〉炊事のほうに行っていたんで俺はわからないんだ、そうかい、それがわかればよくわかるんだがな、と言って切れちゃったんです。そこで言葉が切れて、ああもういいよと言ったんで、また皆が入って来たんです。

中田　〈中略〉そのあとで石川君は、どういう具合に死体が埋められていたのか、ということをあなたに尋ねたんですね。

関　そうです。

中田　あなたは不思議に思いませんでしたか。

関　いや、それが不思議というよりも、まあ何と言いますか、どういうふうになっていたのかな、そうだな、私も深い考えはなかったんですが、俺も見ないんでわからないんだよ、と言ったんです。

中田　〈中略〉石川君はそのとき、あなたに埋めてあった状態というよりは、死体に巻かれていた縄のことや何かを聞いたんじゃないですか。

関　縄のことというようなことは聞きませんでした。いけてあったのはどういうふうになっていたんだべ、まあそんなふうに聞いたんです。

中田　そのとき石川君は、何か困っているような様子をしていませんでしたか。

関　まあ首をひねるというか、考えるような状況だったです。

中田　〈中略、石川が長谷部から埋設状況を〉聞かれたが、自分ではどういうわけかよくわからないので、関さんどういうふうに答えたらいいか教えてくれ、ということをあなたに尋ねたんじゃないですか。

関　そういうことはわかりません。そういうふうには尋ねません。

中田　そういうふうには尋ねないにせよ、そういうふうなことを〈石川が〉自ら知りたいという感じであなたに尋ねたんじゃないですか。

関　どうしてやったんだろうなということを考えているふうに、いけてあったのはどうなっていたんだろう、というようなことを私に聞いたんです。

中田　あなたは石川君と二人だけになったそのときに、石川君に対して長谷部さんたちの言う通りにした方がよい、ということを述べませんでしたか。

関　いや、そういうことは言いません。

　本来の取調官ではない関が取調室にいて、容疑者である石川が関に死体の埋設状況を尋ねるという光景は、やはり異様である。

　単独犯行に再転換したところで、石川が真犯人でないならば、体験していない犯行内容を語ることはできない。取調官からの情報と自身の想像を交え大筋で語ることはできても、被害者と石川の出会い、殺害現場への移動、強姦・殺害の順序、死体埋設などの詳細な状況は、どう尋ねられても答えに窮する。それで、親しい（と石川が思いこんでいる）関に、被害者が埋められていた状況を聞いたということなのだろうか。

川越署分室の房の板壁に石川が書き付けた詫び文

## 3 留置場の「詫び文」

　23日には、また何ともややこしい事態が起きている。

　この日、石川は川越署分室の留置所に「石川一夫　六、二十日　じょぶでいたら……せんこあげさせてください」と書いたというのだ。留置所の羽目板に「固い物」の先で彫り込んだ文字あるのを、24日になって捜査本部の警部補、伊藤が実況見分している。実況見分調書には

　　「畳の上から十三糎の地点に横に、石川一夫と書かれ、その上に六、二十日、さらにその上にじょぶでいたら……と二行に亘って書かれているのが認められ、……の部分は肉眼で判読できなかった」

とある（写真参照）。3段にわたって名前、日付、詫び文句が書き込まれていた。この見分調書はすでに一審法廷に提出されていた。「……」の部分は、7月5日付、原作成調書によると、「一週間に一度ずつ」という意味のことをカナで書いたとされる。

　詫び状と受け取れるこの文句について検察官は、「6月20日に被告人が最初の自白〈共犯説〉をしたことを推認させる状況のもの」としているが、20日に書

いたとすれば、房内の落書きが24日まで発見されないことの方が不自然だ。川越署分室は、留置人は石川一人しかいない、石川を取り調べるために急造された施設だ。管理は徹底されていたと言わなければならない。伊藤は「24日午後、〈当時、分室にいた〉飯塚警視か、長谷部調査官の指示を受けて見分した」と証言〈1審5回公判〉している。

　なぜ、石川は書いたのだろう。この「詫び文」を書いた経緯を石川は、
　「最初、3人から1人と言ったのかな、とにかく殺したと言ってから、それじゃあ、善枝ちゃんに詫び状のしるしがあるか、と言われたんです。長谷部さんから言われました。それから、ある、とうっかり言ってしまいました。
　〈長谷部からどう聞かれたのか、との裁判長からの質問に答え〉善枝ちゃんに詫び状が書いてあるかと。
　で、書いてあるって言ったんです。どこだと言ったので、狭山署の留置場〈の自分が入っていた部屋〉の便所の上へ書いてきたと嘘をついてしまいました。そしたら、関さんがそばにいたので、多分見に行ったんでしょう。それで夕方になって、私が〈取調室から〉帰され川越〈署分室〉の留置場に入れられてしまったから、嘘をついてしまったから、あわてて、今度は、川越の自分のいたところへ書いたんです。マッチ棒で書いたと思います。房の中でも〈留置係りの警察官から〉たばことマッチを貸してもらって〈たばこを〉飲んでいたから」
と説明する（27回公判）。この説明とほぼ同じシーンを描写したと思われる23日付、青木一夫作成の調書がある。そこには、
　「〈前略〉私が今まで三人でやったと言っていたのは、家の家族や親爺のことを考えると自分が一人で善枝ちゃんを殺したということを言い切れなかったのです。それで三人だと言っていたのですが、相手の名前を出さなかったのも、いないから出せなかったのです。私は本当に善枝にも謝りたい気持ちから正直に話すことにしたのです。
　私が今まで済まないという気持ちでいたということは狭山署の今まで私が入っていた部屋〈留置場〉を見てもらえばわかりますが、私は私がいた部屋の板の間に爪で、
　　　『私が無事で出られたら一週間毎に御詣りに行きます』
と書いてあります。これは私が、善枝ちゃんを殺してしまってから済まないから無事に出られたら一週間に一度づつ御詣りに行きますという自分の気持ち

を書いたものです」

　この調書では、マッチ棒ではなく爪で書いたことになっている。それにしても調書をとる青木は、「いっしゅうかんごとにおまいりにいきます、とかいてあります」と石川が発音したときに、石川の国語能力を考慮して「どういう漢字を使って書いたのか、ひらがなだけを使って書いたのか」とは尋ねないものだろうか。

　仮に、20日にすでに川越署分室の留置室に書いているのであれば、23日に「どこに書いた」と追及されても「狭山署の……」という必要はまったくない。川越署分室で取り調べを受けているのだから、「ここの留置場の羽目板を見てください」と言えばそれで済んでしまうはずなのだ。それが言えなかったから、苦し紛れに「狭山署の……」という一時逃れの言葉が口をついて出てしまった。23日昼の時点で川越署分室の留置室には書いていなかったからこそ、「ここの留置室を見てください」と言うことはできなかった。青木の23日の取り調べ時点では、狭山署にも川越署分室にも「詫び文句」はなく、同夜、石川は書いた、とみるのが常識的ではないだろうか。

## 4　被告人と長谷部との合作

　23日からの調べは、ますます厳しい取り調べとなった。石川は「朝は8時ごろから夜はだいたい12時過ぎまで。23日ごろから27日ごろまでが一番、時間的に長かったと思います。（調書に添付する地図を）毎日のように書かされ、一度に3通くらいの調書に名前を書いたことがある」と取り調べの様子を26回公判で語っている。

　中田　それから自白調書によると、強姦する前に、〈被害者を〉木にくくりつけたり目隠ししたり、木からほどいてまた、足をくくって倒したりしたというような細かく述べているが、強姦をこういうふうにしてやったという自白調書を取られたときに、どういう調べを受けたか思い出すことがあったら言ってください。

　石川　一人で殺したと言ってから、通称四本杉のところで殺したと言ったら、そこで殺したのなら時間的に合わないと言われました。だから自分で時間をつぶすために、あれこれ考えていた、と言いました。

　中田　それは殺してしまってからのあとの話ですね。

　石川　はい。

　中田　殺すまでの間どうしたということは、いちいちあなたが自分で話したの

ですか。

石川　細かいことは、向こうで言ってくれたです。しゃべるのは遠藤さん、主として長谷部さんで、書くのは青木さんでした。こうじゃない、ああじゃない、こうではないか、よく考えてみると長谷部さんが教えて、自分はそれに従ったです。最後にはわからなくなって、縄の件になりますが、ああいうふうな形になって、もしわからなくなると怒ることもあるけれどほとんど怒らなくて、縄の件は怒られたので関さんと二人だけになって関さんに聞こうと思ったです。

中田　こうしたんだろうと言われて、そうですという、その次にまた聞かれ、違っていると、違っていると言われるね。

石川　違っていると言わないです。よく考えてみろ、と言われました。そして自分で考えていると、長谷部さんがこうではないかと言うんです。そのときは、自分で殺したと言っているから、夢中だからわからなかったです、と言うと、長谷部さんがちゃんと教えます。こうしてやったろう、と言われて、はい、と言ったこともあります。

中田　山へ連れ込んでから殺すまでの間のことが細かく供述調書に書かれているんだが、それらはあなたが自分で考えて言ったよりも、向こうが教えてくれたことが主になりますか。

石川　自分で考えたことも言いました。

中田　自分で考えて言ったことは、どういうことですか。

石川　金を取りに行くために松の木に縛ったということ、そして性交したくなった、ほどいてまた縛り直してやったということは自分で考えて言いました。

中田　教えてくれたことは。

石川　どう殺して、どういうふうにしたか、ということは私にはわからないから自分では述べられないので、関さんが来たときは関さんに教わりますが、関さんが来ないときは長谷部さんにすがるほかないから、長谷部さんがその都度いろいろ教えてくれました。具体的にどういうこととといっても今は思い出せません。

中田　ひのきの下で、しばらく考えていたということが自白調書に書いてあるが、それは教えてくれたことですか、それとも自分で考えたことですか。

石川　自分で考えたことです。

中田　そして、どういうことを言ったのですか。
　石川　長谷部さんが5時ごろ縄を取りに行ったのではないかと言いました。〈被害者を〉捕まえたのが3時ごろだったか3時半ごろだったか、ちょっとわからないですが、何しろ殺してから5時ごろまで1時間くらい空間(ﾏﾏ)があったと思います。その間どこにいたと言われ、どこにいたということも言えないので、考えていた、それから縄を取りに行ったと言ったら、それでいい、と言われました。
　中田　考えていたという場所は。
　石川　ひのきの下だと言いました。
　中田　そこに、ひのきがあることは前から知っていたのですか。
　石川　知っていました。

　この通りの調書の作成方法であったとすれば、供述内容は石川の想像と長谷部ら取調官との合作にほかならない。10年の約束を信じ、犯行の詳細を「長谷部さんにすがるほかない」という石川は、否認時に検察官、河本の調書に署名を拒否したような気力はすでに失っていた。同じ公判で石川は調書作成の状況をこうも説明する。
　中田　あなたは、できた調書を読んでもらいましたか。
　石川　自分の言ったことだし、あるいは言ってもらったことだから読んでもらわなくていい、と言ったです。
　中田　全然、読んでもらったことはありませんか。
　石川　ほとんど読んでもらっていません。原検事さんにもほとんど読んでもらっていません。自分でいい、と言ったです。

　こうした状況に拍車をかけたのが、26日の自宅からの「万年筆」の発見だった。石川は被害者のものとされる万年筆が自宅から押収されたことで、兄、六造の犯行を確信するようなる。自分がこの罪をかぶる、との思いを一層強くしたことで、石川と長谷部らの合作がさらに進む。26日付、青木調書では、次のように供述したと記録されている。
　「〈脅迫状を〉書いたことはかくせないということがわかってからも、兄ちゃんの足袋をはいていった、と言うことができなかったので、入曽の男とか入間川の男が金を受け取りに行ったと嘘を言っていました。しかし、兄ちゃんの

足袋をはいて〈佐野屋へ〉いったとしても兄ちゃんは関係ないんだということを、それとなく〈取調官から?〉話してもらえたので安心して一切を話すことにしました。私がなかなか本当のことを言うことができなかったわけはそんなわけです」

## 5 原作成の3通の自白調書

単独犯として事件の細部が固められていくにつれ、犯行の全体像が一定の方向に集約される。7月1日に、原が一人で作成した3通の自白調書がその代表的なものだ。

1通目（同じ7月1日原作成の調書でも、公判調書の綴りが先になっているものから）は、4月28日に雑誌「りぼん」を見て脅迫状を書いたことなどを述べたあと、

「七、私が善枝ちゃんに出合ったのは、この前にも言った様に山学校の手前の四辻の付近です。私もやった事はみんな話しており、今更善枝ちゃんに出合った場所を嘘を言ったり、隠したりする心算はありません。
　善枝ちゃんを山の方へ連れ込んだ時の模様は前に申した通りで特に脅かしたような事はありません。しかし、私は、

　　こっちへ来い、直ぐに帰すから

と低い声ではありましたが、凄みを利かせて押しつける様な声で言ったし、その場所が付近は畑や山で人通りもなく淋しい所ですから善枝ちゃんにすれば、私が恐くて嫌だと言えずについてきたと思います。私は、こっちへ来いと言って、山の方へ歩かせ、善枝ちゃんが先に自転車を転がして歩き、私がその自転車の右側に並ぶ様にし、くっついて歩きました。勿論、その時はその女学生が中村善枝である事は知りませんでした。
善枝ちゃんは

　　何するの

と何回か言いましたが、私はその度に押さえつける様な声で、

　　用があるんだ、直ぐ帰すから来い

と言って、善枝ちゃんを歩かせ、さらに、

　　誰か来るといけないから急げ

と命じて、歩くのを急がせました。善枝ちゃんは私が恐かったので私のいうとおりになっていたのかも知れませんが、暴れたり声を出したりはし

ませんでした。
　私は子供を連れだして金を脅かして取ろうと思って脅しの手紙を二十八日に書いて封筒に入れ、四つ位に折ってズボンの底に入れて持ち歩いていましたが、その時は女学生を連れさろうとか、通行人を連れ込む等と計画してその付近で待ち伏せていたのではありません。善枝ちゃんが自転車に乗ってくるのを見て、咄嗟にこの女学生を山の中に連れ込んで木に縛りつけておき、吉展ちゃん事件のように脅かしの手紙を女学生の家に届けて金をとろうと思って女学生を呼び止めたわけです。勿論殺すとかおまんこをする心算もありませんでした。

八、善枝ちゃんを捕まえて、四辻の所から山の方に行き、山に入ろうとする頃、自転車を私が持って善枝ちゃんは私の直ぐ前を歩かせまして、そうして山へ行って、左右の別れ道に来たとき、
　　　右へ行け
と命じ、さらに山の中の道を通って、倉さんの首っこをした付近の山の所で、
　　　そこを右に入ってくれ、直ぐ帰すから
というと、善枝ちゃんは私が命令したとおり黙って山の中の道を右の方へ入って歩きました。それから四本杉の付近まで来たとき、
　　　そこで止まれ
と言って善枝ちゃんを止め、私が自転車をその山の道に立てて善枝ちゃんの手首を掴んで林の中に道から二、三米引っ張り込み
　　　直ぐ帰すから手を後に廻せ
というと、黙って両手を後に廻したので、松の木を背中に抱かせるようにして私がポケットに持っていた手拭いで善枝ちゃんの両手を縛りました。私は大きな声で怒鳴りつけたり殴ったりはしませんでしたが、押さえつけるような凄みのある声でそれまで命令したので善枝ちゃんも恐くなって嫌だとも言わないし、逃げなかったと思います。手を後に廻せと言ったときも黙って手を後に廻し、縛ったときも声を出す様なことはしませんでした。善枝ちゃんは泣きはしませんでしたが、黙ってむっとした顔をしておりました。

九、私が善枝ちゃんの住所や名前を聞いたのは、前に松の木に縛りつけてからだと言いましたが、あるいは山道を歩きながら聞いたような気もし

ます。〈後略〉」

　２通目は、出会い地点に向かう様子や殺害状況の詳細、脅迫状の訂正、芋穴に死体を吊す様子が描かれている。
　「〈冒頭略〉
　一、五月一日午後三時過ぎごろまで、荒神様の所を通るときはお参りに来た人が二、三十名居りました。道路の所や荒神様の中に店が五、六軒来ておりました。店はおもちゃ屋、団子屋が出ていたことは覚えていますが、そのほかにどんな店があったか覚えていません。荒神様には「囃子」はなく割合ひっそりしたものでした。
　問、レコードがかかって、流行歌等が歌っていたのではないか。
　答、それは聞きませんでした。
　二、善枝ちゃんを最初松の木に縛ったときは、後手にし、手の甲が合わさるようにして手首を手拭いで一緒に縛りました。それから首にかけていたタオルで目隠ししたわけです。〈中略〉
　四、時計や財布を盗ってから私はその女学生と急におまんこする気になり、松の木を後に抱かせて縛ったままではおまんこができないので、縛った両腕を解いて松の木からはずし、今度は松の木を抱かせないで、直ぐに両手を縛りました。
　縛ったのは同じ私の手拭いでしたが、どの様にして縛ったかその縛り方は判然とした記憶はありません。
このとき検事は〈被害者の後手に縛られた〉写真の手拭いを示した。
　そのときの縛り方はその写真にある様な縛り方であったことを思い出しました。手拭いの両端の方で右左の手首を縛った上、その両端をまた真ん中によせて一回結んで引き締めました。
　このようにして縛った上で
　　帰してやるからこっちへ来い
と言ってその女学生の横から私の両手を女学生の後の方から両肩に廻して掴み四本ある大きな松の木のうちの一番北の杉の根元に連れて行きいきなり足をかけて女学生をあお向けにひっくり返し直ぐスカートを腹の方へはねあげてズロースの左右を両手で掴んでいっきに膝の付近まで引き下げました。〈中略、右手で被害者の首を絞め声を出さないように

して、左手でズボンのチャックを下げ陰茎を出して強姦し、終わって気がついたら女学生は動かなかった〉

問、君は女学生に対し、人工呼吸等による手当はしなかったのか。

答、私は人工呼吸という言葉を聞いたこともなくその方法も知りません。〈中略〉

五、私は女学生が死んだと思ったのでどうしようかと思って、その場所から二十米くらい離れた畑の近くにある松の木の下へ行って三十分くらいどうしようかと考えておりました。〈中略〉

六、色々考えましたが、殺した善枝ちゃんをこのままにしておけば直ぐにわかってしまうので、ひとまず善枝ちゃんを芋穴に隠して脅しの手紙を善枝ちゃんの家に届けて戻ってきてから善枝ちゃんを埋めてわからないようにしようと思いました。

それでまた松の木の下に戻り、死んでいる善枝ちゃんを両手で首のところと足の方に下から手を入れて抱えて芋穴の所まで運びました。そのときは薄暗くなり雨も降っているので付近に人影もなく、人に見つかる心配もありませんでした。

芋穴の付近に善枝ちゃんをあお向けにしておき……〈中略、松の木に戻り、脅迫状の訂正。この部分は状況証拠の【脅迫状】64〜65頁に引用〉。

七、脅かしの手紙を書き直してから善枝ちゃんを芋穴に吊す為縄を探しに出かけました。

そのときも雨が降っておりましたが、前に申した様な場所から縄と麻縄を盗ってきて強く三本か四本束にして切れないようにし、善枝ちゃんの足首を縛って芋穴から逆さに入れました。

縄の長さは十米位あったと思います。私は縄を両手でしっかり握り善枝ちゃんを芋穴の壁の方をずらずようにして縄を少しずつゆるめて穴の中に降ろしました。

そのときも雨は降り続いており、吊した縄は芋穴の口の角の所にくっつけて少しずつずらしたので割合い楽に降ろすことができました。〈中略〉

問、女学生に顔を見られておれば、脅かしの手紙で家の人から金を取っても直ぐに発見されるのではないか。

答、私は木に縛っておき、直ぐに脅かしの手紙を女学生の家に届けてその晩

（五月一日の夜十二時）金を持って来る様に命じて金を取ったら女学生をはなして直ぐに家へ逃げる心算でした。〈後略〉」

　ここでは「ひのき」の下ではなく、なぜか「松の木」の下で30分過ごしたことになっている。原は、計画通り強姦しないで脅迫状を届け、金を奪ったとしても〈生きている善枝に〉顔を見られているのですぐに石川の犯行とわかってしまうのではないか、と聞いているのだが、石川の答えは要領を得ない。「家へ逃げる」ことができれば捕まらないと思ったのだろうか。
　さらに7月1日の原調書の3通目。これには、狭山市内に実在した江本昭司〈仮名〉との関係〈石川は以前、この家へ井戸掘りの仕事をしたことがあり姓は知っていた。しかし、昭司という男性は女婿であったこともあり、石川はその名前を知らなかった。昭司には幼稚園に通う男児もいたが、捜査本部は捜査の対象から外したとされる〉や、脅迫状作成の状況、鞄を捨てた状況などが語られている。

　石川単独犯の自白調書がととのえられてゆくと同時に、共犯者の存在を疑わせる目撃証言は消されてゆく。捜査本部が重視し、東山、飯田の別件逮捕の要因になったとみられる奥田証言（210頁参照）だ。6月30日に検察官、小川が奥田から取った供述調書では、
　「〈先に、5月1日に山学校近くで石川と東山と見たと話したが〉実際は、私が見た男二人が石川と東山であったということは、はっきりしない。私が見たのは、二人の男がつつじを取っていた様に思われたということだけで、この二人がどこの誰であったか私にはわからないのです。〈先の目撃証言は、捜査員に〉絶対間違いないとは言えないが、いくらか似ているという意味のことを話したら、警察の人が私が石川と東山を見たという意味のことを調書に書いたのです。〈検察官、原にも2人を見たということを話したが〉警察の調書では、私が見た男は石川と東山だということになっていたし、原検事さんがこの調書を見ながら〈私＝奥田に〉聞いたので、本当は石川と東山であったかどうかわからなかったのですが、わからなかったと言えなくなってしまいました」
となっている。石川と被害者が出会ったとされる付近で石川を見たという目撃証言は、ニュアンスの伝え間違いで、結局、誰だかわからない、ということに落ち着いてしまう。奥田の目撃証言はここで消滅するのだが、一人石川だけは「山

学校」近くで被害者と出合うという自白を維持し続ける。

## 8　自白の変遷

*1*
### 自白調書の綴り方

　しかし、こうして作られた共犯説自供後の多くの自白調書に対し、その綴じ方など調書の外見上の問題と、激しく変遷するその内容上の問題が弁護団から指摘されている。

　外見上の問題として指摘されたのは、
①契印〈綴じられた調書の合わせ目に行う割り印〉がずれている調書がある。共犯期の22日青木作成調書では8ミリのずれを見せていた。
②共犯期の21日付青木調書に添付の地図では、石川が「ころしたばしょを」として指示している地点が、後の単独犯期の殺害場所である「四本杉」を示していた。この地図には日付が入っていなかった。
③単独犯行期に入った24日付青木調書に添付されている石川が描いた地図（腕時計を捨てた場所を記入している）には明らかに「29日」と書かれている。このほかにも「29日」と読める地図が24日の調書に添付されていた。

などという点だった。

　日付の不可解さに関連して石川や弁護団が強く主張したのは、石川の共犯自白は6月23日ごろ、単独犯自白は26日ごろに始まったのであり、警察・検察の調書とはずれていることだった。自身の記憶だけに頼った石川がそう法廷で訴えるだけではない。公判記録によると、17日から26日にかけて次のようなできごとがあったとされる。

　　17日　　　　再逮捕、川越署分室に移送
　　18日　　　　弁護人、中田、石田が川越署分室で石川に接見　否認　絶食の話なし
　　19日　　　　石田接見　初めて絶食していると聞く　否認
　　20日午前　　中田接見　否認　絶食続行
　　同日午前　　裁判官による勾留質問　否認
　　21日夕　　　鞄発見
　　22日ごろ　　絶食中の石川が、医師の診察を受ける

| | |
|---|---|
| 24日 | 中田が新聞記者から「石川が自供を始めた」と聞く（中田の法廷証言） |
| 同日午後 | 川越署分室の留置場で、「じょぶでいたら……」の詫び文の実況見分 |
| 25日夕 | 捜査本部が、石川の単独犯行を発表 |
| 26日 | 石川の自宅から万年筆を発見、押収 |

　20日午前の勾留質問は、川越簡易裁判所の裁判官、平山三喜夫が、川越署分室まで出向いて行われている。その調書には、
　「被疑者は、事実（善枝さんのこと）は知りません。事件を起こしていないということをお話しするという意味のことを話しただけで、裁判所へ行っても善枝さんのことは知らないから知りません」
とある。わかりにくい表現ではあるが、石川は裁判官に対してやはり否認していたようだ。弁護士不信の時期とはいえ、弁護士に否認し、裁判官にも否認した石川が、その日の夕方から夜にかけて関と手を取り合い涙の自白ということもありうるのだろうか。

　捜査側からも、自供はもっと遅かったのではと思わせる証言がある。長谷部が法廷証言（51回公判）で、「〈医師の診察は〉川越に移ってから4、5日くらいしてから。〈診察時には、石川はまだ共犯説の自供を〉していなかったんじゃなかったかと思います」と語っている。取調室の庶務兼留置係りのようなことを担当していた捜査本部の巡査、斎藤も「〈関が川越署分室に最初に来たのは、石川が分室に移送されてから〉一週間くらい後かと思う」と証言（47回公判）している。

　23日が共犯説の自供開始日となると、この影響は大きい。20日付の留置室の「詫び文句」だけではない。21日の鞄発見も自供の前ということになってしまう。説明のつかない事態と言わなければならない。捜査全体への信頼性、そして検察官が主張するストーリーに壊滅的な打撃をもたらす。

　石川の自白内容の変転は多岐にわたる。
　職業裁判官の注意則でも、自白内容の変化こそ、それが任意になされたのか、あるいは信用性に足るものなのか、を見極める重要なポイントとされる。変化したのなら、どうして変化したのか、納得できる理由が説明されなければならない。一般的には、不合理な変遷は任意性が疑われ、信用性も低い。

弁護団が「あり得ない不自然さ」と訴える検察側ストーリーへの反論をみながら、「動機」「出会い地点」「自転車の止め方」「名前の聞き出し」——の4点について自白が変遷した状況を検討してみる。

## 2
### 動機
　検察側の主張によれば、すべての始まりは約13万円の債務を肩代わりしてもらった父親に、「いつかは返済しなければならない」と思っていたことだった。そう思っているうちに吉展ちゃん事件を知って、自分も子供を誘拐して身代金を奪い、父親に「13万円を渡し」（冒頭陳述では、父親に「返済」とは表現していない）、残りを持って東京へ出て働こうと考えた。そのために誘拐の前に脅迫状を作成し、ズボンの後ポケットに入れて毎日持ち歩いていた。要するに、金が欲しかったというのが動機だ。
　ところが、自白調書では、次のように激しく揺れる。

①23日付、青木一夫調書　ここでは被害者が自転車に乗って石川を追い越すのだが、自転車を止めたのは「急に若い女が来たので、むうっとなって連れて行ったのです。むうっとしてとはおまんこしたくなってという意味です」とある。背後から来る被害者に「むうっ」とするには、後方を振り返って見ていなければならない。強姦目的で自転車を止め、強姦中に殺してしまうという展開だ。強姦先行型で、脅迫状も準備しておらず、殺害後に現場で初めて脅迫状を書く。

②24日付、青木調書　「私は競輪が好きで西武園や立川、大宮などの競輪場へ時々遊びに行きました。私が今度善枝ちゃんを殺すようなことになったのも、吉展ちゃん事件のように巧く子供を誘拐して競輪に使う金をとってやろう考えたことからです」「五月一日には私は山学校の方へ行きましたが、本当にあてもなく歩いていたのです。そこへ善枝ちゃんが通りかかったので、急に善枝ちゃんを山の中に引っ張り込んだのですが、〈中略〉本当はおまんこがしたくなって山の中へ引き入れたということもありますが、狙っていた子供ではなく善枝ちゃんが通りかかったので誘拐して金を取ろうとしたのであります」。強姦と身代金目的誘拐が並列となっている。この調書以降で、4月28日にあらかじめ脅迫状を書いて用意したことになる。

③25日付、青木調書　「私はそのとき、善枝ちゃんを山の中に連れ込みま

したが、そのときは善枝ちゃんを殺してしまうというつもりで連れ込んだのではなく、つかまえておまんこをやり、善枝ちゃんの家から金をとったら、善枝ちゃんを家に帰してやる考えでおりました」。ここでも強姦と誘拐の目的が同時並列だ。

④25日付、検察官、原調書　「私は女を殺すつもりで連れ込んだのではなく、その女学生のおやじさんに脅迫状を出して、金を取る計画でした。〈中略、四本杉まで来てから父親の名前などを聞き出した後〉しかし、そのうちにその女学生とおまんこしたいという気持ちになりました」。誘拐目的で着手し、その後に強姦意思が発生。

⑤29日付、青木調書　「私は、このとき善枝ちゃんを捕まえたのは、この前若い女を見てむうっとなって連れて行ったと言いましたが、それもありましたが、私はこの女をつかまえておいて、金をとってやろうという考えで捕まえたのです。私はそのときいつそういうことを考えたかというと善枝ちゃんの姿を見てそう考えたのです」。強姦と誘拐の並列。

⑥7月1日付、原調書　「善枝ちゃんが自転車に乗ってくるのを見て、とっさにこの女学生を山の中に連れ込んで木に縛りつけておき、吉展ちゃん事件のように脅かしの手紙を女学生の家に届けて金をとろうと思って、女学生を呼び止めたわけです。もちろん殺すとかおまんこする心算もありませんでした」。誘拐目的で、被害者を縛った後に強姦の意思発生。「吉展ちゃん事件のように脅かしの手紙」とあるが、吉展ちゃん事件では脅迫状は登場しない、電話だった。

⑦2日付、原調書　「私は、子供を連れ去って脅かし、二〇万円取ったら、七万円はおとっつぁんに支払い、〈オートバイの〉修理代二万五千円を支払って、残り十万円をもって東京に逃げる心算でした」「私は、借金としては修理代金として二万五千円の借金がありました。そのほかには私の借金としてはありませんが、私のオートバイのことでおとっつぁんが七万円支払ってくれております」。誘拐目的。しかし、父親は13万円の肩代わりではなく、「七万円」と表現されている。この調書で初めて、金を持って東京へ「逃げる」計画が語られている。

⑧6日付、青木調書　「私が何故善枝ちゃんを殺すことになったのかをよく考えてみますと、私はこの前話をしたとき、競輪がやりたくて金が欲しかったからだと言いましたが、それは嘘で家の中のぼろを言いたくなかったか

らそう言ったのです」

「養豚場をやめても家へ帰ることもできず、友人のところを泊まり歩いていましたが、金も使ってしまってどうしようもなくなったので、謝って家へ入れてもらいました。家へ帰ってから兄ちゃんとけんかをするようになり、兄ちゃんは私に『家を出ていけ』というようになりました」

「私は六月まで家においてくれと話しました。私はそのときは板橋の姉のところでも行って働こうと思っていました。けれども私は家を出るには、いくらかでも金が欲しいと思ったので、子供をつかまえて親から金を取ろうと考えたのが始まりで、今度のようなことになってしまったのです。計算してみると、おとっつぁんに出してもらってある金が大体十三万円くらいあると思います。その金は、車代七万円位、修理代四万円位、その他二万円位であります。私は家を出るについては、おとっつぁんに出してもらった金も返し、その他に自分で五万円くらい持っていけばよいと思ったので、二十万円ということを手紙に書いたのです」。

競輪はウソで、東京へ出てゆくにあたって父親に金を「返す」ために誘拐を考えたという。この調書ではじめて計13万円という数字が出てくる。

⑨7日付、原調書　「パチンコや競輪ではそれほど金を使ったわけではなく、もちろんパチンコや競輪で家の者に迷惑をかけたことはありませんでした。〈中略〉オートバイのことで、おとっつぁんに七万円位金を出してもらい、その後修理代やガソリン代も入れると全部で十三万円位はおとっつぁんに迷惑かけていると思います。私が脅かしの手紙を書いて取ろうと考えたのも、おとっつぁんに迷惑をかけたその金を払ってやりたいと思ったからでした」。最終的な犯行の理由となっているこの調書では、13万円の内訳はよくわからない。とにかく父親へ返済する金が欲しくて誘拐を計画した。東京へ出る、あるいは東京へ逃げることは理由に入っていない。

この動機の移り変わりをみると、強姦という情動型の犯人像と、誘拐して近親者から身代金を奪取するという沈着冷静な犯人像が、どうしてもうまく重ならないように思われる。二つの像をスムーズに重ねるのに取調官も戸惑ったに違いない。

①と②の間には、脅迫状をその場で書いたか、あらかじめ用意しておいたかという点で、ストーリー的にかなりの飛躍がある。強姦の際に偶発的に殺してしまい現場で脅迫文を書き込むというバタバタの展開と、脅迫状を訂正するばかりに

用意していたという計画性は、まったく違うストーリーだ。真実、脅迫状を準備していた犯人なら、誘拐・殺害・死体埋設を自供しているのに、わざわざ殺害現場で脅迫状を初めて書いたというウソをつくだろうか、何のために？「石川は、脅迫状が訂正されている事実を知らなかったから、こんな供述が生まれ、取調官にそれを教えられてから供述が変化した」と弁護団は主張している。

　強姦と誘拐の目的は、同時並列と誘拐先行のパターンが行ったり来たりしている。同じ25日の調書なのに、なぜか③と④では食い違っている。⑤で再び並列となり、⑥以降で誘拐目的に落ち着く。身代金の使い方にしても、②では競輪、⑦で父親に返済し、残りを持って「逃げる」ため、⑧で初めて「家を出て東京で働くため」という上京準備金のような理由付けがなされる。しかし、その上京準備金は、起訴直前に動機を最終的に集約した原の調書⑨では消えている。

　石川は63年4月末当時、はたして金に窮していたのかどうか。②の調書には、「私は飯田養豚場をやめたあとの三月四月ごろは、だいたい兄ちゃんがやっている鳶職の手伝いをしていました。そして三月は二万円くらい、四月一万五千円くらい、五月〈5月22日まで？〉は二万一千円くらい働きました。〈中略〉三月、四月の二か月は家へ一万円ずつ入れました。この二か月に西武園競輪に五回行きまして、一万円くらい使っていると思います」

とある。石川は、経済的に切迫した状況にはなかったようだ。父親への返済にしても、父親が石川に返済を要求したという事実はない。父、富造は確かに、石川が月賦で買った単車を転売したことなどのトラブル解消のため約7万円を支払ったことを証言（16回公判）しているが、それだけ。売買関係者も修理代やガソリン代がいくらなのかはともかく、事件発生直前の4月末までにだれも石川に代金返済を迫っていない。つまり、父親から「13万円くらい出してもらった」という事実はなく、周囲からの返済要求が厳しく切迫していた事実もない。

　犯行後に東京へ「逃げる」と、「家を出て東京で働こう」とではニュアンスが違うが、いずれにせよ石川が東京へ出るという話は⑦⑧にしか登場してこない。兄、六造は「オートバイのトラブルがあって弟は家を飛び出したが、養豚場についてあまりいい評判を聞かないので弟を説得して父親にも謝らせて家に戻した。一緒に鳶の仕事をやり、もうけを半分分けにして将来は独立してやらせようと思っていた」という趣旨の証言（16回公判）をしていた。

　弁護人、山上益朗は更新弁論（70回公判）で、「一審判決は、当局の誘導によるまったくデタラメの金、13万円を鵜呑みにし、捜査当局はこれまた自作自

演でまぼろしの13万円をでっち上げた」「父が子に約7か月も請求もせず〈約7万円を〉放置していたのに、その子が『〈検察冒陳にある〉テレビを見て吉展ちゃん事件と同様の手段で現金20万円を喝取し、その中から金13万円を父に返済せねばならいことを決意する』ことがあり得ようか。別件9件の内容を検討しても〈個人的に蓄財するような〉いわゆる金目当ての犯行ではない」と検察ストーリーを批判した。

石川が経済的に逼迫していなかった状況は、友人らの法廷証言による5月2日以降の石川の行動でも推測される。友人と一緒に映画を見たり、家の庭で犬小屋を工作したり、魚釣り、キャッチボールに興じていた。身代金奪取に失敗して金に窮している状況とは言えない。何より「東京へ逃げる」こともなく、こうした日常を過ごしているうちに5月23日早朝をむかえ、自宅で逮捕されるに至っている。

## 3 被害者との出会い地点

そもそも被害者の通学路ではない場所に、なぜ「5月1日午後3時50分ごろ」（検察冒陳）、被害者が現れたのか。検察側はまったく根拠を示した説明をしていない。

「平素の通学路が右のとおり〈加佐志街道を通らない〉としても、被害者善枝が本件当日、何らかの事情で、たとえば下校の途次、荒神様のお祭り（本件当日）の模様を見物しようというような意図があったというようなことから、平素の通学路と異なる加佐志街道を通ることも十分考えられるところである」（74年2月7日、検察官、大槻意見書）という。検察官が考えただけではないだろうか。

自白によると、石川と被害者の出会い地点は、微妙に変化している。

① 6月20日付、関調書 「山学校のそばの十字路の所に入間川の友達がいて、俺と入曽の友達はそれから少し山の方へ行った所で待っていたんだ」。石川は出会い地点にはいない。「山の方へ行った所」に友達が被害者を連れてきている。

② 23日付、青木調書 「山学校の前の道を歩いているときでした〈中略〉。そこへ後の方、荒神様の方から緑色の自転車〈中略、に乗った〉女学生と見える女の子が来ました」。これは単独犯行を自供した初日の調書だが、山学校の前の道が、交差点なのか道路なのかどうかはっきりしない。文字通り「山学校の前」とするなら、そこは加佐志街道の交差点より約

100メートル山学校側〈北方向〉へ入った地点となる。

③25日付、青木調書　「最初に善枝ちゃんを捕まえたところは、この前話したときには山学校の近所と言いましたが、それよりももっと荒神様の方に寄った場所です。それは地図を書くとこの辺ですからこれから図面に書いて説明します」。この地図では山学校近くの交差点から一つ荒神様の方へ寄った交差点を指している。

④25日付、原調書　「午後三時過ぎごろ、山学校の四ツ辻の所で女学生が自転車に乗って入間川の方から来ました」。ここで再び①の山学校の交差点に逆戻りする。

⑤27日付、青木調書　「私は善枝さんを山学校より荒神様へ寄った場所でつかまえて『用があるからこっちへ来い』と言って……」。③と同じ表現になる。

⑥7月1日付、原調書　「私が善枝ちゃんに出会ったのは、この前にも言ったように山学校の手前の四ツ辻の付近です」。再び③の地点、起訴状記載の出会い地点に落ち着く。

　どうして事件の発端である出会い地点が、このように変化するのか。①④の交差点と③⑥の交差点は、約200メートル離れている。実際に歩いたのなら、相当な違いだ。そもそも①④の交差点では、殺害現場である「四本杉」までは行く途中に雑木林や麦畑などがあり、自転車を引いて通過することは困難だ。

　石川は③⑥地点で出会ったという自白について、「結局、捕まえたのがどこかわからなくなってしまうから、多分そこだ、と言っちゃったのです」「長谷部さんから、その近くに三輪車を置いて畑仕事をしていた人がいたのだから、そこで捕まえるわけにはいかない、見つかると言われました。でも私はそこだと頑張りました」と被告人質問（26回公判）で答えている。捜査本部は、どうも出会い地点から四本杉へいたる農道に隣接する桑畑などで農作業をする人たちがいたことを把握していたようなのだ。

## 4 　自転車の止め方

　ともかく石川と被害者は出会ったとしよう。しかし、ここでも困難な問題が浮上してくる。顔も名前も知らない者同士の出会いで、石川はどんな動作を見せたのか。

①23日付、青木調書　「そこへ後の方、荒神様の方から〈中略〉、女の子

が来ました。私は『用がある』と言って自転車の荷台の鞄を押さえて止めました」。背後から来た自転車が、石川を追い抜いた瞬間、石川は強姦を決意し〈この調書は、誘拐目的ではない〉、自転車を止めたことになる。停止させるのは、被害者に追い抜かれた一瞬でなければならない。迷っていたら自転車は過ぎ去り、石川は自転車の後を新聞紙に包んだ弁当箱を持ちながら走って追いかけることになる。

② 25日付、原調書　「荒神様を通って一人で山学校の方へ歩いて行きました。特別目的はなく、ぶらついていたわけで〈中略〉した。午後三時過ぎごろ、女学生が自転車に乗って入間川の方から来ました。私はその女学生はどこの女であるか全然知りませんでしたが、女学生が私の目の前を通りすぎようとした時、自転車の荷台に鞄が縛りつけてありましたが、それを押さえて『用があるから降りろ』というと……」。この描写では、自転車は石川の正面から来たのか、背後から来たのか、どうも不明確だ。

③ 27日付、青木調書　「私はこの前、後から来た善枝ちゃんの自転車の荷掛けを押さえつけて、チョット停まれ、と言ったと話しましたが、それは間違いで、私はそのとき、山学校まで行って荒神様の方へひっくりかえって来たら、善枝ちゃんとすれ違ったのです」。ここで初めて石川と被害者は、正面から向き合うように出会う。山学校方向へブラブラと歩いていた石川が、なぜUターンしたのか説明はない。自転車を止めるには、すれ違った瞬間、石川が身を翻して自転車の荷台に手をかけなければならない。瞬間でなければ、自転車は通り去ってしまう。

この調書③では、石川は幼児を誘拐する目的で脅迫状をズボンのポケットに入れているのだから、自転車の被害者に気づき、誘拐対象を幼児から女子高生へ変更した上で、身を翻さなければならない。被害者に気づいたのが実際にすれ違う数十秒前か数秒前？　で、その間に変更を考慮し、決意する時間があったということだろうか。

対象を幼児から女子高生に変えることは、子供をだまして誘い込む犯罪から、女子高生を言葉や物理的な暴力で脅して無理やり連行する犯罪に変化することになる。誘拐から拐取への変更だ。とすると、その後の被害者の取り扱いにも大きな違いが生まれる。そうしたことを考慮した上で、大変更を瞬時に決意し得たのだろうか。計画の変更には、通常、理由がなければならないが、その説明はまったくない。

①～③のいずれの場合でも、普通に走っている自転車（被害者のスピードは不明）を急に止めるには相当の腕力がいる。石川は腕力に自信はあったのだが、しかし突然、力任せに止められたら、自転車は転倒しないだろうか。被害者の腰から両足外側には、ひきずったようなかなりの擦り傷が見られたが、これは生体反応がなく死後損傷とされている。石川の自白は、転倒などまったく語っていない。

　自転車を急停車させるには、当然両手で後ろの荷台なり鞄をつかむか押さえると思われる。片手では難しい。とすれば、石川の手からは、空の弁当箱が落ちて砂利道にカラカラと音を立てて転ばなければならない。が、そうした光景は自白調書にはまったく見られない。

　こうした供述の変化を、弁護人、山上益朗は「現に体験した者が、後から走ってくる自転車を止めたのか、対向してくる自転車を止めたのか、記憶違いを起こすわけがない。犯人であるかぎり、鮮やかな印象として対向してくる自転車の女が記憶されたに間違いない。変更は、取調官が背後から走ってくる自転車の荷台を押さえて停止させることが極めて困難であることに気づいたためだ。しかし、『山学校まで行ってひっくり返ってきたら』ということは、200㍍先まで行ってまた200メートル戻ってきたことになるのだが、そうした動きをした者が、自転車が『うしろから』と『前から来てすれちがった』とを記憶違いすることは経験則上からも断じてあり得ない。〈中略〉この自供は、生きた人間の供述ではなく、あきらかに創作された調書だ」と訴えた。

## 5 被害者の父親の名前

　石川は、被害者とその保護者の名前、その自宅の住所を、いつ被害者から聞き出したのだろう。身代金目的の誘拐犯なら、だれを誘拐し、だれから身代金を奪うかは、最大の関心事と言わなければならない。しかし、この点についても揺れ動いて定まらない。

　①23日付、青木調書「私がこの娘の自転車を停めて、この山のところに来るとき、歩きながら聞いたのです。いや、聞いたと思うのです」。出会い地点から四本杉へ移動中に聞いた「と思う」というのだ。

　②25日付、原調書「〈四本杉に着いてから〉女学生に、私が首に巻いておいたタオルで目隠しをしました。そうして学生にお前の家はどこだ、おやじさんは何というかと聞いたところ……」。殺害現場に到着し、目隠ししてから聞いたというのだが、誘拐したその女学生の名前は聞かなくていいの

だろうか。
③ 27日付、青木調書「それから私は、善枝ちゃんの家を聞いたが、この善枝ちゃんの家を聞いた場所は、善枝ちゃんをつかまえて、倉さんが首っこをして死んだ山〈四本杉〉へ連れ込むときであったか、山へ連れ込んで松の木へしばるときであったかは、はっきり覚えていないが、何しろ縛る前です」。身代金奪取先を、いつ聞いたかはっきりしないというのだ。
④ 7月1日付、原調書「私が善枝ちゃんの住所や名前を聞いたのは、前に松の木に縛りつけてからだと言いましたが、或いは山道を歩きながら聞いたような気もします」。最終的にも、いつ聞いたのか判然としない。しかし、実際に脅迫状は訂正されているのだから、聞いた内容（父親の名前）は冷静に記憶していた。訂正した時点ではどこで聞き出したのか覚えていたが、その後忘れたということか？

検察官は、出会い地点からの連行する際に聞き出した、と冒頭陳述などで主張しているので、①を根拠としているようなのだ。①は単独犯行を認めた初日の調書であり、その後、調べが進んだ②〜④を無視したことになる。一審判決も、連行中に聞き出したと認定していた。

しかし、被害者は気丈な女性だったようだ。検察官も「関係証拠によれば、被害者善枝は、スポーツが好きで体格もよく、明朗、快活な性格の持ち主で、学業成績も優秀であり、人物もしっかりしていて、見知らぬ人が道で誘ってもたやすくついて行くような女性ではなかったことも伺われる」（大槻意見書）というのである。父親の栄作は「平素、気の強い方」と形容し、佐野屋での身代金受け渡しの場にも立ち会おうとしたPTA会長、松岡も「あの気丈夫な女」（一審2回公判）という被害者である。見知らぬ男のいうままついて歩き、雑木林へ入ったり、問われるままに父親の名前を言ったりするものだろうか。しかも石川はそれをメモすることなく覚えており、凶行後にフルネームで封筒に書き込む。

「『こっちへ来い、直ぐに帰すから』と低い声ではありましたが、凄みを利かせて押しつける様な声で言った」にしても、被害者がおとなしく従うという状況は、犯人が凶器を示すなどの理由がなければ、常識的には説明がつかないことのように思われる。出会い地点から四本杉まで約700メートル。途中、被害者と交代して石川が自転車を持ったことになっている。被害者の鞄が自転車後部の荷台にくくりつけられているから、被害者は手ぶらになる。大声で助けを求めながら駆け出しはしないものだろうか。被害者は中学時代、ソフトボール部の部長で、高

校に入ってからはクラスのホームルーム長（高校の担任教諭の一審証言）である。約700メートルも、しかも危険が予想される雑木林に向かって歩くものだろうか。

　検察官は「被害者はようやく16歳を迎えたばかりで、〈中略〉蛇ににらまれた小鳥のように為す術もなく、いわば金縛りのような状態で、被告人の言うところに従った」（大槻意見書）と主張した。常識的には、危険を察知した小鳥はパッと飛び立つのではないだろうか。

## 9　捜査当局の不安

　様々に差しはさまれる疑問はともかく、変遷を経た自白調書はととのえられ、取り調べは終了。7月9日、本件である強盗強姦、強盗殺人、恐喝未遂で起訴にいたった。

　しかし、それでもなお、検察官は調書の内容に不安を抱いていたようだ。起訴後一か月以上を経過した8月20日、弁護人は裁判所に接見禁止解除請求を行った。家族に会えるようにするためだ。この請求に対し、検察官、原は次の意見を申し立てている。

　　「本件は事案重大かつ複雑であり、被告人は一応自白しているが、第三者との接見により罪証隠滅をなす虞も十分である。また自白内容についても全部事実を述べたとは思われない点もあり、接見禁止の解除は現段階において不相当である」

　どうしたことだろう。原は起訴後もなお、石川が「全部事実を述べたとは思われない」と認識していたというのだ。捜査を担当し、これから公判に立ち会う検察官自らが、捜査が尽くされていない、と自覚していたということだろうか。捜査が尽くされていないのなら、本件起訴ではない別の選択肢もあったはずだ。

　石川の法廷発言（27回、54回公判）によると、原は8月24日ころ、関とともに浦和拘置所を訪れ、石川と面会している。初公判間近のこの段階で原は、身代金授受を試みた5月3日午前零時過ぎ、佐野屋近くの様子を石川に聞き出そうとしている。原はその面会時に「石を放らなかったかとか、それから茶の木を〈ナイフのような物で〉切ったんじゃないか」と石川に尋ねたというのだ。公判記録上はこれしか判明していないのだが、原は、石川の自白調書には表れていない佐野屋付近で何らかの犯人の動きがあったことを把握しており、その解明を初公判直前に試みたようにもうかがえる。

この原の不安とは別の種類の不安を、警察関係者が抱いていた疑いもある。
　検察官は53回公判で、証人として出廷した関源三に関連し、「証人、関の供述と相まって、被告人の同証人に対する感情について」を立証趣旨に、石川が関に宛て送った手紙やはがき計17通を証拠として提出した。63年9月6日付から死刑判決を経て70年4月4日付までの信書だった。その中の5通に次のような文言があった。

① 63年9月26日消印「過日はわざわざ面会に来ていただきまことにありがとうございます。何の話もできずに心残りでした。本当に遠路ご苦労さまでした。また、お金まで差し入れていただきなんとお礼を言っていいかわかりません。ありがたく厚くお礼を申し上げます」

② 63年12月17日消印「先日はわざわざ面会に来ていただいてまことにありがとうございました。その折り差し入れ金までしていただき厚くお礼申し上げます。公判もあと三回で終わるそうです」

③ 64年3月7日付消印「一昨日は多忙のところ遠路わざわざ面会に来ていただき、まことにありがとうございました。またその折り差し入れ金までしていただき感謝しております。本当にありがとうございました」

④ 64年6月9日消印「昨日は多忙のところ遠路わざわざ私のために面会に来ていただき、まことにありがとうございました。また、その折り差し入れ金までたびたびいただき感謝しております。ありがたくちょうだいいたしました」

⑤ 65年4月12日消印「一昨日はお手紙をありがとうございました。この度金一千円也をご恵送いただき、ご厚情のほどありがたく厚く御礼申し上げます」

　浦和拘置所あるいは控訴後の東京拘置所で国語力をあげる石川の姿とともに、関への親しみや感謝の念を示す文面ではある。関はたびたび拘置所に石川を訪ね、なぜか現金を差し入れていたようなのだ。関は54回公判で、弁護士から差し入れ金はいくらかと聞かれ、浦和拘置所で面会した①〜③のいずれか1回だけ500円を、④の東京拘置所（巣鴨）では1,000円を、それぞれ自腹で差し入れたことを認めた。⑤は面会ではなく、手紙の中に現金が同封されていたようだ。面会の前には、上司に話してから出かけた、とも証言している。
　面会と現金の理由は何なのか。関は「私、友達というか、前から知っておるし

するから、リンゴの一つでもどうかなという気がしたわけです。だけどそういうのはだめだけど、金を置いていけば何かこっちで買ってこっちでやるということを拘置所の方で言ったんです。それで、じゃあ何かリンゴでも買ってやってくれと、それで千円置いてきましたです」としか説明していない。関が、被告人へ差し入れするのは石川が初めてだったという。興味深いのは、⑤は石川が全面否認を表明して半年後、それを最後に現金差し入れが一切なくなってしまっていることだ。「前から知っている」仲ではなくなってしまったのだろうか。

弁護人の山上は、「これらの行為は、権力当局者の石川が否認へ転じることへの恐怖の表明であり、弁護士不信を永久固定化させ、自白の撤回をなんとかくい止めようとするはかない努力を示すもの」と最終弁論で批判した。

## 10　「毒饅頭」論

こうした自白内容の変遷や、経験則からは不自然不合理な供述、さらに脅迫状の状態や細引き紐、死体の状況など数々の物証と自白の食い違いなどを総括して、弁護団は、自白調書は単に石川の記憶の間違いなどではなく、石川の経験しなかった事柄が、取調官による強制・誘導と石川の想像とによって生み出されたものであり、起訴後に至っても自白維持が工作された、と主張した。

> **＊八海事件**
> 1951年1月24日夜、山口県麻郷村八海で、瓦製造業者の夫婦が自宅で死亡していた。夫（64歳）は頭部や顔面を長斧で殴打のうえ殺害され、妻（64歳）は窒息死のうえ鴨居に首を吊った状態で発見された。夫婦げんかで妻が夫を殺し自殺したように見せかけてあり、現金約1万6000円が奪われていた。26日に吉本〈仮名、22歳〉が逮捕され、同日中に単独犯を自供したが、捜査当局は共犯を追及。共犯自供により、吉本の友人、阿藤（24歳）、稲田（23歳）、松崎（21歳）、久永（22歳）が逮捕された。阿藤らは拷問を受け、自白したが、すぐに撤回した。5人は強盗殺人で起訴され、一審山口地裁岩国支部は阿藤に死刑、吉本ら4人に無期懲役。5人全員控訴、検察も阿藤を除き控訴、広島高裁は阿藤に死刑、吉本、稲田らに懲役15年から12年を言い渡した。5人とも上告した後に、吉本のみ取り下げて確定。
> 4人に対し最高裁第3小法廷は57年10月15日、破棄、無罪方向で広島高裁に差し戻した。同高裁は59年9月、4人全員無罪。検察上告に対し、最高裁第1小法廷は62年5月19日、無罪を破棄、再度、有罪方向で同高裁に差し戻した。第3次控訴審で同高裁は65年8月、阿藤に死刑、稲田らに懲役15年から12年の有罪判決。第3次上告審で最高裁第2小法廷は68年10月25日、「重大な事実誤認がある」として破棄、自判し、全員に無罪を言い渡し、ようやく確定した。最高裁が死刑を破棄し無罪と自判するのは極めて異例とされる。
> 事件は当初の吉本の自供通り、単独犯であった。第2次控訴審で、検察は阿藤のアリバイ証言した女性を偽証容疑で逮捕、起訴した。その直後、女性はアリバイを否定する新証言をしたが、結局、この新証言こそ偽証だった。

控訴審の後半（49回公判、71年5月20日）から石川の弁護団に加わった佐々木哲蔵は69回公判の更新弁論で、自身が弁護を担当した八海事件\*の教訓を踏まえながら、次のようなわかりやすい表現で自白調書の排除を求めていた。

　本件の第一審の判決にもその考え方が表れていると思いますが、被告人の自白の中に、おかしいこと特に客観的事実に合わないものがあることが証明されていても、その自白が全体として大筋から外れていないと認められれば、その客観的事実に反する供述を一時の思い違いとして度外視して、その大筋で犯罪事実を認めるという考え方があります。これをいわゆる大筋論と申しましょう。八海事件の場合、「〈共犯者とされた〉阿藤君が、犯行現場でロープに血を塗りつけた」という〈実際は単独犯だった〉吉本〈仮名〉供述がある。我々も一見して、それは血であると思っていた。ところが、鑑定の結果、それは血でなくて鉱物油ということがわかった。これは自白の真実性を否定するに足る有力な反証であるはずである。しかしながら、八海事件有罪判決は、これを一時の思い違いという、それだけの理由で、その反証を排斥したのであります。
　私がよくひく例ですが、果物のリンゴの場合は、腐った部分はそれだけ切り取れば残りは食べられる。しかし、饅頭のきりはしから毒が検出されたら、その残りの饅頭は全部捨てなければならない。その人の供述の信憑性が争われている場合に、その供述の一部が客観的な事実に合わないことが証明された以上は、その供述は特別な事情がなき限り、これを捨てなければならない。つまり、リンゴの扱いではなく、毒饅頭の扱いをしなければならない。これが裁判上の採証の法則であると思います。

## 11　控訴審判決の事実認定論

　この弁論を聞いていたはずの寺尾ら3裁判官は、自白調書の任意性や事実誤認の主張に対して、総括的に次のような判断を示した。

　　被告人の捜査段階における自白（事実の承認を含む。以下同じ）の任意性について考察する。この点につきまず指摘しておかなければならない点は、一件記録を精査してこれを通観すると、本被告事件の捜査活動はとかく統一性を欠き、被告人の取り調べにあたる捜査官に物的証拠その他のあらゆ

る情報を時々刻々に集中させる体制が不十分であった。〈中略〉物的証拠、鑑定結果、押収・捜索・聞き込み等によって獲得された証拠や情報を集約し、これを精密に検討したうえで、被告人の取り調べに臨み、被告人に証拠物等の客観性に富む証拠を示してその意見弁解を求めるという方式が採られた形跡を発見することは困難である。〈中略〉被告人を事件の関連現場に連れて行って直接指示させること、いわゆる引き当たりという捜査の常道にかえ、取調室において関係現場を撮影した写真を被告人に示して供述を求めるという迂遠な方法を採ったことは、その間どのような障害があったにせよ、不十分な捜査といわざるを得ない〈中略〉。

特に最も重要と思われる脅迫状・封筒についてさえ、被告人に現物を示したことがあるのかどうか疑わしく、〈中略〉このことがひいて犯行の手順に関する原判決の認定の誤り〈一審が、殺害現場ではなく鞄を捨てたところで万年筆を奪ったと認定したこと〉を導いている。〈中略〉はなはだしいのは、同じ取調官が同じ日に二通も三通も調書を作成し、しかもそれらの調書の内容が食い違っていたり、翌日の調書の内容と食い違っている箇所が随所に散見される〈中略〉。捜査官は、被告人がその場その場の調子で真偽を取り混ぜて供述するところをほとんど吟味しないでそのまま録取しているのではないかとすら推測されるのである。しかしながら、それだけに、その供述に所論のような強制・誘導・約束による影響等が加わった形跡は認められず、その供述の任意性に疑いをさしはさむ余地はむしろかえって存在しないと見ることができる。〈中略〉

要するに、本件捜査の全般なかんずく被告人の捜査段階における供述調書からしてうかがい知ることのできる取り調べは、拙劣かつ冗漫で矛盾に満ち要点の押さえを欠いていることは確かであるけれども、それだけに、かえって供述の任意性に疑いがあるとは認められない。

〈中略、裁判所の事実認定の手法を説明して〉

所論〈被告人、弁護団の主張〉は、被告人の捜査段階における自白には、その間に数多くの食い違いがあること、もし犯人であるとすれば当然触れなければならないはずの事柄について知らないと述べ、供述に多くの欠陥があること——その最たるものは、被害者の首に巻かれていた木綿細引き紐について何ら触れられていないこと——及びこれらの供述と客観的証拠(証拠物・鑑定結果その他信用するに足りる第三者の証言等)とが食い違っている、こ

れは、捜査段階において、被告人が体験しない事柄について、捜査官の方で他の証拠等から組み立てた被告人とは無関係な事件に合わせて被告人の供述を誘導したからにほかならないというのである。
　そこで、事後審である当裁判所として、原判決の事実誤認の存否を審査するに当たって、ここで当裁判所の基本的な態度を明らかにしておくと、我々裁判官は憲法に適合した法令の従僕であるとともに証拠の従僕でもあらなければならないと考えているがゆえに、個々の証拠を評価するに当たっては証拠能力・証明力の点について綿密な審査を重ねてきたわけである。
　ところで、実務の経験が教えるところによると、捜査の段階にせよ、公判の段階にせよ、被疑者もしくは被告人は常に必ずしも完全な自白をするとは限らないということで、そのことはむしろ永遠の真理といっても過言ではない。〈中略〉また、実務の経験は、被疑者または被告人に事実のすべてを語らせることがいかに困難な業であり、人は真実を語るがごとくみえる場合にも、意識的、無意識的にせよ、自分に有利に事実を潤色したり、意識的に虚偽を混ぜ合わせたり、自分に不都合なことは知らないといって供述を回避したりして、まあまあの供述（自白）をするものであることを、常に念頭において供述を評価しなければならないことを教えている。〈中略〉
　被疑者や被告人が捜査官や裁判官に対して述べるのは、神仏や牧師の前で懺悔するようなものではない。否、懺悔すら潤色がつきまとうものであって、これこそ人間の自衛本能であろう。大罪を犯した犯人が反省悔悟しひたすら被害者の冥福を祈る心境にある場合にすら、他面において死刑だけは免れたい一心から自分に不利益と思われる部分は伏せ、不都合な点は潤色して供述することも人情の自然であり、ある程度やむを得ないところである。
　しかるに、所論は自白とさえいえば、被疑者や被告人は事実のすべてを捜査官や裁判官に告白するものだ、これ先験的な必然であるというかのような独断をまず設定したうえで、そこから出発して被告人の供述の微細な食い違いや欠落部分を誇張し、それゆえ被告人は無実である終始主張している。これは全く短絡的な思考であって誤りである。
　そもそも、刑事裁判において認識の対象としているものは、いうまでもなく人間の行動である。〈中略〉過去の人間行動（事実）はただ一回演ぜられてしまって観察者の知覚から消え去ってしまった後は、記憶の影像としてのみ残るに過ぎない。

しかも、観察者の知覚・表象・判断・推論を条件付ける精神構造は極めて区々であるうえに、さきにも触れたように、人間は意識的・無意識的に自己の行動を正当化しようとするものであることをも考え合わせると、このような不確実と思われる資料（証人や被告人の供述など）を基礎として、確実な認識を獲得することはなかなか困難な作業ではあるけれども、しかし、それらの互いに矛盾する資料であっても、その差異を計算に入れて適切な批判や吟味（この思考過程は直線的でなく円環的であり、弁証法的なものである。分析的であるとともに、総合的なものでもある。）を加えるならば、かえってそれ相当の価値ある観察が可能なのであり、このことが刑事裁判における事実認定の基礎であるとともに、控訴審である当裁判所が事後審として原判決の事実認定の当否を判断することを可能にする根拠でもある。そして、この心的過程は、窮極的には、裁判官の全人格的能力による合理的洞察の作用にほかならないのである。

　一件記録によって全証拠を精査・検討してみると、本件捜査は極めて拙劣なものではあるが、その間試行錯誤を重ねつつも、客観的証拠が指向するところに従って捜査を進めていったところ、被告人に到達したとみることができるのであり、捜査官が始めから不当な予断偏見をもって被告人をねらい撃ちしたとする所論を裏付けるような証拠は、ついにこれを発見することができない。

　以上のような観点に立って、被告人の捜査段階における供述や原審及び当審供述の中から、被告人が明らかに、かつ、意識的に虚偽の供述をしたと認められる部分を拾い出すことは容易である。例えば

　(1)被告人は捜査段階では、この事件以前に女性と性的交渉をもった経験がなかったと述べてきたところ、当審（第二六・六六回）供述ではこれを変更して、これまで複数の女性と肉体関係をもったことがあると表白するに至った（「本件」のような態様の犯罪では、性交の体験者が実行する方が比較的容易であることを考えると、この点はかなり重要である）。

　(2)被告人は、〈中略、狭山署に詫び文を書いたといいながら、そこにはなく〉川越分室の留置場の自室の壁板に横書きで爪で書いたと認められる六月二〇日付の詫び文句が発見された（六月二〇日といえば〈中略、裁判官の勾留質問に本件を否認する陳述をした日であり〉関源三に三人犯行を自供した日でもあることを考え合わせると、裁判官には否定的な答えをし、関

源三には三人犯行を自供したものの、内心では良心の呵責に堪えかねて、反省悔悟の情を自室の壁板に爪書きしたものと考えられる）。

(3)被告人が関源三に、三人犯行を自供したのは六月二〇日であるとみとめられるところ、当審に至ってこれを六月二三日であると主張している。

(4)〈中略、6月21日の関調書で、最初の略図では鞄が発見されず〉「なおよく考えてみたら思い違いであったと思います」といって、別の略図を書いて渡し、その略図によって捜索したところ、鞄が発見されるに至った。

(5)〈中略、石川の自白調書では、鞄を捨てる際に筆入れや、その中の万年筆を見つけたことになっているが、秋谷七郎の鑑定結果は信用できるから＝「万年筆」の81頁参照〉被告人が犯人だとすると、被告人が万年筆を鞄から取り出したのは、「本件」の凶行が行われた四本杉の所で思案していた間のことで、〈中略〉それを使って杉か檜の下で雨を避けて脅迫文を訂正したと認めざるを得ない。そうだとすると、万年筆を奪った時期と場所に関する供述〈中略〉は、偽りであると言わざるを得ない。

(6)〈中略、6月20日付、関源三作成の自白調書の内容は〉極めて不自然な部分が認められる。なかでも、凶行後の火急の際に、字の書けない被告人が字をよく知っている名前も言えない入曽の友達から字を教えてもらって脅迫状を書いたという箇所は、極めて不自然で、供述自体からして偽りであることが明らかで、むしろ、捜査官としてはこれこそ単独犯を自供する前触れとみるのが相当であろう（なお、関係証拠によると、被告人はその際関源三と手を取り合って涙ながらに三人犯行を告白したということであるが、そのような状況のもとで初めて犯行を自供するような場合にすら、人間は虚偽と計算と擬態を織り混ぜるものであるということを見せつけられるのは、人生の悲哀であるが、このような人間性を直視することなしには真実に迫ることはできないと考える。）。

(7)〈中略、脅迫状の訂正に関連して〉被告人の捜査段階及び原審供述は虚偽であると認められ、〈中略〉被告人が極力否定するにもかかわらず、近所の特定人を（江本〈仮名〉昭司宅の幼稚園児）を脳裏に描いて脅迫状を書いたとの推論が成り立つわけであるが、捜査官（ことに当審における原検察官の証言）においても極めて強い疑いを持ちながらこの点の捜査を打ち切ってしまったのは真相の究明にとって惜しまれる。この点に関し、被告人は〈中略、取調官に〉とぼけて答えている。

⑻〈筆圧痕問題は〉被告人が虚偽架空のことを〈弁護人に〉述べたことがもとになって当裁判所もこれをとりあげたものであるが、鑑定の結果は結局、事実無根であることが明確になったと認めざるを得ない。〈中略〉
　しかしながら、他面において被告人の自白の真実性が他の証拠によって裏付けられる点も多々存することはいうまでもない。

　救いようのない悪文を長々と引用したが、これが判決書の冒頭部分に登場してくる。こんな長々とした事実認定の方法論を展開するのはかなり異例の判決と言っていいだろう。後に弁護団は、この部分を「石川ウソつき論」と名付けた。
　難しい言い回しが多い。特に「この思考過程は直線的でなく円環的であり……」の部分は、何かの呪文か判じ物のようだ。
　「証拠の下僕」であるべきだという裁判官なら、「不確実と思われる資料（証人や被告人の供述など）を基礎と」するのではなくて、どうして客観的な物証を重視しないのだろう。「記憶の影像」ではない、残された実像があったはずだ。脅迫状のボールペンではない万年筆による訂正跡、被害者の胃に残っていたトマト、自白通りの殺害方法であれば当然首に残るはずの右手親指などの指痕が残されていない被害者の首、その首に巻かれていた細引き紐の不存在など数々の動かし難い事実があった。
　自白調書の任意性はあるが、石川はウソつきだから信用できない、しかし、証拠と一致している供述は真実を語っている、という判断だ。一度、大筋で自白したら、もう逃れられない、被告人にとっては大変おそろしいウソと真実の区分けだ。有罪の立証はすべて検察官の責任であるはずなのに、捜査の欠陥（自白と客観状況との食い違っている部分）は、石川がウソつきだから、と断言することで解決している。客観状況と合わない部分をウソと言ってしまえば、それはそれで整合性はとれるかも知れないが、それは結果からウソを見分けることでしかない。どうしてウソになってしまったのかを分析しなければ、説得力のある区分けはできないのではないだろうか。判決はウソの理由を分析することもなく、石川を著しい虚言癖のある人物に仕立て上げている。
　自白と客観状況の矛盾こそ、無実を主張する者にとっては自白の信用性を失わせる根拠となるものだ。それをウソつきと断言して解決してしまっては、被告人側からの反証はすべて無意味なものとして切って捨てられることになる。裁判所は、捜査機関側にすれば実に都合のいい、捜査の追認機関でしかなくなってしまうの

ではないだろうか。
　一方で、判決は「捜査官は、被告人がその場その場の調子で真偽を取り混ぜて供述するところをほとんど吟味しないでそのまま録取しているのではないかとすら推測されるのである」というのだが、この推測は誤っている。取り調べに終始立ち会った長谷部は、51回公判（71年7月22日）で弁護人、橋本紀徳の質問に次のように取り調べの様子を証言している。

　　橋本　　被疑者の述べる事実が、客観的事実と食い違っている場合にどうするんですか。
　　長谷部　それはあとで問い直します。
　　橋本　　あるいはその、客観的事実があるけれども、その点について被疑者が述べないというような場合、そういう場合どうするんですか。
　　長谷部　それは、あとで質問したわけです。
　　橋本　　〈中略、捜査で把握した事実と〉被疑者の供述が一致していない場合、そういう場合には客観的な事実を明らかにするよう質問するわけですか。
　　長谷部　勿論します。
　　橋本　　本件の場合もそうしていますね。
　　長谷部　自分の納得のいくように質問します。
　　橋本　　つまり、捜査官が理解できないことはとにかく質問して判然とさせると、そういうことですね。
　　長谷部　はい。

　この長谷部証言すらも、判決は切って捨ててしまっている。長谷部のいう取り調べ方法であってもなお、「判然とさせる」ことができなかった点に捜査の限界があったと言わなければならない。被告人側の反証を切り捨て、捜査官証言による取り調べの実際も無視して、判決はもはや石川が刑事責任を問われたこの事件を離れて、過去に「実務の経験」で取り扱った事件をただ反芻するかのようなのだ。
　判決があげた石川のウソを検討してみれば、次のようには言えないだろうか。
　(1)　自白維持の一審で未経験としたことが、そんなに重要だろうか。それほど重要なことを一審、控訴審を通じて検察官は主張してこなかった。全面否認の控訴審では経験していたことを認めているのである。
　石川は66回公判で「〈捜査段階で性体験がないと言ったのは相手が近所の

女性で〉恥ずかしかったから」「〈女性がすでに結婚して〉2児の母親になっているから」などとその理由を説明している。性体験を認めたのは「弁護士さんが言え、言えといったから、一応恥ずかしいながらも、自分でも言ったわけです」と述べていた。

(2) この詫び文については、先に説明した（239頁参照）。

(3)(4) これは共犯の自白開始日を含め、取り調べ状況全体が問題となっているところで、判決自身も捜査手法に疑問を投げかけている。

(5) 先に詳述した（81頁）。それにしても「ウソつき論」の中に、取り込むのではなく、きちんと脅迫状の項で判断を示すべきだろう。

(6)(7) こうした姿勢は、検察官の立証が「合理的な疑いを超えて」なされたかどうかを判断する裁判官の立場とは思われない。一線の捜査員を叱咤激励し捜査の方向を指示する、想像力たくましい監督者のようなイメージだ。

(8) 筆圧痕の問題は、実物を観察しながら説明を受けないと理解が難しい。

概説すれば、自白調書に添付された地図に、インクの出ない古いボールペンのようなものなどで筆圧痕をつけ、その上から石川が鉛筆で描いたと思われる、鉛筆線の中央が白く抜けている部分などが見つかったことから鑑定に出された。取調官が先に筆圧痕をつけ、それを石川が鉛筆でなぞって地図を作成したのではないか、という疑いが浮上したからだった。2つの鑑定結果はいずれも総括的には、鉛筆線が先に、筆圧痕があとにつけられている、というものだった。

あとから筆圧痕がつけられたのは、捜査本部で原本の地図（石川が描いた地図）から謄本や写しを作成するため、原本の上にトレース紙をおき原本の下にカーボン紙をはさむなどして、トレース紙の上から鉛筆や鉄筆でなぞったからだという。石川は「取調官が、ゴム板の上に藁半紙を2枚重ねて地図を描き、その跡が残った下の紙に鉛筆で跡をなぞって描いたものもあった」という趣旨の発言（30回公判）をしているが、これがウソだというわけだ。鑑定資料に問題（添付地図計51枚すべてが鑑定されたのではなかった）があったにしても結果は確かに、弁護側の思うようなものではなかった。

難解な事実認定論に続いて、判決は個々の証拠について判断を示してゆくのだが、先に自白の変遷の例として挙げた「出会い地点」「自転車の止め方」に関しては次のように認定している。

たしかに、被害者の自転車を取り押さえた際の相互の位置関係や被害者の表情について被告人は詳細な供述をしていない。しかし、他の部分は具体的であって不自然なところもなく、その供述内容が観念的、抽象的で迫真力がないなどということはできない。けだし、実務の経験に徴すればとっさの出来事で、しかも興奮状態にある犯人が、被害者の表情までも気に止めたり、記憶しているという方が、かえって不自然ではないかと考えられるところ、本件についてみると、当時の被告人は必ずしも表現力に富むものとは認められないのであるから、経験事実をさほど詳細に供述したものとは思われないし、その供述を録取する取調官においても要点以外に仔細を漏らさず調書に記載したものとも考えられないのである。

　要するに、変遷の理由は不明だが石川が勝手に供述を変えただけ、それに表現力がないし、調書も完全なものではないから、という認定だ。ここには供述が変化した理由を解明しようという姿勢はまったくみられない。結局、不都合な部分は石川が責めを負い、取調官の方には作為もなく調書もいいかげんでいい、ということか。「他の部分は具体的であって不自然でもなく」ということは、他の部分では迫真の表現力があるということだろうか。判決は、都合よく変幻自在な石川像を作り上げている。
　出会い地点から殺害現場まで移動する間に「父親の名前」を聞き出した状況について、判決は次のように認定している。

　　所論がいうように被害者がしかく簡単に出会い地点のエックス型十字路から「四本杉」まで被告人についていったものとは認め難い。被告人は、暴行や脅迫を加えたことを否定し、被害者は格別抵抗しなかったなどと供述しているが、真実を告白しているかどうか極めて疑わしく、被告人の自白通りであったとしても、被害者は予期もしなかった異常な事態に遭遇し、昼間ではあったが、近くに救いを求めるような人影はなく、また高校入学後間もないことであり新しい学用品等が入っている鞄を載せていた自転車の荷台を被告人に押さえられたため、逃げるに逃げられず畏怖心にかられて被告人のいうとおりに「四本杉」まで連行されたものであることは容易に推認することができる。
　　たしかに〈中略、家族らが証言するように被害者は〉人物もしっかりして

いて、見知らぬ人が道で誘ってもたやすくついて行くような女性ではなかったことがうかがわれる。しかし、いかに人物がしっかりしていても、まだ十六歳の高校生であってみれば、予期しない異常な事態に遭遇し、ずるずると被告人の意に従い、取り返しのつかないはめになってしまったと考えることもできる。

してみれば所論は、関係証拠を総合的に考察することなく、いたずらに推測をめぐらしているだけで、採用の限りでない。

ここでも石川は逃れられない。暴行脅迫を加えているのにそれを否定する自白はウソの内容とされる。一方、ウソではなく自白通りとしたなら、被害者が新しい学用品を惜しんだり、怖がったりしたため無抵抗でついてきた、という両構えである。1963年当時は学用品が十分にあった時代ではないのかも知れないが、状況は身の危険を予期させるに十分だ。学用品を気にするものだろうか。

「容易に推認する」にしても「関係証拠を総合的に考察する」にしても、出会い地点から殺害現場までの移動を証明するものは、石川の自白しかない。それも内容が激しく揺れ動いた後に、本人が取調官と一緒に創作した虚偽の内容と主張する自白である。被害者との出会いは、その後、殺害、死体運搬、脅迫状訂正、逆さ吊り……と続く犯行のスタートにもかかわらず、目撃者はいない。全体を通しても、目撃者といえるのは被害者宅を尋ねられたという内山しかいない。立証責任を負う検察官は、「蛇ににらまれた小鳥ように……」と主張するのみである。

こうした状況での「推認」「考察」にこそ、国民の一般常識や市民感覚といったものが重要になると思われる。裁判員制度の対象となる刑事事件は、抽象的で難解な現象ではない。きわめて世俗的で具体的な出来事だ。16歳の女子高生が見ず知らずの男性に声をかけられ、約700メートルも一緒に歩くかどうか（しかも途中からは、何も持たない手ぶらで）、というようなことである。検察官主張のストーリーは果たして本当に起きたものだろうか、という疑問が裁判員各人の常識から生まれたのなら、それを出発点にしてもう一度、個々の証拠を確認してみることが必要だろう。裁判員が参加した裁判の最終的な評決については特別なルールが採用されており、裁判員6人のうち5人が無罪意見だった場合は、裁判官3人と裁判員1人が有罪意見でも、結果的に無罪の評決となる。

本当に起きたことなのかという疑問は、石川の場合のストーリー全体を振り返っ

てみればほかにも多々ある。例えば、どうして脅迫状に「ただ、なんとなく少時様」と書くのか、といったようなことだ。さらに続ければ、

・スローズを膝までおろした状態ではたして自白にあるような強姦が可能だったか。
・いつ人が通るか知れない農道近くのくね芋穴脇に（まだ吊り下げてはいない）一時的とはいえ死体を放置し、荒縄などを盗んでなぜまた芋穴に立ち戻ったのか。
・逆さ吊りの作業の最中に目撃される危険をなぜ考えなかったのか。
・なぜ土砂降りの雨の中を自転車に乗ってあれほどの遠回りをして被害者宅へ向かったのか。
・なぜ被害者宅の近所（そこはたまたま内山方だったが、被害者宅である可能性もあった）で、「中村さんの家は、どこですか」と顔をさらして尋ねるのか。
・脅迫状を被害者宅玄関の引き戸に差し挟む直前に、なぜ見えない納屋まで自転車を運び、玄関先で脅迫状の封を切ったのか。
・夜間とはいえ、なぜスコップを片手に歩く石川の姿を目撃した者はいないのか。
・佐野屋へ向かう夜、石川はなぜ自分のゴム長靴ではない、小さくて歩きにくい兄の地下足袋をはいて出たのか。
・時計を持たない石川がなぜ5月3日午前零時過ぎに、佐野屋前に立つ被害者の姉、登美恵にタイミングよく声をかけることができたのか（自白によれば、奪った被害者の腕時計は自宅の風呂場の鴨居に万年筆と一緒に置いていた）。
・この夜の佐野屋往復にも目撃者はいない、途中で遭遇するはずの関源三ともなぜ会わなかったのか。
・身代金授受に失敗して、なぜ東京へ逃げずに自宅にとどまっていたのか。

　常識では考えられない事象が起きたとすれば、そうした常識があてはまらない理由が説明されなければならない。確信を持って「起きた」と言えるほど個々の証拠は説得力を与えるものだったかどうか、スコップ、脅迫状、足跡、タオル、手ぬぐい、鞄、万年筆、時計、死体、荒縄と細引き紐……、それぞれは何を物語っており、どれほどの確実性をもったものか。それらを再度確認しながら「推認」するほかはない。

　狭山事件控訴審の判決は、石川・弁護団による事実誤認の主張に対する判断を総括して、①脅迫状の筆跡、②足跡、③血液型、④タオル、手ぬぐいを石川が「入手可能な地位にあったこと」、⑤石川は養豚場から「容易にスコップを盗

み得たであろうこと」、⑥中村方を尋ねたという内山証言、⑦石川の声と犯人の声が似ているとする被害者の姉と松岡の証言——の7点を挙げ、これらは、

> 「被告人の自白を離れても認めることができる事実であり、かつこれらの状況は相互に関連しその信憑力を補強し合うことによって、脅迫状の筆跡が被告人の筆跡であることを主軸として被告人が犯人であることを推認させるに十分であり、この推認を妨げる状況はまったく見いだすことができない」

と判示している。さらに、これに続け石川の自供により、⑧鞄が発見されたこと、⑨石川が自動車に追い越されたという地点で、そこを通過した車両があったという横沢証言、⑩石川の自宅から万年筆が発見されたこと、⑪腕時計がお年寄りによって発見されたこと——の4点を指摘し、

> 「これらの状況をあわせ考えると、被告人が犯人であることにはもはや疑いはないというべきである。加えて、死体の状況や死体と前後して発見された証拠物によって推認できない犯行の細部の態様について、被告人は詳細に供述しており、かつ、自白と物証の間に合理的疑いをもたらすほどの矛盾は認められない。〈中略〉しかして、被告人の当審における供述は、詳細かつ具体的ではあるが、既に検討を加えてきた関係証拠に照らして、到底信用することができない」

と認定した。

## 12　無期減軽

このあとである。判決は突然のように「量刑に関する職権調査」として判断を示した。

一審の死刑判決に対する控訴趣意書で、弁護人は確かに「量刑不当」を訴えていた。控訴趣意書を提出する段階（64年6月30日）では、弁護人は石川が否認に転じることを予想しえず、相互の意思疎通も不十分だった事情による。

しかし、その控訴審初公判で石川が「善枝ちゃんを殺していない」と叫んで全面否認に転じてからは量刑不当は主張しておらず、弁護団は弁論更新手続きでも控訴趣意書にある量刑不当は「陳述しない」と表明していた。だから石川、弁護団にとって職権調査は望みもしないものだった。その「調査」では、次のように述べられている。

原判決が判示冒頭の項〈中略〉において認定した事実、なかんずく本件犯行に至る動機として認定した事実、すなわち「〈中略、父親に13万円の迷惑をかけるなどで〉いっそのこと東京都へ出て働こうと思い立った」と認定した点は、原判決判示の証拠によってこれを認定できないわけではないけれど、右に続けて「それについては父に迷惑かけた一三万円を返さなければならないと思っていた」からその金員調達のため、本件犯行を思い立ったという原判決の認定は強きに過ぎると考える。
　当裁判所としては、むしろ、〈中略〉兄のとび職手伝いにもとかく身が入らず、東京都へ出て働こうと思っていた矢先、三八年三月末ころ起こったいわゆる吉展ちゃん事件の誘拐犯人が身代金五〇万円を奪って逃げ失せたことを同年四月二〇日前後（同事件については発生後間もないころから報道されていたが、四月十九日に捜査当局が公開捜査に踏み切ってからは、大々的に新聞・テレビ・ラジオなどで報道されるに至ったことは、公知の事実であるといってよい。）のテレビ放送などで知り、自分も同様の手段で他家の幼児を誘拐して身代金を喝取しようと考え、原判決判示の日時ころ自宅で原判決判示の脅迫状を書いて準備し、機会があれば右計画を実行しようと考えてズボンの後ろのポケットに入れて持ち歩いていたと考えられる。
　〈中略〉当審による事実の取り調べによれば、被告人は、小学校五年を修了しただけで、農家の子守奉公から始まり年少のころから社会の荒波にもまれて成人しただけに、読み書きこそ満足にできなかったとはいえ、人並みの世間知は備えており、強靱な性格の持ち主であったことがうかがわれるのであり、それだけに是非善悪を弁識する能力にも欠けるところはなかったと認められる。
　したがって、犯行の重大さから死刑になるかもしれないことを十分意識しており、それなればこそ、最初は頑強に犯行を否認していたところ、再逮捕後の六月二〇日には事態やむなしと観念して員関源三に嘘の三人犯行を自供するに至ったのであるが、これも何とかして死刑だけは免れたいと考えたからである。〈中略〉このような功利的な心情も加わって六月二〇日房内の自室に前掲の詫び文句を爪書きするに至った。これは純粋に悔悟の気持ちだけから発したものではない〈中略、けれども〉、反省悔悟し、被害者の冥福を祈るとともにその遺族に対して謝罪の気持ちを表したことに違いはないのである（死刑だけは免れたいとの願いがかなわず、控訴するや一転して

無実を叫び、以来一〇年余の歳月を未決にしんぎんして今に至っている。)。原判決も右に述べたような人格形成期における境遇を〈中略〉斟酌してもなおやむを得ないものがあるとして死刑に処したのである。

しかし、死刑は、まさにあらゆる刑罰のうちで最も冷酷な刑罰であり、またまことにやむを得ざるに出ずる窮極の刑罰である。それだけに死刑を適用するには、特に慎重でなければないと考える。当裁判所としては、本件の犯行には右に述べた偶然的な要素の重なりもあって、被告人にとって予期しない事態にまで発展してしまった節があると認められること、それまで前科前歴もないこと、その他一件記録に現れた被告人に有利な諸般の情状を考量すると、原判決が臨むに死刑をもってしたのは、刑の量定重きに過ぎて妥当ではないと判断されるので、〈中略〉原判決を破棄し、〈中略〉被告人を無期懲役に処し……〈後略〉。

控訴審では、犯行を全面否認し「反省悔悟」の姿勢はまったく示していない石川だった。それなのに捜査段階の、あの「詫び文句」を考慮して、無期懲役に減軽したのだ。

さんざんに揺れた犯行の動機は、結局、「父親への返済」ではないとされた。判決は、ここで一審浦和地裁の動機認定を「強きに過ぎる」と変更し、石川はお金には切迫していないと認定したのだ。

とすると、動機は何だろう。「東京都へ出て働こうと思っていた矢先」に、単に吉展ちゃん事件に触発されて身代金を奪おうと思い立った、ということなら、動機として弱きに過ぎはしないだろうか。動機としてはあまりに平板で、生身の人間を犯罪へと動かす説明にはなっていないように思える。常識的に言えば、止むにやまれず模倣犯となる理由とは考えられない。

これまで度々引用したのは判決書で、言い渡し日以降に被告人、弁護人に送達されたものだ。74年10月31日午前10時3分、裁判長、寺尾正二が東京高裁の刑事2号法廷で実際に読み上げたものは、約3000字からなる骨子だった。報道陣や支援者らで満席になった法廷全体が息をのむ中、寺尾が、開廷を宣言し、

「判決文は340頁、13万6,000字もあり、全文を読むと一日半はかかるので骨子を述べます」と前置きした。続いて、

「主文を言います。原判決を破棄する。被告人を無期懲役に処する」
　と寺尾は一気に早口で読み上げた。法廷は一瞬、静まりかえった。寺尾が判決理由を説明し始めると、証言席に立っていた石川が
「有罪なら、判決の中身は聞きたくない」
　と大声をあげた。寺尾はちらりと石川を見て、
「聞きたくなければ、座っていても、立っていても結構です」
　と言うと、さらに早口を加速して読み続けた。途中で、殺害方法などについて「上田鑑定」を排斥する部分に入ると、弁護人席最前列の中ほどにいた山上益朗が立ち上がり、
「裁判長、それはペテンだ！　上田鑑定人の証人採用を取り消したのは、あなたではないか！」と叫んだ。しかし、寺尾は視線を動かすことなく、骨子を朗読し続けた。
　約10分。言い渡しの最後に、どの判決でも言う決まり文句、
「判決に不服があれば上告することができます」
　とつけ加えた。通常は、これで閉廷となる。寺尾はざわつき始めた法廷で、石川に向かってさらに言葉を続けた。
「無期懲役は終身懲役ではないからね、15、6年もすれば出られるからね」。
　石川はここで再び、
「そんなことは聞きたくない」
　と怒りを込めて叫んだ。と同時に弁護人の中山武敏も
「部落差別はどうしたんだ！」と叫んでいた。差別問題に判決がどういう態度を示すか、じっと耳を傾けていた中山だったが、一言も部落差別にふれられていないことを確認して、怒りがこみ上げて来た。一瞬、寺尾は狼狽したような表情を浮かべて目を伏せると、足早に控室に去っていった。
　傍聴席からは「こんなのは裁判じゃないよ」「ふざけるな！」などの声が次々とあがった。

# 第6章　法廷内外

## 1　小原保との出会い

　時間をさかのぼり、狭山事件の控訴審が始まって間もなくのころに戻る。
　その初公判で石川は「私は善枝ちゃんを殺していない」と叫んで法廷を驚愕させた。このため裁判所は、あらためて狭山市内で詳細な現場検証を進めた。自宅から佐野屋まで往復距離、必要時間などを検証した3回目は、65年6月30日に行われた。石川は検証の立ち会いを許されず、東京拘置所の死刑囚の房舎にいた。
　ちょうどそのころ、東京拘置所の三階にある検事用の取調室では、まったく別の事件について緊迫した取り調べが進められていた。調べを受けるのは元時計修理工、小原保。追及するのは巡査部長・平塚八兵衛ら吉展ちゃん事件の解決に執念を燃やす警視庁捜査一課の刑事たちだった。このとき32歳になる窃盗犯の服役囚と、一課一筋51歳の部長刑事の対決だった。
　小原は63年5月から6月にかけて1回目、さらに同年12月から翌年2月にかけて2回目の取り調べを受けているが、いずれも別件勾留中あるいは起訴後の勾留中に吉展ちゃん事件との関連を追及する形がとられた。3回目の今回は、先に窃盗罪が確定し前橋刑務所で服役中だった小原を、東京拘置所に移監しての任意の取り調べだった。拘置所への移監自体は合法的なのだが、小原が房から出て取調室に入り、調べに応じるかどうかは、微妙な問題を含んでいた。何らかの容疑で逮捕されたわけではないから、取り調べ受忍義務はないと言わなければならない。
　しかし、小原は特に争うことなく任意で取り調べに臨んだようだ。

　吉展ちゃん事件は、63年3月31日の発生から2年3か月が過ぎようとしていた。
　発生以来、この事件にたずさわり誘拐犯を追い続けた捜査員、堀隆次が著した『一万三千人の容疑者　吉展ちゃん事件・捜査の記録』によると、このころま

でに投入された捜査員は延べ約300万人、タイトル通りの数に上る容疑者が捜査線上に上り、つぶされていった。発生2か月間だけでもチラシ63万枚が全国津々浦々に配布され、救出を願う歌謡曲まで作成された。様々な形で国民総ぐるみといっていい捜査協力、救出運動が展開された。この間、堀によれば、小原以外に5人の男が別件容疑（公文書偽造、窃盗、詐欺など）で逮捕されたが、いずれもシロだった（別件の処分は不明）。

　事件解決に至らないまま、65年3月に捜査本部は解散し、以降は堀ら4人による少人数、長期の専従体制が採られた。この体制はFBI方式と呼ばれた。「〈63年4月上旬に小原が持っていた〉20万円の出所が明らかになっていない。どうしても納得がいかない」と堀は書いている。見事に身代金を奪われた警視庁に対する批判。警視総監の原文兵衛自らが記者会見で「罪は憎むが、人は憎まない、速やかに子供を父母の許に返して欲しい」と犯人に呼びかけた屈辱。それらを乗り越え事件を解決するしか、威信の回復はないという執念が、3回目の小原聴取へ踏み切らせたのかも知れない。

　しかし、小原と事件を結びつける証拠はなかった。

　あるのは、身代金を要求し、受け渡し手順などを電話した犯人の「声」だけだ。1回目の聴取は、「犯人の声と、小原の声が似ている」という小原の親類などからの通報がきっかけだったが、そこから一歩も前へ進んでいない。まだ声紋鑑定は日本では確立されていなかった。このため、3回目の聴取では、取調室の小原の声を録音し、これと身代金を要求する電話の「声」との同一性を米国FBIに鑑定依頼する方針だった。

　こんな場合、やはり任意で取り調べ、自供を引き出し、それを証拠に逮捕するしかないのだろうか。仮に、3回目の聴取に踏み出さず、FBIの声紋鑑定（対照となりうる小原の声は、放送局社員が小原にインタビューし録音していた）の結果を待ったとしても、逮捕状が発付されたかどうかわからないし、令状が出たとしても取り調べで否認のままであった場合には起訴が可能だったかどうか。

　ともかく小原の録音テープは、太平洋を渡る予定だった。

　平塚は65年5月半ばから初めて吉展ちゃん事件の捜査に参加した。まったくの白紙状態から捜査書類を読み込み、あらためて小原の関係者にあたった。小原の故郷にも直接出向き、63年3月末から4月上旬の足取りを確かめた。小原は2回目までの聴取に対し、3月27日から東京から福島県へ向かい、実家付近を徘徊、4月3日に東京へ戻ってきたと説明し、事件発生の31日夕には東京

にいなかったとアリバイ主張していたからだ。
　しかし、平塚は６月23日の取り調べ開始までに、３月31日以降は福島に滞在したという目撃者などがいないこと、小原が親しい女性に預けた20万円のほかに現金30万円も持っているそぶりを関係者に示していたことなどを把握して、小原の調べに臨んだ。が、最後まで小原にはぶつけない。
　小原は、平塚に対面した当初、作り声で受け答えしていたようだ。黙秘する時間も長かった。取り調べの日が重なるにつれ次第に地声に近づくが、結局、７月２日まで否認は続いた。任意調べである以上、小原をあまり長く拘置所に置くわけにもいかず、取り調べは10日間、７月２日までと期限が設けられていた。否認のまま迎えた７月３日、捜査会議では、自供が得られないため誘拐容疑での逮捕令状請求はしないことに決定した。さらに任意聴取打ち切りも決められた。４日付、朝刊各紙は、「小原、強制捜査見送り」の記事を掲載している。
　やむなく平塚らは３日夕から、東京拘置所へ戻りＦＢＩへ送るための最後の録音に入る。捜査幹部からは「取り調べではなく、世間話で」という条件だったようだ。佐々木嘉信著、産経新聞社編『刑事一代――平塚八兵衛の昭和事件史』によると、平塚は佐々木に次のように語っている。

　　「オレは腹の中で『脅迫電話と、小原の声が似ているかどうか、声紋で判定できるのか、だいたい日本人の言葉を毛唐にわかるはずがねえ』、そう思ってたもんだから録音なんかとるつもりはねえ。巣鴨の拘置所へ戻ってから、土壇場の調べをおっぱじめたよ。命令違反を承知で、オレの首をかけた調べをな……。〈中略〉とにかく最後の機会だから、ガンガンとヤツの福島でのアリバイをあばいてやった」

　手持ちの材料をぶつけると、小原のアリバイは次々と崩れた。約４時間後。平塚が語るには、「ヤツの顔から血の気がひいたな。首筋から、ホオにかけすごい鳥肌が立ったよ。こりゃ、ヤツの犯行に間違いねえ。間髪を入れずに、たたみ込んだよ、『オレのいうことがウソか』ってな。そしたら下を向いて、『わたしがこれまでいってたことは、ウソです』。〈中略〉それから姿勢をシャンとしてな、ポツリ一言、『わたしがやりました』って。これは正直なしゃべり方だったよ。ついに落ちた……」。
　小原は翌７月４日夜、身柄を警視庁へ移され、営利誘拐、恐喝容疑で逮捕された。小原の自供により、吉展ちゃんの遺体は５日未明、荒川区内の寺の墓石の下から発見された。この後、小原は勾留、起訴、公判と一貫して自白を維

持した。

　誘拐の動機は、再三にわたる強硬な借金返済の要求だった。
　63年1月末に勤めていた時計店で預かった時計約十個を横領して失職、収入の道は絶たれていた。3月末までに少なくとも計12万円を返済しなければならない切迫した状況だった。ある債権者からは警察官立ち会いのもと月末までに返さないと必ず刑事事件にすると迫られ、別の者からは身体的な攻撃も予想された。しかし、返すあてはなかった。
　故郷で何とか金策しようと3月27日、福島県の実家付近まで戻ったが、頼めるようなところはない。農家の軒先の干し芋などを食べて、夜、雑貨商や質店などへ盗みに入ろうとも思ったが、失敗。窃盗もあきらめて31日朝、故郷を発ち、列車で上野へ向かった。どうするか。列車の中で苦悩するが、疲労と空腹と睡眠不足で頭も回らない。思い浮かべたのは、3月10日ごろ、荒川区の「三ノ輪銀映」で映画「旗本退屈男　謎の龍神岬」を見た際に上映された「天国と地獄」の予告編や特報だった。誘拐犯が、身代金要求の電話をかけながら高台の邸宅を見上げる光景や、疾走する列車から身代金が投下されるシーンが脳裏によみがえった。予告編の中には、誘拐事件が解決した後「犯人に死刑確定」と伝える新聞紙面も登場していた。小原はその場面も見ていたはずだった。
　しかし、「子供を誘拐して、金をとる……」。それしかない、と思った。列車は午後2時過ぎに、上野駅に到着した。
　東京地裁の判決〈66年3月17日、裁判長＝高橋幹男、裁判官、岡田光了・佐藤繁〉は、次のように認定した。

　　帰京の車中まとまった現金を入手する方法についてあれこれ思い煩ううちに、たまたま以前幼児を誘拐して身代金を取得するという筋書きの映画があったことを想い起こし、上野駅から上野公園不忍池に赴き思案しているうち、すでに月末となったのに金策の見込みはなく、〈中略、債権者に責められることを〉苦慮するあまり、いっそ自分も幼児を誘拐してその親から多額の身代金を獲得し一挙に窮境を打開しようと企図するにいたり、その実行の機会を窺いながら同日午後五時過ぎ頃上野公園から徒歩で浅草方面に向かった。

　【犯罪事実】

第一　被告人は同日午後五時四十五分頃、〈中略〉台東区立入谷南公園を通りかかり、同公園西側にある公衆便所にはいったところ、折から同便所内の手洗用水道で水鉄砲に水をいれようとしていた〈中略〉吉展外一名の幼児を認め、同児らに、「水を入れてあげよう」と話しかけ、右水鉄砲に水をいれてやったりしているうち、吉展ひとりだけがその場に残り、その態度が人なつこく、また服装などから裕福な家庭の子供のようにおもわれたので、この機会に同児を誘拐し前記の意図を実行しようと決意し、たまたま右水鉄砲が故障していたのを奇貨として吉展に対し「この水鉄砲は壊れているからおじちゃんの家にいって直してあげよう。」と詐り、直ちに右公園から吉展を連れ出し、同児をその両親の保護のもとから離脱させて自己の支配下にいれ、もって営利の目的で吉展を誘拐し……〈中略〉
　〈量刑判断で〉被告人は幼時より恵まれない環境に育ち、十歳余にして不具者となり、社会に出てからも再三病気するなど不遇な生活歴の持ち主であり、これら諸条件の複合によりその性格偏奇が形成され、本件のような大罪を犯す心理的源泉となったことは、被告人にも同情すべき一面があるといえる。また被告人が本件後、別罪により服役中信仰に帰依し、〈中略〉本件を自白して以来深く反省懺悔していることは、当裁判所もこれを認めるに吝かでない。そしてそれは人倫への最後の希望であり救いであるといえる。しかし、法は厳正である。被告人は少なくとも吉展の殺害だけは思いとどまることができたはずであり、またそうすべきであった。これをあえてしなかった本件において、被告人に改悛の情が顕著であることをもって罪責を軽減する理由とすることはできない。

　判決は、死刑だった。
　公判を通して事実関係を争わなかった小原は、控訴しなかった。
　しかし、弁護人が量刑不当で控訴した。小松不二雄、土屋公献の両弁護人は控訴趣意書の中で、小原の改悛の姿勢が真摯であることのほか、「自白しなければ公訴事実を認定しえない本件において、改心して、全部を自白したから証明十分として死刑に処することは、否認を有利とするものであって、公平の観念に反し、刑事政策上も妥当でない」と主張した。
　否認していれば事件は解決せず、小原が起訴されることもなかったのに、改心して事件の全容を隠すことなく平塚らに話したことによって死刑にされるとは「公

平の観念」に反するというのだ。確かに、小原が自白しなければ吉展ちゃんの遺体は発見されなかった。まさに「秘密の暴露」だった。犯行と小原を結びつける決定的なものは自白しかなく、しかもその自白は「秘密の暴露」によって強固に裏付けられた。

　石川の場合の、先に被害者の遺体が発見され、一次逮捕後になって証拠物が五月雨式に出てくるのとは対照的だった。

　東京高裁の控訴審判決（66年11月29日、裁判長＝河本文夫、裁判官、藤野英一・白河六郎）は、次のような判断だった。

　　担当取調官の尋問に対し進んで、被害者吉展の死体を寺院の墓石の石室内に隠したことなど一切の事実を自白し、急転直下に事件を解決に導いたこと、原審の死刑判決に対して被告人本人は不服の念をもたず、原審弁護人が控訴して事件は当審に係属したこと、当審においても、被告人は朝夕、被害者の冥福を祈り、たとえこの罪を隠しおおせて、五〇年、一〇〇年と生きながらえたとしても、現在のような心の安らぎは到底得られないと訴え、平静な心の用意を整え、裁きを待つ心境に達していることを認めうるのである。以上のように被告人の改悛は、真底からのものであって、自己の刑の軽からんことを願い、わざと改悛を示す偽装的なものでないことは明らかであるが、後述のごとき天人ともに許さざる大罪を犯したものが、このように人間性を再生復活し、贖罪を望んでいることは、人間の心情の尊貴さを覚えさせるものである。

　　もし所論のごとく、極端な特別予防主義を採れば、再び罪を犯す虞のないであろう被告人を罰することは不必要であろうが、本来、一般予防も特別予防も共に社会の感情を破らない程度において行われることが必要であり、量刑にあたっては両者の調和、即ち犯人、被害者、一般人を人格者として取り扱う正義性の調和を見いださねばならない以上、所論をそのまま採用する訳にはいかないのである。〈中略〉

　　本件のごとく、幼児を誘拐し、近親者がその安否を憂慮するのに乗じて多額の身代金を要求する犯行は、伝播性、模倣性をもっているので（被告人も本件犯行を思い立つについて、幼児誘拐をテーマとした映画「天国と地獄」に示唆を受けている）、相当の処罰を加えて、一般警戒を与える必要があることなどを考慮するとき、被告人の改悛の情の顕著なこと〈中略〉を

充分に斟酌するとしても、また死刑の適用は特に慎重でなければならないことを念慮しながらも、原審の死刑はやむを得ないものであって、過酷にすぎることはない。

　控訴棄却だった。ここでは、死刑が存置されていることが問題ではない。小原に対する死刑維持の理由と、石川に対する控訴審判決（以降、寺尾判決とも表記する）の死刑破棄、無期懲役の理由があまりに対照的なのだ。前者は濃く、後者は薄い。裁判所が「真底からの改悛」と認めてなお死刑の小原と、量刑不当ではなく全面否認で争う石川の無期懲役と、どうしてこうも違うのか。小原の控訴審判決が描く改悛の小原像と、寺尾判決が説く「実務の経験」による人間像との乖離もまた大きい。
　小原の弁護人はなお、上告したが、67年10月13日、最高裁は上告を棄却し、小原の死刑は確定した。
　小原が東京拘置所の死刑囚の房舎に入ってきたのは、一審判決直後の66年4月ごろになるのだろうか。

「小原さん、知ってますよ。私より後になって（東京拘置所に）入ってきた人ですね」。
　40年以上も経過した2007年の夏、68歳になった石川は、狭山市の旧自宅跡に建てられた「狭山差別裁判現地闘争本部」で筆者のインタビューに答え、小原について語った。
「運動場に出たとき、自己紹介して、あいさつするんです。新しく来た人が。〈小原さんは〉ずいぶん小さな人のように見えました。足の不自由な動きをしてましたね。それは覚えています。でも、自分の事件のことを死刑囚同士で話すのはタブーになってましたから、吉展ちゃん事件のというのはわからなかったですね。後になってから、小原さんが〈東京拘置所から〉いなくなってから知りましたけど。おとなしい感じの人でしたね」
「小原さんとは、あんまり話をしなかったように思います。私は自分で漢字やいろんなことを勉強するのに一所懸命だったころですから、あまりほかの人の房には出入りしませんでした。小原さんの房とも行ったり来たりはしませんでした。
　小原さんねぇ、いろんな映画を見た、とは言ってましたね。でも、どんな

映画を見たなんて話もした記憶がないですね。〈自分＝石川が〉忘れちゃったのかな。拘置所では死刑囚だけ一か月に一度、映画観賞があるんです。ですから、小原さんとも一緒に見ましたね」
「短歌を作っていたんですか、小原さん。そんな話も全然しなかったです」
　石川には、小原の印象が薄い。他の死刑囚との交流では思い起こすことも多いのだが、小原については自分の人生とはまったく関係ないかのようなのだ。
「映画の話をしたのなら、黒沢明監督の『天国と地獄』の話はしませんでしたか、小原と」と石川に聞いてみた。
「テンゴクトジゴク？　クロサワ……。それ、わかんないですね。映画といえば、あのころ私は、裕次郎でしたから、石原裕次郎ね。拘置所の中で見た映画では、鶴田浩二の戦争のもの『同期の桜』とか。あれは感動したなぁ」
　石川にとって小原は、同じ死刑囚の房舎で接した数多くのうちの一人でしかないようだった。
　死刑が確定したのち、しばらくたってから小原は東京拘置所から宮城刑務所へ移される。71年12月23日、そこで執行された。その日のうちに、「真人間になって死んでいきます」という小原の言葉が宮城刑務所の看守を通して、警視庁府中警察署の三億円事件特別捜査本部にいた平塚に電話で伝えられた。

## 2　竹内景助との出会い

　東京拘置所の生活で、石川に強い印象を残した人物は、三鷹事件*で死刑が確定していた竹内景助だった。
　石川が一審死刑判決に控訴して浦和拘置所から東京拘置所へ移されたのは64年4月30日。その翌日、竹内の方から石川の独房へやってきたという。当時

---

*三鷹事件
　1949年7月15日夜、国鉄中央線三鷹電車区構内に止まっていた七両編成の無人電車が動き出し、三鷹駅1番線を暴走、交番などを破壊し、南口駅前の運送店に突っ込んで停止した。駅南口付近の乗降客ら6人が死亡、重軽傷者20人に上った。捜査本部は国鉄の大量解雇問題にからむ計画的な犯行として、労組前幹部の共産党員ら9人と非党員で国鉄を解雇されたばかりだった竹内景助を電車転覆致死で逮捕、起訴した。竹内は実行犯の一人とされ、否認後に、単独犯を認めたことなどから、一審は竹内のみが無期懲役、他の9人は無罪となった。検察、竹内とも控訴。東京高裁は竹内の一審を破棄、死刑を自判し、他の検事控訴を棄却した。竹内は上告して、再び全面否認に転じたが、最高裁は1955年6月22日、8対7の1票差で上告棄却、竹内の死刑が確定した。

の東京拘置所は、一審死刑を控訴した未決拘置囚と、死刑確定囚を同じ房舎に収容していたようだ。死刑の場合、絞首刑が刑の執行であるため、その執行までは拘置所に収容される。竹内はこのとき43歳。すでに死刑の確定から約9年が経過していた。再審請求を行っていたが、このころまだ具体的な動きはなかった。

　戦後の刑事裁判史上、死刑対象の重罪事件で、一審公判の審理中に自白を維持し、控訴審以降になって全面否認に転じた事例は、竹内と石川の二人しかいないのではないだろうか。捜査段階での自白から一審公判で否認するケースは多々ある。しかし、一審終了まで犯行を認め、その後に否認するというのは極めて特異なことだ。その二人が東京拘置所の中で出会ったのは、また運命なのか。

　竹内は、一審判決から控訴審初公判の間にいる石川に微妙な心理的変化を与えた。

　当時の東京拘置所（東京・東池袋、現在のサンシャイン60ビルのところにあった。葛飾区小菅に移るのは、1971年）では、死刑囚の房舎はゆるやかな処遇だったようだ。各独房からの出入りは自由で、死刑囚同士が行き来し、おしゃべりができたらしい。これは夕食前までだったが、ブロック塀に囲まれた運動場へも午前10時から午後3時まで好きなときに出ていたという。石川は竹内訪問の様子を、こう語る。

　　「午後5時くらいまでは、独房を訪問できましたよ。何時ごろかは忘れたけど、東拘へ行った翌日〈64年5月1日〉。竹内さんが私の房へ来たんです。で、『弁護士は、君が犯人じゃないと言っているが、どうなんです』と聞いてきたんです。もうおじいちゃんのような姿でしたね。ガリガリにやせていて、身長は私と同じくらい。ていねいな言葉でしたね。『私は死刑囚で、確定してます』とだけ言って自分の事件のことは話さない。私の事件〈狭山事件〉を聞くんです」

　　「死刑囚同士で直接、自分の事件のことを話すなんてタブーなのに、どうしたのかと思いますよ。今から思えば、たぶん〈竹内を担当する〉弁護士さんから聞いていたんでしょうね、私のことを。それから『私の部屋に来なさい』と言われて竹内さんの房へ行ったんです。そしたら私の事件の切りぬきや何か持っていたんです、竹内さんは。新聞や雑誌の切りぬきだったと思う。で、『本当にやっていないんだったら、弁護士に本当のことを話した方がいい』と言うんだよね。それで私はカチンときたんだから。そのころ私は弁護士さんのことは全然、信用していなかったから。何だ、いったいこの人はって」

石川は3月11日に死刑判決を受けても、3人共犯説を自供したころからの弁護士不信を持ち続けていたし、「10年の約束」を信じていた。控訴という手続き自体、どういう意味や効果を持つものか、どんな理由を書けばいいのかわからなかったという。
　ただ、死刑判決を聞いて浦和拘置所へ帰ったら、同房の未決囚に馬鹿にされ、反射的に「東京へ行く手続きを取った」だけという（227〜228頁、長谷部への質問部分参照）。
　一審判決後、約一か月半過ごした浦和拘置所で同房だった男性が、石川の控訴審28回公判で、浦和での石川の様子を証言している。「〈石川は〉10年か15年で出られるという話をしていた」「石川が房の中で、三波春夫の替え歌を作り、『善枝さん殺しはさらりと解けぬ』という歌詞をあてて歌っていた」「〈死刑判決を受けたのに石川は〉割と気楽なような調子で、房内でおしゃべりしていた」という証言だった。
　そんな石川に、東京拘置所の死刑囚房舎で竹内は何度となく「看守ら拘置所職員には本当のことを言ってはだめだ。ほかの死刑囚にも言わない方がいい。弁護士だけに本当のことを言いなさい」と繰り返した。
　しかし、こうアドバイスした竹内自身も、弁護士という人間には複雑な思いを抱いていたはずだ。竹内は、石川のように一審公判で一貫して自白を維持していたのではない。信じられないような供述の変化を遂げている。
　捜査段階で否認から共犯自供に変わり、起訴後は当初、自分だけの単独犯行を主張した。途中で自白を撤回し、無罪主張。終盤でまた単独犯自白に戻った。東京地裁（裁判長、鈴木忠五）で無期懲役となり、量刑不当で控訴（検察側も無期が量刑不当と控訴）。控訴審の間は単独犯を維持し、東京高裁（裁判長、中谷薫）が無期懲役を破棄、死刑を自判した。上告審で単独犯を撤回、無罪を主張したが、上告棄却となった。
　変遷する背景には、他の9被告人の無罪を勝ち取ろうとする弁護士の思惑と、全員が否認していたのでは有罪判決を受ける者も複数出てしまうとの思いで単独犯を装うことを覚悟する竹内との、複雑なかけひきがあったとみられる。捜査中の単独犯自供を弁護士から新聞へ漏洩されたり、弁護士が接見時にメモした竹内の自供内容を不利な形で法廷に提出しようとしたり。弁護士から「人民政府ができれば竹内君のような人は英雄として真っ先に釈放されますよ。〈中略〉なに

10年か12年も勤めれば出られると思います」と言われたと竹内は記録している。石川が信じた長谷部との約束と、妙に似ているのだ。

　1957年ころ、東京拘置所で医官を務めていた加賀乙彦はその著書『死刑囚の記録』で、竹内に数回面談したことを書いている。竹内は、加賀に「弁護士の言うおとりに嘘の自白をしたんです。おれは弁護士にだまされたんです」と語ったという。自身の体験を踏まえて、竹内が石川に伝えたかったのは、他人の罪をかぶって死刑になるものではない、本当にやっていないなら弁護士にも裁判官にも一貫して否認を通しなさい、ということではなかっただろうか。

　しかし、竹内、石川ともにその過ちに気づいたときは、すでに自己の法廷発言に縛られていた。いったん法廷で被告人本人が罪を認めてしまったら、後の法廷でいくら翻しても、裁判所はそれを認めようとはしない。日本の法廷では被告人本人は証言者とはならない。被告人が法廷でウソを言っても偽証罪にはならない。宣誓しない被告人の陳述は偽証罪の対象としない代わりに、法廷でウソをついた被告人は救済しない、というような鉄則があるかのようだ。

　親身になって自分のことを心配してくれる竹内に、石川は次第に心を許すようになってゆく。秀でた額に澄んだ瞳の竹内は、40代半ばというのにすでに長老の風格で多くの死刑囚の信頼を集めていたようだ。石川は、竹内の語る弁護士の仕事も理解するようになったが、それでもまだ半信半疑だった。「本当は、兄ちゃんがやったと思う」「でも、自分は10年で出る約束になっているから」。竹内に長谷部との約束をうち明けた後でも、石川はその約束を心の中で何度も反芻していた。

　「5月だったと思う」と石川が語るから、前年5月23日に逮捕されてから約一年後のことだ。兄、六造が初めて巣鴨にとらわれの弟を訪ねてきた。東京拘置所に移って初めてではなく、逮捕されてから初めての兄との面会だった。弟も苛烈な一年を過ごしたが、3歳年上の兄もまたつらい一年を過ごしていた。請負仕事は途絶え、鳶職の仲間に支えられ一家を食いつないできた。

　「初めて兄貴に会って、それで私は聞いたんです。『兄ちゃん、やってないか』って。『兄ちゃんが犯人だと思ったから、俺は認めたんだ』と聞いたら、兄貴は、猛烈に怒り出しちゃって、『馬鹿野郎！、ふざけんな』と大声で怒鳴り始めたものだから、面会室から〈兄貴は〉連れ出されたんだよね」

　このとき石川は初めて、六造にはアリバイがあり、女子高生殺害事件とは無関

係であることを知った。兄弟ともに、ぼう然とするほかはなかった。何のための「10年の約束」だったのか。これから、どうすればいいのか。

## 3 荻原佑介との出会い

　8月に入ってから石川に面会を求めてくる人物が、その格好の相談相手となった。エネルギーのかたまりのような闘士、荻原佑介だった。
　1912（明治45）年に川越市の被差別部落に生まれた荻原はこのとき52歳。戦前からの水平社運動の活動家だが、国粋主義的な思考の持ち主だった。戦後は反共をスローガンに各地の首長選挙に立候補を続ける。いわゆる泡沫候補だったが、東北から九州まで100回以上は出馬したとされる。
　その荻原は、狭山事件の捜査段階から石川の冤罪をみてとり、独自の闘争を展開する。63年8月、埼玉県警本部長、上田明に対する石川不当逮捕についての謝罪広告請求訴訟、12月に同じく上田に対する不当逮捕、拷問、脅迫、自白強要などの確認訴訟を浦和地裁に提訴。一審判決直前の64年3月9日、東京高裁に対し石川の人身保護請求、一審判決後には裁判官訴追委員会に対し裁判長、内田武文の罷免訴追請求を申し立てている。
　独自に事件調査を進め、石川の自宅にもたびたび現れた。日の丸をくくりつけたオートバイにまたがり、大型マイクを抱えては家族にとっては聞き慣れない「部落大衆」「差別偏見」「冤罪」「無実」などの言葉をまくし立てた。
　その荻原が東京拘置所にも現れたのだ。9月10日の控訴審初公判が迫り、竹内の助言になお戸惑いを深めていた石川だった。荻原は、そんな石川に取り調べの状況や自白の真偽について詳しく説明を求めた。ここで石川は家族と竹内以外に初めて虚偽の自白と「10年の約束」を語る。家族、弁護士以外で拘置所までやってきて面会する人がいない石川にとって、「やってないなら、胸を張れ！下を向くんじゃない！」と一喝する荻原は頼もしい人物に映った。その後何度も面会に来る荻原は、川越署分室で取り調べを受けていたころの長谷部や関と同じように、石川を影響下においたと言える。しかし、その指し示す方向はまったく逆方向だった。
　9月8日、控訴審初公判の2日前、荻原が面会に来た。鉄格子越しに荻原は、勇気をもって法廷で真実を話せと石川に迫る。
　「いいか、右手を高く上へさしあげ、裁判長の目をぐっとにらみ、裁判長殿と怒

鳴るんだ。法廷にとどろくような大声で、私はやっていません！　と言うんだ」。
　同じ日、石川は弁護人、中田直人とも接見している。このとき石川は、「今度の裁判では、私は話できるんでしょうか」と尋ねたという。何か法廷で話したいことがある様子だったので、中田は「当然には話すことはできないから、被告人尋問という方法もあるので、事前に私たちに話すように」と説得したが、何を話したいのか石川はついに中田には伝えなかった。石川は、この時点では中田を信用していなかった。
　そして10日の法廷、石川は荻原が言った通りにやってのけた。

## 4　竹内の獄死

　関や長谷部ら捜査員が次々と控訴審の法廷に呼び出され、石川と弁護士がようやく足並みそろえて反転攻勢を始めた67年1月、房舎で親身な話相手になっていた竹内が、房から姿を消した。
　「ああ、死んだんだなあ、と思いました。拘置所では死刑囚が死ぬと饅頭を配るんです。私の記憶では、竹内さんが房からいなくなった翌日、饅頭が配られたと思いました。週に2回、お風呂があるんです。いなくなる前の晩、一緒にお風呂に入りました。やせすぎて胸に浮き出たあばら骨が細かったのを覚えています」
　石川はこう語るが、竹内が房内で倒れているのが見つかったのは同年1月13日、死亡したのは5日後の18日だ。竹内の再審請求審が事実調べに向け動き出そうとした矢先だった。前年暮れから記憶障害などがあらわれ、脳腫瘍が疑われたが、拘置所が適切な医療を施さなかったため手遅れになったとされる。石川が言うのは12日以前に一緒にお風呂に入ったということだろう。約2年4か月の死刑囚としてのつきあいだった。
　しかし、竹内の獄死は、石川の控訴審判決に微妙な影を落としたとみることもできる。
　竹内に対する最高裁大法廷判決（1955年6月22日、裁判長・田中耕太郎）は、8対7という1票差で上告を棄却し、死刑を確定させた。東京高裁がまったく事実調べをしないで一審の無期懲役を破棄し死刑に変更したという審理手続き上の問題や、無人列車を走らせた行為に刑法のどの条文を適用するかという法律上の問題も抱え、最高裁判事の意見が激しく分かれた。さらに、最高裁判事の交代時期の問題もかかわっていた。

にもかかわらず、最高裁で一度も弁論を開かず死刑を確定させたことに大きな批判が起きた。このため、三鷹事件大法廷判決のあと、最高裁は死刑事件では必ず口頭弁論を開く慣例を定着させた。

10年も費やして事実を真っ向から争った狭山事件控訴審の結論は、本来、無罪か死刑の維持か、どちらかの判断しかあり得なかっただろう。

しかし、寺尾ら東京高裁の裁判官は、無期に減軽することによって、死刑維持なら必至の最高裁弁論を回避し、書面審査だけで石川の上告が棄却され、無期懲役が確定することを想定したのではないか、という見方もできる。さらに言えば、石川に生命は保証するが、最高裁弁論で再び社会的な注目を浴びることは許さない、あるいは弁論開始によって逆転無罪のチャンスが訪れるのを許さない。無期懲役の事件として長く封印をねらったのではないか、という深読みだ。生命を保証するということはもしかしたら、石川無罪の心証を持ったが、裁判所や検察、警察の権威を守るため、有罪を維持して無期懲役に……ということなのか。

## 5 寺尾判事

### 1
#### 無罪の予想

控訴審が結審したあとの弁護団会議では、全員が無罪を予想したという。青木英五郎が書いている。

「弁護人は控訴審判決の言い渡し直前、弁護団会議をもって、この事件の訴訟経過を検討した。その結果、一人の異論もなく、無罪判決以外ありえないという結論に達した。その理由の一つは、裁判官が三人とも交替してから、弁護人が請求した現場検証、とくに被告の自白によって被害者の万年筆が発見されたとされている、石川被告の自宅勝手口鴨居の状況、現場における関係証人の尋問と、被告の自白している方法では被害者を殺すことができないと鑑定した京都大医学部上田政雄教授の証人尋問を裁判所が却下したからである。普通に考えれば証拠調べをするはずのものを却下する以上、弁護人のすべては、それでは裁判所は無罪の心証をもっているに違いない、と弁護人の側からいえば欺されてしまったのである」（青木「『狭山裁判』批判」）

「ペテン」とも言えるような、それなりの理由はほかにもあった。

長期裁判の結審を急ぐ寺尾は、74回公判（74年3月22日）で、弁護人が請求していた証拠調べを次々と却下していった。石川が「10年の約束」を信じ

た背景事情を明らかにするため求めた部落問題や同和教育の専門家の証人申請を退けるにあたり、寺尾は次のように発言していた。

　この点は、部落問題に造詣の深い青木弁護人から、更新弁論に際しても冒頭陳述の性格をもあわせもつものであると述べられ、実を申すと、私個人としましては、少年時代に島崎藤村の小説「破戒」を読んで、子供心に、こんなこともあるのだろうかと感じた程度の知識しか持っていなかったわけですが、一昨年〈72年〉ごろひょんなことから同和対策事業特別措置法の衆参議両院内閣委員会議事録を見る必要に迫られ、ついで、そこに出てくる松本英一議員の言葉から後藤秀穂氏の「皇陵史稿」を見ました。その後めぐりあわせで本件〈狭山事件〉を担当することになってからは、読んだ順序は不同ですが、藤谷俊雄氏の「部落問題の歴史的研究」、これはご承知の通り実に読み応えのある書物で、その中に青木弁護人が部落問題にからむ紛争について骨を折っておられることも実は拝見したわけです。〈中略〉さて、前回の公判後に、青木弁護人から、本年一月号の「部落」を送っていただきましたのを拝見いたしますと、証人として請求されている平井清隆氏の「狭山事件と部落問題」、同じく木村京太郎氏の「狭山事件の背景」という論説が載っていまして、これらは、立証趣旨にも適合していて、大変参考になるかと存じます。
　ついては、裁判所としては、もちろん検察官のご意見を伺わなければなりませんが、もし検察官にご異議がなければこれを取り調べることは大いに結構ではないかと考えますとともに、すでに野本証人も取り調べ済みでありますから、三名の証人はいずれも取り調べないことにいたします。

　途中省略したが、ここで寺尾は部落問題に関する著作や論文をなんと計18点も挙げ、すでに法廷外で読んでいるから証人調べは必要ないと言ったのだ。刊行物だから、裁判官が読む、読まないは自由だが、裁判の当事者が証拠を法廷に提出し争うという原則からやや外れているように思われる。こうした著書を読んでいると法廷内で明らかにすること自体、何らかの作為を感じさせる。寺尾の言いようは、部落問題ひいては石川の育成状況、対人関係の実情を理解している、と受け取られることを十分意識していると思われる。
　だから、弁護団はこの却下に異議を唱えたものの、異議を却下されるとそれ以

上新たな証人申請をしなかった。
　さらにもう一回、寺尾はこの日、石川・弁護側有利をほのめかす発言をしている。
　被害者の首と足首に巻かれていた細引き紐についてだった。石川が盗んできたとされる民家には、それが存在しなかったことが家人らの証言で明らかになっていた（186頁参照）が、より明確にするため弁護団は、捜査員、本田進について証人申請していた。寺尾は、これを却下するあたり、次のように説明していた。

　　本田進は、検察官が木綿細引き紐の出所について後退した主張にかわってきた現段階では、もはや取り調べる必要はないと考えます。
　　今回の更新弁論で検察官は、この点についてははっきりしないように主張を変えられた。検察官にしろ、弁護人にしろ、過去に発生した事実をどのように見るかについては試行錯誤を重ねながら結論にたどりつくものではないでしょうか。そういう意味からも、検察官側の主張が引っ込んだのだから、なぜ引っ込んだのかということについて取り調べる必要はないと考えます。

　少なくとも死体の首と足首に巻かれていた、殺人事件の凶器ともみえる細引き紐（寺尾判決では、「死を確実にするため、この木綿細引き紐で首を絞めた紛れもない事実」とまで言っている）について、検察官の主張は「後退した」「引っ込んだ」と裁判長が表明したのだ。検察官の後退を認識している裁判官が、前章までに述べきたような強引な認定をするとは、弁護人たちは予想できなかった。

## 2　寺尾判事の経歴

　寺尾の法廷発言に加えて、寺尾自身の経歴から、無罪判決を予想する弁護人も多かった。合議体だから、寺尾が無罪意見で、陪席裁判官の丸山喜左エ門、和田啓一の2人が有罪意見だった可能性も絶対ないとは言えない。しかし、「実務の経験」に基づくあれだけの事実認定論を判決書の中で展開するには、やはり裁判長の意見も有罪だったと思われる。
　寺尾はどんな裁判官だったのだろう。
　1913年7月生まれ。37年に当時の「司法官試補」として裁判官のスタートを切っている。札幌、樺太、札幌、大阪と転勤し、大阪地区裁判事で終戦をむかえた。従軍体験はなかったようだ。48年大阪地裁判事補、翌年に判事。52年、最高裁調査官、61年東京地裁判事、69年徳島地家裁所長を経て、70年に東

京高裁判事、72 年に東京高裁の部総括（裁判長）に就任している。初めて高裁の裁判長になったと同時に狭山事件を担当したことになる。

　占領期の司法改革がまだ進行中といっていい 48 年に、司法研修所研究員となり、「司法に関する国会の国政調査権の範囲及び限界」というテーマで研究論文をまとめている。同時期に研究員だったのが、青木英五郎で、こちらのテーマは「英米刑事手続きにおける交互尋問と証言調書（制度と実際）」というものだった。法廷一筋の寺尾と、シンガポールでの捕虜体験を経て復員した青木が、一度ここで重なっている。

　寺尾は、八海事件の第一次上告審判決（57 年 10 月 15 日、第 3 小法廷、無罪方向での広島高裁へ差し戻し判決）の調査官だった。「私は高橋調査官とともに八海事件の調査を担当し、昭和三一年〈56 年〉七月夏期休暇を返上して報告書（秘第一八号として蔵置されていると思う）をまとめあげました」（岩田誠先生傘寿祝賀記念論集『刑事裁判の諸問題』判例タイムズ社、1982 年）と書いている。この報告書に、小法廷の結論通り無罪方向での差し戻しを求める調査官意見が付いていたかどうか正確にはわからない。

　次いで、寺尾は珍しいシーンに顔を出している。

　裁判官の「報酬」と検察官の「俸給」の格差が議論となっていた 1959 年 2 月、実質的に同じような金額にする裁判官報酬の改正法案が国会に提出され、これに東京地裁の判事たちが反旗を翻した。山本祐司の『最高裁物語　下巻』（講談社、1997 年）に次の描写がある。

「東京地裁の裁判官たちは怒った。第一線の意気が上がっている時である。ことに東京地裁所長になっていた石田和外は、検事の風下に立たされることに激怒した。

『こんなもの認められるか』と石田は地裁の陣頭に立った。金額の問題ではなく、裁判官としての誇りが許さない。二月一三日、広い会議室に百人近い全裁判官が集まった。石田は『私は諸君の意思を体して行動するが、一番強い意見に従う。自由に発言するように』と呼びかけた。三者協定が成立すれば石田は裁判官辞任の決意であったと言われる。国会に提出する要望書は、横川と寺尾正二が書いた。寺尾も『違憲判決』を出したことがある気骨ある裁判官である」

石田和外は後に最高裁長官になる人物、横川敏雄は札幌高裁長官となった。当時、寺尾は最高裁調査官だったが、東京地裁判事たちのこの会合に顔を出したとすれば、決起の石田らとよほど強いつながりがあったのだろうか。
　現職裁判官がこぞってある法案に反対し国会に要望書を出すということは、現在では考えられない、かなり異例なことである。裁判の一方の当事者である検察官（もう一方は被告人）と、法廷を主宰し両当事者の主張を聞き証拠から事実を認定し量刑も決める裁判官（しかも任期は10年）とでは、立場が違う。裁判官優位が当然で、それは報酬にも反映されなくてはならないというのが石田らの論理だった。報酬問題は司法＝裁判官＝の独立にも絡む大きな問題で、これも要因の一つとなって62年に臨時司法制度調査会が設けられた。この抗議行動の中核となったメンバーには、戦後の新しい刑事訴訟法をその理念通りに実践しようする刑事畑の裁判官が多かったとされ、寺尾もその一人だったということになる。
　寺尾が調査官として担当した八海事件は、差し戻された広島高裁で無罪〈59年9月23日、裁判長＝村木友市〉となるものの、その第二次上告審判決〈62年5月19日、第1小法廷、裁判長＝下飯坂潤夫〉で、今度はなんと有罪方向で再び差し戻しとなる。
　東京地裁の裁判長になっていた寺尾は、これに反応する。現職判事が法律雑誌で堂々と最高裁判決を批判したのだ。『綜合法学』（第5巻9号、62年9月刊）の「時事問題」のコーナーで次のように述べている。

　　原審〈広島高裁第一次差し戻し審判決〉は、〈中略〉全証拠との具体的な関連において吉本供述〈仮名、最終的に単独犯だった男が、他の4人との共犯を述べた供述〉の信用性につき、縦横の批判検討を加えており、きわめて客観的で説得力に富むものである。それにひきかえ、この判決〈有罪方向での下飯坂判決〉は、熟読吟味すれば誰しも容易に気付きうるといって人の主観に訴えるに止まるのである。ついでながら、この判決は、引用の吉本の上申書〈中略〉や警察供述について、これらは「真実に触れ」とか、「如実に物語っている」「本心を端的に吐露し」とか、「懺悔と悔悟に満ちている」「素朴で率直で」とかいって、これらの供述を反覆熟読すれば原判示のいうほどの不自然さも感じられず、むしろ大筋を外れていないと思われるとするのである。けれども、そこには語調のはげしさとは逆に、何かしら空虚なも

のが感じられるのではないだろうか。
　〈中略、虚偽の自白をした阿藤らの供述について〉実際の問題としては、原判決のように実体面で犯罪の証明なしとする場合には、手続き面でも警察供述の任意性を否定せざるをえない場合があると思われる。特に強盗殺人というような重大な犯罪について、実体面で犯罪の証明がないと認められる場合には、身に覚えのないのにかような重大犯罪を進んで自供することなど通常考えられないことであるから、強制による供述あるいは強制による疑いのある供述と認めることの方がむしろ自然である。

　自身が調査官を務めただけに思い入れも深かったのだろう。地裁の一判事として最高裁批判を繰り広げるところに、この時代のおおらかで自由な裁判所第一線の空気があるのだろうか。しかし、なぜか、11年後の寺尾判決では対極的な物言いとなってしまうのだ。
　下飯坂判決に対しては、寺尾と同じく無罪の心証から反応した男がいた。大阪地裁の裁判長だった青木英五郎だ。
　青木は、幼いころ横須賀、北海道・室蘭、奈良と移り住み、旧制高校時代は小説家をめざしたという。大学を入り直したりして36年、27歳で司法官試補となったが、戦時中に陸軍司政官としてシンガポールに赴任した。スマトラ島で抗日ゲリラに死刑判決を下し、戦後に捕虜となりマラリヤや栄養失調とたたかいながら強制労働を体験して復員。京都地裁判事に復職し、司法研究員、司法研修所教官、大阪高裁判事を経て61年から大阪地裁の裁判長となっていた。この間、証拠評価や事実誤認についての論文を発表している。時代が時代とはいえ、彫りの深い人生体験と言える。
　スマトラ島の現地人に下した死刑判決を「死にいたるまで自分の心に突き刺さったトゲ」と感じつつ、「自分ひとりを守る、という〈戦前からの官僚主義的な意識のままの同僚〉裁判官の習性に我慢がならなく」なっていたという青木は、「わたしが誤判と信じる最高裁の八海判決〈下飯坂判決〉を契機として退官した」と、「裁判官の悩みと悲しみ」（判例時報323、324、326〜328号）に書いている。
　具体的には、八海事件の弁護団長だった旧知の佐々木哲蔵と62年9月中旬に、大阪地裁の廊下でぱったりと出会い、「できるだけ早く辞めて、〈八海事件の差し戻し公判のための〉記録読みにとりかかってくれないか」と頼まれたのだという。青木はそこで「とっさに、それなら十月一日付けで退官願いを出しましょう」

と応じ、それを実行した。現代ではあまりこんな例を聞かない。財田川事件の矢野伊吉（裁判長として担当した再審請求事件の無罪を確信し、70年に裁判官を辞めて死刑囚の弁護人となった）といい、かつてはこういう法曹がいた。

青木は前掲書の中で、寺尾による下飯坂判決批判にも触れている。

「最高裁の八海判決を聞いて、わたしは唖然とさせられた。それから一週間あまり、わたしはなにをするのも嫌になって、茫然と日を送った。〈中略〉ただ一言いわせてもらうならば、現職にある寺尾裁判官、三井調査官が批判を行ったことである。あえて両氏の胸中を察すれば、沈黙を守ることによって、自分の正義感を押しつぶしてしまうことができなかったのではあるまいか。〈中略〉わたしは満腔の敬意を表せずにはいられない」

のちのちの青木と寺尾を思うと、感慨深い。

それはともかく、八海事件は、広島高裁第二次差し戻し審で有罪（裁判長＝河相格治、1人に死刑、他3人に懲役15〜12年）となったが、佐々木、青木らの弁護によって第三次上告審（68年10月25日、第2小法廷）は、河相判決を破棄し、4人全員の無罪を自判した。ここにようやく発生から17年で八海事件は終局した。

佐々木がのちに語っている。

「私も青木英五郎さんも元裁判官なんですわ。それで寺尾裁判長をよく知っておるんですね。寺尾という人は、八海事件のときの最高裁調査官で、八海事件を無罪に導いた人だったんですわ。そういうこともあったし、裁判官時代、わりといい印象を私ども持っておったものですから、私も青木さんも、寺尾君なら大丈夫だろう、安心できるだろうと、思いこんどった点があった」〈佐々木哲蔵、「一裁判官の回想」〉

石川の弁護人らは寺尾に対し、証拠をしっかりみる堅実な事実認定をする裁判官というイメージを持っていたのだ。手錠付きの取り調べに対し、弁護人の中田直人が引用したように厳しい姿勢（205頁参照）を見せたほか、60年代から70年代にかけてデモ隊規制と「表現の自由」を定めた憲法との調整が裁判上の大きなテーマとなっていた公安条例裁判でも、注目の判決を出していた。

公安条例合憲の最高裁判断もすでに出ていた67年5月10日、東京地裁（裁判長＝寺尾、龍岡資晃、早瀬正剛）は、日韓条約反対デモをめぐる東京都条例違反事件の判決で、「著しく取り締まりの便宜に傾斜し」「必要最小限度の域を超えている」として無罪を言い渡した。条例は合憲だが、厳しすぎる運用が違

憲だという珍しい判決で、寺尾は「表現の自由」に重きを置くリベラルな、あるいはハト派的なの裁判官と見られていた。

## 6　支援活動

　法廷外の要素が、寺尾ら第4刑事部の裁判官に影響するとも考えられない。
　控訴審の半ばから、法廷内外での支援活動が活発になった。無実の石川が捜査対象に選ばれ、一審死刑判決を受けた背景には部落差別があり、一審の自白維持にも差別によって教育の機会を奪われた石川の人間性がかかわっていると主張する部落解放同盟の支援だ。判決1か月前の74年9月26日には、日比谷公園に11万人が参加する集会が開かれ、「無実の石川青年　奪還」を訴えた。すぐ隣の東京高裁にもその声は聞こえたかも知れないが、これに裁判所側が反発して判決が左右されるとも思われない。
　狭山事件に関連したとみられる、許されざる暴力事件が発生したのも事実だ。
　しかし、それは石川とも法廷とも関係のない、不幸な事件としかいいようがない。石川支援を称する一部の者が、石川や弁護団、部落解放同盟とはまったく無関係に、暴力行為に出たとしても、そうしたことが法廷内で取り調べた証拠に基づき形成される裁判官の心証に影響するはずもない、と言わなければならない。
　控訴審公判中の69年11月14日、一審の死刑判決を出した浦和地裁にヘルメット姿の5人が侵入し、「狭山差別裁判糾弾」などと書かれた垂れ幕を地裁の屋根に掲げる事件があった。
　また、寺尾判決2日前の74年10月29日、霞が関の東京高裁で、「狭山裁判糾弾」などと叫びながら過激派とみられる男5人が鉄パイプを持って高裁長官室に乱入する事件があった。長官は逃げ出して無事だったが、男らは事務局長をこづくなど乱暴し、爆竹を破裂させ長官室を約20分間占拠。駆けつけた警視庁機動隊員らによって建造物侵入などの現行犯で逮捕された。このため、2日後の判決言い渡しは、他の公判がすべて中止される厳戒体制の中で行われた。
　寺尾判決から約2年後。76年9月17日朝、新宿区内の官舎から東京高裁へ車で出勤する寺尾が、過激派とみられる4人組によって襲撃される事件も起きた。信号待ちで止まった車の窓ガラスをバットで破り、寺尾は両手、頭部などに一週間の傷を負った。
　さらに最高裁が石川の上告を棄却した直後の77年8月21日、事件を担当し

た最高裁調査官の自宅に時限発火装置が仕掛けられ（発火せず）、ずっと後の1990年10月23日には一審死刑を言い渡した裁判長で、すでに弁護士となっていた内田の自宅が時限発火装置とみられるもので放火される事件も起きている。

## 7　狭山判決後の寺尾判事

　寺尾は、狭山事件の控訴審判決を出した後にも、柔軟な姿勢を見せている。
　代表的なのは、水俣病患者らが東京のチッソ本社で補償交渉中に乱暴したとされる、いわゆる「川本事件」の東京高裁判決（77年6月14日、裁判長＝寺尾、裁判官、山本卓・田尾健二郎）だ。我が国の裁判史上初めて公訴権濫用の法理を適用し、公訴棄却（一審の有罪判決を破棄し、起訴自体が無効）の判決を言い渡したのだ。

　「水俣病の被害という比較を絶する背景事情があり、自主交渉という長い時間と空間の中で発生した片々たる一こまの傷害行為を、被告人らが自主交渉に至らざるを得なかった経緯と切り離して取り出しそれに法的評価を加えるのは、事の本質を見誤るおそれがあって相当でない」「被告人に対する訴追はいかにも偏頗、不公平であり、これを是認することは法的正義に著しく反する」

などとして厳しく検察官を批判したものだから、検察側だけではなく、研究者らにも衝撃を与えた判決だった。この公訴棄却判決は、最高裁（80年12月17日、第1小法廷）で、「本件公訴提起〈川本の起訴〉が著しく不当であったとする原審の認定判断は、ただちに肯認することができない。〈中略〉公訴を棄却するべきものとした原審の判断は失当」と批判されたが、「原審を破棄して第一審判決を復活させなければ著しく正義に反することになるとは考えられない」として結局、検察官の上告は棄却された。
　狭山判決後、公安条例違反事件でまたも注目の判決を2件出している。
　67年に羽田空港ロビーで無許可デモをしたとされる事件で、76年6月1日の東京高裁判決（裁判長＝寺尾、裁判官、山本卓・渡辺惺）は、デモに違法性ありとしたものの、「法律上許されないものとまでは考えていなかった」相当の理由があったなどとしてデモ指導者に無罪を言い渡した。
　また、61年に国会周辺で行われた無許可デモについての控訴審判決（77年

6月7日、裁判長＝寺尾、裁判官、山本卓、田尾健二郎）では、デモ行進は「民主国家において、国民の享有する基本的人権の根幹」などの見解を示し、一審の有罪は維持したものの大幅に減軽した。その中でも「〈下級審で公安条例違反による処罰の〉範囲を限定しようとする真摯な努力が重ねられてきたのを、最高裁判所や多くの高等裁判所の判決は、次々に破棄し去って今日に至っている」「大法廷判決が集団行動の病理現象のみを強調した点は、観念的、非科学的」と辛辣な最高裁批判を展開した。

こうした判決を伝える新聞記事の中には、寺尾を「反骨の裁判官」と表現したものもある。それぞれの判決は、その文言をやや衒う傾向があったようにもみえるが、有罪方向へ強気の事実認定がよしとされがちな裁判官の世界で、自身の判断を貫いた無罪や公訴棄却があると言っていい。

だが、狭山事件に関する限り、いったいどうしたのだろう。なぜ石川に対しては無理な有罪認定を強行したのだろうか。

常識的に考えれば、寺尾判決を生んだのはやはり、いわゆる実務の垢だろうか。ベテランの反骨裁判官にしてもなお、毎年200件、300件と事件を処理するうち、その中の1件の冤罪に気付くのは難しい、ということだろうか。「有罪慣れ」という言葉もよく聞く。寺尾判決は、その特異な「石川ウソつき論」で、「実務の経験が教えるところによると、捜査段階にせよ、公判段階にせよ、被疑者もしくは被告人は常に必ずしも完全な自白をするとは限らないということで、このことはむしろ永遠の真理でいっても過言ではない」と述べている。

しかし、少なくとも小原のケースはそうではないように思える。かつては新刑事訴訟法の理念に燃えて仕事に打ち込んだ「実務の経験」こそが、予断を生み、証拠に基づかない「永遠の真理」を作り出してしまったとしたら、何ともおそろしいことだ。

寺尾は1978年、東京高裁長官代行で退官し、弁護士となっている。長く刑事法廷を主宰した経験からか、自白の任意性、信用性といった問題には関心を持ち続けていたようだ。元裁判官の渡部保夫が、その労作『無罪の発見――証拠の分析と判断基準』（勁草書房、1992年）で、寺尾から手紙が寄せられたことに触れている。渡部が1985年の法律雑誌に、イギリスで被疑者の尋問を終始テープレコーダーに録音するという大規模な実験調査が行われていることを紹介すると、「寺尾正二氏から、このような制度は是非必要であり、上告趣意や控訴趣意中で指摘したことがある旨のお手紙をいただいた」と書いている。2009

年の今なお全面可視化か一部可視化か議論が続いているが、寺尾はすでに約20年前には全面可視化を待望していたことになる。可視化の必要性を認識していたということは、裁判官当時の寺尾も自白の任意性、信用性の判断には悩まされたということなのだろうか。

## 8　3人の自殺者

　狭山事件につながる法廷内外の動きをみてきたこの章の最後で、やはり触れておかなければならないことがある。

　事件の周辺で、少なくとも3人の自殺者が出ていることだ。法廷内では検察側が一切触れようとしなかった事実ではあるが、弁護側が一部、法廷でも主張した。控訴審最終弁論（74年9月10日、第78回公判）で、弁護人、和島岩吉が「本件捜査は出発点において方向が誤っている事が言えましょう」として自殺者に言及している。

　一人は、犯行現場とされる「四本杉」近くに新居を構えたばかりの奥村元市（仮名、当時31歳）。被害者の死体発見から2日後の5月6日午前9時ごろ、薬物を飲んだ上、自宅の井戸に飛び込んで死んでいるのが発見された。奥村は、以前、被害者の中村家で農作業を手伝う「作男」として働いていたことがあり、当時は運輸会社に勤めていた。被害者とは顔見知りだったとされる。奥村は、翌日の7日には自身の結婚式を控えていた。

　この自殺について、刑事調査官として検案を取り扱った長谷部は51回公判で弁護人から質問され、「〈死因は〉溺死です」「睡眠薬か何かをわずかに飲んでおったという話は聞いておりますが、私の検視のときには発見できなかった」などと証言している。

　また、刑事部長の中勲は39回公判で、「奥村の筆跡を入手しまして鑑定をしました結果、脅迫状とは異質であるという鑑定がなされました」「たまたま血液型がB型でありましたためで、〈新聞などで〉犯人ではないかというふうに書かれたんですが、綿密な捜査の結果、〈中略、奥村は〉犯人の適格性を欠くということで捜査を打ち切った」「〈奥村が〉お医者さんにまあ性的に不自由だというようなことを相談しておるというようなことがわかってまいりまして、犯人の適格性を欠くというように私ども判断しまして」「〈遺書が残されていて、内容は〉病気に負けた、父母を頼む、か何か、そんな要旨でございました」などと証言していた。

だが、奥村の死亡診断書を書いた地元の医師、鈴木は、裁判所の出張尋問（72年8月15日）で、
　「〈診断書にはエンドリンという農薬を飲んで自殺したことになっているが、との弁護士の質問に〉そうですね」「吐物からも〈エンドリンが〉におうし、口からも、においました」「〈飛び込んだ井戸に水は〉なかったですね。じめじめしていたけど」
　と証言した。医師は農薬の服毒による死亡とし、刑事調査官は溺死とする。死因が分裂する異様さである。
　二人目の自殺者は、5月11日夜、狭山市内の自宅で死亡した農業、田村登（仮名、当時31歳）だ。田村は、5月1日の夕方、被害者善枝が通学路にしている通称薬研坂で不審な男3人組と車両を目撃し、その一週間後に捜査本部に通報したとされる。自殺の方法は服の上からナイフで心臓をひと突きにするという尋常でないものだった。
　しかし、刑事調査官の長谷部は、この田村の死について「それ記憶がないんです」と証言し、捜査本部長の中も「全然存じません」「記憶にございません」と証言している。当時、捜査本部に詰めていた検視担当の調査官に、田村の自殺が知らされないということがあり得るのだろうか。
　三人目は、被害者、中村善枝の姉、登美恵だ。
　佐野屋での身代金授受に臨んだ登美恵（当時24歳）は、石川が一審死刑判決を受けた後の64年7月14日、自宅で自殺している。前年暮れに近くの農家の男性と入籍したまま実家で生活しており、64年秋にも結婚式をあげる予定だったとされる。
　死亡診断書を書いたのは、奥村の場合と同じ医師の鈴木だった。鈴木は診断書に、直接の死因「薬物自殺」、死亡の原因として「ノイローゼ」と記したようだ。出張尋問に、要旨次のような証言をしている。
　　「普通の毒で死んだとか何とかという人は、非常に苦悶の体で死んでるな。ところが、この人はすっかり整ってきれいになって亡くなったね。だからすごく奇異な感じを持ったよね」
　　「〈遺書は〉見る限りは医者として見るものだね、だけどもその辺〈死体の近く〉にはなかったね。枕の下とかね〈見たけれども、なかった〉」
　　「農薬であったかということも本当言うとわからないね。ただ、その前までぴんぴんしていて、急にいくということは何か農薬でも飲んだんじゃないかという想像にすぎないね」

「〈死亡の〉一年くらい前かしら、私のところ〈鈴木の診療所〉へ来てね、それで何か変なことばかり言ってね、安定剤を与えたことがありますね。〈中略〉驚いたことに、前〈約1年前？〉私が診たとき太ってぽちゃぽちゃしたいい子だったんだ。ところが、亡くなったときはすっかりやせ細ってしまって、あれ、この子だったかなと思うような状況だったね」。

鈴木は遺書が見当たらなかったと証言しているが、登美恵の戸籍上の夫だった男性は60回公判に呼ばれ、「遺書はありました」「ぼくのことが書いてあって幸せになって下さい、ということが書いてありました」などと証言している。

妹の惨事に続いて、翌年、姉がノイローゼの末に自死するとは、言葉もない。鈴木がいう自殺から約1年前とすれば、ちょうど石川が本件で起訴（63年7月9日）されたころに、登美恵は心を病んだことになる。

和島は、こうした死の続発にふれ、「狭い世界に善枝さんの件を中心に続出した異状な事態。これらを調査し、解明し、検討することから、捜査が行われるべきでなかったか。〈中略〉私は弁護人です。これ以上、真犯人を追求することは差し控えましょう。ただ、言えることは、正しい捜査方法を良識に従って遂行すれば、本件ほど真犯人追求の手がかりの多かった事件はないのではなかろうか」と述べ、弁論を結んだ。

# 第7章　長い道

## 1　最高裁の上告棄却

　寺尾判決に対し、石川と弁護団は即日上告した。
「約束による自白など任意性のない自白調書に証拠能力を認めたのは憲法違反」などとしたその上告趣意書は、控訴審の全論点を網羅した2000頁を超える膨大な量だったが、最高裁第2小法廷（裁判長＝吉田豊、裁判官、岡原昌男・大塚喜一郎・本林譲・栗本一夫）は77年8月9日、全員一致の決定で上告を棄却した。予想された通り、弁論は開かれず、書面審査のみだった。
「10年の約束」について、棄却理由は、
　　「約束があったということは、原審〈東京高裁での審理〉において初めて被告人が述べたことであって、被告人は捜査段階で自白して以来、捜査段階第一審の審理を通じて自白を維持し、検察官から死刑の論告求刑を受けた後の被告人の意見陳述の機会においても争わなかった事実等に照らせば、被告人の原審〈控訴審〉における右供述は真実性のないものであり、その他、所論のいう約束があったことを窺わせる証跡はみあたらない」
と述べ、あっさり退けている。一審法廷の自白が真実で、控訴審の否認はウソだ、という迷いのない割り切り方だ。
　事実誤認の主張に対しては職権調査を行い、寺尾判決の認定を全面的に追認した。例えば、木綿細引き紐の出所が不明という点については、
　　「結局、木綿細引き紐についての被告人の供述を裏付ける証拠がない。しかし、木綿細引き紐と同時に入手したとする荒縄については確たる裏付けがあり、木綿細引き紐の存在についても両証人〈控訴審で証言した主婦と大工〉とも積極的に否定しているわけでもないのであるから、木綿細引き紐について裏付けを欠くからといって、直ちに被告人の自白が虚偽架空なものと断ずることは、相当でない。いわんや、この点をとらえて、被告人が自己の体験しない事実を供述したが故に生じた齟齬であるとすることには合理的な根拠

がない」

というのだ。ここではどうも細引き紐を盗んできたという石川の自白は虚偽架空ではないと言っているようなのだが、そうすると主婦と大工がウソつきだということになるのだろうか。その事実認定の総括部分では次のように判示した。

「一部に証拠上なお細部にわたって解明されない事実が存在することも否定できない。この解明されない部分について、合理的に可能な反対事実が存在するかどうかを吟味し、これを排除することにより、はじめて有罪の確信に到達することができるのである。そしてまた、合理的に可能な反対事実が存在する限り、犯罪の証明が不十分として、疑わしきは被告人の利益に解決すべきである。

所論は、このような記録上解明されていない諸点を重視し、記録及び記録外の資料なども加えて、被告人の犯行としては合理的に説明できない点があるとし、あるいは他に真犯人のあることを疑わせるような事実がある、というのである。

当裁判所は、原判決の事実認定にこのような疑点が合理的に存在するかどうかを吟味するため、あらゆる角度から慎重に検討した。

たしかに、原審でも一部に証拠上なお細部にわたっては解明されない事実があり、この解明されない部分について、それぞれ反対事実の成立を含めていく通りかの事実の成立の可能性が考えられるが、このような場合には、全関係証拠の総合判断により最も合理性のある確度の高いものがあれば、それをとることとなるのである。このような見地から、右解明されない事実を検討した結果、被告人が犯人であることに合理的な疑念をさしはさむ事実の成立は認められず、また、それらの解明されない事実を総合しても、右の合理的な疑念を抱かせるに足りるものがあるとは認められない」

この言いようは、事実認定にあたっては「合理的に可能な反対事実」があるかないか、を判断するのではなくて、「総合判断」して相対的に一番確度の高いものを認定する、という意味だろうか。「最も合理性のある確度の高いもの」とは一定レベルの絶対的な確度ではなく、他に合理性はあるが確度の低いものとの相対比較で決められるのだろうか。「反対事実の成立を含めいく通りかの事実の成立が考えられる」ということと、「合理的な疑念をさしこむ事実の成立は認められず」との関係も、素人には理解に苦しむ。

## 2　第一次再審

　無期懲役とした寺尾判決が確定した。
　石川と弁護団は、上告棄却からわずか21日後の8月30日に、確定判決を出した東京高裁に再審請求書を提出した。多くの再審事件と比較しても、判決確定からは著しく早い請求だった。
　再審は、あらためてもう一度裁判を始めるかどうかを決める請求審と、再審開始決定後に行われる再審公判の2段階構造になっている。請求審では、再審を開始するべき理由があるかを調べるのだが、事実誤認を争って再審を始めるには「無罪を言い渡すべき明白な新しい証拠」が必要と法律で規定されている。新規明白な証拠と認められるかどうかが大きな焦点で、従来から「開かずの扉」とも言われてきた。死刑判決が再審無罪となった4例があるにしても、固く厚く高い壁であることに変わりはない。
　最初の再審請求（以下、一次再審とも表記する）では、11の鑑定書、多くの意見書が提出された。ここでは、代表的な3つを点描する。いずれも脅迫状に関するもので、①万年筆のインクなどの鑑定　②雑誌「りぼん」が石川宅に存在しなかったという石川の妹や妹の級友の供述調書　③脅迫状の訂正前の日付が4月「28日」ではなく「29日」であったとする意見書──の3点だ。

　①インクの問題は、上告審段階で検察側が弁護団に開示した、警察庁科学捜査研究所の技官が作成した鑑定書に基づいて主張された。同研究所の技官、荏原は埼玉県警の委嘱により、

　　A　石川の自宅から押収された万年筆のインク
　　B　被害者が使用していたインク瓶〈被害者の自宅にあった〉のインク
　　C　被害者が当時使っていた日記及び手帳に記されたインク
　　D　級友の一人、中里〈仮名〉が使用していたインク瓶のインク
　　E　狭山郵便局備え付けのインク瓶のインク

の5点の異同を比較したものだった。この鑑定は、石川の起訴後、63年7月16日に始められ、8月16日付と30日付の2回にわけて鑑定書が作成された。起訴後の補充捜査だろうか。10年以上、検察官の手元にあったままだった。
　鑑定結果は、AとB、Cのインクは異質、AとD、Eはいずれも類似しているというものだった。被害者が常用していたB、Cのインクは、ライトブルーと呼ばれ

る薄い青色。ADEはブルーブラックという黒っぽく濃い青色だった。

　弁護団の主張は、被害者の万年筆にはライトブルーのインクが充填されており、ブルーブラックが充填されていた石川宅からの押収万年筆は被害者が持っていた万年筆ではない、つまり寺尾判決が有罪の証拠に掲げる押収万年筆は証拠価値を失う、とするものだった。弁護団は、被害者の日記（5月1日の記載部分までライトブルーで記入されていた）や、被害当日の午前、「ペン習字」の授業中に浄書した書面も提出した。この浄書もライトブルーのインクだった。被害者の5月1日午前中までの万年筆はライトブルーであり、押収万年筆はブルーブラックという違いをどう説明するかが焦点となった。

　ちなみに、脅迫状本体を訂正した「五月2日」「さのヤ」の文字は、控訴審で証言した秋谷七郎によると「外見上、ブルーブラックの色調を持つ」とされていた。

　級友の中里は、控訴審で「〈教室でインク瓶を被害者に〉貸したのは覚えております。事件のあった日か前日だと思いますが、よくわかりません」と証言している。中里には、捜査段階の警察官に対する供述調書が2通あり、ここでは「4月24日〈事件1週間前〉に被害者の中村さんにインク瓶を貸したが、補充したところは見ていない」「5月1日午前中の休み時間に中村さんに雑誌を貸した〈インク瓶は貸していない〉」という趣旨の供述をしていた。前日に被害者が借りてブルーブラックのインクを入れたとすると、当日のライトブルーの浄書が説明できず、当日に借りたとすると「ペン習字」の授業が終わってからわざわざ入れ替えたことになる。

　東京高裁第4刑事部（裁判長＝四ツ谷巖、裁判官、西川潔・杉浦龍二郎）は1980年2月5日、鑑定人を呼ぶなどの事実の取り調べは一度も行わず、次のように判示して再審請求を棄却した。

　　被害者の友人中里の控訴審における証言によると、同人が事件の当日かその前日ころ被害者にインクを貸したことのある事実がうかがわれるほかに、関係証拠によれば、被害者事件当日の午後学校から出て狭山郵便局に立ち寄っていることが認められるのであって、友人からのインクの借用補充とともに、同郵便局で万年筆のインクを補充したという推測を容れる余地も残されていないとは言えない。そして〈中略、中里のインク瓶と郵便局備え付けのインク瓶が類似しているとの荏原の〉鑑定結果が出されているのであっ

て、このことによっても前記のように被害者が友人から借りたり郵便局へ立ち寄ったりして、別のインクを補充したという点の蓋然性が一層強められるように思われる。かようにして、被害者が事件の当時所持し、常用していた万年筆に、それまで使用していたインクとは異質のインクが本件万年筆内に残留していたという事態の考えられる可能性は十分に存在するわけであって、結局、所掲の書画及び物件により本件万年筆内に残留していたインクと被害者の平生使用していたインクとの相違が明らかになったとの一事をもって、直ちに本件万年筆を被害者のものでないとすることはできない。

ここまで言えば、もう何とでも可能性は考えられるとしか言いようがない。

級友から借りてインクを補充するにしても、立ち寄った郵便局備え付けのインク瓶から補充するにしても、常識的にはインクが混じるのでよほどの事情がないかぎり普通はしない。郵便局でそういうことをするのは、常識的には盗みに類似した行為という感じがする。一審での高校担当教諭の証言では「人柄を信じてホームルーム長をしていただいた」「責任感も強く、クラスのお手本となる方だった」という被害者である。被害者に差し迫ってそんなことをする必要があったとも思われないし、仮にそうしたなら補充する姿を局員が目撃していた証拠があってもいいのに、それもない。

被害者が郵便局に行ったのは、記念切手代の領収書を受け取るためだったが、その領収書は死体発見時に制服上着の左ポケットから見つかっている。万年筆が入った筆入れは鞄の中にあり、鞄は自転車荷台に荷作り紐でくくりつけられていたのだから、郵便局には手ぶらで入ったではないだろうか。万年筆を持って郵便局に入ったとすれば、ついでに補充したのではなく、明確なインク補充の目的を持って自転車の荷をほどいて鞄から筆入れを取り出し、万年筆を手に郵便局に入ったということになるのだろうか。

インクが違うという客観的事実を、可能性（二つ挙げて、どちらか特定していない）だけで排除してしまっている。客観的事実に反して、通常考えられないことがあったというためには、可能性だけではなくそれが存在したという証拠が必要なのではないだろうか。

②漫画雑誌「りぼん」の問題は、これも上告審段階で、石川の妹とその中学校の級友４人が「りぼん」の貸し借りについて、捜査員に答えた供述調書（い

ずれも63年7月1日付）が開示されことから浮上した。

妹の調書は「事件より約一年間前に友人から『りぼん』を借りて、3日くらい後に返した」というもの。友人らの調書は「貸したことがない」「前年の九月ころ、〈石川の妹と〉雑誌の貸し借りをし合ったが、このとき他の雑誌と一緒に『りぼん』を貸して、5日から一週間後に返してもらった」などというものだった。

とすると、「りぼん」は石川宅に63年4月下旬には存在しなかったことになる。弁護団は、「りぼん」の字を見て脅迫状を書いたという石川の自白は、捜査員の誘導の結果であり虚偽の自白であると主張した。

棄却理由では、次のように述べている。

「〈妹、級友らの〉各供述調書にあらわれている限りでは、本件の当時請求人〈石川〉の妹の手元に雑誌『りぼん』が存在しなかったことになるのであるが、右各供述調書の供述内容を更に子細に検討すると、その貸し借りの相手方や時期について、同人と他の供述者らとの間にはその記憶にかなりのくいちがいや不確かなもののあることが認められるとともに、これらの供述書をもって、妹が右『りぼん』を別の相手から借りるなどして本件のころその手元に置いていたことがなかったという点まで裏付けるに足りるほど確実な資料とも考えられない。

〈中略、自白では〉妹の読んでいたりぼんちゃんという漫画の絵を見ながら漢字を捜して脅迫状を書いたが、その本の中には二宮金次郎の像の写真があったのを覚えているというものであるところ、控訴審で取り調べた雑誌『りぼん』にはまさしく二宮金次郎の像の写真が掲載されているのであって、かような自供内容と物件の状態との間における余人の予期しない点についての符合は、自供内容の高度の真実性を物語るものであると同時に、請求人が雑誌『りぼん』を見ながらそこに用いられている漢字を引き写したという事実の存在に強固な裏付けを与えるものといって差し支えないと考えられる。

かくして右各供述調書は、〈中略、自白の〉信用性に対して反駁の根拠を提供するに足りる資料とはみなしがたく、右の自供を採用した確定判決の判断に変更の契機を与えるものということはできない」

第三者である級友の調書より、石川の自白調書の方が信用できるという判断だ。級友4人ではない「別の相手から借りるなどして」手元に置いていた可能性もあ

るというような判示だが、その証拠があれば一審当初から法廷に提出されたであろうに（検察官には立証責任がある）、出てきていない。級友４人らの調書ですら、10年以上も法廷に出そうとはしなかったのである。この決定は、妹もウソつきである、と言っているのだろうか。

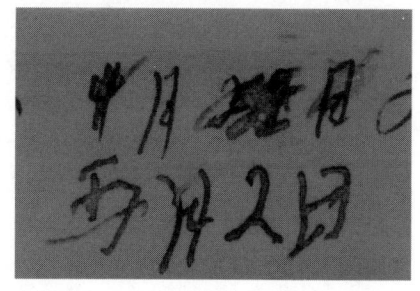

赤外線フィルムで撮影した「29」の部分

　③の日付が「28日」ではなく「29日」だったという事実は、弁護団が筆跡を詳しく調べるため赤外線フィルムで脅迫状をカラー撮影した際に偶然発見された。
　脅迫状を訂正するときに犯人は「8」の上から塗りつぶすようにかき消しているが、そこから「9」の数字が鮮やかに浮かび上がったのだ。
　弁護団は、捜査員が当初から「8」と誤って読んだために、石川の自白も４月28日に脅迫状を書いたということになっていたが、これは捜査員による誘導の結果であり、自白が虚偽架空だと主張した。しかも４月29日に石川は兄と一緒に仕事に出かけていたことが証拠上明らかであり、29日には石川は脅迫状を書けない。夜、帰宅してから家族のいる中で漫画を見ながら「29日」と書いたというストーリーは荒唐無稽となってしまう。自白に基づき脅迫状を石川が書いたとした寺尾判決は根本から覆るというわけだ。
　これもまた、赤外線撮影という客観的な新たな証拠だった。再審棄却決定は次のように判示した。

　「所掲の意見書の示すところにより、〈訂正のための〉塗り消し以前本件脅迫状には、金員持参の指定日として『４月29日』と記載されていたことが判明するにいたって、右の点に関するかぎり請求人〈石川の捜査段階で〉の供述内容は誤っており、また、その供述に基づいて当初脅迫状に記載されていた金員持参の指定日が四月二八日であると認定した確定判決の判断が、この部分に関する限度で事実を誤認する結果となっていることは、まさしく所論のとおりである。
　しかしながら〈中略〉本件脅迫状を準備した日にちとそこに記載された金員持参を指定する日にちとが同一の日でなければならない筋合いのないこと

は勿論、その脅迫状の使用による誘拐や脅迫を実行に移すために要する時間の点を考えると、むしろ、請求人の供述のように右両者が同一の日であることの方がかえって不自然であって、日にちの違う方が納得しやすいという考え方もできるように思われる。
　すなわち、請求人の供述するところによれば、昭和三八年四月二九日には、兄と一緒に近所の家の修理仕事に行って、一日中働いていたというのであるが、その前日である四月二八日に脅迫状による犯行を計画して本件脅迫状を準備し、これに金員持参の日として翌日である四月二九日の日付を記載しておいたところ、当日は四囲の事情から作業に赴き、犯行計画の実行に至らなかったという経過であったとすれば、この間の日にちの前後と請求人の行動とは矛盾なく理解することができることなる。
　〈中略〉犯行から二か月近く経過したのちの取り調べにさいして、過去の犯行に関連する日にちの記憶に一日程度のずれがあることは、往々にしてみられる現象であるうえに、本件の場合は、当初の計画の日取りを変更したために結局塗り消されるにいたった日付の記載に関する問題であるから、なお一層記憶違いの可能性は大きく、かかる事情と、本件については、捜査の過程を通じて、被疑者の自供をうるために強制や威迫が加えられ又は不当な誘導が行われた事跡がまったくかがわれない点を考えると、〈中略〉取調官の誤った誘導に起因するものとは認められず、まして、その余の部分をも含めた自供内容のすべてが捜査官の意のままに誘導された虚偽のものであるとすることはできない」

　あっさり確定判決の認定を変更したのだ。しかし、脅迫状の作成日は寺尾判決通り28日で、このときに指定日「29日」の夜12時と書いたが、それを石川が28日と書いたと記憶違いした、という推測である。
　こんな記憶違いが起こりうるだろうか。しかも殺害や脅迫状作成を全部自白したあとになってである。常識的に言えば、誘拐という犯罪を決意した犯人が、29日という決行予定日を無為に過ごしてしまったことを覚えていないわけがない。さきほど、脅迫状の作成方法について「りぼんちゃんを見て書いた」という石川供述を「自供内容の高度の真実性を物語るものである」と形容した裁判所が、今度は、その同時刻の記憶であるはずの作成内容（指定日「29日」）については記憶違いというのだ。有罪認定に都合のいいように、石川は真実を語ったり、記

憶違いを起こしたりするのである。

　棄却決定に対する異議申し立ては、東京高裁第5刑事部（裁判長＝新関雅夫、裁判官、坂本武志・小林隆夫）が審理し、81年3月23日、四ツ谷決定をほぼ追認し、棄却決定した。
　最高裁に特別抗告されたが、第2小法廷（裁判長＝大橋進、裁判官、木下忠良・牧圭次・島谷六郎・鹽野宣慶）は85年5月27日、四ツ谷、新関決定を容認し、全員一致で抗告を棄却した。

## 3　第二次再審

　石川と弁護団は86年8月21日、第二次の再審請求を行った。
　今回も新証拠は多岐にわたり提出された。ここでは①殺害現場近くで事件当日、農作業をしていた人の証言、②死体を一時吊した芋穴に血痕がなかったとするルミノール反応の検査結果、③石川の自宅を捜索した（1、2回目）6人の元捜査員の証言——の3点を概説する。

　①小佐野証言
　63年5月1日午後、殺害現場の四本杉のすぐ近く、なんと約30㍍しか離れていない桑畑で除草剤を散布していた男性がいたのだ。作業していたのは農業、小佐野健（仮名、当時34歳）だった。
　一次再審が進む間に弁護団があらためて現場付近についての新聞記事などを精査したところ、当日、小佐野が畑に出ていたことが判明した。東京高検に小佐野に関する手持ち証拠の開示を求めると、81年7月30日になって捜査報告書や供述調書が開示され、そこに添付されていた図面によって小佐野の畑が現場直近であることが確認された。
　開示された調書は、小佐野から事情聴取した63年5月30日付から6月6日付までの捜査報告書や小佐野の供述調書計6通、それに6月27日付の検察官に対する供述調書1通だった。報告書などを要約すると
　「その日は午後2時前から4時30分ころまで、桑畑で除草剤を散布した。軽三輪車を畑の東側に止め、噴霧器を背負って散布し、薬剤補給のため10回くらい車と畑を往復した。午後3時半から4時ころの間に、声の方向

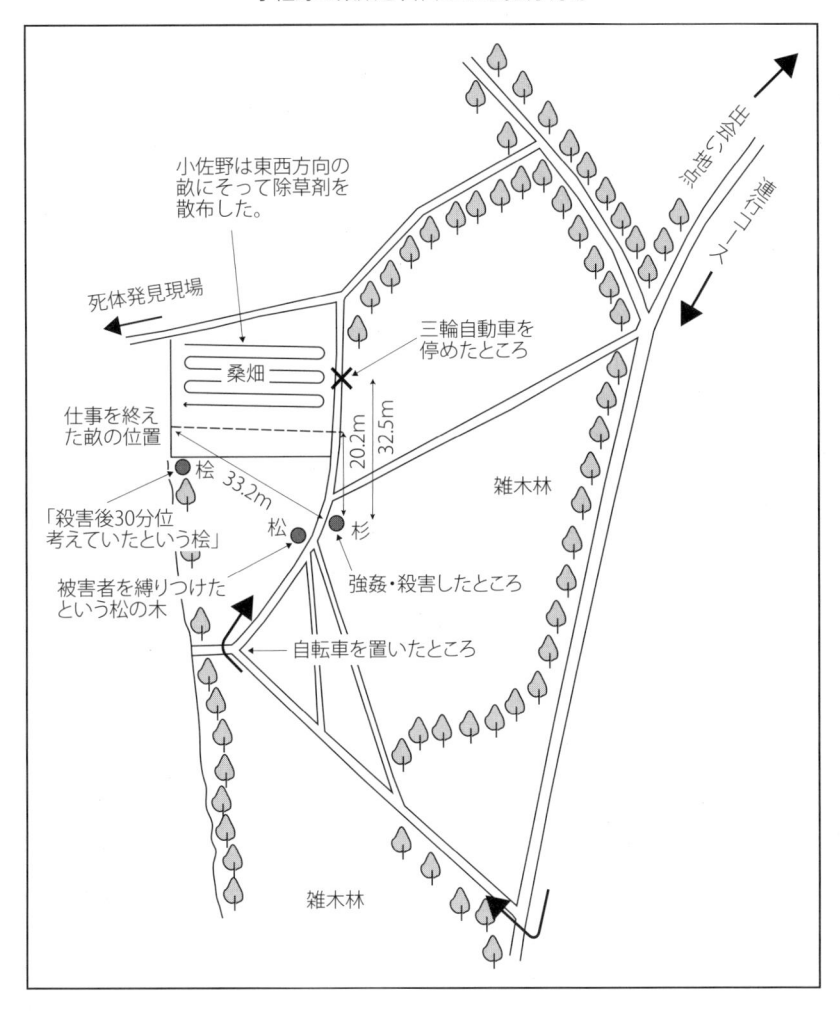

## 小佐野の桑畑と自白による犯行現場

[図中の注記]
- 小佐野は東西方向の畝にそって除草剤を散布した。
- 死体発見現場
- 桑畑
- 三輪自動車を停めたところ
- 仕事を終えた畝の位置
- 33.2m
- 20.2m
- 32.5m
- 桧
- 「殺害後30分位考えていたという桧」
- 松
- 杉
- 被害者を縛りつけたという松の木
- 強姦・殺害したところ
- 自転車を置いたところ
- 雑木林
- 雑木林
- 運行方向コース
- 除草剤散布

や男女の別はわからないが誰かが叫ぶような声がした。直感で妻がお茶を畑に持ってくる途中で誰かに襲われたような感じがしたので、あたりを見たが人影はなかった。そのまま作業を続け、薬剤がなくなった午後4時30分ころ帰った」

というものだった。ところが、27日付の検察官作成の調書では、
「100メートルくらい離れた雑木林の中から、キャーという女の声を聞いた」

と変更されていた。

弁護団はこの開示調書のほか、直接、小佐野と面談して作成した供述調書を、新証拠として提出した。81年10月と85年10月の2回にわたる面談で、小佐野は弁護士に要旨次のように話した。

「事件後の5月末ごろ、警察官が聞き込みに来て、〈5月1日の〉作業中に人の声を聞かなかったかと尋ねるので、ホーイともオーイとも聞き取れるような声で、誰かが何か言ったかなあという気がしたということを話したが、それは悲鳴ではなく、人が襲われるようなものでもなかった。周囲を見回したりしなかった。警察が聞き込みに来るまで、まったく気にとめていなかった。女の悲鳴などとは言っていない。桑畑と雑木林は見通しは悪くなく、事件当時から本当にそこで犯行があったのだろうかと疑問に思っていた。もしそこで被害者が悲鳴をあげたのであれば、私はそれを聞いたはずだが、そのような悲鳴を聞いていない。犯人の方も私が農作業している音を聞いたはずだ」

弁護団は、犯行現場と除草剤を散布した桑畑の距離は最短では約30㍍しかなくて、殺害があったなら小佐野は必ず悲鳴を聞いており、しかも石川と被害者を見通せたはずなのに、小佐野、石川ともお互いに見たという供述がないのは、そこで殺害は行われなかったからだと主張した。小佐野証言とともに、現場で悲鳴をあげて30メートル離れて聞こえるかなどを実験した結果も新証拠の鑑定書として提出した。

検察官の手元に18年も眠っていた小佐野調書。ここで重要なのは石川の自供前に捜査員が足繁く小佐野のもとに通い、執拗に調書に採っていたことと、午後3時30分から4時まで間に声を聞いたか聞いたような気がした、と述べていることだ。

捜査本部は、殺害現場がわからないうちに（石川が自供するのは早くとも6月20日）、なぜ連日のように小佐野から聴取したのか。また、寺尾判決では、四本杉での犯行時間を「4時ころから4時30分ころまでの間」と認定していたから、その時間帯には小佐野は何も聞いていないということになる。

二次再審の結果は、請求からなんと13年後の1999年7月8日に出た。請求棄却だった。小佐野証言について、棄却決定（裁判長＝高木俊夫、裁判官、久保眞人・岡村稔）の理由は次のように言う。

〈石川が〉殺害場所などについて自白を始めたのは、六月二〇日以降のこと

であって、それまでは殺害に至る経緯、殺害場所などについて、捜査官はまったく把握していなかったのであるから、小佐野から事情聴取するにあたって、殊更な誘導を行って同人の供述をゆがめたなどとは考え難く、また、小佐野の側においても、虚偽を述べ、あるいは誇張して供述したとも考えられない。〈中略、自供後の６月26日付調書も〉捜査報告書と実質的な違いは認められないのである。このようにみてくると、本件桑畑で除草剤散布作業をしてから一、二か月しか経っていない、記憶の新鮮な時期になされた小佐野の捜査官に対する供述内容は十分信用に価するということができる。これに対し、〈小佐野が弁護士に〉殊更に虚偽を述べたとは考えられないけれども、事件からそれぞれ一八年、二二年の歳月をへてから、求めにより、当時を思い起こして供述したものであり、前記捜査官に対する供述に比して、より正確であるとは認めがたいものといわなければならない。

　このように、小佐野の捜査官に対する供述は、信用できると認められるのであり、〈中略、午後３時半ころから午後４時ころの間に声が聞こえたという〉経験事実の供述は、強姦とそれに引き続く殺害に関する請求人の自白に沿うものと見ることができるのであって、これと相容れないものではない。

　記憶が鮮明な時期の「３時半ころから４時ころの間」では、自白によると石川と被害者はまだ出会っていないか、雑木林に到着していないのである。これは確定判決がそう認定している。どうして「自白に沿うもの」というのだろうか。

　４時から４時30分の間も散布作業をしていた小佐野が、約30メートル離れたところからの女性の絶叫を聞き逃すことがありうるだろうか。そこで行われたとされるのは強姦と殺害である。石川の右手は被害者の喉元に、左手は自身の下半身にあって被害者が「救いを求めて大声を出したため、……喉頭部を押さえつけたが、なおも大声で騒ぎ立てようとしたので、……喉頭部を強圧しながら……」（一審判決）という断末魔の叫びが響く中、何事もなくそのまま農作業を続けるということが常識的にありうるだろうか。

　②ルミノール反応検査
　弁護団は控訴審段階から、被害者が後頭部に裂傷を負っていたにもかかわらず、殺害現場や死体を吊した芋穴から血痕が見つからないことから、殺害の場所と逆さ吊りについて疑問を呈していた。殺害現場の実況見分調書やルミノール反

応検査の報告書はまったく法廷に出てこなかった。

　確定判決は「捜査当局において、本件殺害現場、芋穴の中及びその間の経路等につき血液反応検査など精密な現場検証を行っていたならば、本傷による外出血の存否は明らかになったことであろう」「血液反応検査などの精密な現場検証が行われなかったことからすると、果たして捜査官が芋穴の原状保存について慎重に配慮したか疑わしい」、けれども「本傷による外出血があったとしてもさほど多量ではなかったと考えるのが相当である」などと認定していた。

　ところが、である。弁護団の再三の開示請求により、東京高検は1988年9月2日、芋穴のルミノール反応検査の検査回答書を開示した。検査は行われており、63年7月5日付、埼玉県警鑑識課技師、松田作成の検査回答書には、「甘藷穴の穴口周囲及び穴底について血痕予備試験の内ルミノール発光検査を実施したが、陰性であった」と記載されていた。とすると、常識的には殺害現場の同検査も行われていないわけがない。

　弁護団の山上益朗、中山武敏は開示前すでに松田本人と面談し、松田から「殺害現場の雑木林についても夜間にルミノール反応検査をした。検査結果は報告書または実況見分調書の一環として〈捜査本部に〉提出している」「自供の確認のため、捜査本部の指示で、〈殺害場所の〉松の木を中心に、消毒用の噴霧器を使用してルミノール反応検査を実施したが、反応はなかった」という供述も得ていた。

　弁護団は、開示された芋穴の検査回答書と、松田との面談テープ、反訳書を新証拠として提出し、「殺害現場と芋穴に被害者の血痕が認められないから、殺害場所と逆さ吊りに関する自白は虚偽であり、この自白を根拠に犯行を断定した確定判決の事実認定には、合理的な疑問がある」と主張した。再三の開示請求にもかかわらず殺害現場のルミノール反応結果は、開示されなかった（2009年現在も開示されていない）。

　高木らの棄却決定は、次のように判示した。

　　〈後頭部〉裂創の創口からの出血は、頭皮、頭毛に付着し、滞留するうちに糊着し凝固して、まもなく出血も止まったという事態も十分あり得ることであって、一般に、頭皮の外傷では、他の部位に比して出血量が多いことや、本件の場合、頸部圧迫による頭部の鬱血が生じたことなどを考慮に入れても、本件頭部裂創から多量の出血があって、相当量が周囲に滴下する事態

が生じたはずであるとも断定しがたい。したがって、自白により明らかにされた殺害場所、死体隠匿場所である芋穴に、被害者の出血の痕跡が確認できなくとも、そのことから、直ちに自白内容が不自然であり、虚構である疑いがあるとはいえない。

ここでは、石川の自白はウソの産物などではなく、犯行を証明する大きな基盤として据えられている。確定判決の基盤となった血液反応検査なしの認定が失われても、結果だけはそのまま引き継がれている。

③石川宅を捜索した元捜査員の証言

被害者のものとされる万年筆は3回目の石川宅捜索で押収されたが、新たに証言したのは1、2回目の捜索にたずさわった捜査員計6人だった。すでに埼玉県警を退職した元捜査員らと、弁護団が接触し、新証言を得たのだった。

うち1回目の捜索に加わった木元（仮名）は、1991年7月から92年5月の間、3回にわたり、弁護団に要旨次のように話した。

「当時、狭山事件は新聞などで騒がれた大きな事件でしたので、まだ印象は残っています。当日〈5月23日〉朝早く警察官の本部〈現地捜査本部が置かれていた狭山市役所堀兼支所？〉に集まり、上司からその場で順次番号をふって捜索場所を割り当てられ、すぐに石川宅へ行った。私が割り当てられたのは、いわゆるお勝手といわれるところで、ボロが詰めてあったのを覚えている。そこ捜索するのに踏み台のようなものを置いて、その上に登り捜索しました。ボロを取って見ましたが、穴の中にも何もなく、鴨居のところも手を入れたり見たりして、ていねいに捜しましたが何もありませんでした。手袋をして捜したのを、今も記憶に残っていて間違いありません。私たちが捜したずっとあとになって、鴨居のところから万年筆が発見されたと言われ、まったくびっくりしました。私が間違いなく捜索して何もなかったところなので、本当に不思議に思いました」

「大きな事件でしたので、責任と自覚を持って間違いなくやりました」

「裁判所がきていただければ、いつでもお話しする」

「大きな事件で、差し障りがあると思って今まで言えなかった」

木元の自宅を、弁護人、青木孝が最初に訪ねたときは、木元が驚きを隠さず「えっ、もう忘れちゃったよ、脳血栓で右半身きかなくってもう7年になる」など

と言って調査を嫌がる様子を見せた。しかし、2、3回と通い、3回目に山上、中山、青木らで訪問し、ようやく詳細な証言が得られた。

他の元捜査員らも

「死ぬ前と思うと全部話す。松の節穴まで捜したが、何もなかった」

「捜査員が鴨居に手を入れて捜しているのを見ていたが、何も出なかった」

などと証言した。弁護団は、これらの供述書を「もともと石川宅には万年筆は存在しなかった。自白通りの場所から万年筆が発見されと認定した確定判決はもはや維持できない」ことを明らかにする新証拠として提出した。

高木らの棄却理由は、こう述べている。

〈木元供述は〉捜索から約二八年もたって行われたものであるばかりでなく、〈中略、青木より以前に木元を訪ねた弁護人には〉『退職してまもなく、脳血栓を患って以来、長患いしており、古いことで忘れてしまった』などと述べ、具体的な捜索の状況を供述しなかったというのであるから、〈青木らが作成した木元証言の調書が〉確かな記憶に基づくものか、甚だ心許ないといわざるを得ない」「〈他の元捜査員らの証言は〉総じて、各人の記憶が相当あいまいで、いずれも、所論を裏付ける証拠としての内容に乏しい

寺尾判決を維持するには、自白の信用性を支える重要証拠の「万年筆」が、石川宅に存在してなくてならない。そのためには、元捜査員の証言を「甚だ心許ない」と切り捨てるしかなかったということか。

しかし、木元の自宅を探し訪ねて来た弁護人に対し木元が最初に発した片言隻句をとらえて排除してしまうには重い証言だった。裁判官は、元捜査員のこの28年越しの証言が、初対面の弁護人にすらすらと出てきたのなら信用に値するというのだろうか。むしろ、初対面の人間には当惑、警戒し、何度も通ってくる真摯な姿勢に接し、弁護団の真意を理解し、そして自分が証言することの意味をも自覚した後に、初めて真相を話すという方が自然ではないかと思われる。

元捜査員が「大きな事件」であったという狭山事件、その犯人像を根底からひっくり返すような証言を、警察という組織に所属してきた人間がやすやすとできるわけがない。28年たったからこそ明らかにできた内容だったのではないだろうか。組織を離れ、自身の人生を振り返る時期にして初めてなしえる証言だった。仮に、木元が記憶も定かでない状態として、なぜ28年後に「万年筆はなかった」と弁

護人に言うのであろうか。弁護人に迎合する必要はもとよりない。もはや県警とも石川とも何の利害もない木元にとって、それは28年後に虚偽を創作する作業となる。静かな生活の中に新たな精神的負担をもたらすだけだ。
「裁判所がきていただければ、いつでもお話しする」「死ぬ前と思うと全部話す」などの言葉は、かつての職業人としての責任と自覚を持つ人間が「差し障り」より大切な何ものかを覚悟し、自身の証言内容の重大さを分かった上で発した言葉と言える。生身の人間の弱さと強さを体現した言葉だ。深窓の机上で調書をめくりながら、「甚だ心許ない」の一言で片付けていいわけがない。裁判所に呼ぶなり、自ら出かけるなり、事実を調べるべきだった。
この棄却まで16年もかかったのは、もしかしたら高木以前の東京高裁第4刑事部の歴代裁判官らがある種の心証を得ながら、何らかの「差し障り」を考慮して決定をためらったためではないか、というのは言い過ぎだろうか。

棄却決定に対し、石川と弁護団は異議を申し立てたが、2002年1月23日、東京高裁第5刑事部（裁判長＝高橋省吾、裁判官、本間榮一・山田耕司）は、高木決定をそのまま追認して棄却した。
ただちに最高裁へ特別抗告した。
しかし、2005年3月16日、最高裁第1小法廷（裁判長＝島田仁郎、裁判官、横尾和子・甲斐中辰夫・泉徳治・才口千晴）も、異議審の決定を追認し、全員一致の決定で抗告を棄却した。決定文では「〈弁護人らの抗告趣意の〉実質は、審理不尽、理由不備をいう単なる法令違反、事実誤認の主張であり、いずれも〈中略、適法な〉抗告理由にあたらない」「〈職権で判断した結果〉所論引用の新証拠のほか、再審請求以降において新たに得られた証拠を含む他の全証拠を総合的に評価しても、申立人が強盗強姦、強盗殺人、死体遺棄、恐喝未遂の各犯行に及んだことについて合理的な疑いが生じていないことは明らかである」などと述べている。
新証拠に対する最高裁の評価を一点だけ紹介すれば、島田らの棄却決定は①の小佐野証言について「ちょうど犯行時とされる時刻に犯行場所とされるところの近くで農作業をしていて悲鳴らしきものを聞いたという趣旨のものであって、申立人〈石川〉の自白を裏付けこそすれ、その信用性を減殺するものとはいえない」という判断だった。高木、高橋決定と同様に、聞いた時間がずれていることはきれいに抹消されていた。

19年を費やした第二次再審請求は、一度の事実調べも行われることなく終結した。

　第二次の再審請求が審理中の1994年12月21日、無期懲役囚として千葉刑務所に服役していた石川は、仮出獄が認められ、31年ぶりに狭山市の自宅に戻った。
　24歳の青年は、55歳となっていた。逮捕された場所と同じところに、当時のまま自宅は残っていたが、しかし、父富造、母リイともに亡くなっていた。
　仮出獄には、法律上「改悛の状」が認められなければならない。犯行を全面否認し、再審請求を続けている石川に、「改悛の状」があるわけがない。模範的な服役態度だったことや、更生保護委員会との面接で「再審で無罪となるまでは罪人と同じ立場。それに応じた処遇に従います」と語ったことなどが考慮され、仮出獄が認められた。
　自宅へ帰還した石川は、拍手で迎える支援者約350人に「私の青春、私の人生の最も大切な時期を奪われた。この無念さは、言葉で言い表すことはできません。無罪が認められるまでがんばります」と用意したメッセージを読み上げた。
　しかし、自宅でくつろいでも、兄弟姉妹は独自の生活を営んでおり、懐かしい我が家では一人だった。無罪をつかみとることが生きる情熱となった。石川は、「見えない手錠がかかったまま両親に手を合わせるわけにはいかない」と無罪を報告するまで墓参りをしない、酒も口にしない、と誓った。
　仮出獄からちょうど1年を迎えようとする95年12月18日午後11時40分ころ、関西方面へ出かけて留守だった石川の自宅が、どういうわけか火事になった。「鴨居」も含め63年当時のままで残されていた木造平屋建て約80平方メートルが全焼した。
　96年12月、石川は、再審闘争の支援活動を通じて知り合った早智子と結婚した。

　再審の扉は、いまだ開かない。
　再審請求審で再審開始決定が出るには、「無罪を言い渡すべき明らかな証拠」を新たに発見することが必要とされるが、これにあたるかどうかは、一つの基準が示されている。
　「確定判決における事実認定につき合理的な疑いをいだかせ、その認定を覆

すに足りる蓋然性のある証拠をいうものと解すべきであるが、右の明らかな証拠であるかどうかは、もし当の証拠〈新証拠〉が確定判決を下した裁判所の審理中に提出されていたとするならば、はたして確定判決においてなされたような事実認定に到達したであろうかという観点から、当の証拠と他の全証拠〈旧証拠〉とを総合的に評価して判断すべきであり、この判断に際しても、再審開始のためには確定判決における事実認定につき合理的な疑いを生ぜしめれば足りるという意味において『疑わしきは被告人の利益に』という刑事裁判における鉄則が適用されるものと解するべきである」（1975年5月20日、最高裁第1小法廷決定＝白鳥決定、裁判長＝岸上康夫、裁判官・藤林益三、下田武三、岸盛一、団藤重光）

　おおまかに言えば、確定判決までの旧証拠と、再審請求審に提出した新しい証拠を総合的に評価して確定判決に「合理的な疑い」をもたらすかどうかが、ポイントとなる。石川の一次、二次再審請求で提出された新証拠6点を素描したが、このうち一つでも控訴審が結審するまでに法廷に出ていたら、「合理的な疑い」は生まれていたであろう。控訴審結審よりはるか以前、捜査段階ですでに万年筆インクの荏原鑑定書、「りぼん」についての妹と級友の供述調書、小佐野証言の調書、ルミノール反応検査報告書が、警察・検察当局の手元にあったことを思うと、愕然とする。

　しかし、過去に憤慨してばかりいられない。現実に仮出獄の身である以上、冤罪を晴らすためには再審請求で開始決定、そして無罪判決をわが手にしなくはならない。

## 4　第三次再審

　石川と弁護団は、逮捕から丸43年を迎えた2006年5月23日、第三次の再審請求を東京高裁第4刑事部（当時の裁判長＝仙波厚、その後、大野市太郎をへて、現在は門野博）に提起した。

　一次、二次の再審請求ですでに提出した証拠は、「新規明白な証拠」とは言えなくなるため、同じ論点でも別の角度や別の鑑定人などからの新たな証拠を発見しなくてはならない。請求が重なるたびに、新証拠の発見は困難の度合いを増す。

　三次請求の新たな証拠は、①脅迫状の筆跡と当時の石川の筆跡が異なるとす

る鑑定書2通、②漢字や仮名の使い方など筆記能力からみた専門家の意見書2通、③自白では脅迫状が入った封筒にボールペンで「少時様」と書いたことになっているが、「少時」は万年筆か付けペンで、「様」だけがボールペンで書かれたとする鑑定書・意見書4通、④1、2回目の石川宅捜索で万年筆を見落とすことはあり得ないとする元警察学校教官の意見書1通の計9点にのぼった。
　①筆跡鑑定書は、いずれも数学者の金沢大助教授、半沢英一が作成した。
　脅迫状の文字と、石川が1963年から65年にかけて調書添付の地図や手紙に書いた文字を比較し、ある現象が起きる確率を求める定理「ベイズの公式」を応用するなどして筆跡の異同を鑑定した。脅迫状の平仮名「な」「す」「け」の右肩部分に連続して書く環状があらわれる特徴などの相違点と類似点に注目した結果、脅迫状と石川の字の同筆性確率は0.05〈1が同筆〉を下回る数値だった、つまり脅迫状は石川とは別人が書いたものだ、というものだ。
　③の「少時」と「様」の違いは、捜査段階で脅迫状の指紋検出のため試薬ニンヒドリン・アセトン溶液に浸す前後の脅迫状の写真から、文字の溶解の差となってあらわれたとされる。長く警察の指紋検査などに従事した経験者らが、「少時」はアセトン溶液に溶けず、「様」が溶解していることから、「少時」は水溶性染料を水に溶いた万年筆などのインクで書かれ、「様」は顔料を油で溶いたボールペンインクで書かれたと判明した、としている。
　石川の自白では、4月「28日」にボールペンで「少時様」と書いたことになっている。「少時」が水溶性インクの万年筆か付けペンで書かれたことは、石川の自白と食い違う。弁護団は、これは石川が自己の体験しないことを自白したためで、自白調書の信用性が失われる、主張している。
　2009年3月現在、三次請求審の結果は出ていない。

　石川は今、狭山市内のマンションに住んでいる。事件発生当時、自宅があった場所のすぐ近くだ。
　毎週のように支援団体の集会に出かけ、自身の体験を話し、裁判の不当性を訴え続けている。服役中にわずらった糖尿病を再発させないよう、毎朝約5キロのジョギングを欠かさず、食事のカロリー計算も続けている。無罪を勝ち取るまで再審を続けるには、何より健康な体が必要だ。
　「無期懲役」が消えたわけではない。あくまで仮出獄中なので、2か月に一度は保護観察所へ出頭し、1か月に一度は保護司のもとへ通い、暮らしぶりを報告す

る。国連機関である自由権規約委員会に日本の司法手続きの不備などを訴えるため、海外へ出るにも様々な制約がつきまとう。「見えない手錠が、まだ私の両手にはかけられているんです」と石川は重ねて言う。

　自白を引き出した関には、だまされたという気持ちはありますか？
　万年筆が見つかった「鴨居」が復元されている旧自宅の再審闘争現地本部で、こう石川に尋ねると、感慨にふけるわけでもなく石川は即答した。
「関さんが〈川越署分室〉に来てくれてときは、うれしかったんだよね。警察官としてではなく、友達として来てくれたと思ったから。本当はできないのに、たばこをくれたりして。上司の命令だったのでしょう、逆らえなかったと思うんだね。恨みはないよ。もう亡くなったようですけど、今も生きていたら会いたいと思うんだね」
　町内野球チームの一員として関と接した日々は、石川の青春の貴重な時間だった。関と聞けば、ボールを追いかけた光景が、今なお心に甦るかのようだ。石川の声は明るく、表情も伸びやかだ。
　長谷部には？　と畳みかけると、事務用のいすに預けた体が小さく息を吸い込み、5秒ほど黙ったあと瞳が少し見開いた。
「長谷部さんには、恨みありますね」。今になっても長谷部にも「さん」付けだ。
「長谷部さんらが教えてくれたことと、私の考えたことが合わさって調書が作られたんだねえ。私は、はっきり善枝ちゃんは殺していません、と答えていたんだけどもねえ、誰よりも偉いすごい人と思っちゃったんだよ」。
　長谷部は、石川さんがやっていないことをわかっていながら犯人に仕立て上げたと思われるのですが、ご自身はどう思われますか？
「本当は犯人じゃないと思っていたから、現場〈殺害現場とされる四本杉〉に私を連れて行かなかったんだ、と思うんだね。犯人としたら、〈実況見分などのため〉現場に連れて行ったろうね。でっちあげでもいいから、私を犯人にしたかったんだと、今から思えば、そう思うね」
　どうして裁判官は「10年の約束」をわかってくれない、と思いますか？
「私の事件には、〈再審請求も含めて〉多くの裁判官がかかわってきたでしょう。〈狭山事件の捜査と裁判は〉権力犯罪、差別裁判だから、無罪にしたら司法の権威失墜になるから、わかっててしないんだろうね。先輩の裁判をくつがえすことはできないと思っているから。私の無実をわかっていながら無視している。そうで

なかったら〈再審請求審で、新証拠の鑑定人などを裁判所に呼び出し〉事実調べをやっているはずと思うんだけどねえ」

　もうすぐ始まる裁判員制度については、いい制度と思いますか？

「私はあまり期待していないねえ。素人だからいい判断ができるかというと、そうも思わない。〈裁判員が〉6人にしぼられる過程で裁判官に従う人ばかり選ばれないか、心配だからね。それより取り調べの様子をビデオに録る可視化が絶対必要だと思うね。一部じゃなくて、調べの全部を録音録画することが必要だね。どんな調べをしたのか、あとから全部わかるんだから、動かない証拠なんだから、いいと思うね」

　石川は、裁判員制度には懐疑的なのだ。半世紀近い前に繰り広げられた、自身の取り調べ状況が脳裏によみがえるのだろうか、取り調べの可視化の方が冤罪を防ぐには有効だと断言する。新しい司法が始まろうとする今も、石川の「見えない手錠」を解く営みが続く。

## あとがき

　狭山事件を話題にするとき、人々の反応は様々だ。「何それ、どんな事件？」とまったく知らない若い人もいれば、「ああ、あれは冤罪で決まりでしょう。確か、もう釈放〈仮出獄の誤り〉になっているでしょ」と歴史上の事件のようにいうもの知り顔の年輩者。「過激派とつるんでいる事件じゃなかったっけ、まだ騒いでるの」と聞き返す団塊の世代。世代により、地域により、事件の受け止め方は違う。人権派を自認する弁護士ですら、「あんまり差別だ差別だというもんだから、共産党系と旧社会党系の弁護士が喧嘩したでしょ、いろんな要素が絡み合っているよ、あの事件は。裁判所襲撃なんかもあって、最高裁はにぎりつぶしたんだろうね」と声をひそめながら真顔で言うのを聞いたことがある。
　しかし、外周で何が起きようと、事件は石川の犯行だったのか、という刑事事件としての根本的な問題とは関係ないことだ。今なお、寺尾判決は生きており、石川は犯人であり、仮出獄の身だ。

　　　　　　　　　　　　　　＊

　公判記録を読む一つのきっかけとなったのは、長くこの裁判を支援してきた人物の一言だった。第三次の再審請求が出された後の2006年秋、「島田長官が蹴った再審を、刑事局長から来た大野が始めるわけないよなあ」とため息まじりにこぼすのを聞いたのだった。第二次再審の特別抗告を、最高裁第1小法廷の裁判長として棄却した島田仁郎が、その秋に最高裁長官となった。ほぼ時を同じくして、最高裁刑事局長だった大野市太郎が宇都宮地裁所長を経て東京高裁第4刑事部に異動した。大野が第三次の狭山再審を担当することになり、その経歴からして大野が出すであろう再審請求審の結果を悲観したのだった。その後、大野は司法研修所長として転出、名古屋高裁で「名張毒ぶどう酒事件」の再審開始決定を取り消した異議審の裁判長、門野博が東京高裁へ異動し狭山事件担当となった。
　もともと裁判官は個々に独立している、司法行政と個々の法廷は別である、裁判所のエリートだからといって長官らの判断に従属するわけもない、3人の合議体で裁判長一人が代わったからといって審理の行方がそう変化するわけでもない、と一般的には言える。
　しかし、その悲観的な言葉に、職業裁判官の「固さ」に対するいらだちも同

時に伝わってきた。返す言葉がなく、唸るしかなかった。他の高裁に比べ、東京高裁は「特に固い」という印象があった。「固さ」とは、堅実な事実認定ということもできるし、柔軟性を欠いた検察よりの認定とも言える。後者の場合が、これまで数々の悲劇を生んできた。どうしてプロの裁判官たちが、過去に誤りを犯したのか。そうした誤りはいまもまだ起きつつあるのか、狭山事件は本当はどうなのか、という思いを持った。

　実は、私は狭山事件をあまり知らなかった。たまたま1999年7月、第二次再審請求が棄却されたとき、石川を取材し、初めて寺尾判決の全文を読んだ。このころの私は、日本の司法は「精密司法」と言われており、痴漢事件などを除いて冤罪事件は過去のものになりつつあるのでは、と思っていた。しかし、寺尾判決を読んで、例の「万年筆」を殺害現場で奪って訂正したと認定する「被告人が犯人だとすると……そうだとすると……偽りであるといわざるを得ない」の部分に特に強い違和感を覚えた。こんな論理則も経験則もない、ご都合主義的な認定だったのか、と驚かされた。そしてその認定が現在も否定されないままであることに愕然とした。「精密司法」というプラスイメージの世界的な評価があるわけではなく、日本の研究者がたまたま高い有罪率などを総称してそう呼んだだけではないか、と思うようになった。

＊

　そのころ、本格的な司法改革論議が始まり、国民の司法参加が大きな焦点となっていた。日本弁護士連合会が陪審制の導入を求め、最高裁、法務省は参審制に近い方向を打ち出していた。東京・新橋の民間ビルに間借りした司法制度改革審議会の会議室で、委員の井上正仁から「裁判員制度」の卵のようなものが説明されたのは、2001年1月30日の45回会議だった。このとき議論を取りまとめた審議会の会長、佐藤幸治らの言葉が強く印象に残った。検察官OBの委員、水原敏博が「よりよい裁判を実現するために、今の制度よりも何かよりよい制度を構築する方法はないかということでこれから議論するわけでございますから、今の制度に問題があって、どうにもならないということで言ってるわけではない」と発言したのに対し、佐藤は「そういう趣旨でございます」と応じたのだ。これによって、現在の刑事裁判に問題があって裁判員制度を導入するのではないことが確認された形となった。

　以降、国民の司法参加は、「統治客体意識に伴う国家への過度の依存体質から脱却し、統治主体意識を持つために」とか、「司法をより身近で開かれたもの

とし、裁判内容に社会常識を反映させて、司法に対する信頼を確保する」というやや抽象的な表現で、その目的や意義が語られるようになった。

　これ以前の審議会の議論では、なぜ市民が法廷に参加するのか、そこをきちっと考えておく必要があるとする意見も出ていた。委員の中坊公平が「職業裁判官がいったいどういうことをやってきたのか。〈中略〉再審無罪になっている事件が日弁連支援で12件、そのうち4例はまさに死刑判決が無罪になっているんですよ。職業裁判官がやった裁判が、人を死刑にするという判決を確定させるところまでいってるんですよ。何をあんたら、まるで職業裁判官に誤りのないよう言う」（第31回会議）と、裁判官OBの委員を面罵する場面も繰り広げられていた。

　別室のモニター画像を見ながら、水原発言を聞いたとき、4例の死刑から再審無罪となった事件ではなく、寺尾判決がまっさきに私の頭に浮かんだ。佐藤の真向かいに座っていた中坊が何か反論するだろうなと見ていたが、そのとき中坊は何の異議も唱えず沈黙していた。

　なるほど、最高裁、法務省サイドからの風圧もある中、100年に一度の大改革を進めるにはこうした大人のまとめ方も必要なのかな、と思ったりしたものだった。

　このときから、誤判をなくすという捉え方は失われてしまった。「裁判官も人間で、ときに間違いを犯すから素人が新鮮な目で事実認定に加わる」というような正面きったものの言い方は聞かなくなった。それがなくて裁判員制度の準備が進められたものだから、国民の間には今もって、「なぜ、忙しいのにわざわざ裁判所へ行って裁判官のようなことをしなくてはならいのか」という疑問があるのではないだろうか。実際、私の周囲でも「今の裁判がうまくいっているのなら、今まで通りプロに任せておけばいいじゃない」という声が圧倒的だ。

＊

　日本の刑事裁判は、これまで問題なく、うまく運営されてきたのか、そうでないのか。

　狭山事件は、刑事手続きの様々な局面にひそむ問題点を浮かび上がらせている。捜査のあり方や逮捕状の発付、自白調書の作成など取り調べのあり方、弁護士との接見、起訴、証拠開示、公判の進め方、職業裁判官による事実認定、そして再審と、およそ全過程にわたっている。かつて埼玉県で起きた本庄署や熊谷署の誤認逮捕について本文でふれたが、最近の鹿児島県議選をめぐる無罪判決や富山県で起きた強姦事件の再審無罪判決などをみると、今も昔も強引な捜

査や自白の強要は続いているのではないかと思える。

　富山事件のように真犯人が判明して初めて冤罪とわかるというパターンは、もしかしたら冤罪の暗数が意外に多いのでは、と想像させられる。真犯人が登場したり、ある組織が裁判闘争を支援したり、被告人や確定囚となった者が驚異的な精神力の持ち主だったり。そうした稀有なケースでしか冤罪は晴らされてこなかったように思う。孤立無援で、そうそう堅固な意志も持ち得ない普通の人間が、不幸にして誤って罪に問われ、服役するしかなかった無念を思うと、言葉を失う。

　結果的に冤罪と判明した事例のいくつかをみれば、経済的な余裕がなく、十分な教育の機会も得られなかった、孤独な人々に捜査の目が向けられがちなことを示している。語弊を恐れずに言えば、泣き寝入りしかない、権力に無抵抗な人々がターゲットに選ばれてきたのではないかと危惧する。

　裁判には素人の国民が「統治主体意識」を持って法廷に参画するにあたり、日本の刑事裁判はおおむねうまくいっているが、たまにはうまくいってないこともある、というほどの意識は持ってもいいだろう。過去に一度しか起こったことのない事件を法廷で裁くということは、法廷が開かれる時点で検察官の手元に集まっている証拠が提出され、事実関係に争いがあれば被告人側が反証反論し、その範囲で裁判員や職業裁判官が判断を下すということだろう。もちろん、誤りのないことが望ましい。

　しかし、一定の限界があるということは、人が人を裁く裁判という制度自体に内包されている。神ならぬ人間の営みである。裁判員が加わった裁判でも、その判決が確定し、数年を経た後に、新たな無罪の証拠が見つかったり、別の真犯人が名乗り出たりする場合も絶対ないとは言えない。逆に、裁判員らが無罪とした判決が確定した後に、決定的に有罪を示す証拠が発見されるかも知れない（不再理ではあるが）。

　誤判があったとしても、「間違った」と分かったら裁判をやり直せばよい。そのための再審制度だ（多くの課題はあるにしても）。裁判とはその程度のものだ、という受け止め方が、大方の国民のまっとうな裁判観となる時代が、将来は来るかも知れない。

　この20年ほど地方裁判所の有罪率はずっと99.9％だが、これが果たして裁判制度として妥当な数字なのだろうか。否認事件だけに限ると地裁の無罪（一部無罪も含め）率は3.12％というが、それでも米国の陪審裁判の平均無罪率

27％と比べると約9分の1でしかない（D・T・ジョンソン『アメリカ人のみた日本の検察制度　日米の比較考察』2004年）。

　これが、例えば、否認事件のうち有罪が9割、無罪が1割となっただけでも、国民の刑事裁判を見る目は大きく変わるだろう。かつて戦前の1928年から42年まで日本でも不完全ながら陪審制度が実施された（1943年4月停止）。14年間で計484件の陪審裁判のうち、無罪は81件、無罪率は何と16・7％だった。罪名別で最も件数の多い殺人では6.3％、次いで多かった放火では31％もの無罪率だった（岡原昌男「陪審法停止に関する法律について」法曹会雑誌21巻4号）。時代も法律も社会もまったく違う日米の数字だが、この放火（証拠物が燃えてしまい立証が難しく、自白に頼りがちになるとされる）の無罪率が、現代アメリカの陪審無罪率27％に近いということは、何かを暗示していないだろうか。

＊

　日本の裁判に素人である一般国民が参加するなどということは、ほんの10年前まで現実味を帯びて考えられることはなかった。職業裁判官の間に素人が割って入り、はたして対等の立場で「協働」できるか、と心配する向きもある。各種の世論調査では7割前後が裁判員として参加することに消極姿勢を示し、裁判員制度は「改悪だ」という意見もあるようだ。

　しかし、改革の第一歩とみるならば、実施する価値が十分にある制度だと思う。日本が明治期に欧米から裁判制度を移植したころ、欧米各国はすでに一般国民の司法参加を標準としていた。明治政府の法律顧問ボアソナードが陪審制を盛り込んだ治罪法草案をまとめたのは1879（明治12）年だったが、政府は「時期早尚」などとしてこれを削除した。それ以来、事実認定を職業裁判官に任せっきりにしてきた末の、本格的な司法参加の導入と言える。少なくともこれまでのように民主的基盤が弱い制度が続くかぎり、日本の刑事司法は「絶望的だ」とか、世界的にも珍しい「ガラパゴス的だ」などと研究者が指摘しても、自分たちが服する司法制度でありながら素人が直接立ち入る術を持てない。手に入れた新しい制度をとりあえず実施してみて、もし使い勝手が悪ければ、また手直しすればよい。

　主権者としてあるいは隣人として、素人が裁判員を務めるということは、自分自身が被告人の立場になって判断し、この証拠なら罰せられても仕方がないと納得できるかどうか、ということでもある。こんな証拠で罰せられてはたまらない、いつ自分の身に冤罪が降りかかってきても不思議でない、と不安を感じることもあるかも知れない。または逆に、なるほど日本の裁判官、検察官は優秀で信頼できる

と実感するかも知れない。

　2007年5月の憲法記念日を前にした記者会見で、当時、最高裁長官の島田（08年11月退官）は、裁判員制度に消極的な国民に「法律に詳しくないからと不安になるのは当然だが、三人寄れば文殊の知恵というように、3人の裁判官と6人の裁判員が十分協議して結論を出す制度なのでまったく心配はない。裁判員は自信を持って評議に臨んでほしい」と述べた。これまで狭山事件の判決、決定に関与した職業裁判官は、この島田も含めて30人以上にのぼる。そうした職業裁判官が主宰する法廷へ、素人の私たちは入っていくことになる。

　石川の弁護に命を削った青木英五郎は、狭山事件の上告審以降、陪審制の導入を強く求めるようになった。その望みは、一部の人々に受け継がれ、形を変えて新しい制度に生かされようとしている。裁判員候補者に選ばれたことを知らせる通知は、まさに新しい時代の到来を告げるものだ。いまだフィクションでしかない新制度を現実のものとするために、一歩を踏み出すのは私たちだ。この同時代に生きる者として、新たな「石川」を作り出さないためにも、法廷へ出かけてみてはどうだろう。

　最後に、本書の出版にあたり、さまざまにご協力いただいた方々に感謝する次第です。特に、研究者でもある庭山英雄、四宮啓の両弁護士には貴重なアドバイスをいただきました。また、狭山事件弁護団の中山武敏弁護士、部落解放同盟中央本部事務局の安田聡さんには企画段階からお世話になりました。出版を引き受けてくださった現代人文社の成澤壽信社長にも厚く御礼申し上げます。

                                                              2009年5月　菅野良司

◎参考文献
本文中に引用した文献のほか次の著作を参考にさせていただきました。（順不同）

『狭山事件――石川一雄、四十一年目の真実』鎌田慧、草思社・2004年
『ドキュメント狭山事件』佐木隆三、文芸春秋・1977年
『事実誤認の実証的研究』青木英五郎、武蔵書房・1960年
『日本の刑事裁判』青木英五郎、岩波新書・1979年
『陪審裁判』青木英五郎、朝日選書・1981年
『狭山裁判　上下』野間宏、岩波新書・1976年
『狭山事件・別件取調室の30日』佐藤一、解放出版社・1995年
『狭山事件　虚偽自白』浜田寿美男、日本評論社・1988年
『差別裁判　現代の魔女狩り〈狭山事件〉』土方鉄、社会新報・1970年
『自白崩壊――狭山裁判20年』狭山事件再審弁護団、日本評論社・1984年
『石川一雄　獄中日記』狭山事件弁護団、三一書房・1977年
『狭山事件と再審』和島岩吉編、部落解放研究所・1984年
『狭山裁判の超論理』半沢英一、解放出版社・2002年
『狭山裁判と科学』武谷三男編、社会思想社・1977年
『部落差別と冤罪』高杉晋吾、三一書房・1977年
『狭山事件　権力犯罪の構造』亀井トム、三一書房・1975年
『狭山事件　権力犯人と真犯人』亀井トム、三一書房・1977年
『松川裁判』（上、中、下）広津和郎、中公文庫・1976年
『最高裁調査官報告書　松川裁判にみる心証の軌跡』大塚一男、筑摩書房・1986年
『新版　三鷹事件』小松良郎、三一書房・1998年
『三鷹事件――1949年夏に何が起きたのか』片島紀男、日本放送出版協会・1999年
『刑事裁判を見る眼』渡部保夫、岩波現代文庫・2002年
『刑事裁判の心　新版』木谷明、法律文化社・2004年
『エド・マクベイン読本』直井明編、早川書房・2000年
『87分署インタビュー　エド・マクベインに聞く』直井明、六興出版・1992年

## 菅野良司
(かんの・りょうじ)

1980年、読売新聞に入社、
1985年から社会部。
1999年から2007年まで、
解説部記者として司法、
人権問題などを担当。

裁判員時代にみる狭山事件

2009年6月10日　第1版第1刷

著　者　菅野良司
発行人　成澤壽信
発行所　株式会社 現代人文社
　　　　〒160-0004
　　　　東京都新宿区四谷2-10 八ッ橋ビル7階
　　　　振替　00130-3-52366
　　　　電話　03-5379-0307(代表)
　　　　FAX　03-5379-5388
　　　　E-Mail　henshu@genjin.jp(編集)
　　　　　　　　hanbai@genjin.jp(販売)
　　　　Web　http://www.genjin.jp
発売所　株式会社 大学図書
印刷所　株式会社 ミツワ
装　丁　Malpu Design（黒瀬章夫）

検印省略　PRINTED IN JAPAN
ISBN978-4-87798-419-9　C0036　ⓒ 2009　Ryoji KANNO

本書の一部あるいは全部を無断で複写・転載・転訳載などをすること、または磁気媒体等に入力することは、法律で認められた場合を除き、著作者および出版者の権利の侵害となりますので、これらの行為をする場合には、あらかじめ小社また編集者宛に承諾を求めてください。